J. Donges · A. Freytag

Die Rolle des Staates in einer globalisierten Wirtschaft

Schriften zur Wirtschaftspolitik

Neue Folge · Band 6

Herausgegeben von

Juergen B. Donges und Johann Eekhoff

Die Rolle des Staates in einer globalisierten Wirtschaft

Herausgegeben von

Juergen B. Donges und Andreas Freytag

mit Beiträgen von

Barbara Dluhosch, Juergen B. Donges, Johann Eekhoff, Markus Fredebeul-Krein, Andreas Freytag, Malte Krüger, Alexander Lepach, Carsten-Patrick Meier, Angela Schürfeld, Axel Wehmeier, Pia Weiß, Hans Willgerodt, Ralf Zimmermann

mit 11 Abbildungen

Lucius & Lucius · Stuttgart · 1998

Anschrift der Herausgeber:

Prof. Dr. Juergen B. Donges
Dr. Andreas Freytag
Institut für Wirtschaftspolitik
an der Universität zu Köln
Pohligstr. 1
50969 Köln

Die Deutsche Bibliothek – CIP-Einheitsaufnahme

Die Rolle des Staates in einer globalisierten Wirtschaft / hrsg. von Juergen B. Donges ; Andreas Freytag. - Stuttgart : Lucius & Lucius, 1998

Schriften zur Wirtschaftspolitik ; N.F., Bd. 6

ISBN 3-8282-0058-3

Druck und Einband: Druckhaus Thomas Müntzer, Bad Langensalza
Printed in Germany

Vorwort

Die öffentliche Diskussion über die Auswirkungen der Globalisierung der Märkte wird beherrscht von Sorgen und Ängsten. Viele befürchten, daß im Zuge der strukturellen Anpassungen, die ein sich verschärfender Wettbewerb unweigerlich erzwingt, mehr Arbeitsplätze verlorengehen als neue entstehen würden, die Einkommensungleichheiten zunähmen und die sozialen Sicherungssysteme erodierten. Zahlreiche Politiker nähren die Illusion, der Staat könne den Anpassungsdruck durch Abschottung nach außen, im Alleingang oder durch Kooperation mit anderen Ländern, mildern oder ganz beseitigen. Die Nachteile einer protektionistischen Politik – für Deutschland und die Europäische Union ebenso wie für die Entwicklungs- und Schwellenländer – werden nicht gesehen, jedenfalls werden sie verschwiegen.

In dem vorliegenden Sammelband, der aus einer Untersuchung im Auftrage des Bundesministeriums für Wirtschaft hervorgegangen ist, werden verschiedene Themen, die in der Globalisierungsdebatte eine besondere Rolle spielen, aufgegriffen und wirtschaftswissenschaftlich analysiert. Die Verfasser – Kollegen sowie Mitarbeiterinnen und Mitarbeiter des Instituts für Wirtschaftspolitik und des Wirtschaftspolitischen Seminars an der Universität zu Köln – sehen die Globalisierung nicht als Schreckgespenst, sondern als Chance für eine zukunftsweisende Wirtschaftspolitik, die die Rahmenbedingungen für gesamtwirtschaftliche Dynamik und mehr Beschäftigung auf Dauer herstellt. Das gemeinsame Anliegen ist es, zu einer Versachlichung der Debatte beizutragen und darauf hinzuwirken, in der Gesellschaft emotionalen Widerstand gegen Offenheit der Märkte abzubauen.

Diese Schrift stellt eine Gemeinschaftsarbeit dar und wird als Sammelband präsentiert, um deutlich zu machen, wer sich schwerpunktmäßig mit welchem Teilaspekt befaßt hat. Bei der Durchführung dieses Projektes haben Frau Gabriele Bartel und Frau Dipl.-Volkswirtin Pia Weiß mit großer Umsicht und bewundernswerter Geduld die redaktionellen Schlußarbeiten erledigt, wofür wir sehr herzlich danken.

Köln, im Januar 1998

Juergen B. Donges
Andreas Freytag

Inhaltsverzeichnis

Verzeichnis der Abbildungen

Verzeichnis der Tabellen

Kapitel I: Einleitung

A Was heißt Globalisierung?

Juergen B. Donges

Globalisierung bedeutet, daß die Länder in der Welt wirtschaftlich zusammenwachsen, die Verflechtung der Märkte enger wird und die Mobilität der Produktionsfaktoren Arbeit und Kapital über nationale Grenzen hinweg zunimmt. Internationale Arbeitsteilung ist an sich nichts Neues, aber man muß schon sehen, daß sie an Breite und Tiefe gewinnt, und dies in einer Zeit, in der etliche Industrieländer sich schwertun, ein angemessenes wirtschaftliches Wachstum und einen hohen Beschäftigungsstand zu erreichen. Zu dem Strukturwandel, der als Folge von technischem Fortschritt, Veränderungen in den Faktorknappheitsrelationen und dem Wandel in den Nachfragerpräferenzen ständig bewältigt werden muß, kommt verstärkt ein außenwirtschaftlich bedingter Wettbewerbsdruck. Er stellt Unternehmen und Arbeitnehmer vor enorme Herausforderungen. Überdies zwingt er die Regierung mit ihrer Wirtschaftspolitik und die Tarifvertragsparteien mit ihrer Lohnpolitik zu grundlegenden Anpassungen, ja er nimmt ihnen die Macht, unbekümmert gegen die Marktkräfte zu handeln.

Der Globalisierungsprozeß vollzieht sich in verschiedenen Varianten: Die „klassische" ist der Außenhandel und kommt darin zum Ausdruck, daß der Welthandel mit Waren schneller expandiert als die Weltproduktion steigt; das gilt auch für Deutschland. Daß industrienahe Dienstleistungen, die lange Zeit standortgebunden waren, mehr und mehr international handelbar werden, bei achtbarem Tempo, stellt schon eine neuere Variante dar. Hinzu kommt, daß, rascher als der internationale Handel, seit einigen Jahren die ausländischen Direktinvestitionen zunehmen und auf Unternehmensebene Wertschöpfungsketten räumlich zerlegt werden oder Produktion an andere Standorte verlagert wird: aus Kostengründen, wegen einer niedrigeren Ertragsbesteuerung, angesichts einer geringeren Regulierungsdichte oder zwecks Vermeidung von Wechselkursrisiken; durch die

Globalisierung der Produktion bekommt die internationale Arbeitsteilung neben ihrer herkömmlichen horizontalen Ausrichtung eine vertikale Dimension. Auch der Produktionsfaktor Arbeit wird mobiler. Mehr als früher wandern Arbeitskräfte aus Niedriglohnländern nach Deutschland und bieten hier ihre Arbeit zu niedrigeren Löhnen und flexibleren Arbeitszeiten an (im Rahmen von gewerblichen Leiharbeitsverhältnissen oder Werksverträgen), als es heimische Arbeitskräfte tun wollen oder dürfen. Und zu alledem ist als neueste Globalisierungsvariante die Verflechtung der Finanzmärkte in den Blick zu nehmen. An den Finanzmärkten haben sich die internationalen Transaktionen in den letzten Jahren geradezu explosionsartig ausgeweitet; nicht immer halten sie Kontakt zu den realwirtschaftlichen Entwicklungen, und mitunter verursachen sie erhebliche reale Wechselkursveränderungen, die sich nachteilig auf Produktion und Beschäftigung auswirken können. Anders gewendet: Der internationale Wettbewerb ist nicht nur Wettbewerb auf den Gütermärkten, sondern es geht jetzt auch um den Wettbewerb zwischen Investitionsstandorten, was letztlich die Arbeitsmärkte unter harten Anpassungsdruck bringt.

Hinter diesen Entwicklungen stehen verschiedene Triebkräfte, die zum Teil das Ergebnis von Politikgestaltung (also gewollt) sind, zum Teil von den Marktkräften erwirkt wurden.

(i) Die Politik hat dafür gesorgt, daß im Zuge von neun multilateralen Handelsliberalisierungsrunden im Rahmen des GATT (weitere sollen unter der Schirmherrschaft der neuen Welthandelsorganisation WTO folgen) viele (nicht alle!) Importbeschränkungen gemildert oder beseitigt worden sind. Damit wurde einer grundlegenden Erkenntnis der realen Außenhandelstheorie Rechnung getragen, daß nämlich Spezialisierungen nach den komparativen Kostenvorteilen die Effizienz in der Faktorallokation erhöhen und dies zu mehr Wohlstand führt. In der Europäischen Union hat die Einheitliche Europäische Akte (von 1986) den Weg bereitet zur Vollendung des Binnenmarktes mit Freizügigkeit für Menschen und Kapital und für Dienstleistungen. In vielen Industrieländern wurden staatliche Regulierungen wirtschaftlicher Betätigung abgeschafft, nachdem offensichtlich geworden war, daß es dafür keine vernünftige ökonomische Legitimation mehr gab (also kein Marktversagen vorlag). Dabei sind innerhalb der Gemeinschaft noch bestehende Kapitalverkehrskontrollen gefallen; anderswo auch. Wie die Handelsliberalisierung begründet die Liberalisierung des Kapitalverkehrs

Effizienzgewinne durch eine weltweit bessere Kapitalallokation. In zahlreichen Ländern Asiens und Lateinamerikas wurde die Industrialisierungsstrategie neu konzipiert: weg von der übermäßig protektionistischen Importsubstitution, die sich als ineffizient und wachstumshemmend erwiesen hatte, hin zur Exportorientierung unter Nutzung von komparativen Vorteilen. Und Ausdruck von Politikgestaltung ist natürlich auch, was nach dem Zusammenbruch des sozialistisch- planwirtschaftlichen Systems in Mittel- und Osteuropa geschieht mit den Anstrengungen dieser Länder um eine möglichst rasche Integration in die Weltwirtschaft.

(ii) Mindestens ebenso wichtig sind die marktmäßigen Triebkräfte. Dazu gehört vor allem der technische Fortschritt in der Mikroelektronik mit immer neuen und differenzierteren Anwendungsmöglichkeiten in der Telekommunikation, was zu einem ständigen Rückgang bei den Transaktionskosten führt. Das macht es für Unternehmen leichter, Forschungs- und Entwicklungsaktivitäten, betriebsinterne Dienstleistungen und die eigentliche Produktion grenzüberschreitend zu entkoppeln. Sachkapital wird mobiler, der einst enge Zusammenhang zwischen inländischen Ersparnissen und inländischen Anlageinvestitionen (Feldstein-Horioka-These) wird lockerer. Beim Portfoliokapital kommen die niedrigen Kommunikationskosten voll zum Tragen. Es ist für die Akteure an den Finanzmärkten sehr lohnend, laufend Finanzinnovationen zu generieren und Renditedifferenzen zu nutzen, um mit Geld Geld zu verdienen, unbeschadet von den Entwicklungen auf den Gütermärkten.

Der Prozeß der Globalisierung ist unumkehrbar. Die weniger entwickelten Länder haben erkannt, daß sie ihre Chancen für ein wirtschaftliches Aufholen gegenüber den Industrieländern wesentlich verbessern können, wenn sie im System der weltwirtschaftlichen Arbeitsteilung ihre komparativen Vorteile nutzen – im wesentlichen bei arbeitsintensiven Gütern, unter bestimmten Bedingungen auch bei standardisierten, kapitalintensiven Produkten gemäß dem Heckscher-Ohlin-Samuelson-Modell. Diese Länder werden als Anbieter nicht locker lassen und kraftvoll um Märkte kämpfen. Es liegt durchaus im Interesse Deutschlands, daß diese Länder wirtschaftlich aufholen, entstehen damit doch große neue Absatzmärkte für die deutsche Industrie und die industrienahen Dienstleistungsbereiche; dies wäre eine Quelle auch für neue Arbeitsplätze hierzulande. Zu einem unumkehrbaren Prozeß wird die Globalisierung freilich vor allem durch die Eigendynamik, die sich der modernen Informations- und Kommunikationstechnologien bereits bemächtigt hat und unaufhaltsam erscheint. Wissen verbreitet sich weltweit mit immer größerer Geschwindigkeit, aus einst erzielten innovativen Vorsprüngen lassen sich, anders als früher, keine monopolähnlichen Marktpositionen aufbauen und halten.

Die Globalisierung wird von vielen zunächst einmal als eine Bedrohung empfunden. Die Befürchtungen sind,

– daß wegen des verstärkten Anbieterwettbewerbs auf den Gütermärkten die Arbeitslosigkeit steigen würde, bei gleichzeitiger Verschlechterung der allgemeinen Arbeitsbedingungen und Minderung der Schutzrechte der Arbeitnehmer;

– daß wegen der wirtschaftlichen Aufholprozesse in Niedriglohnländern vor allem die wenig qualifizierten Arbeitskräfte entweder fühlbare Realeinkommenseinbußen erleiden oder ihren Arbeitsplatz verlieren würden;

– daß wegen des intensivierten Standortwettbewerbs ein internationaler Wettbewerb in der Steuerpolitik vorprogrammiert sei, bei dem das Prinzip der Einkommensbesteuerung nach der Leistungsfähigkeit aufgegeben werden müsse, was zu Ungerechtigkeiten führe, und bei dem der Staat weniger Einnahmen erziele, was eine Unterversorgung mit öffentlichen Gütern zur Folge hätte;

– daß wegen der hohen Kapitalmobilität, aber auch wegen zunehmender Migrationsbewegungen, die sozialen Sicherungssysteme der einzelnen Staaten in ein Konkurrenzverhältnis gerieten, bei dem sich hohe Sozialstandards nicht halten ließen, in einem Dumpingwettlauf erodiert würden und damit das „Soziale“ in der marktwirtschaftlichen Ordnung verlorengehe;

– daß wegen der großen Unterschiede in der Knappheit des Gutes Umwelt und in den Präferenzen der Völker für Umweltqualität Anbieter aus Ländern mit weniger strengen Umweltschutzregelungen einen Kostenvorteil ausspielen („Ökodumping“ betreiben) könnten und emissionsintensive Produktionen aus Deutschland und anderen Industriestaaten dorthin verlagert würden, beides mit negativen Konsequenzen für die inländische Beschäftigung und den weltweiten Umweltschutz;

– daß wegen der Dynamik an den Weltfinanzmärkten die Wirtschaftspolitik keine selbstgesteckten Ziele verfolgen könne, sondern zur Ohnmacht verurteilt sei.

In den folgenden Abschnitten werden diese Argumente analysiert. Es wird sich herausstellen, daß nicht alles, was plausibel erscheint, ökonomisch fundiert ist, und daß nicht alles, was sich wohlbegründen läßt, als endgültiges Ergebnis hingenommen werden muß. Gewiß, das Stolper-Samuelson-Theorem und das Faktorpreisausgleichstheorem lassen, für sich genommen, einen erheblichen Druck auf die Reallöhne, besonders die Löhne für Anbieter einfacher Arbeit erwarten. Aber man muß die Gegenkräfte sehen, die einer Nivellierungstendenz nach unten entgegenwirken könnten: Qualifizierung, Produktivitätssteigerungen, Komplementarität zu qualifizierten Arbeitskräften; hieraus ergeben sich Gestaltungsparameter für die Ausbildungspolitik und die Tariflohnpolitik. Sicher trifft es auch zu, daß der globale Wettbewerb die Spielräume für Umverteilung einschränkt, weil sich Kapital durch Abwanderung der Steuerpflicht entziehen kann. Aber jedermann weiß, daß der redistributive Staat sich übernommen hat, die soziale Treffsicherheit vieler Umverteilungsmaßnahmen fragwürdig ist, die Sozialversicherung an die Grenzen ihrer Finanzierbarkeit stößt, die Anreizwirkungen der Sozialpolitik im ganzen problematisch sind. Auch wenn es den Standortwettbewerb in der heutigen Intensität nicht gäbe, müßte die Politik eine grundlegende Reform der Systeme der sozialen Sicherung in die Wege leiten. Ähnlich verhält es sich mit den befürchteten Auswirkungen des internationalen Steuerwettbewerbs. Auch hier ist richtig, daß die (tatsächliche und potentielle) Kapitalmobilität die nationalstaatliche Steuerbasis schmälert beziehungsweise die Steuerlast auf die immobilen Produktionsfaktoren, den Faktor Arbeit eingeschlossen, verlagert. Aber die zu dieser Erosion gegenläufigen Effekte müssen in die Analyse einbezogen werden; zu denken ist hierbei insbesondere daran, daß die Bereitschaft zur Versteuerung von Kapitaleinkünften nicht unabhängig ist von den Vorteilen der vom Staat bereitgestellten Infrastruktur oder, grundsätzlicher davon, ob den Steuern einigermaßen äquivalente Gegenleistungen im weiteren Sinne (attraktive Lebensbedingungen durch eine funktionstüchtige Sozialordnung und eine angemessene Umweltqualität gehören dazu) gegenüberstehen.

Die Botschaft dieser Studie läßt sich so beschreiben: Die Globalisierung stellt eine Art „exogener Schock" dar. Im Ohlsonschen Sinne kann ein solcher Schock wohltuend sein, dann nämlich, wenn es anders nicht gelingt, sklerotische Verkrustungen in der Wirtschaft und in der Gesellschaft aufzulösen und die Politik zu stimulieren, gebotene Strukturreformen einzuleiten und konsequent durchzuführen und damit das Ihrige zu tun, um die Wirtschaft wieder auf einen angemessenen Wachstumspfad bei nachhaltig verbesserten Beschäftigungsmöglichkeiten zu bringen. Die drückenden wirtschaftlichen und sozialen Probleme, mit denen wir es hierzulande zu tun haben (Massenarbeitslosigkeit, Wachstumsschwäche, Krise in der Rentenversicherung und in der Krankenversicherung, hohe Staatsverschuldung), wurzeln nicht in der Globalisierung. Aber die Fehlentwicklungen, aus denen sie herrühren, werden in Zeiten globalisierter Märkte schonungslos aufgedeckt. Das macht die Politik nicht ohnmächtig. Das zwingt sie aber zu sachgerechtem Handeln, sprich zur konsequenten Ursachentherapie, und verbaut ihr den vermeintlich einfacheren Weg des Kurierens am Symptom. Schlechte Politik wird früher oder später bestraft (zum Beispiel durch Kapitalabfluß, Risikoprämien bei den Zinsen, übermäßige reale Wechselkursschwankungen), gute belohnt (zum Beispiel durch die Bereitschaft des einzelnen zur Selbständigkeit, durch Kapitalzufluß aus dem Ausland, durch dauerhaft niedrigere Zinsen, durch einen stabilen Außenwert der Währung).

Die für die Wirtschafts-, Finanz- und Sozialpolitik Verantwortlichen werden ebenso wie die Vertreter von Gewerkschaften und Arbeitgeberverbänden lernen müssen, daß für ihr Handeln künftig gilt, was für Unternehmen in einer marktwirtschaftlichen Ordnung tägliche Erfahrung ist: sich im Qualitätswettbewerb bewähren. Daß die Globalisierung nun auch in der Politik Effizienzorientierung einfordert, daß sie das Pflegen guter Rahmenbedingungen für das Investieren zur Daueraufgabe macht, daß sie den Bürgern geringere Steuerlasten in Aussicht stellt, daß sie den Verteilungsallianzen, bei denen häufig Minderheiten ausgebeutet werden, Schranken weist, daß sie im Sozialstaat das Subsidiaritätsprinzip (die Eigenvorsorge) neben dem Solidarprinzip (zugunsten einkommensschwacher Bevölkerungsgruppen) wieder fester verankert, daß sie überzogene Regulierungen in der Arbeitsmarktordnung beseitigt und übermäßige Marktmacht der Gewerkschaften zurückdrängt, daß sie Privatisierungspotentiale auszuschöpfen zwingt, all dies wird unter wachstums- und beschäftigungspolitischen Gesichtspunkten bestimmt kein Nachteil sein. Die Soziale Marktwirtschaft geht dabei nicht unter, sie erhält vielmehr ein tragfähiges Fundament.

Eine falsche Antwort auf die Herausforderungen der Globalisierung wäre es hingegen, wenn die Mitgliedsländer der Europäischen Union (und andere Industrieländer) versuchen würden, durch gemeinsame Absprachen im Bereich der Arbeitsmarktordnung, der Steuersysteme und der Sozialversicherung und mit Hilfe von handelspolitischen Schutzmaßnahmen, Entsendegesetzen und gezielten Eingriffen in den internationalen Kapitalverkehr („Tobin-Steuer") den Standortwettbewerb zu „ordnen", sprich zu beschränken. Bei solchen Defensivstrategien wären die Vorteile, die ein freier Welthandel und ein freier Kapitalverkehr mit sich bringen - in Form einer möglichst effizienten Faktorallokation, die Basis jeder Wohlstandvermehrung ist - schnell dahin. Die Lage am Arbeitsmarkt würde sich nicht verbessern, sie würde sich verschlimmern. Auch in der Vergangenheit hat protektionistisches Abschirmen - im nationalen Alleingang oder durch europaweite Koordination - nicht weitergeholfen. Weder der Landwirtschaft, noch der Textil- und Bekleidungsindustrie, noch den Werften, noch dem Steinkohlenbergbau hat staatlicher Schutz den Schrumpfungsprozeß ersparen können. Es war nur teuer. Wie hart auch immer die strukturellen Anpassungsprobleme sein mögen: Deutschland gehört zu den Ländern, die aus der internationalen Arbeitsteilung über Jahrzehnte hinweg großen Nutzen gezogen haben (mitunter bis an die Grenze des Erträglichen bei unseren Partnerländern, die sich über die bis zur Wiedervereinigung hohen deutschen Leistungsbilanzüberschüsse echauffierten). Dies wird auch künftig möglich sein, wenn die Bereitschaft besteht, die Herausforderungen der Globalisierung offensiv aufzunehmen und die richtigen Antworten darauf zu geben. Die Vertiefung der internationalen Arbeitsteilung - ob über Handel mit Waren und Dienstleistungen oder über Auslandsinvestitionen oder über Arbeitskräftewanderungen - ist nach wie vor kein Nullsummenspiel. Es muß freilich an den notwendigen Bedingungen hart gearbeitet werden, um komparative Vorteile im globalen Wettbewerb zu entwickeln und zur Geltung zu bringen.

Kapitel II: Die Vertiefung der internationalen Verflechtung

B Befund: Globalisierung in verschiedenen Facetten

Andreas Freytag, Carsten-Patrick Meier, Pia Weiß

1 Internationale Verflechtung im Wandel

Die Debatte um die Globalisierung der Wirtschaft wird momentan sehr kontrovers geführt. Dabei ist die internationale Verflechtung der Märkte für Güter, Dienstleistungen und Produktionsfaktoren, hier vor allem Kapital, für sich genommen keineswegs ein neues Phänomen. Bereits vor dem Ersten Weltkrieg hatte die internationale Arbeitsteilung ein bis dahin nicht gekanntes Ausmaß erreicht. Die beiden Kriege und die Zwischenkriegsphase beendeten diese Dynamik internationaler Beziehungen jedoch einstweilen. Somit starteten die Bemühungen um eine erneute Öffnung der internationalen Märkte nach dem Zweiten Weltkrieg auf einem erheblich niedrigeren Niveau. Dennoch ist es seitdem im Gefolge der acht Liberalisierungsrunden des GATT zu erheblichem Protektionsabbau und zu einer schnellen und dauerhaften Zunahme des Außenhandels gekommen, die die Wachstumsraten des Weltsozialprodukts im Durchschnitt bei weitem übertraf. Begleitet wurde die Steigerung des Welthandels von einer - wenn auch zögerlichen - Öffnung der Weltkapitalmärkte, die ihre volle Wucht mit dem Ende des Bretton-Wood-Systems, also vor einem Vierteljahrhundert zu entfalten begann.

Angesichts dieser bereits lang anhaltenden Entwicklung mag es zunächst verwundern, daß der Tatsache gestiegener internationaler wirtschaftlicher Beziehungen in den hochentwickelten Industriestaaten eine derart große Aufmerksamkeit zuteil wird, wie es in den vergangenen Jahren der Fall war und wie sich an zahlreichen Publikationen zeigt.[1] Allerdings gibt es seit einigen Jahren eine neue

---

[1] Siehe hierzu Nunnenkamp (1996), Nunnenkamp et al. (1994), SVR (1997), Tz. 306-310, Trabold (1997), die in ökonomisch fundierter Weise Chancen und Risiken der Globalisierung analysieren, sowie einige Arbeiten von Nichtökonomen, die Globalisierung eher als große Be-

Qualität der internationalen Verflechtung der Märkte zu beobachten. Während es früher vor allem Industrieländer waren, die untereinander internationalen Handel betrieben, haben sich in den vergangenen fünfzehn Jahren immer mehr Entwicklungs- und Reformländer in die internationale Arbeitsteilung eingeklinkt. Dabei versuchen sie auch mit wachsendem Erfolg, zunehmend Kapital zu attrahieren. Denn, obwohl noch immer ein Großteil der internationalen Kapitalströme zwischen Industrieländern fließt, steigt doch der Anteil der Entwicklungsländer. Zudem ist Kapitalverkehr durch technologische Entwicklungen der vergangenen Jahre schneller und billiger geworden. Selbst bei kleinen Beträgen ist es heute möglich und lohnend, schnell auf sich verändernde Renditeunterschiede zu reagieren.

Mithin wird Globalisierung im Kontext dieser Studie so verstanden, daß zum ersten alle Länder potentiell in die internationale Arbeitsteilung eingreifen und daß zum zweiten Investoren sehr schnell auf neue Informationen bezüglich Ertrag und Risiko reagieren können. Auch hier sind potentiell Akteure aus allen Teilen der Erde beteiligt.

Die Furcht, die sich mit dieser Form der Globalisierung in Industrieländern verbindet, speist sich aus zwei Quellen: Erstens glauben die Menschen in Europa und Nordamerika ihre sozialen Besitzstände in Gefahr, wenn Unternehmen und Arbeitskräfte aus allen Teilen der Welt zu geringeren Faktorkosten auf den internationalen Märkten ihre Produkte anbieten. Zweitens wird eine Gefahr der Globalisierung darin gesehen, daß das gestiegene Ausmaß und die zunehmende Geschwindigkeit internationaler Transaktionen die Staaten in ihren Einflußmöglichkeiten beeinträchtigt. Sinkende Handlungsspielräume werden nicht nur in Hinsicht auf Besteuerungsmöglichkeiten, sondern auch in Fragen der Sozialpolitik, der Regulierung, der Wettbewerbspolitik und der Handelspolitik gesehen. Mit all diesen Fragen beschäftigen sich die Beiträge in den Teilen III und IV dieses Bandes. Um jedoch eine Grundlage für eine umfassende Analyse zu haben, werden in diesem Kapitel einige Fakten über Globalisierung zusammengetragen. Dabei werden zunächst in gebotener Kürze die Hauptursachen für den Wandel der internationalen Verflechtungen aufgezeigt.

---

drohung darstellen, z.B. Martin/Schumann (1996), Forrester (1996) und Misik (1996).

i) Globalisierung 1: Der Eintritt der Entwicklungs- und Reformländer

Wie ist es dazu gekommen, daß viele unterentwickelte Länder sich seit Mitte der achtziger Jahre vermehrt dem internationalen Handel zugewandt haben? Vermutlich zwei Gründe sind dafür ausschlaggebend. Zum einen hat sich in diesen Ländern die Haltung gegenüber internationaler Arbeitsteilung im Zuge der wirtschaftlichen Entwicklung gründlich verändert. Während vor allem in den sechziger Jahren, aber in vielen Ländern auch noch später, die Strategie der Importsubstitution weitgehend akzeptiert wurde, hat sich eine offenere exportorientierte Strategie danach mehr und mehr durchgesetzt, natürlich auch bedingt durch die Erfolge der südostasiatischen Schwellenländer mit ihrem Fokus auf Exporte. Von zunehmenden Exporterfolgen kann allerdings noch nicht zwingend auf eine konsequente Ausrichtung einer exportorientierten und die Abkehr von einer importsubstituierenden Strategie geschlossen werden (Milner, 1988, S. 74f.). Ohnehin ist es schwierig, die Strategien zweifelsfrei und eindeutig zu unterscheiden.[2] Im Zusammenhang mit der hier aufgeworfenen Frage scheint jedoch die Schlußfolgerung berechtigt zu sein, daß Länder, die Importprotektion und die damit verbundene Diskriminierung der Exporte einstellten oder zumindest verringerten, bessere Exporterfolge erzielten als andere.

Dies gilt nicht nur für südostasiatische Schwellenländer, sondern auch für andere Staaten, zum Beispiel lateinamerikanische Länder und die ehemals sozialistische Welt. Vor allem letztere waren bis zum Ende der achtziger Jahre kaum in die Weltwirtschaft integriert. Sie trieben vor allem untereinander Handel, dessen Ausmaß und Richtung zumeist auf politischen Entscheidungen und weniger auf komparativen Kostenvorteilen beruhte. Insofern kann man von einer impliziten Betonung einer importsubstituierenden Strategie sprechen. Außenhandel mit Drittstaaten wurde nur betrieben, um die Devisen für diejenigen Produkte zu erwirtschaften, die man nicht herstellen konnte, die aber für unverzichtbar gehalten wurden. Mit dem Zusammenbruch des Sozialismus schwand die Grundlage dieser Arbeitsteilung und die Länder wurden geradezu zur außenwirtschaftlichen Öffnung gezwungen. Aber auch in Lateinamerika, vor allem in Chile, Brasilien und Argentinien, wurde die Wirtschaftspolitik aufgrund enormer Krisen in den siebziger und achtziger Jahren verändert. Interne Reformen der Geldordnung und

---

[2] Außerdem ist der Zusammenhang von Entwicklungsgeschwindigkeit und strategischer Aus-

vieler Marktregulierungen wurde von einer außenwirtschaftlichen Öffnung begleitet (beispielhaft für Argentinien: Mastroberardino, 1994). Insgesamt wurde das Potential dieser Länder zu exportieren durch Reformen dieser Art deutlich erhöht.

Parallel dazu wurde in den letzten beiden Handelsrunden des GATT die Protektion der Industrieländer gegenüber Importen aus Entwicklungs- und Reformländern erheblich gesenkt. In der Tokio-Runde wurde mittels der Schweizer Formel die Zolleskalation gesenkt, indem die Zölle auf Vor-, Zwischen- und Endprodukte einander angenähert wurden (Werner/Willms, 1984, S. 38-60). Dadurch stiegen die Chancen der Entwicklungsländer, Fertigprodukte in die Industrieländer zu exportieren, an. Ebenso wichtig dürfte es gewesen sein, daß im Rahmen der Uruguay-Runde erstmals einige Sektoren in die Verhandlungen aufgenommen wurden, die zuvor offiziell als Ausnahmebereiche des GATT galten. Dies sind in erster Linie Textilien, Bekleidung und landwirtschaftliche Erzeugnisse.[3] Im Zuge der Uruguay-Runde ergab sich mit der sog. Cairns-Gruppe auch erstmals eine Koalition aus Entwicklungs- und Industrieländern mit dem Ziel, den Agrarprotektionismus der Europäischen Gemeinschaft zu brechen. Dies kann auch als Indiz für das erwachende Interesse der Entwicklungsländer an einer aktiven Rolle in der Weltwirtschaft interpretiert werden. Zuvor war im Rahmen der GATT-Runden vornehmlich über Zugeständnisse für Entwicklungsländer bei Exporten in Industrieländer und über Ausnahmen von den Prinzipien der Meistbegünstigung und Reziprozität im Falle der Entwicklungsländer verhandelt worden.

Zusammen haben diese beiden Tendenzen sicherlich zum Potential der Entwicklungs- und Reformländer zu vermehrtem Export, aber natürlich auch zu gestiegenem Import, beigetragen. Wie sich in Abschnitt 2 dieses Kapitels zeigt, haben die Länder von diesem Potential Gebrauch gemacht.

ii) Globalisierung 2: Der Bedeutungszuwachs der Kapitalströme

Internationaler Kapitalverkehr entwickelte sich nach dem Zweiten Weltkrieg zunächst nur schleppend. Es bestanden weltweit Kapitalverkehrskontrollen, die vor allem im Festkurssystem von Bretton Woods als notwendig erachtet wurden, um

richtung ebenfalls nicht eindeutig erkennbar (Donges, 1981, S. 50-54).

3 Daneben sind Dienstleistungen ebenfalls der GATT-Disziplin unterworfen.

die festgelegten Paritäten halten zu können. Seit dem Zusammenbruch dieses Systems wurden die Kapitalverkehrskontrollen zunehmend gelockert. Daneben hat es eine Reihe von Innovationen sowohl der Finanzmarktinstrumente als auch der Übertragungstechnologien von Finanztiteln gegeben, die den internationalen Transfer von Wertpapieren erheblich erleichtern. Alle drei Faktoren dürften erheblich dazu beigetragen haben, daß das Volumen der internationalen Kapitalströme per Zeiteinheit heute ein Vielfaches der internationalen Handelsströme im gleichen Zeitraum beträgt. Außerdem erhöht sich dadurch die Reaktionsmöglichkeit international ausgerichteter Investoren: Wenn die Investitionsbedingungen sich in einem Land relativ zu anderen Ländern verbessern (verschlechtern), kann ein Investor innerhalb weniger Augenblicke Kapital dorthin exportieren (von dort abziehen).

Dies gilt allerdings nicht für jede Art von Kapital, sondern hauptsächlich für Portfolioinvestitionen, deren einziges Ziel eine im Verhältnis zum Risiko angemessene Rendite sein dürfte. Ausländische Direktinvestitionen werden dagegen auch mit dem Ziel, unternehmerisch tätig zu sein, durchgeführt. Hinter der Investition können wiederum verschiedene Motive stehen (Dunning, 1972; Stehn, 1992).[4] Es wird für ein Land allgemein als wichtig erachtet, Direktinvestitionen zu attrahieren und einen positiven Saldo der Direktinvestitionsbilanz zu erzielen. Portfolioinvestitionen werden als weniger wichtig, da beweglicher und mehr den Launen der Investoren ausgeliefert, angesehen. Diese einfache Betrachtung ist aus mehreren Gründen kritisch zu beurteilen. Denn erstens kann es sehr wichtig sein, Direktinvestitionen im Ausland zu tätigen, zum Beispiel um eigene Exporte mit einem Vertriebsnetz abzusichern. Auf diese Weise sichern Direktinvestitionen im Ausland Arbeitsplätze im Inland. Zweitens kann man Investitionen im Inland sehr wohl mit Portfolioinvestitionen aus dem Ausland finanzieren. Dabei kommt es auch nicht unbedingt auf die formale Fristigkeit der Portfolioinvestitionen an, denn faktisch kann eine kurzfristige Anlage mit einer langfristigen Absicht der Kapitalbindung und umgekehrt getätigt werden. Fristen lassen sich jederzeit transformieren (Dluhosch/Freytag/Krüger, 1996, S. 87-90). Für die Schaffung von Arbeitsplätzen im Inland kommt es darüber hinaus nicht so sehr auf den Saldo der ausländischen Direktinvestitionen, sondern generell auf die im Inland

---

[4] Langfristig werden auch FDI durch Renditeüberlegungen beeinflußt. Sind die Standortbedingungen in einem Land schlecht, wird es auch von FDI gemieden.

getätigten Investitionen an. Welcher Teil davon aus ausländischen Quellen stammt, mag zunächst unerheblich sein. Allerdings ist es auch nicht so, daß Direktinvestitionen keinerlei Aussagegehalt besitzen. So geben ausländische Direktinvestitionen im Inland sicherlich einen Hinweis auf die allgemein vermutete Standortqualität eines Landes. Wenn aber die Investitionsneigung generell gering ist, weil die inländischen und ausländischen Investoren eine niedrige Rendite ihrer Investitionen im Inland vermuten, dann ist der Fokus auf Direktinvestitionen allerdings verfehlt.

Erwähnenswert, weil in der öffentlichen Diskussion weitgehend vernachlässigt, ist darüber hinaus die Unterscheidung zwischen Brutto- und Nettoströmen. Für die tatsächlich getätigten Investitionen kommt es auf Netto-Kapitalströme, d.h. auf Salden, an. Wenn Amerikaner genau soviel Kapital in Deutschland anlegen wie Deutsche in den Vereinigten Staaten, zeigt dies vor allem an, daß es unterschiedliche Präferenzen, Erwartungen und Einschätzungen des Risikos auf beiden Seiten des Atlantiks gibt.

Es handelt sich bei den Kapitalanlegern überdies keineswegs nur um private Investoren, die ihren Launen folgen und Kapital entweder in eine attraktive Anlage investieren oder sich günstig am ausländischen Kapitalmarkt verschulden. Der Staat ist ebenfalls ein bedeutender Akteur auf den internationalen Kapitalmärkten. Dies gilt auf jeden Fall, wenn man Nettogrößen betrachtet. Im Jahre 1996 zum Beispiel hat sich die Öffentliche Hand im Ausland doppelt so hoch verschuldet, wie private Anleger dort Titel erwarben oder Direktinvestitionen tätigten, jeweils per Saldo. Dadurch relativiert sich möglicherweise eine prominente Kritik an der Globalisierung, nämlich die Unkontrollierbarkeit der internationalen Kapitalströme: Hielte der potentielle Kontrolleur sich zurück, gäbe es weniger Kontrollbedarf.

Nach diesem kurzen Überblick wird sich Abschnitt 2 dieses Beitrags näher mit dem Güterhandel beschäftigen. Dabei wird anhand empirischen Zahlenmaterials gezeigt, wie sich der Güterhandel in den letzten 20 Jahren gewandelt hat. Anschließend geht Abschnitt 3 näher auf die Kapitalbewegungen ein. Abschnitt 4 faßt die Überlegungen zusammen. Darüber hinaus werden wirtschaftspolitische Fragen aufgeworfen, die die nachfolgenden Beiträge zu beantworten versuchen.

2 Internationaler Handel mit Gütern und Dienstleistungen

Dieser Abschnitt soll der Frage nachgehen, ob seit den siebziger Jahren neue Aspekte im Handel mit Gütern und Dienstleistungen zu finden sind.

Wenn man heute von Globalisierung spricht, dann kann damit sicher nicht die bloße Feststellung gemeint sein, daß Güter gehandelt werden, denn der Austausch von Gütern zwischen Nationen ist kein Phänomen der Neuzeit.[5] Neue Dimensionen in der internationalen Arbeitsteilung können also allenfalls durch

- „neue Teilnehmer" am Welthandel und
- das erreichte Niveau der internationalen Arbeitsteilung entstanden sein.

Abbildung B.1 macht deutlich, daß zumindest einige der Schwellen- und Reformländer stärker am internationalen Güteraustausch teilnehmen. Der von ca. 5 vH im Jahre 1970 auf knapp 20 vH im Jahre 1995 gestiegene Anteil der Exporte an den gesamten Weltexporten der hier ausgewählten Schwellenländer stützt die Hypothese, daß es „neue Teilnehmer" in der internationalen Arbeitsteilung gibt. Dabei ist auch zu erkennen, daß die Entwicklung nicht für alle betrachteten Länder gleich und stetig verlief. Wählt man die Stetigkeit der Zunahme der Exportanteile als Unterscheidungsmerkmal, so können die betrachteten Schwellenländer in zwei Gruppen aufgeteilt werden - Brasilien und Mexiko auf der einen Seite und die Länder Ost- bzw. Südostasiens auf der anderen Seite. Während Brasilien 1995 wieder den gleichen Exportanteil aufwies wie bereits im Jahre 1970, hat Mexiko seinen Exportanteil im gleichen Zeitraum immerhin verdoppelt. Im Gegensatz zu den beiden lateinamerikanischen Ländern haben die ost- bzw. südostasiatischen Länder ihre Exportanteile stetig erhöhen können. Dabei zeigt sich, daß die Teilnahme am Welthandel nicht gleichzeitig erfolgte. Südkorea verdoppelte seinen Exportanteil das erste Mal bereits zwischen 1970 und 1975. Die gleiche Entwicklung erfolgte für Singapur und Taiwan zwischen 1975 und 1980 und für die restlichen betrachteten asiatischen Länder nach 1980. Diese erste Stufe kann damit erklärt werden, daß sich die betrachteten Schwellenländer Asiens ihrer komparativen Kostenvorteile bewußt wurden. Eine zweite Stufe ist zwischen 1990 und 1995 zu erkennen, in der die asiatischen Länder ihre Exportanteile erneut nahezu verdoppeln konnten. Dies kann vor allem damit erklärt

[5] Krugman (1995) zeigt am Beispiel Großbritanniens, daß bereits im 19. Jahrhundert ein intensiver Güterhandel betrieben wurde.

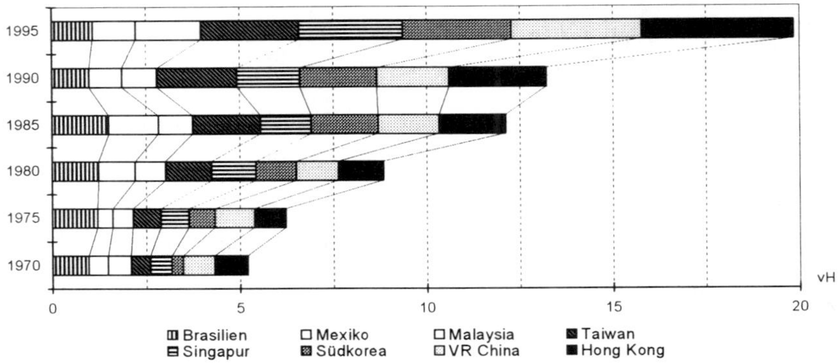

Abbildung B.1: Kumulierte Anteile ausgewählter Schwellenländer am Weltexport[a] 1970-1995

[a] Warenexport aller Länder der Welt, ohne Rohöl.
Quelle: IMF, International Financial Statistics, eigene Berechnungen.

werden, daß aufgrund der vorangegangenen erfolgreichen Entwicklung diese Länder nun in neue Marktsegmente vorstoßen, die vorher den Industrieländern vorbehalten waren.

Die Zweiteilung der betrachteten Schwellenländer in lateinamerikanische auf der einen und ost- bzw. südostasiatische auf der anderen Seite macht vor allem eines deutlich: Die erfolgreiche Teilnahme am Welthandel (hier gemessen am Exportanteil am gesamten Weltexport) ist keineswegs selbstverständlich, sondern offenbar an bestimmte institutionelle Rahmenbedingungen geknüpft.

Ein neuer Aspekt der Globalisierung könnte auch der oben angeführte Punkt zwei sein, daß die internationale Arbeitsteilung für die Industrieländer stetig gestiegen ist und somit ein bisher nicht bekanntes Niveau erreicht. Wie groß die erreichte internationale Verflechtung eines Landes ist, wird häufig mit dem sog. Offenheitsgrad gemessen. Er setzt das Handelsvolumen, also die Summe aus Exporten und Importen, in Beziehung zum Bruttoinlandsprodukt. Alternativ wird häufig die Export- bzw. Importquote verwandt, die Exporte bzw. Importe ins Verhältnis zum Bruttoinlandsprodukt setzt. In Abbildung B.2. sind die

Exportquoten für einige Länder abgebildet.[6] Die Gruppe der asiatischen Länder (AS) setzt sich aus Indonesien, Südkorea, Singapur und Thailand zusammen.

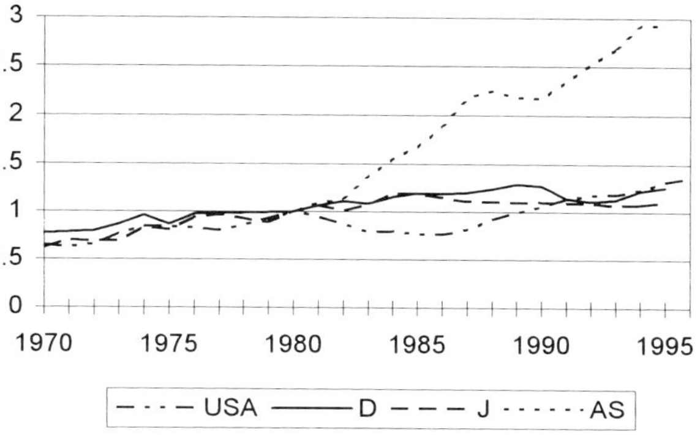

Abbildung B.2: Exportquoten[a] ausgewählter Industrie- und asiatischer Länder

Quelle: IMF, International Financial Statistics, eigene Berechnungen.

[a] Die Exportquote ist gleich dem Quotienten aus den Exporten und dem Bruttoinlandsprodukt zu festen Preisen (1990=100). Ferner wurden die Exportquoten normiert (1980=1).

Zunächst zeigt Abbildung B.2, daß alle betrachteten Länder stärker an der internationalen Arbeitsteilung teilhaben. Dabei unterscheiden sich sowohl Niveau als auch die zeitliche Entwicklung der Exportanteile am Bruttoinlandsprodukt (BIP) innerhalb der Industrieländer beträchtlich. Die Exportquote der USA ist seit ca. 1987 ständig gestiegen. Diese Tatsache paßt gut zu der insgesamt erfolgreichen wirtschaftlichen Entwicklung der USA. Die amerikanischen Unternehmen haben wieder an Wettbewerbsfähigkeit gewonnen, das sich sehr deutlich an den Exportquoten des Landes ablesen läßt. Das insgesamt niedrige Niveau dieser Quote (8,8 vH in 1996) ist mit der Größe des Landes zu erklären. Große Länder sind

[6] Der Exportquote wird hier als Maßzahl für den Grad der internationalen Verflechtung eines Landes verwandt, da die international vergleichbaren Importdaten cif erhoben werden. Somit enthalten sie Teile von Transportkosten, wie z.B. Transportversicherungen, die im Laufe der Jahre gesunken sind. Dadurch würde der klassische Offenheitsgrad über den Zeitablauf nach unten verzerrt. Ferner wurden für die Berechnung der Exportquoten Export- und BIP-Daten zu festen Preisen (1990=100) zugrundegelegt. Dies hat den Vorteil, daß auch eine unterschiedliche Entwicklung der Exportpreise und der Konsumentenpreise eines Landes die Exportquoten nicht verzerren kann.

generell weniger auf internationale Arbeitsteilung angewiesen, da diese schon im eigenen Land stattfinden kann. Dementsprechend liegt das Niveau der Exportquoten Deutschlands auch höher. Für Deutschland stieg der Anteil der Exporte am BIP von 16,5 vH im Jahre 1970 auf ca. 27 vH im Jahre 1995. Die Entwicklung des Exportanteils verlief insgesamt stetig. Der leichte Rückgang nach 1990 ist mit der Vereinigung zu erklären. Mit der Vereinigung wurden einerseits bisherige Exporte in die frühere DDR zu Binnenhandel. Andererseits ist damit aus Sicht der neuen Bundesländer ein Wechsel in der Entwicklungspolitik einher gegangen. Die in den sozialistischen Ländern generell übliche Importsubstitution wurde abgeschafft. Die sich entfaltende Nachfrage nach Gütern aller Art zusammen mit den von den alten Bundesländern geleisteten Transferzahlungen bewirkten nun, daß ein Teil der Exporte absorbiert wurde.

Für Japan läßt sich das Niveau der Exportquote (9,7 vH 1995), wie schon bei den USA mit der Größe des Landes erklären. Hier fällt jedoch auf, daß der Exportanteil seit 1987 stagniert. Dieses recht ungewöhnliche Phänomen könnte nun damit erklärt werden, daß Japan durch Direktinvestitionen versucht hat, Importbeschränkungen anderer Industrieländer durch Direktinvestitionen zu umgehen. Exemplarisch dafür sind die Investitionen japanischer Autokonzerne in Großbritannien und den USA. In dem Maße, in dem die japanischen Konzerne Tochtergesellschaften im Ausland gründen, um Handelsbeschränkungen zu umgehen, gehen die Exporte zurück. Ferner könnten die Exporte im Verhältnis zum BIP deshalb langsamer gestiegen sein, weil Japan einige „freiwillige“ Selbstbeschränkungen bezüglich Exportmengen eingehen mußte. Darüber hinaus dürfte die Strukturkrise, die auch Japan erfaßt hat, dazu beigetragen haben, daß die Maßzahl für die Offenheit dieses Landes nicht weiter gestiegen ist.

Die Entwicklung der Exportquote der asiatischen Länder ist beeindruckend. Im Grunde bestätigen sie jedoch nur die Vermutung, daß diese Länder „neue“ und vor allem erfolgreiche Teilnehmer im Welthandel sind. Die Entwicklung der internationalen Verflechtung dieser Länder korrespondiert mit den Exportanteilen an den gesamten Weltexporten. Bis 1985 nehmen die Exporte im Verhältnis zum BIP sehr stark zu. Zwischen 1987 und 1990 stagnierte der Anteil der Exporte am BIP - ein Zeitraum, in denen der Exportanteil am Weltexport auch weniger stark zunahm als in den Jahren davor. Seit 1990 wird an die Entwicklung von vor 1987 angeknüpft. Dabei kann man in den Jahren von 1987 bis 1990 nicht von einer Exportschwäche der asiatischen Länder sprechen. Vielmehr wuchs das BIP wesentlich stärker als in den Jahren davor und den Jahren danach. Der höchste reale Zuwachs des BIP dieser Ländergruppe wurde 1988 mit 16 vH und 1989 mit 11 vH erreicht.[7] Trotzdem kann die Schlußfolgerung gezogen werden, daß diese Länder sehr stark an der internationalen Arbeitsteilung teilnehmen.

Es kann also festgestellt werden, daß es auch im klassischen Güterhandel neue Aspekte gibt. Zum einen erreicht der Grad der internationalen Verflechtung sein höchstes Niveau in der Nachkriegszeit. Zum anderen nehmen immer mehr Länder am internationalen Gütertausch teil, die vorher nur eine geringe Rolle gespielt haben.

Schließlich zeigt Tabelle B.1, daß sich nicht nur der Exportanteil der Entwicklungsländer an den gesamten Weltexporten erhöht hat, sondern sich auch deren Zusammensetzung verändert hat.[8]

Deutschland importierte im Jahre 1970 vor allem Primärgüter aus Entwicklungsländern. Der Anteil der aus Entwicklungsländern importierten Industriegüter lag bei 21,3 vH. Schon 1980 verändert sich das Bild. Zwar ist der Anteil der Primärgüterimporte aus Entwicklungsländern noch sehr hoch (74,6 vH), doch dies ist vor allem auf die verstärkte Nachfrage nach Brennstoffen zurückzuführen. Der Anteil der „reinen" Rohstoffimporte sank um mehr als die Hälfte, auf 8,6 vH. Im Jahre 1985 waren bereits ca. ein Drittel der Importe Deutschlands aus Entwicklungsländern Industriegüter. Dieser Trend setzt sich bis 1993 fort. Der Anteil der aus Entwicklungsländern importierten Industriegüter betrug in diesem Jahr bereits zwei Drittel. Dabei zeigt sich, daß die Entwicklungsländer keineswegs arbeitsintensives und technologisch einfaches Spielzeug produzieren, sondern auch technologisch komplexe Produkte wie Fahrzeuge.

---

[7] Ein direkter Vergleich des erreichten Niveaus der Exportquoten ist nicht möglich. Das Maß der Offenheit der asiatischen Ländergruppe wurde als das Verhältnis der ungewichteten Summen der Exporte und der Bruttoinlandsprodukte errechnet. Dieses Maß ist nun insofern verzerrt, als daß in dieser Ländergruppe sowohl kleine Länder (Singapur, Thailand, Korea) als auch ein großes Land (Indonesien) zusammengefaßt wurden. Der für kleine Länder generell höhere Anteil der Exporte am BIP läßt die internationale Verflechtung dieser Länder höher erscheinen als sie tatsächlich ist.

[8] Hier wird nicht zwischen Entwicklungs- und Schwellenländern unterschieden.

Tabelle B.1: Veränderung der Zusammensetzung des Handels zwischen Deutschland und Entwicklungs- und außereuropäischen Staatshandelsländern zwischen 1970 und 1993

SITC	Güteranteile	1970	1980	1985	1990	1993
0	Nahrungsmittel/lebende Tiere	23.0	12.3	17.1	13.0	11.0
1	Getränke/Tabak	0.9	0.7	0.9	0.7	0.8
2	Rohstoffe (ohne mineral. Brennst.)	19.9	8.6	10.4	7.9	5.4
3	Min. Brennst., Schmiermittel usw.	32.4	52.1	36.8	18.1	13.7
4	Tier./pflanzl. Öle, Fette, Wachse	2.1	0.8	1.6	0.8	0.8
	Primärgüter insgesamt	**78.3**	**74.6**	**66.8**	**40.5**	**31.6**
5	Chemische Erzeugnisse	0.9	1.0	1.9	2.3	2.0
6	Bearbeitete Waren	14.8	9.2	9.7	12.4	10.9
7	Masch.bau, Elektronik, Fahrzeuge	0.9	3.5	7.2	18.1	23.9
8	Verschiedene Fertigwaren	4.7	10.3	12.7	24.5	30.3
	Industriegüter insgesamt	**21.3**	**24.0**	**31.6**	**57.3**	**67.1**
10	insgesamt[9]	99.6	98.5	98.3	97.8	98.7

Quelle: Statistisches Bundesamt, Statistisches Jahrbuch, div. Jg.

Zusammenfassend kann also festgestellt werden, daß es drei „neue Aspekte" der Globalisierung in Bezug auf den klassischen Güterhandel gibt. Zum einen gibt es „neue" Akteure am Weltgütermarkt - die sog. Schwellenländer. Zum anderen hat das Niveau der internationalen Verflechtung den höchsten Stand in der Nachkriegszeit erreicht. Schließlich ist zu beobachten, daß sich die Zusammensetzung der Importe Deutschlands aus den Entwicklungsländern (innerhalb dieser Gruppe, aber vor allem den Schwellenländern) geändert hat. Wurden früher vor allem Primärgüter wie Rohstoffe importiert, so werden heute bereits weit mehr Industriegüter als Primärgüter importiert.

[9] Die Spaltensummen addieren sich deshalb nicht zu 100, da nicht klassifizierte Importe aus Entwicklungsländern nicht in die Berechnung einbezogen wurden.

3 Internationale Kapitalbewegungen

Die Globalisierung umfaßt nicht nur eine starke Expansion des internationalen Handels mit Gütern und Dienstleistungen. Der zweite, von vielen Beobachtern als für die Wirtschaftspolitik sogar noch bedeutsamer angesehene Aspekt des Phänomens besteht in der Liberalisierung des internationalen Kapitalverkehrs und der damit verbundenen Zunahme der internationalen Direktinvestitionen. Wie schon beim internationalen Güterhandel lassen sich zwei Globalisierungseffekte unterscheiden: der zunehmende Handel unter den Industrieländern auf der einen Seite und die Integration der Entwicklungs-, Schwellen-, und Reformländer auf der anderen. Internationale Direktinvestitionsverflechtungen zwischen Industrieländern sind bereits seit den fünfziger Jahren üblich. Auch wenn deren Volumen in den letzten Jahren noch einmal stark zugenommen hat, läßt sich doch argumentieren, daß der innovativere Aspekt dieser Seite der Globalisierung darin besteht, daß mit dem Wechsel des entwicklungspolitischen Paradigmas nun auch die Entwicklungs- und Reformländer sich als Investitionsstandorte anbieten. Wurde der Tätigkeit multinationaler Unternehmen dort in den sechziger und siebziger Jahren vielfach noch mit Mißtrauen oder offener Ablehnung begegnet, so überstürzen sich die Regierungen vieler dieser Länder heute geradezu in ihren Bemühungen, besonders attraktiv auf ausländische Investoren zu wirken und durch Direktinvestitionen in den Genuß von Kapital- und Know-How-Transfers zu kommen.

Die ökonomischen Effekte der Kapitalmarktintegration sind z.T. analog zu denen der Integration der Gütermärkte. Zunächst einmal bedeutet eine stärkere Integration der Märkte eine stärkere Spezialisierung und damit eine effizientere Nutzung der vorhandenen Ressourcen, was letztlich ein höheres Wohlstandsniveau für alle Handelspartner bedeutet. Das gilt für den Handel mit Kapital genauso wie für den Handel mit Gütern und Dienstleistungen. Erst internationaler Handel erlaubt es dem Kapital, in die weltweit produktivste Verwendung zu fließen und so die höchstmöglichen Renditen zu erwirtschaften - zum Wohle der Kapitaleigner.

Hinzu kommt allerdings, daß Kapitaltransfers selbst einen Kapazitäts- oder Potentialeffekt haben: Der Zufluß von Kapital durch Direkt- (und auch Portfolio-) investitionen erhöht im Empfängerland den Bestand an nutzbaren Produktionsfaktoren und damit die Produktivität der übrigen, zumeist immobileren Produktionsfaktoren. Da das an einem Standort investierte Kapital jedoch nicht gleichzeitig für Investitionen an anderen Standorten verfügbar ist, stehen die immobilen Produktionsfaktoren an den verschiedenen Standorten (Regionen, Ländern, Gemeinden), insbesondere der Faktor Arbeit, miteinander im Wettbewerb um das mobile Kapital. Zunehmende Globalisierung im Wege steigender Mobilität des Kapitals, manifestiert durch zunehmende Direktinvestitionen zwischen Industrieländern, bedeutet somit auch zunehmenden Wettbewerb der Standorte.

Die hinzukommende Integration der Entwicklungs- und Reformländer in die weltweiten Direktinvestitionsströme entspricht in ihren ökonomischen Auswirkungen auf die Industrieländer weitgehend denen des internationalen Güterhandels mit diesen Ländern: Wieder dürften es hauptsächlich die Anbieter einfacher Arbeit sein, die den internationalen Konkurrenzdruck zu spüren bekommen. In diesem Fall dadurch, daß arbeitsintensive Produktionsprozesse von inländischen Unternehmen in Länder ausgelagert werden, in denen die Lohnkosten niedriger sind. Neben die indirekte Integration der nationalen Faktormärkte über den Güterhandel tritt die direkte, die sich durch den Handel mit Kapital ergibt.

i) Internationale Entwicklung der Direktinvestitionsströme

Empirisch ist der Kapitalmarktaspekt der Globalisierung schwieriger zu erfassen als die Integration der Gütermarkte. Das liegt allein schon daran, daß die Datenbasis hinsichtlich des internationalen Kapitalverkehrs weitaus dünner ist als hinsichtlich des Güterverkehrs - ein Umstand der nicht zuletzt darin begründet liegt, daß die für die Erhebung statistischen Materials verantwortlichen staatlichen Stellen über die Zolleinnahmen lange ein direktes Interesse an einer möglichst lückenlosen Erfassung internationaler Gütertransaktionen hatten, während der Kapitalverkehr fiskalisch uninteressant war. Als Ausdruck der Globalisierung des Kapitalmarktes wird häufig einfach das Ausmaß bzw. die Zuwachsraten der internationalen Direktinvestitionen herangezogen. Tatsächlich sind die Direktinvestitionen der wesentlichen Industrieländer absolut genommen über die letzten zwei Jahrzehnte, insbesondere jedoch seit Mitte der achtziger Jahre, kräftig gestiegen. Da im gleichen Zeitraum jedoch auch viele andere makroökonomische Größen, wie etwa das reale Bruttoinlandsprodukt oder das allgemeine Preisniveau stark zugenommen haben, ist diese Beobachtung allein wenig aussagefähig. Erst im Vergleich mit einer anderen Größe ist der Zuwachs der Direktinvestitionsströme interpretierbar.

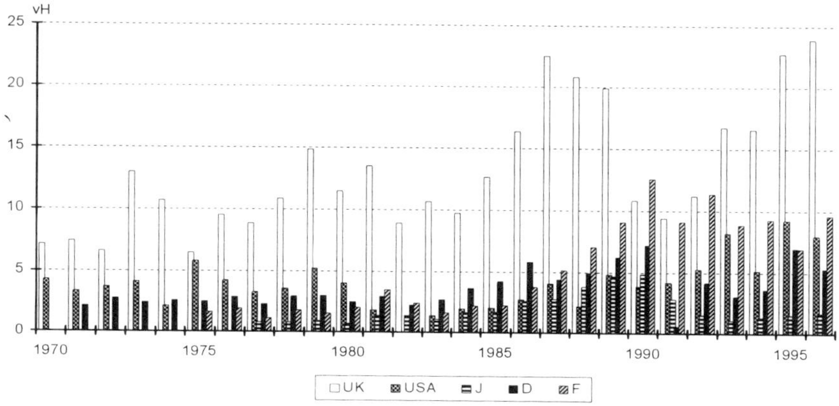

Abbildung B.3: Anteil der Direktinvestitionen an den gesamten von Inländern getätigten Investitionen, ausgewählte Industrieländer 1970-1996, in vH

Quelle: IMF *International Financial Statistics*. Abfließende Direktinvestitionen: Direct Investment Abroad (Position 78bdd). Die in US-Dollar angegebenen Werte wurden in nationale Währung umgerechnet mit dem jahresdurchschnittlichen US-Dollar-Kurs der jeweiligen Währung. Gesamte von Inländern getätigte Investitionen: Bruttoinvestitionen im Inland (Gross Fixed Capital Formation, Position 93ec) zuzüglich der abfließenden ausländischen Direktinvestitionen in nationaler Währung abzüglich der zufließenden Direktinvestitionen (Posititon 78bed), letztere wiederum in die jeweilige nationale Währung umgerechnet mit dem jahresdurchschnittlichen US-Dollar-Kurs. Eigene Berechnungen.

Sinnvoll erscheint vor allem die Gegenüberstellung der Direktinvestitionen von Inländern im Ausland mit den gesamten von Inländern im Inland und im Ausland getätigten Investitionen[10] in einem bestimmten Zeitraum. Das Verhältnis dieser beiden Größen zeigt an, wie stark die inländischen Investoren das Ausland bei ihren Entscheidungen berücksichtigen und kann daher als Maß der Kapitalmarktintegration gelten. Abbildung B.3 zeigt den Verlauf dieses Indikators für Deutschland, Frankreich, die USA, Japan und Großbritannien für die Zeit von 1970 bis 1996. Tatsächlich kommt es offenbar seit dem Ende der achtziger Jahre

[10] Also den inländischen Bruttoinvestitionen zzgl. der Direktinvestitionen der Inländer im Ausland abzgl. der Direktinvestitionen von Ausländern im Inland. Klodt/Maurer (1996) berechnen einen ähnlichen Indikator. Sie setzen allerdings nur die Direktinvestitionen von Inländern im Ausland in Beziehung zu den Bruttoanlageinvestitionen. Der hier berechnete Indikator ist präziser und umfassender, da er auf die gesamten Investitionen der Inländer abstellt und sowohl die Bruttobauinvestitionen als auch die Direktinvestitionen der Inländer berücksichtigt, gleichzeitig aber um die Direktinvestitionen der Ausländer im Inland korrigiert.

zu einer stärkeren Berücksichtigung ausländischer Standorte bei den Investitionsentscheidungen. Insbesondere in den letzten Jahren hat sich der Indikator für die hier aufgeführten Länder - mit Ausnahme Japans - gegenüber den siebziger und frühen achtziger Jahren immerhin fast verdoppelt. Aufgrund der offensichtlich sehr hohen Konjunkturabhängigkeit des Indikators und einer Reihe von Sonderfaktoren, wie der deutschen Vereinigung, die kurzfristig nahezu zum Versiegen der deutschen Direktinvestitionen führte, sowie der Finanz- und Konjunkturkrise in Japan, ist es allerdings möglicherweise noch etwas früh, um wirklich von einem Trend zu sprechen. Erste Anzeichen dafür existieren gleichwohl.

Beachtenswert ist allerdings auch die absolute Höhe des Indikators, die außer in Großbritannien die 10 vH-Marke nicht überschreitet, in Deutschland und vor allem Japan derzeit sogar deutlich darunter liegt. Der Kapitaltransfer ins Ausland via Direktinvestitionen ist demnach zwar keine vernachlässigbare Größe mehr; der weitaus überwiegende Teil des Kapitals wird von den Investoren jedoch - trotz des weitgehenden Abbaus institutioneller Hemmnisse für Auslandsanlagen - immer noch im eigenen Land angelegt (vgl. auch IMF, 1997, S. 61).

*ii) **Regionalstruktur der Direktinvestitionen***

Die Empfänger der internationalen Direktinvestitionsströme sind offenbar mehrheitlich Industrieländer (vgl. Stehn, 1992). Die Tabelle B.2 zeigt die Anteile ausgewählter Länder bzw. Ländergruppen an der Summe der von 33 ausgewählten Ländern empfangenen Direktinvestitionen in 1975, 1987 und 1995. Danach machen die Industrieländer, hier vertreten durch die USA, Japan und die EU-Länder, derzeit immer noch zwei Drittel des gesamten Kapitaltransfers im Rahmen von Direktinvestitionen unter sich aus. Gleichwohl ist ein deutlicher Trend zur Integration der Schwellen- und Reformländer in den internationalen Kapitalverkehr erkennbar. Immerhin hat sich der Anteil dieser Länder an den gesamten Direktinvestitionen gegenüber 1975 verdoppelt und gegenüber 1987 sogar verdreifacht - bei gleichzeitig weltweit zunehmenden Gesamtvolumen der Direktinvestitionen, was die Standortkonkurrenz der Länder um einiges entschärft haben dürfte.

Der Löwenanteil der Kapitaltransfers außerhalb der Industrieländer entfiel dabei 1995 auf die sich besonders dynamisch entwickelnden ostasiatischen Schwellenländer. Ob die internationalen Investoren diese Prioritätenliste nach den jüngsten

Währungs- und Finanzkrisen in der Region allerdings beibehalten werden, bleibt abzuwarten, denn auch Osteuropa und Lateinamerika sind nach den Liberalisierungs- und Restrukturierungsmaßnahmen der späten achtziger und frühen neunziger Jahre attraktive Standorte für Direktinvestitionen geworden. Für deutsche Unternehmen sind insbesondere die osteuropäischen Länder in den letzten Jahren zu einem bedeutenden Ziel von Direktinvestitionen geworden.

Tabelle B.2: Regionale Aufteilung der weltweiten Direktinvestitionen Anteile ausgewählter Länder bzw. Regionen, in vH, 1975-1995

Land / Region	1975	1987	1995
USA	17,8	54,0	23,5
Japan	0,0	1,1	0,1
EU	67,8	35,5	43,9
davon:			
Großbritannien	*34,0*	*34,7*	*20,1*
Frankreich	*16,0*	*16,4*	*21,1*
Deutschland	*7,1*	*4,7*	*10,6*
Spanien	*7,0*	*12,4*	*5,4*
Italien	*6,6*	*6,8*	*4,3*
Osteuropa	-	-	4,3
Südostasien	5,0	6,4	21,5
Lateinamerika	9,4	3,0	6,9
Summe	100,0	100,0	100,0

Anmerkungen: Anteil der zufließenden Direktinvestitionen des jeweiligen Landes bzw. der jeweiligen Region an der Summe der zufließenden Direktinvestitionen in den hier untersuchten Ländern.
Region Osteuropa: Polen, Slowenien, Tschechische Republik und Ungarn. Region Südostasien: Singapur, Südkorea, VR China, Thailand, Indonesien und Malaysia. Region Lateinamerika: Argentinien, Chile und Brasilien.
Quelle: IMF-International Financial Statistics, eigene Berechnungen.

Abbildung B.4 macht diese Entwicklung anhand der deutschen Netto-Direktinvestitionen, also dem Saldo aus nach Deutschland zu- und aus Deutschland abgeflossenen Direktinvestitionen, deutlich.[11] Der obere Teil der Abbildung

[11] Prinzipiell wäre für diese Analyse eine Betrachtung von Bruttogrößen vorzuziehen. Vorteile bei der Datenverfügbarkeit bestimmten die Entscheidung für die Nettogrößen. Für die hier im Vordergrund des Interesses stehenden deutschen Kapitalverflechtungen mit Entwicklungs- und Reformländern dürfte der Unterschied zwischen der Brutto- und der Nettobetrachtung allerdings nicht ins Gewicht fallen, da die Brutto-Direktinvestitionen dieser Länder in der Bundesrepublik gering sind: Zum Beispiel machten 1993 die (Brutto-) Direktinvestitionen aus Entwicklungs- und Reformländern zusammen gerade einmal 5,3 vH der gesamten von der Bundesrepublik

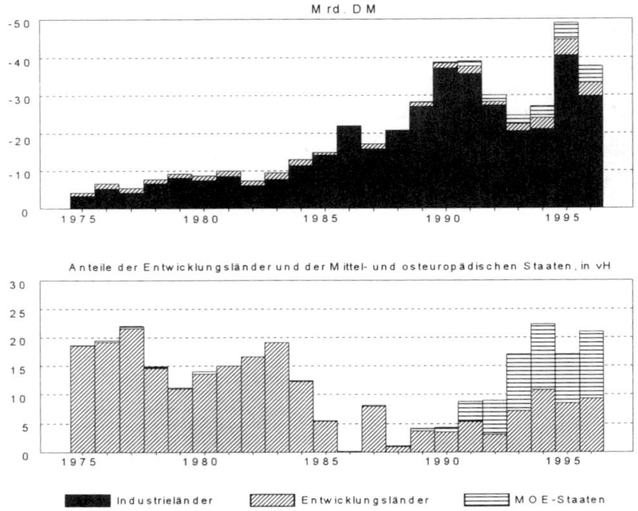

Abbildung B.4: Deutsche Netto-Direktinvestitionen im Ausland nach Gruppen von Empfängerländern, 1975-1996

Quelle: Deutsche Bundesbank, Zahlungsbilanzstatistik. Vierteljahreswerte zu Jahreswerten aufsummiert. Eigene Berechnungen.

gibt zunächst die absoluten Werte in Mrd. DM an. Sie sind negativ, da die Bundesrepublik seit 1973 mehr Kapital in Form von Direktinvestitionen ausführt, als sie empfängt.

Der untere Teil der Abbildung zeigt die Anteile der Entwicklungsländer und der mittel- und osteuropäischen Staaten an den gesamten Netto-Direktinvestitionen; der Anteil der Industrieländer ergibt sich als Residualgröße. Im längeren Zeitvergleich ist die Tendenz beim gesamten Kapitalverkehr mit Entwicklungs- und Reformländern uneinheitlich. Derzeit machen die Netto-Direktinvestitionen in dieser Ländergruppe etwa 20 vH der gesamten Netto-Direktinvestitionen aus. Sie haben damit etwa wieder den Anteil, den sie während der siebziger und frühen achtziger Jahre hatten - jedoch damals bei weitaus geringerem Gesamtvolumen. Außerdem hat sich ihre Aufteilung verändert: Nachdem die osteuropäischen Re-

---

empfangenen Direktinvestitionen aus. Im gleichen Zeitraum flossen dreimal mehr Mittel aus der Bundesrepublik in diese Länder als aus diesen Ländern in die Bundesrepublik kam. Vgl. Deutsche Bundesbank (1997a).

formstaaten ab 1989 für deutsche Investoren attraktiv wurden, ging ein steigender Teil des Zuwachses der Netto-Direktinvestitionen in diese Region. Seit 1992 übersteigt der Anteil der auf diese Länder entfallenden deutschen Netto-Direktinvestitionen sogar leicht jenen der Entwicklungs- und Schwellenländer. Das scheinbare Absinken der Entwicklungs- und Schwellenländer in der Gunst deutscher Investoren ist jedoch nur relativ. Absolut haben auch die deutschen Netto-Direktinvestitionen in dieser Region seit 1989 zugenommen.

Insgesamt lassen sich anhand der Daten die oben genannten Charakteristika der Globalisierung recht gut nachweisen. Tatsächlich sind die Direktinvestitionen zwischen Industrieländern über die letzten Jahre stetig gewachsen. Gleichzeitig gewinnen aber offenbar seit Ende der achtziger Jahre die Entwicklungs- und Reformländer als Standorte für ausländische Direktinvestitionen immer mehr an Bedeutung.

iii) ***Direktinvestitionen und Beschäftigung***

Relativ eindeutig ist der Trend zur Globalisierung wenn man die Beschäftigung als Indikator nimmt. Tabelle B.3 im Anhang stellt die inländische Beschäftigung in den einzelnen Wirtschaftszweigen des Verarbeitenden Gewerbes und des Dienstleistungssektors, der Beschäftigung in Auslandsunternehmen mit deutscher Beteiligung sowie Zweigniederlassung und Betriebsstätten deutscher Unternehmen im Ausland gegenüber. Die ersten beiden Spalten geben den Anteil der Auslandsbeschäftigten an den gesamten Beschäftigten, d.h. der Summe der Inlands- und Auslandsbeschäftigten an. Danach waren 1989 im gesamten Verarbeitenden Gewerbe mit 18 vH bereits knapp ein Fünftel der gesamten Beschäftigten in ausländischen Tochterunternehmen oder Beteiligungen deutscher Unternehmen tätig. Bis 1994 ist dieser Anteil auf 22,5 vH gestiegen; auch bei der Globalisierung der Beschäftigungsverhältnisse ist also ein Aufwärtstrend erkennbar. Im Dienstleistungssektor ist der Anteil der Auslandsbeschäftigten dagegen immer noch vernachlässigbar.

Die Vorreiterrolle in der Industrie nehmen das Ledergewerbe, die Chemische Industrie, die Automobilindustrie und die Elektrotechnik ein. Verschiedene Autoren[12] haben auf die Orientierung der deutschen Direktinvestitionsströme an den Handelsströmen hingewiesen. Sie zeigt sich indirekt auch anhand der Beschäftigungszahlen. So sind es mit Ausnahme des Ledergewerbes sowie der Gummiverarbeitung, die möglicherweise aufgrund der starken weltweiten Konzentration in der Reifenindustrie eine Sonderrolle einnimmt, vor allem Wirtschaftszweige mit einer hohen Exportquote, die ebenfalls einen hohen Anteil an Auslandsbeschäftigten aufweisen. Diese Beobachtung gilt als Indiz dafür, daß Direktinvestitionen hauptsächlich aus dem Motiv heraus vorgenommen werden, unternehmensspezifische Vorteile, die dem Unternehmen bereits beim Export zu Erfolgen verholfen haben, noch besser zu nutzen, also Größenvorteile zu realisieren.

Natürlich stellt sich die Frage, welche Auswirkungen die Zunahme der Direktinvestitionen auf die Beschäftigung in Deutschland hatte bzw. haben wird. Vor allem die verstärkten Direktinvestitionen deutscher Unternehmen in den relativ arbeitsreichen Reformländern Osteuropas dürften zumindest zu einem Teil mit dem Motiv unternommen werden, die besonders lohnkostenintensiven Teile der Produktion an günstigere Standorte zu verlagern, was in Deutschland Beschäftigungsverluste gerade bei den weniger Qualifizierten zur Folge hätte. Die Analyse der dynamischen Entwicklung der In- und Auslandsbeschäftigung im Verarbeitenden Gewerbe zwischen 1989 und 1994 zeigt, daß sich die Zunahme des Anteils der Auslandsbeschäftigten für das gesamte Verarbeitende Gewerbe (von 17,8 auf 22,5 vH) offenbar zusammensetzt aus einer Verringerung der Beschäftigung im Inland um 11,4 vH bei gleichzeitiger Zunahme der Auslandsbeschäftigung um 19,2 vH. Dies könnte als Indiz dafür genommen werden, daß inländische Arbeitsplätze tatsächlich durch Stellen in deutschen Tochterfirmen im Ausland ersetzt wurden.

Etwas deutlicher wird das Bild, wenn man sich die Beschäftigungsentwicklung in den Einzelbranchen ansieht. Tatsächlich verlief diese Entwicklung sehr heterogen. Es existieren sowohl Branchen, in denen sowohl die Inlands- als auch die Auslandsbeschäftigung gesunken ist als auch solche, in denen die Beschäftigungsverhältnisse im In- wie im Ausland zunahmen. In der Mehrzahl der Branchen kam es aber zu der am aggregierten Wert für das Verarbeitende Gewerbe ablesbaren Abnahme der Inlandsbeschäftigung bei gleichzeitiger Expansion der Auslandsbeschäftigung.

---

[12] Vgl. Klodt (1997), Jungmittag (1995) und Deutsche Bundesbank (1997a).

Konzentriert man die Analyse allerdings auf Wirtschaftszweige mit einer Importquote und Exportquote von mehr als 20 vH, also auf Branchen, die besonders stark dem internationalen Wettbewerb ausgesetzt sind (international handelbare Güter), so ergibt sich auch statistisch im Mittel über die verbleibenden Branchen ein schwacher, jedoch statistisch signifikanter, negativer Zusammenhang zwischen den Veränderungsraten von Inlands- und Auslandsbeschäftigung (Abbildung B.5). Der Regressionsrechnung zufolge ging im Durchschnitt über

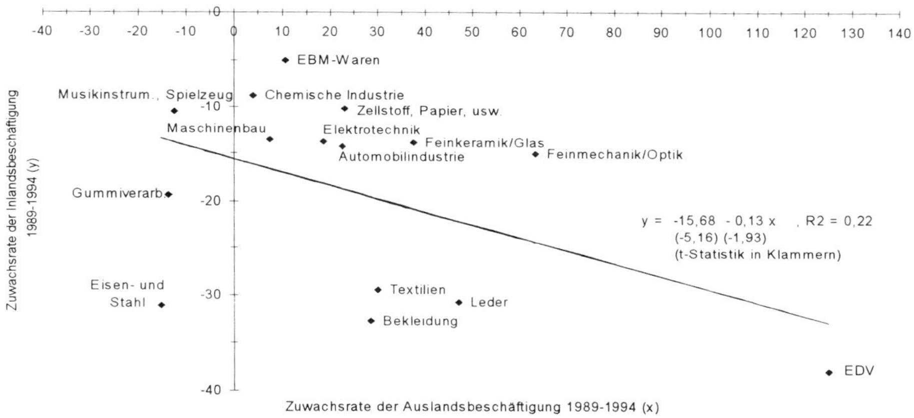

Abbildung B.5: Veränderungsraten der Beschäftigung 1989-1994: Inland und ausländische Unternehmen mit deutscher Beteiligung, in vH, nur international handelbare Güter[a]

[a] Handelbare Güter: Wirtschaftszweige mit einer Importquote von mindestens 20 vH. Als Ausnahme von dieser Regel wurde der Maschinenbau trotz einer Importquote von nur 17,3 vH aufgrund seiner Exportquote von 43,6 vH ebenfalls zu den handelbaren Gütern gerechnet.

alle Branchen ein Anstieg des Zuwachses der Auslandsbeschäftigung um zehn Prozentpunkte einher mit einer Erhöhung der Abbaurate bei der Inlandsbeschäftigung um 1,3 Prozentpunkte. Daß sich dieser Zusammenhang nur für Wirtschaftszweige nachweisen läßt, die im internationalen Wettbewerb stehen, ist zum einen mit der oben erwähnten Beobachtung kompatibel, daß Güterexport und Direktinvestitionen häufig parallel verlaufen. Es kann aber zudem darauf hindeuten, daß inländische Unternehmen tatsächlich auf die wachsende Importkonkurrenz mit der Verlagerung von Arbeitsplätzen ins kostengünstigere Ausland reagiert haben.

Neben die parallele Ausweitung von Exporten und Direktinvestitionen auf Industrieländermärkten tritt damit die ebenfalls parallele Zunahme von Importen aus Entwicklungs- und Schwellenländern und Direktinvestitionen in diesen Ländern.

Falsch wäre es sicherlich, den hier beschriebenen Zusammenhang zwischen Beschäftigung und Direktinvestitionen isoliert zu betrachten und zu schließen, daß deutsche Direktinvestitionen im Ausland ursächlich für den Beschäftigungsabbau im Inland verantwortlich sind. Es ist sogar durchaus plausibel anzunehmen, daß die durch deutsche Direktinvestitionen im Ausland entstandenen Beschäftigungsverhältnisse mithelfen, die verbleibenden Arbeitsplätze im Inland zu sichern - z.B. wenn ein Unternehmen die Produktion einfacher Vorprodukte in Länder mit niedrigeren Arbeitskosten verlagert und damit in der Lage ist, diese Produkte nun günstiger zu beziehen. Die einfachen Arbeitsplätze in der Vorproduktherstellung wären durch die Importkonkurrenz über kurz oder lang sowieso unter Druck geraten. Ohne die Direktinvestitionen wären jedoch auch Arbeitsplätze in anderen Betriebsbereichen nicht mehr konkurrenzfähig gewesen.

Ein anderes geläufiges Beispiel sind die bereits oben angesprochenen Direktinvestitionen in ausländische Vertriebskanäle, die beim Export der inländischen Erzeugnisse helfen. Indizien für die Bedeutung derartiger vertriebsorientierter Direktinvestitionen präsentiert Tabelle B.3. Ausgewiesen ist der Anteil der in den Handelssektor der Empfängerländer fließenden Direktinvestitionen an den gesamten Direktinvestitionen für Unternehmen aus ausgewählten deutschen Industriegüterbranchen und Empfängerregionen. Außerdem ist der Anteil der Geberbranchen und Empfängerregionen an den gesamten deutschen Direktinvestitionen vermerkt. Im Jahre 1993 flossen demnach immerhin ein knappes Fünftel aller Direktinvestitionen von Industrieunternehmen in den Handelssektor des Auslands. Direktinvestitionen von Automobilunternehmen waren dabei sogar fast zur Hälfte vertriebsorientiert, während die besonders stark ins Ausland drängende Chemieindustrie dort offenbar hauptsächlich in Produktionsanlagen investiert. Wie zu erwarten war, lag der Anteil der vertriebsorientierten Direktinvestitionen in Industrieländern um einiges höher als der von Investitionen in Entwicklungsländern, die wahrscheinlich aufgrund der geringeren Binnennachfrage anscheinend eher als reine Produktionsstandorte genutzt werden.

Die Arbeitsplatzverluste in Teilen der deutschen Industrie haben vielfältige Gründe, darunter den kontinuierlichen Anstieg der Arbeitsproduktivität und die häufig angemahnten Fehler in der Tariflohnpolitik. Die Globalisierung ist nur ein Teil der Erklärung dieses Prozesses, der im übrigen nicht auf Deutschland beschränkt ist: In allen Industrieländern äußert sich die sog. Tertiärisierung vor allem darin, daß der Anteil der in der Industrie Beschäftigten an den gesamten Beschäftigten kontinuierlich sinkt, zugunsten der Beschäftigung im Dienstleistungsbereich (vgl. IMF, 1997, S. 46 ff.). Unumstritten dürfte sein, daß dieser Strukturwandel durch die internationale Integration der Güter- und der Kapitalmärkte stark begünstigt wird.

*iv) **Portfolioinvestitionen***

In der öffentlichen Debatte als vergleichsweise unbedeutend stellen sich internationale Portfolioinvestitionen dar, obwohl diese internationale Direktinvestitionen bei weitem übertreffen. Auch heute noch machen Direktinvestitionen nur den kleineren Teil der internationalen Kapitalströme aus, obwohl ihre Wachstumsrate im Vergleich zum Wachstum internationaler Portfolioinvestitionen stark gestiegen ist. In der deutschen Kapitalbilanz werden immer noch etwa 80 bis 90 vH aller Kapitalströme in Form von kurz- oder langfristigen Portfolioinvestitionen gehandelt.

Im Gegensatz zu den langfristig intendierten und unternehmerisch motivierten Direktinvestitionen können internationale Portfolioinvestitionen in erheblich höherem Umfang spekulative Elemente enthalten.[13] Dies verursacht naturgemäß einige Befürchtungen, daß es internationalen Spekulanten gelingt, die internationale Währungsordnung zu gefährden. Abgesehen davon, daß Spekulation für sich genommen keine unsittliche oder gemeingefährliche Handlung darstellt, die es zu verurteilen gilt, gibt es auch ökonomische Gründe auf den Weltkapitalmärkten, die solche Befürchtungen eher unangemessen erscheinen lassen.

Die Betrachtung der internationalen Portfolioinvestitionen macht nämlich die Unterscheidung zwischen Brutto- und Nettogrößen sehr wichtig. Gegenwärtig werden täglich Wertpapiere im Wert von über einer Billion US-Dollar gehandelt (Beitrag G in diesem Band), eine im Vergleich zu den täglichen Umsätzen der

---

13 Allerdings gilt dies nicht für alle Portfolioinvestitionen. Langfristige Kredite oder von Investmentfonds nachgefragte mündelsichere Staatsanleihen haben mit Sicherheit keinen spekulativen Hintergrund.

Direktinvestitionen sowie des Güter- und Dienstleistungshandels astronomische Summe. Einige Überlegungen relativieren allerdings diese Dimension. Erstens ist der Saldo dieser Kapitalströme wesentlich geringer. Generell kann nur der Saldo dieser Kapitalströme einen Einfluß auf den Wechselkurs oder bestimmte Zinsen haben. Zweitens ist nicht auszuschließen, daß einzelne Anleger größere Summen mehrfach pro Tag international verschieben, so daß der gehandelte Gesamtbetrag um ein Mehrfaches zu hoch ausgewiesen ist. Solange internationale Investoren mit ihren Anlageentscheidungen Arbitrage (sei es bei Zinsen oder Wechselkursen) betreiben, trägt ihr Handeln zu einer effizienten Allokation des Kapitals bei.

Natürlich ist nicht auszuschließen, daß die internationalen Anleger mit diesen Umsätzen internationale Wechselkurs- oder Kreditvereinbarungen umgehen und schlicht außer Kraft setzen. In diesem Fall spricht allerdings einiges dafür, daß diese Vereinbarungen den ökonomischen Grunddaten (Fundamentals) widersprachen (Krüger, 1994).

Unabhängig von der ökonomischen Beurteilung der Portfolioinvestitionen ist auch an ihren hohen Zuwachsraten zu erkennen, daß die Welt ökonomisch zusammenwächst. Die Sparer und Investoren machen Gebrauch von den verbesserten und verbilligten Möglichkeiten, eine angemessene Rendite zu erzielen bzw. ihre Zinslast niedrig zu halten. Zu diesem Zweck werden sie auch international aktiv. Auf den ersten Blick erscheint damit vor allem eine effizientere Nutzung der weltweit vorhandenen Ressourcen verbunden zu sein. Einige Beiträge in diesem Buch werden der Frage nachgehen, ob diese Entwicklung auch Kosten verursacht, die möglicherweise ihren Nutzen übersteigt.

4 Wirtschaftspolitische Überlegungen

Es ist unbestritten, daß sich die Industrieländer teilweise sehr schwer damit tun, auf die hier beschriebenen Entwicklungen des internationalen Handels- und Kapitalverkehrs angemessen zu reagieren. Denn beides, sowohl zunehmender Handel mit Gütern und Dienstleistungen als auch schnelle Reaktionsmöglichkeiten der Kapitalanleger sorgen dafür, daß sich der Anpassungsdruck aufgrund sich schneller ändernder weltwirtschaftlicher Strukturen in den Industrieländern erhöht. Reagieren die entwickelten Länder darauf nicht in angemessener Weise, können dort politische und wirtschaftliche Ungleichgewichte entstehen.

Die Frage, die sich im Zuge der Globalisierungsdiskussion immer wieder stellt - und die auch Gegenstand dieses Buches am Beispiel Deutschlands ist -, lautet: Wie kann die Regierung eines Industrielandes auf diesen Anpassungsdruck am besten reagieren? Die möglichen Antworten lassen sich in zwei miteinander konkurrierende Gruppen einteilen. Die Vertreter der ersten Gruppe sehen in der Globalisierung die Ursache für die aufkommenden Probleme in den Industrieländern und plädieren daher für eine Kontrolle dieses Prozesse auf internationaler Ebene. Die am häufigsten genannten Politikoptionen sehen dann erstens die Einschränkung der Importe aus Entwicklungs- und Reformländern in die Industrienationen und zweitens die Kontrolle privatwirtschaftlicher Aktivitäten vor allem auf dem Kapitalmarkt vor. Vertreter der zweiten Gruppe sehen die Ursache der steigenden Anpassungsprobleme der entwickelten Länder vor allem in diesen Ländern selbst. Zunehmende Verkrustungen hätten die Anpassungsflexibilität derart verringert, daß es den Menschen nicht mehr möglich ist, einen positiven Nutzen aus der intensiveren Arbeitsteilung zu ziehen. Die Politikvorschläge dieser Gruppe sehen deshalb vor allem Reformen in den Industrieländern selber vor, die eine verbesserte Anpassungsfähigkeit der Unternehmen und Arbeitskräfte auf gewandelte Strukturen zum Ziel haben. In den folgenden Aufsätzen werden diese differierenden Politikoptionen für die Wirtschaftspolitik in Deutschland ausführlich diskutiert.

5 Anhang

Tabelle B.3: Beschäftigte deutscher Unternehmen im In- und Ausland nach Branchen, 1989 und 1994

	Anteil der Auslands- an den Gesamtbeschäftigten[a], in vH		Zuwachsrate 1989-94 der Beschäftigung in vH		Exportquote in vH	Importquote in vH.
	1989	1994	Inland	Ausland	1994	1994
Verarbeitendes Gewerbe	**17,8**	**22,5**	**-11,4**	**19,2**	**28,7**	**27,1**
Chemische Industrie	36,7	39,7	-8,8	3,9	41,5	27,2
Mineralölverarbeitung	4,0	4,2	-4,2	0,0	2,6	9,6
Kunststoffwaren	8,4	10,2	4,2	29,2	21,6	18,0
Gummiverarbeitung	26,9	28,2	-19,4	-13,9	28,3	33,4
Steine und Erden	12,8	20,0	4,0	77,3	7,4	11,9
Feinkeramik und Glas	12,2	18,2	-13,9	37,5	35,8	38,3
Eisen und Stahl	12,4	14,9	-31,1	-15,4	35,5	38,4
NE-Metallerzeugung	15,9	16,4	-11,6	-7,7	18,8	74,1
Gießerei	16,8	27,2	-24,2	40,0	18,8	6,1
Ziehereien, Kaltwalzwerke usw.	2,9	3,0	23,7	28,6	20,3	17,3
Stahl- und Leichtmetallbau usw.	7,8	8,2	-4,3	0,0	-	10,0
Maschinenbau	13,9	16,7	-13,6	7,3	43,6	17,3
Büromaschinen, ADV-Geräte	4,5	14,8	-38,1	125,0	40,0	45,0
Straßenfahrzeugbau	26,2	33,7	-14,3	22,6	44,6	23,0
Elektrotechnik	22,7	28,7	-13,8	18,5	32,4	33,1
Feinmechanik, Optik, Uhren	11,6	20,1	-15,2	63,2	35,4	48,0
EBM-Waren	10,8	12,3	-5,1	10,5	23,8	21,0
Musikinstrumente, Spielwaren, usw.	12,3	12,1	-10,5	-12,5	28,9	78,3
Holzverarbeitung	7,8	16,0	2,0	129,4	17,3	21,4
Zellstoff, Holzschliff, Papier/Pappe	21,0	26,7	-10,2	23,1	42,8	66,9
Papier- und Pappeverarb.	3,6	7,0	0,0	100,0	18,7	13,6
Druckerei, Vervielfältigung	4,4	3,4	0,0	-25,0	7,1	6,5
Lederherstellung u. -verarb.	24,6	41,0	-30,8	47,1	22,8	37,8
Textilgewerbe	12,3	20,5	-29,4	30,0	28,4	87,6
Bekleidungsgewerbe	14,3	24,2	-32,7	28,6	21,5	96,5
Nahrungs- und Genußmittel	6,6	10,2	4,4	68,8	9,5	16,9
Kreditinstitute/Versicherungen	**6,2**	**7,4**	**11,3**	**23,3**	-	-
Sonst. Dienstleistungen	**1,8**	**2,1**	**22,8**	**43,2**	-	-

Anmerkungen:
[a] Gesamtbeschäftigte: Inländische Beschäftigte des Wirtschaftszweiges zuzüglich Auslandsbeschäftigte. Auslandsbeschäftigte sind hier definiert als Beschäftigte in Unternehmen im Ausland mit einer Bilanzsumme von mehr als 1 Mio. DM und einer deutschen Beteiligung, die mehr als 20 vH des Gesamtkapitals oder der Stimmrechte ausmacht sowie von Zweigniederlassungen oder Betriebsstätten deutscher Unternehmen im Ausland mit einem Bruttobetriebsvermögen von mehr als 1 Mio. DM.
Exportquote: Anteil des Auslandsumsatzes am gesamten Umsatz inländischer Unternehmen. Importquote: Verhältnis der Importe (Spezialhandel in der Abgrenzung des GP82) zum gesamten Umsatz inländischer Unternehmen. Eigene Berechnungen.
Quelle: Deutsche Bundesbank (1997a, S. 26ff). sowie elektronische Datenbank der Bundesbank, Abschnitt Zahlungsbilanzbeilage, Statistisches Bundesamt (1996, S. 204).

6 Literaturverzeichnis

Deutsche Bundesbank (1997a), *Kapitalverflechtungen mit dem Ausland.* Statistische Sonderveröffentlichungen Nr. 10, Mai 1995, Frankfurt a.M.

Deutsche Bundesbank (1997), *Entwicklung und Bestimmungsgründe grenzüberschreitender Direktinvestitionen*, Monatsbericht der Deutschen Bundesbank, August, S. 63-82.

Deutsche Bundesbank (a), *Monatsberichte der Deutschen Bundesbank*, div. Jg.

Dluhosch, Barbara, Andreas Freytag und Malte Krüger (1996), *International Competitiveness and the Balance of Payments*, Cheltenham.

Donges, Juergen B. (1981), *Außenwirtschafts- und Entwicklungspolitik*, Berlin, Heidelberg, New York.

Dunning, John H. (Hrsg.) (1972), International Investment, Harmondsworth, Baltimore, Ringwood.

Forrester, Vivian (1996), *Der Terror der Ökonomie*, Wien.

International Monetary Fund (1997), *World Economic Outlook*, May 1997, Washington.

International Monetary Fund, *International Financial Statistics*, div. Jg.

Jungmittag (1995), *Langfristige Zusammenhänge und kurzfristige Dynamiken zwischen Direktinvestitionen und Exporten,* Berlin.

Klodt, Henning (1997), *Globalisierung: Phänomen und empirische Relevanz.* Beitrag zur Jahrestagung für neue politische Ökonomie, durchgeführt vom Max-Planck-Institut zur Erforschung von Wirtschaftssystemen in Jena, am 8. bis 10. Oktober 1997.

Klodt, Henning und Rainer Maurer (1996), „Internationale Direktinvestitionen: Determinanten und Konsequenzen für den Standort Deutschland", *Kieler Diskussionsbeiträge* 284, Kiel.

Krüger, Malte (1994), „Finanzmarktungleichgewichte und Wechselkursvolatilität", *Untersuchungen zur Wirtschaftspolitik* 94, Köln.

Krugman, Paul (1995), „Growing World Trade: Causes and Consequences", *Brooking Papers on Economic Activity*, Bd. 1, S. 327-377.

Martin Hans-Peter und Harald Schumann (1996), *Die Globalisierungsfalle: Der Angriff auf Demokratie und Wohlstand*, Hamburg.

Mastroberardino, Mónica (1994), „Kapitalflucht: Die Erfahrungen Argentiniens 1976-1992", *Untersuchungen zur Wirtschaftspolitik* 98, Köln.

Milner, Chris (1988), „Trade Strategies and Economic Development: Theory and Evidence", in: David Greenaway (Hrsg.), *Economic Development and International Trade*, Houndsmill, Basingstoke and London, S. 55-76.

Misik, Robert (1996), *Mythos Weltmarkt*, Berlin.

Nunnenkamp, Peter (1996), „Winners and Losers in the Global Economy“, *Kieler Diskussionspapiere* 281, Kiel.

Nunnenkamp, Peter et al. (1994), „Globalisation of Production and Markets“, *Kieler Studie* 262, Tübingen.

Rodrik, Dani (1997), *Has Globalization Gone Too Far?*, Washington D.C.

Sachverständigenrat zur Begutachtung der gesamtwirtschaftlichen Entwicklung (1997), Wachstum, Beschäftigung, Währungsunion - Orientierungen für die Zukunft, Jahresgutachten 1997/1998, Stuttgart (zitiert als SVR).

Statistisches Bundesamt, *Statistisches Jahrbuch*, Wiesbaden, div. Jg.

Stehn, Jürgen (1992), „Ausländische Direktinvestitionen in Industrieländern“, *Kieler Studien* 245, Tübingen.

Trabold, Harald (1997), „Globalisierung: Falle oder Wohlstandsquelle?“, in: DIW Wochenberichte 23/97, 5. Juni 1997, S. 413-419.

Werner, Horst und Dorit Willms (1984), „Zollstruktur und Effektivzölle nach der Uruguay-Runde“, *Untersuchungen zur Wirtschaftspolitik* 63, Köln.

C Der Leverage-Effekt einer Liberalisierung des Dienstleistungssektors auf die internationale Arbeitsteilung

Barbara Dluhosch

1 Deutschland im Rückstand

Die wirtschaftliche Entwicklung in der Bundesrepublik ist seit längerem unbefriedigend. Besonders die Beschäftigungsentwicklung bereitet Anlaß zur Sorge. So wuchs die Zahl der Arbeitsplätze in den alten Bundesländern zwischen 1983 und 1993 (der letzten verfügbaren sektoral und regional disaggregierten Statistik für Deutschland mit Vergleichbarkeit) insgesamt lediglich um 10,5 vH, im Dienstleistungssektor um 27,7 vH. In den Vereinigten Staaten dagegen stieg ihre Zahl im gleichen Zeitraum insgesamt um 20,6 vH, im Dienstleistungssektor sogar um 33,1 vH (OECD, 1997a). Dies entspricht einem Plus von 19.7 bzw. 17 Millionen an Arbeitsplätzen in der amerikanischen Wirtschaft. Dienstleistungstätigkeiten machen damit heute in den Vereinigten Staaten annähernd 80 vH aller Beschäftigungsverhältnisse aus. In Deutschland ist dieser Anteil rund 20 Prozentpunkte geringer (OECD, 1996).

Besonders dynamisch verlief die Entwicklung in den Vereinigten Staaten bei den sogenannten „Business-related Services", d.h. Unternehmensberatungen, Kommunikation, Finanzdienstleistungen, Versicherungen und sonstige unternehmensbezogene Dienstleistungen. Dort nahm die Beschäftigung sogar um 47,7 vH zu. Waren zu Beginn der achtziger Jahre etwas mehr als ein Fünftel der Beschäftigten der gesamten Dienstleistungsbranche in diesem Sektor beschäftigt, so waren es in der ersten Hälfte der neunziger Jahre bereits deutlich mehr als ein Viertel. Die Beschäftigungsdynamik in den Vereinigten Staaten gründet sich also keineswegs allein auf gering entlohnte Jobs in Franchiserestaurants (sogenannte „Mc Donald's-Jobs"). Im Gegenteil, die unternehmensbezogenen Dienstleistungen weisen nicht nur einen weit überdurchschnittlichen Beschäftigungsanstieg aus, sie werden auch überdurchschnittlich entlohnt. So liegt der Verdienst pro geleisteter Stunde im Schnitt bei den Kommunikationsdienstleistungen, um nur einen Bereich zu nennen, um 18 vH über dem Durchschnittsverdienst in der gesamten amerikanischen Wirtschaft und um fast 8 vH über dem Durchschnitt des dortigen verarbeitenden Gewerbes (OECD, 1997a, eigene Berechnungen).

Während hierzulande keine durchgreifende Besserung auf dem Arbeitsmarkt in Sicht ist, hält das Beschäftigungswachstum in den Vereinigten Staaten an. Seit 1993 wurden per saldo weitere 6,5 Millionen Arbeitsplätze geschaffen.[1] Abgesehen von den Rezessionsjahren 1982 und 1991 ist die Beschäftigung damit seit 1970 kontinuierlich gestiegen; insgesamt um rund 49 Millionen oder 38,5 vH - wohlgemerkt, bei inzwischen wieder steigenden Reallöhnen und leicht abnehmender Dispersion derselben (OECD, 1997b, S. 88). Der Beschäftigungszuwachs ist zwar von einer vergleichsweise hohen Fluktuationsrate begleitet.[2] Freigesetzte Arbeitskräfte wurden und werden aber bei dieser Dynamik auch leichter wieder vom Arbeitsmarkt absorbiert. Das Ergebnis läßt sich an der standardisierten Arbeitslosenrate ablesen, die in den Vereinigten Staaten von 9,6 vH im Jahre 1983 auf 5,4 vH im Jahre 1996 sank. Hierzulande hingegen stagniert sie auf hohem Niveau, wenn man die neuen Bundesländer wegen der besonderen Problematik dort einmal ausklammert.

Festzuhalten ist gerade mit Blick auf den Dienstleistungssektor ein weiteres: Deutschland und die Vereinigten Staaten unterscheiden sich nicht nur in der Beschäftigungsentwicklung, sondern auch in der Regulierungsintensität. Wie die OECD in ihrem jüngsten Survey über die Vereinigten Staaten feststellt (OECD, 1997b), sind geringere Regulierungsintensität und breitere Möglichkeiten für unternehmerisches Handeln wesentlicher Motor der „Jobmaschine“ USA. Gleichfalls bemerkenswert ist auch der Unterschied der hiesigen Entwicklung zu den Niederlanden und dem Vereinigten Königreich (OECD, 1996; DIW, 1997a). Auch in den Niederlanden und in Großbritannien ist die Entwicklung auf dem

---

[1] Civilian employment, Stand: Ende 1996; vgl. Council of Economic Advisers (1997, Table B-33). Mit Ausnahme der Niederlande und dem Vereinigten Königreich wächst die Beschäftigung in der EU-15 insgesamt nur zäh. Obwohl es sich bei der EU um einen Wirtschaftsraum von vergleichbarer Größe wie dem der Vereinigten Staaten handelt, nahm die Beschäftigung zwischen 1983 und 1993 nur um rund 7,3 Millionen (oder 5,5 vH) zu (OECD, 1997a). Das ist weit weniger als die Hälfte des amerikanischen Zuwachses. Auch am aktuellen Rand zeigt sich keine Besserung.

[2] In den Vereinigten Staaten betrug die Fluktuation in den Arbeitsverhältnissen in den Jahren zwischen 1984 und 1988 rund 23,2 vH bezogen auf die Gesamtbeschäftigung und zwischen 1989 und 1991 rund 23,7 vH. In Deutschland hingegen lag die gleiche Relation in den Jahren zwischen 1983 und 1990 bei 16,5 vH (OECD, 1997b, S. 155).

Arbeitsmarkt weitaus freundlicher als in Deutschland, und auch dort sind Dienstleistungen und Beschäftigungsverhältnisse spürbar weniger reguliert. Diese deutlich unterschiedliche Entwicklung weist darauf hin, daß die Wirtschaftspolitik, insbesondere die Ausgestaltung des Dienstleistungssektors, wesentlich für das wirtschaftliche Wachstum und die Beschäftigungsentwicklung ist.

Der Zusammenhang von Dienstleistungsmärkten auf der einen Seite und Globalisierung auf der anderen Seite scheint indes bei vordergründiger Betrachtung nur als sehr lose. Traditionell gilt der Binnen- und Dienstleistungssektor als weit weniger dem internationalen Wettbewerb ausgesetzt. Folgt man dieser Argumentation, mag man zu dem Schluß kommen, daß zwar einzelne Bereiche der deutschen Wirtschaft einem schärferen Wettbewerb unterliegen, daß die Globalisierung für die deutsche Wirtschaft als Ganzes aber kaum von durchschlagender Bedeutung ist. Immerhin wird rund Zweidrittel der gesamten Wertschöpfung der deutschen Wirtschaft im Dienstleistungssektor erbracht. Entsprechend gering scheint aus diesem Blickwinkel der wirtschaftspolitische Handlungsbedarf von der Globalisierung der Märkte her bestimmt.

Zutreffend mag dabei sein, daß die Globalisierung nicht *primär* und *unmittelbar* verantwortlich für die Wirtschaftslage hierzulande ist. Dies gilt auch für die Beschäftigungsentwicklung im Dienstleistungssektor. Doch wäre es ein Trugschluß, den wirtschaftspolitischen Handlungsbedarf deshalb als nur in geringem Maße abhängig von der weltwirtschaftlichen Verflechtung anzusehen. Der nähere Blick zeigt, daß gerade im Dienstleistungsbereich die Wirtschaftspolitik gefordert ist - und das in zunehmendem Umfang. Für den drängenden Handlungsbedarf lassen sich drei Gründe anführen. Dabei ist der dritte Grund von besonderem Gewicht, wird aber gleichwohl häufig übersehen.

Erstens stehen Dienstleistungsanbieter, selbst wenn die erbrachten Leistungen nicht international gehandelt werden, *indirekt* über die zunehmende Verflechtung der internationalen Faktormärkte miteinander in Konkurrenz. So kann ein internationales Regulierungsgefälle zu einem entsprechenden Gefälle in den Gewinnaussichten führen. Sind die Entfaltungsmöglichkeiten andernorts breiter als hierzulande und die Gewinnerwartungen höher, dann wird anlagebereites Kapital statt nach Deutschland eher ins Ausland fließen bzw. dort verbleiben. Dies hat zur Folge, daß dort mehr Investitionen getätigt werden können. Der ausländische Dienstleistungssektor gewinnt zusätzlich an Dynamik; Einkommen und/oder Beschäftigung sind höher als sie es andernfalls wären. Damit mögen Dienstleistungen zwar weniger dem internationalen Wettbewerb auf den Absatzmärkten ausgesetzt sein als andere Leistungen, doch unterliegen sie mit der wachsenden Integration der nationalen Faktormärkte in steigendem Maße dem internationalen Wettbewerb um mobile Ressourcen, vor allem um Kapital.

Zweitens ist die Wirtschaftspolitik gefordert, weil Dienstleistungen zunehmend handelbar werden.[3] Der internationale Handel mit Dienstleistungen wird von zwei Seiten gefördert. Zum einen steigt die Handelbarkeit durch Anstrengungen auf internationaler Ebene, nationale Märkte zu öffnen und Handelshemmnisse abzubauen. Zum anderen wirkt der technische Fortschritt, besonders die Entwicklung in der Telekommunikation, als Katalysator für die Handelbarkeit von Dienstleistungen. So erleichtert zum Beispiel die Entwicklung in der Telekommunikation und die damit verbundenen Dienstleistungen die internationale Handelbarkeit von Finanzdienstleistungen. Auf diese Weise sind die nationalen Finanzmärkte zusehends stärker miteinander verflochten (von Weizsäcker, 1997, S. 576). Durch die Liberalisierung in einigen Wirtschaftsbereichen werden mithin auch die Angebotsstrukturen in anderen (Dienstleistungs-)Bereichen aufgebrochen. Auch dort wird dann der Wettbewerb durch ausländische Anbieter *unmittelbar* spürbar. Nach vorsichtigen Schätzungen beläuft sich der *unmittelbare* internationale Handel mit Dienstleistungen inzwischen auf schätzungsweise 20 vH des Welthandels (Hoekman/Primo Braga, 1997, S. 1).

Drittens, und dies ist ganz wesentlich, nimmt die Fühlbarkeit ausländischer Anbieter durch die *Komplementarität* von Gütern und Dienstleistungen zu. Wächst der internationale Handel, werden *indirekt* auch mehr Dienstleistungen gehandelt – und dies sogar in zunehmendem Umfang. Der Grund hierfür liegt darin, daß die fortschreitende Integration der Gütermärkte eine Zerteilung der Wertschöpfungskette induziert.

---

[3] Zu den Hemmnissen, Vorteilen, und Konsequenzen des internationalen Dienstleistungshandels vgl. zum Beispiel Hirsch (1989), Markusen (1989), Melvin (1989), Francois (1990) und Hoekman/Primo Braga (1997); zu den Besonderheiten im Vergleich zum Güterhandel vgl. Kater (1995).

2 Globalisierung und Zerteilung der Wertschöpfungskette

Die fortschreitende Integration der Gütermärkte bedeutet, daß Nachfrager leichter auf alternative Angebote ausweichen können. Damit gilt für Anbieter auf Gütermärkten, daß sich für sie unmittelbar der Wettbewerb erhöht. Sie sind verstärkt gezwungen, nach neuen marktfähigen Produkten zu suchen oder ihre Leistungen kostengünstiger anzubieten. Wer hier nicht mithält, muß aus dem Markt austreten. Erfolgreiche Anbieter hingegen können neue Märkte für sich gewinnen. Für letztere erlauben größere Märkte eine stärkere Spezialisierung innerhalb des Unternehmens. Waren zuvor einzelne Bereiche des Unternehmens für eine ganze Palette von verschiedenen Leistungen zuständig, können sich nach einer Markterweiterung einzelne Bereiche verstärkt auf Teilleistungen konzentrieren. Die Produktion kann in eine größere Zahl von Produktionsstufen zerlegt werden. Im Ergebnis werden die angebotenen Produkte aus spezifischen Komponenten und Teilleistungen angefertigt. Dies bedeutet zugleich, daß innerhalb der einzelnen Produktionsschritte die Aufgaben tendenziell homogener werden. Soweit durch die Reorganisation des Produktionsprozesses hin zu einer feineren vertikalen Arbeitsteilung in den Vorleistungen Kosten des Wechsels zwischen verschiedenen Tätigkeiten bzw. Rüstkosten eingespart werden können, erhöht sich die Produktivität bezogen auf die Gesamtproduktion.[4] Der Wettbewerb drängt darauf hin, diese Möglichkeiten auszuschöpfen.

Die feinere Aufgliederung der gesamten Produktion in unterschiedliche Produktionsstufen begünstigt wiederum die Zerteilung der Wertschöpfungskette im Zuge der Integration von Märkten und damit die internationale Arbeitsteilung. Denn weitere Märkte bedeuten in der Regel auch mehr Heterogenität an Qualifikationen, Ideen, oder, ganz allgemein, unterschiedliche Produktivitäten in einzelnen Teilleistungen. Eine größere *Homogenität* in den einzelnen Vorleistungen schafft die Voraussetzung dafür, die Vorteile dieser internationalen *Heterogenität* auch durch vertikale Spezialisierung zwischen verschiedenen Produktionsstandorten stärker auszunutzen. Die Folge ist, daß einzelne Produktionsbereiche ausgelagert werden und die entsprechenden Komponenten andernorts produziert oder fremdbezogen werden (Dluhosch, 1997).

---

4 Vgl. hierzu bereits Adam Smith (1776) und die Darstellung seiner Vorstellung von der Evolution der Arbeitsteilung in Leijonhufvud (1986).

3 Güterhandel und Dienstleistungen: Neue Komplementaritäten

Die Vorteile einer auch vertikal differenzierteren internationalen Arbeitsteilung nutzen zu wollen, bedeutet aber auch, daß der gesamte Produktionsprozeß nunmehr auf Distanz koordiniert werden muß.[5] Die verschiedenen Produktionsstufen müssen über nationale Grenzen hinweg aufeinander abgestimmt werden. Es ist sicherzustellen, daß die Zulieferung von Produktteilen oder Teilleistungen trotz zu überwindender Distanz und damit verbundener Unwägbarkeiten just-in-time erfolgt. Mengen und Transporte müssen synchronisiert werden. Die gesamte Logistik in der Produktionskette muß sorgfältig geplant werden.

Die erforderliche Koordination umfaßt aber noch weit mehr. Informationen über Standorte und Lieferanten müssen eingeholt werden. Kontakte müssen aufgebaut und gehalten werden und der Kommunikationsfluß zwischen den Teilbereichen muß trotz der Distanz möglichst reibungslos funktionieren.

Zudem beinhaltet die Produktion auf Distanz ein Kontrollproblem. Denn die räumliche und eventuell auch eigentumsrechtliche Trennung kann Informationsasymmetrien und damit Prinzipal-Agent Probleme verstärken. Dies betrifft besonders die Qualitätssicherung. Da Wettbewerb auch Qualitätswettbewerb ist, erfordert die Distanz eine präzisere Ausarbeitung von Blaupausen, um die gewünschte Qualität der Komponenten zu gewährleisten. Auch müssen Anreize so gesetzt werden, daß die Beteiligten ein Interesse daran haben, Verträge zu halten oder eventuell sogar überzuerfüllen, um die Lieferbeziehung dauerhaft aufrecht zu erhalten oder gar auszubauen. Solche Anreize können auf direktem Wege gesetzt werden, indem beständig Informationen eingeholt werden und vor Ort oder per Vertrag entsprechende Sanktionsmechanismen eingeführt werden. Die direkte Kontrolle ist jedoch nicht notwendigerweise die effiziente, sprich kostengünstigste Form, vertragsgemäßes Verhalten (oder gar darüber hinausgehende Performance) sicherzustellen. Dies gilt umso mehr, je mehr die Produktion auf Distanz erfolgt. Entsprechende Anreize können auch von dem Interesse der beteiligten Parteien am Aufbau und Erhalt von Brand-Name Capital ausgehen. Das Interesse, einen guten Ruf zu wahren, kann weitgehend die permanente Kontrolle vor Ort ersetzen. Der mit dem Firmennamen, Produktwerbung und Marktpräsenz

[5] Dies kann auch als Ausdruck steigender Umwegproduktion bei zunehmender Spezialisierung angesehen werden. Vgl. hierzu, allerdings aus kapitaltheoretischer Sicht, Hicks (1973) und Grubel (1995, S. 29-31).

aufgebaute immaterielle Kapitalstock bietet dem Marktpartner eine Sicherheit, sowohl mit Blick auf die Qualität des Endproduktes und seinen Absatz wie auch der Zwischenprodukte. Ersteres ist wichtig für Vorlieferanten, die eventuell spezifische Investitionen tätigen; letzteres ist wichtig für den Produzenten auf nachgelagerten Produktionsstufen, der seinerseits ein Interesse daran hat, spezifische Investitionen abzusichern. Der bei mangelhafter Qualität und nicht vertragsmäßigem Verhalten drohende Verlust des immateriellen Kapitalstocks wirkt disziplinierend auf die Vertragsparteien.[6]

Die Distanz ist mithin eine Restriktion und es bedarf des Einsatzes von Ressourcen, um die Restriktion zu überwinden. Gerade hinter den Aktivitäten und Ressourcen zur Distanzüberwindung stehen vielfach Dienstleistungen (Melvin, 1990; Jones/Kierzkowski, 1990). Oft werden die Distanz- und Koordinationskosten auf die bei der Distanzüberwindung anfallenden Transportkosten reduziert (vgl. z.B. Krugman/Venables, 1995; Venables, 1996). Dies greift jedoch zu kurz. Transportkosten sind nur eine Facette der Distanzkosten.[7] Es geht um die gesamte Koordination räumlich (und evtl. eigentumsrechtlich) separierter Produktionsprozesse. Hierzu gehört eben das Einholen von Informationen ebenso wie die Kommunikation, die Kontaktanbahnung, die Kontaktpflege, die Planung des Produktionsprozesses, die Organisation und die Werbung. All dies ist verstärkt gefordert - und setzt den vermehrten Einsatz von Dienstleistungen voraus.

Die Globalisierung der Produktion lohnt sich, soweit die damit verbundenen Kosteneinsparungen die Mehrkosten an anderer Stelle, sprich im wesentlichen bei Dienstleistungen, übersteigen. Der Tendenz nach vertieft sich die vertikale Arbeitsteilung weiter, wenn Unternehmen durch die Integration der Gütermärkte neue Absatzmärkte für sich gewinnen können. Der Grund ist, daß die Kosten der Koordination des Produktionsprozesses teilweise unabhängig vom Absatz anfallen: Blaupausen werden einmal erstellt und Spezifikationen einmal übermittelt, Kontakte werden einmal geknüpft, der Produktionsprozeß wird einmal synchro-

---

[6] Vgl. allgemein zu den Anreizwirkungen von Brand-Name Capital und zum Reputationsmechanismus Klein/Leffler (1981) und von Weizsäcker (1980).

[7] Gleichzeitig prognostizieren gerade Studien, die auf Transportkosten abstellen, eine räumliche Agglomeration der Produktion. Damit können sie jedoch den auch im Vergleich zur gesamtwirtschaftlichen Wertschöpfung im Trend steigenden vertikalen Welthandel nicht erklären. Dies weist darauf hin, daß diese Studien einen wesentlichen Teil des Motors der internationalen Arbeitsteilung ausblenden.

nisiert. Dies wirkt sich auf die gesamte produzierte Menge aus. Durch den Fixkostencharakter verteilt sich diese Art der Distanzkosten auf eine größere Menge, wenn der Absatz steigt. Da die Dienstleistungskosten bezogen auf die Produkteinheit sinken, lohnt es sich der Tendenz nach, bei Aussicht auf zusätzliche Kosteneinsparungen weitere Produktionsbereiche auszulagern, auch wenn dadurch die Distanzkosten (und die damit verbundenen Dienstleistungskosten) sowohl absolut als auch anteilig an den Gesamtkosten steigen. Die Stückkosten verringern sich. Weil einerseits Produktionskosten eingespart werden, dafür aber andererseits die auf Dienstleistungen verwendeten Ressourcen steigen, verschiebt sich die Relation von Produktions- und Dienstleistungskosten in den Gesamtkosten in Richtung Dienstleistungskosten.

In einem Teil der Dienstleistungen mögen Skalenerträge auftreten, wenn Vorleistungen zunehmend ausgelagert werden. Dies gilt zum Beispiel in gewissem Maße für das Brand-Name Capital und die in anderen Vertragsbeziehungen aufgebaute Reputation. Sie sind auch weiteren Vorleistungslieferanten Signal für die Qualität von Produkt und Vertragspartner. Soweit solche Skalenerträge vorliegen, wird die Verschiebung der Kostenstruktur gedämpft. Tendenziell aber werden durch die Zerteilung der Wertschöpfungskette Produkte dienstleistungsintensiver erstellt. Andersherum formuliert: Es ist der verstärkte Einsatz von Dienstleistungen, der erst die Zerteilung der Wertschöpfungskette erlaubt und der die Produktivitätsvorteile, die aus einer feineren vertikalen Arbeitsteilung erwachsen, ermöglicht. Damit wird schon eines ersichtlich: Je teurer die hierfür erforderlichen Dienstleistungen sind, desto weniger können die Vorteile, die offene Märkte bieten, durch hiesige Anbieter genutzt werden.

4 Wesentlich für Produktivität und Beschäftigung in einer zunehmend offenen Volkswirtschaft: Die Rahmenbedingungen für Dienstleistungen

Die Wettbewerbsintensität in der Dienstleistungsbranche entscheidet mit darüber, wie hoch die Koordinationskosten, oder allgemeiner, die Distanzüberwindungskosten im Einzelfall sind. Eine Liberalisierung und damit eine höhere Wettbewerbsintensität läßt erwarten, daß die betreffenden Dienstleistungen günstiger bereitgestellt werden. Eine Senkung ihrer Kosten hat einen Leverageeffekt auf die internationale Arbeitsteilung. Die vertikale Arbeitsteilung vertieft sich, weil durch den verstärkten Einsatz von Dienstleistungen die internationale Heterogenität in den Produktionsfunktionen bei Vorleistungen verstärkt genutzt werden kann. Die Zahl ausgelagerter Vorleistungen erhöht sich. Für die Produktion insgesamt bedeutet dies einen Produktivitätsschub.[8]

Dies gilt besonders für die Vereinigten Staaten, wo zum Beispiel der Markt für Telekommunikationsleistungen seit längerem und weitergehend als hierzulande dereguliert ist (Klodt et al., 1995, für einen Überblick). Sicher sind auch hierzulande Liberalisierungsanstrengungen unternommen worden. Ehedem staatliche Monopolbetriebe wurden privatisiert. Auch wurde der Markt hier und dort für weitere private Anbieter formal geöffnet. Doch dies allein reicht nicht, da Markteintrittsbarrieren weiter bestehen können.[9] Dies gilt zum Beispiel für Zugangsmöglichkeiten und Preise der Nutzung von Netzen. Aber auch die Rahmenbedingungen auf dem Arbeitsmarkt entscheiden mit über die Kosten für Dienstleistungen. Hierzu gehören zum Beispiel die Möglichkeiten und Kosten von Teilzeitbeschäftigung. Da bei Dienstleistungen der komplementäre (Sach-)Kapitalstock vielfach geringer ist, sind Dienstleistungen tendenziell offener für Teilzeitbeschäftigung. Ist diese jedoch hierzulande relativ teuer, dann können die komplementären Dienstleistungen andernorts relativ günstiger erstellt werden. Ähnliches gilt für die Modalitäten und Hemmnisse bei der Reorganisation von Unternehmen. Dort, wo der Dienstleistungssektor auf relativ liberale Rahmenbedingungen trifft, wie es der Tendenz nach in den Vereinigten Staaten der Fall ist, ist zu erwarten, daß die Vorteile einer differenzierteren Arbeitsteilung auch stärker genutzt werden. Dies korrespondiert mit der Tatsache, daß die Wachstumsdynamik in den Vereinigten Staaten gerade von unternehmensbezogenen Dienstleistungen (insbesondere Information und Kommunikation) (mit-)getragen wurde.

Dienstleistungsmärkte und ihre Rahmenbedingungen sind damit nicht nur für die Beschäftigung und die Wertschöpfung im Dienstleistungssektor wesentlich. Auch handelt es sich bei der Komplementarität zwischen Dienstleistungen und interna-

---

[8] Sicher erfordert dies einen Strukturwandel. Doch wer langfristig an den Einkommenssteigerungen bzw. Beschäftigungspotentialen partizipieren will, die offene Märkte ermöglichen, der muß sich dem Strukturwandel stellen. Andernfalls drohen mittel- und langfristig größere Realeinkommens- und Beschäftigungseinbußen.

[9] Zu den Fortschritten und Defiziten der Deregulierung im deutschen Dienstleistungssektor vgl. zum Beispiel die Studie von Boss/Laaser/Schatz (1996).

tionalem Güterhandel nicht um eine einfache[10] Komplementarität mit gegebenem Einsatzverhältnis. Das wäre bei weitem zu kurz gegriffen. Vielmehr hat die zunehmende weltwirtschaftliche Integration zweierlei zur Folge: Erstens nimmt die Dienstleistungsintensität der Produktion tendenziell zu. Zweitens beeinflussen die Rahmenbedingungen auf den Dienstleistungsmärkten durch die Marktöffnung auf den Produktmärkten die internationale Arbeitsteilung generell und damit die Produktivität der gesamten deutschen Wirtschaft im internationalen Maßstab. Dienstleistungen sind im Zuge wachsender Globalisierung von immer größerem Gewicht für Wettbewerbspositionen, Einkommen und Beschäftigung.

Dieser Sachverhalt ist gerade für die Bundesrepublik wichtig. Denn angesichts der Humankapitalintensität vieler Dienstleistungen steht zu vermuten, daß die Bundesrepublik hier komparative Vorteile geltend machen kann. Bei relativ standardisierten und weitgehend ausgereiften Fertigungsbereichen hingegen dringen südostasiatische, latein- und mittelamerikanische Wettbewerber vor. Deutsche Unternehmen mögen weiter ihre Produkte auf den Weltmärkten absetzen können (Dluhosch/Freytag/Krüger, 1996). Doch welche Preise und welches Einkommen dabei erwirtschaftet bzw. welche Beschäftigung erzielt wird, ist abhängig von ihrer Produktivität im Vergleich mit ausländischen Anbietern.[11] Die Produktivität aber hängt nicht zuletzt von den Dienstleistungskosten ab.

5 Die Einwände: Nicht stichhaltig

Gegen die Unterschiede im Dienstleistungssektor zwischen Deutschland und den Vereinigten Staaten ist jüngst eingewendet worden, daß diese weit geringer seien als gemeinhin angenommen. Zwar würden die volkswirtschaftliche Gesamtrechnung wie auch Input-Output Tabellen deutliche Unterschiede in Umfang und Beschäftigungsdynamik ausweisen. Wenn aber statt der sektoralen Perspektive von

[10] Zur einfachen Komplementarität vgl. Sapir/Winter (1994, S. 279ff.).

[11] Werden Produkte unterschiedlich dienstleistungsintensiv erstellt in der heimischen Wirtschaft, dann sind auch die relativen Wettbewerbspositionen heimischer Wettbewerber untereinander verzerrt. Die Wettbewerbsposition einzelner Branchen ist künstlich erschwert, die anderer (über den Wechselkurs) indirekt begünstigt. Auch diese Verzerrung bedeutet Einkommensverluste. Selbst wenn aber alle Anbieter davon gleichmäßig betroffen wären, mag zwar der Wechselkurs die Absatzfähigkeit erhalten. Das Austauschverhältnis jedoch verschlechtert sich tendenziell. Anders formuliert: Das Realeinkommen - bzw. bei relativ geringer Reallohnflexibilität die Beschäftigung - könnte höher sein, als es der Fall ist.

VGR und Input-Output Tabellen eine funktionelle Perspektive eingenommen würde, würden die Unterschiede schwinden. Dann, so das Argument, würde Deutschland einen ähnlich hohen Anteil an Dienstleistungstätigkeiten zeigen. Gerade bei unternehmensbezogenen Dienstleistungen wäre ein wesentlicher Grund für die Unterschiede aus sektoraler Betrachtung, daß in den Vereinigten Staaten ein deutlich höherer Teil der Dienstleistungen aus den Unternehmen ausgelagert und über den Markt bezogen würde. „Damit", so folgert das DIW, „erweist sich dieser Unterschied als rein *institutioneller* Effekt" (DIW, 1997b, S. 614, Betonung B.D.).

Diese Argumentation übersieht jedoch, daß Institutionen unterschiedlich effizient sein können und es in der Regel auch sind. Implizit setzt sie voraus, daß Institutionen irrelevant sind für Produktivität und Beschäftigung und daß damit (mangels Unterschieden) die vorliegende Form des Angebots die beste, sprich effiziente ist, genauer noch, daß der jeweilige Produzent selbst die Leistung am günstigsten erbringen kann. Sicher ist das nicht. Es käme auf einen Markttest an, der aber ist insoweit unterbunden, wie Regulierungen das Entstehen von Märkten verhindern. Dort, wo die unternehmensinterne Leistungserbringung tatsächlich die effiziente Form der Bereitstellung von Dienstleistungen ist, wird sie sich auch bei offenen Märkten durchsetzen. Für einige Leistungen mag dies wegen der Fühlungsvorteile gelten, für andere mag der Zukauf über den Markt ein Mehr an Flexibilität bieten und das Entstehen neuer Märkte wie der Wettbewerb zu günstigeren Preisen und zu einer Offenlegung der Kosten der Eigenerstellung führen. Gewiß gilt, daß es, wie das DIW (1997b, S. 617) anmerkt, zweitrangig ist, wo die neuen Arbeitsplätze entstehen (ob in dem in der Statistik ausgewiesenen Sektor Dienstleistungen oder in einem anderen Bereich). Gerade deshalb aber muß dem Markt die Möglichkeit gegeben werden, sich mit einem entsprechenden Angebot zu entfalten.

Auch wurde verschiedentlich der Produktivitätseffekt einer Liberalisierung des Dienstleistungssektors bezweifelt. Stützel (1978, S. 30ff.) sprach vom „Konkurrenzparadoxon": Nicht in allen Wirtschaftsbereichen bewirke eine Liberalisierung einen Anstieg der Gesamtausgaben und damit einen Einkommens- und Beschäftigungseffekt. Was für den einzelnen gelte, nämlich, daß er seine Wettbewerbsposition bei einer Liberalisierung verbessern könne, gelte noch lange nicht für die Gesamtheit. Im Gegenteil, dadurch, daß sich die Anbieter die Märkte gegenseitig streitig machen würden, sei kein Mehr an Einnahmen für den einzelnen zu erwarten. Folglich seien auch im Aggregat keine Mehreinnahmen zu erwarten. Träfe dies zu, dann wäre eine Liberalisierung nicht nur ein Nullsummenspiel, sondern sogar ein Negativsummenspiel, müssen doch die Anbieter von Dienstleistungen sich wegen des Wettbewerbs mehr anstrengen, ohne daß der Absatz (geschweige denn die Gewinnaussichten) steigen.

Auch dieses Argument ist nicht schlüssig. Es übersieht, daß im Wettbewerb X-Ineffizienzen reduziert und neue, verbesserte Produkte angeboten werden. Der intensivierte Wettbewerb ist Ansporn, die Qualität der angebotenen Dienstleistung zu erhöhen und einen besseren Service und eine intensivere Kundenbetreuung anzubieten. Darauf können Einkommen und Beschäftigung elastisch reagieren. Gleichzeitig sinken mit zunehmender Marktgröße im Regelfall die Informationskosten der Suche nach dem kostengünstigsten Angebot. Auch dies bedeutet tendenziell, daß mehr Dienstleistungen nachgefragt werden.[12]

Festzuhalten bleibt mithin: Dienstleistungen und die Rahmenbedingungen hierfür sind für die internationale Wettbewerbsfähigkeit deutscher Anbieter entscheidend, da sie mitbestimmen, inwieweit deutsche Anbieter die Vorteile einer vertieften vertikalen Arbeitsteilung nutzen können. Damit entscheiden Dienstleistungen auch mit darüber, welches Einkommen mit welcher Leistung auf den Weltmärkten erzielt werden kann.

Natürlich gibt es keinen Grund, daß sich alle Volkswirtschaften nach ähnlichem Muster entwickeln müssen, so wie es sogenannte Stufentheorien nahelegen,[13] daß also Deutschland einen ähnlich hohen Dienstleistungsanteil aufweisen muß (oder künftig ausweisen wird) wie die Vereinigten Staaten. Worum es geht, ist die Rahmenbedingungen bereitzustellen, die den Unternehmen hierzulande eine hohe Wertschöpfung in einer zunehmend offenen Volkswirtschaft ermöglichen.

Der Blick auf die Angebotsseite heißt auch nicht, daß die Entwicklung hin zu Dienstleistungen nicht teilweise von der Nachfrage getrieben ist. Gewiß kann ein Teil der Dynamik im Dienstleistungssektor darauf beruhen, daß die Nachfrage nach Dienstleistungen einkommenselastisch ist, bei zunehmendem Realeinkommen also ein immer größerer Teil der Ausgaben auf Dienstleistungen entfällt.[14]

---

[12] Vgl. hierzu mit Blick auf den Handelssektor Burda/Weil (1997).

[13] Für eine Darstellung vgl. Klodt/Maurer/Schimmelpfennig (1997, S. 17ff.).

[14] Bei einkommenselastischer Nachfrage und unterdurchschnittlichem Produktivitätswachstum kann es nach „Petty's Law" zu einer Ausweitung des Beschäftigtenanteils in der Dienstlei-

Abgesehen davon, daß dies zunächst eher eine Beschreibung der Statistik ist und noch nicht erklärt, warum mehr für Dienstleistungen ausgegeben wird, stellt diese nachfrageseitige Perspektive auch eher auf die Nachfrage nach Dienstleistungen in Form von Endprodukten ab. Es geht um Verschiebungen der Konsumnachfrage in Richtung auf Dienstleistungen. Doch ist dies keineswegs der einzige Grund für die wachsende Bedeutung des Dienstleistungssektors. Auch ist der Bezug zur Globalisierung auf der Nachfrageseite eher am Rande vorhanden, da viele der unmittelbar konsumierten Dienstleistungen nicht international gehandelt werden. Auf der Angebotsseite jedoch beeinflussen Dienstleistungen mittelbar die internationale Arbeitsteilung und damit die Position deutscher Anbieter im Wettbewerb.

stungsbranche kommen, ohne daß der reale Anteil der Dienstleistungen an der gesamtwirtschaftlichen Wertschöpfung steigt (Clark, 1951; für eine detaillierte Untersuchung vgl. zum Beispiel Gundlach, 1993 und 1994). Zwingend ist dies jedoch nicht, wie Gundlach (1994) mit der Konstruktion von Engelkurven bei unterschiedlichem technischen Fortschritt und dem Vergleich von Outputrelationen zeigt. Schon dies stellt in Frage, ob der beobachtbare strukturelle Wandel hin zu Dienstleistungen allein mit einer einkommenselastischen Nachfrage nach Dienstleistungen, d.h. mit Konsumentenpräferenzen, „erklärt" werden kann. Allerdings ist auch anzumerken, daß die Abschätzung des Produktivitätsbias mit erheblichen Schwierigkeiten behaftet ist (hierzu bereits Fuchs, 1968, sowie Melvin, 1990, S. 730ff.).

6 Literaturverzeichnis

Boss, Alfred, Claus-Friedrich Laaser, Klaus-Werner Schatz et al. (1996), „Deregulierung in Deutschland: Eine empirische Analyse", *Kieler Studie* 275, Tübingen.

Burda, Michael und Philip Weil (1997), „Blue Laws", mimeo: Berlin und Brüssel.

Clark, Colin (1951), *The Conditions of Economic Progress*, 2. Aufl. London.

Council of Economic Advisers (1997), *Economic Report of the President*, Washington D.C.

DIW (1997a), „Dienstleistungsdynamik in der Europäischen Union uneinheitlich", *DIW Wochenbericht* 16/97, S. 273-280.

DIW (1997b), „Rückstand beim Anteil der Dienstleistungstätigkeiten aufgeholt", *DIW Wochenbericht* 34/97, S. 613-617.

Dluhosch, Barbara (1997), „Trade Liberalization, Technological Change, and the Economics of Outsourcing", mimeo: Köln.

Dluhosch, Barbara, Andreas Freytag und Malte Krüger (1996), *International Competitiveness and the Balance of Payments: Do Current Account Deficits and Surpluses Matter?*, Cheltenham and Lyme.

Francois, Joseph (1990), „Trade in Producer Services and Returns Due to Specialization Under Monopolistic Competition", *Canadian Journal of Economics*, Vol. XXIII, S. 109-24.

Fuchs, Victor R. (1968), *The Service Economy*, New York.

Grubel, Herbert G. (1995), „Producer Services: Their Important Role in Growing Economies", in: Ernesto Felli, Furio C. Rosati und Giovanni Tria (Hrsg.), *The Service Sector: Productivity and Growth*, Heidelberg, S. 11-34.

Gundlach, Erich (1993), „Die Dienstleistungsnachfrage als Determinante des wirtschaftlichen Strukturwandels", *Kieler Studie* 252, Tübingen.

Gundlach, Erich (1994), „Demand Bias as an Explanation for Structural Change", *Kyklos*, Vol. 47, S. 249-267.

Hicks, John R. (1973), „The Austrian Theory of Capital and its Rebirth in Modern Economics", in: J.R. Hicks und W. Weber (Hrsg.), *Carl Menger and the Austrian School of Economics*, Oxford, S. 190-206.

Hirsch, Seev (1989), „Services and Service Intensity in International Trade", *Weltwirtschaftliches Archiv*, Vol. 125, S. 45-60.

Hoekman, Bernard und Carlos A. Primo Braga (1997), „Protection and Trade in Services: A Survey", *CEPR Discussion Paper* 1705.

Jones, Ronald und Henryk Kierzkowski (1990), „The Role of Services in Production and International Trade: A Theoretical Framework", in: Ronald W. Jones and Anne O. Krueger (Hrsg.), *The Political Economy of International Trade: Essays in Honor of Robert E. Baldwin*, Cambridge and Oxford, S. 31-48.

Kater, Ulrich (1995), *Dienstleistungen in der Realen Aussenwirtschaftstheorie*, Frankfurt/Main usw.

Klein, Benjamin und Keith B. Leffler (1981), „The Role of Market Forces in Assuring Contractual Performance", in: *Journal of Political Economy*, Vol. 89, S. 615-641.

Klodt, Henning et al. (1995), „Wettbewerb und Regulierung in der Telekommunikation", *Kieler Studie* 272, Tübingen.

Klodt, Henning, Rainer Maurer und Axel Schimmelpfennig (1997), *Tertiarisierung in der deutschen Wirtschaft. Schwerpunktstudie zur Strukturberichterstattung für den Bundesminister für Wirtschaft*, Kiel, Institut für Weltwirtschaft.

Krugman, Paul R. und Anthony J. Venables (1995), „Globalization and the Inequality of Nations", *Quarterly Journal of Economics*, Vol. 110, S. 857-880.

Leijonhufvud, Axel (1986), „Capitalism and the Factory System", in: Richard N. Langlois (Hrsg.), *Economics as a Process: Essays in the New Institutional Economics*, Cambridge, S. 203-223.

Markusen, James R. (1989), „Trade in Producer Services and in Other Specialized Intermediate Inputs", *American Economic Review*, Vol. 79, S. 85-95.

Melvin, James R. (1989), *Trade in Services: A Theoretical Analysis*, Halifax, Institute for Research on Public Policy.

Melvin, James R. (1990), „Time and Space in Economic Analysis", *Canadian Journal of Economics*, Vol. XXIII, S. 725-747.

OECD (1996), *Services, Statistics on Value Added and Employment*, Paris.

OECD (1997a), *National Accounts, Detailled Tables, Vol. II, 1983-1995*, Paris.

OECD (1997b), *OECD Economic Surveys: United States 1997*, Paris.

Sapir, André und Chantal Winter (1994), „Services Trade", in: David Greenaway und L. Alan Winters (Hrsg.), *Surveys in International Trade*, Oxford, S. 273-302.

Smith, Adam (1776), *An Inquiry into the Nature and the Causes of the Wealth of Nations*, hrsg. von R.H. Campbell und A.S. Skinner (1976), Oxford.

Stützel, Wolfgang (1978), *Volkswirtschaftliche Saldenmechanik*, 2. Aufl., Tübingen.

Venables, Anthony J. (1996): „Equilibrium Locations of Vertically Linked Industries", *International Economic Review*, Vol. 37, S. 341-359.

Weizsäcker, Carl Christian von (1980), *Barriers to Entry*, Berlin usw.

Weizsäcker, Carl Christian von (1997), „Wettbewerb in Netzen", *Wirtschaft und Wettbewerb* 7/8, S. 572-579.

Kapitel III: Auswirkungen auf Arbeitsmärkte

D Inländische Arbeitsmärkte und Handel mit Niedriglohnländern

Pia Weiß

1 Einleitung

Kaum ein anderes Thema hat die Medien, die Bevölkerung und die Politik so lange und intensiv beschäftigt, wie die anhaltend hohe Arbeitslosigkeit in Deutschland. Auch in den meisten anderen europäischen Ländern, die relativ hohe Arbeitslosenquoten ausweisen, ist dieses Thema ausgiebig diskutiert worden. Selbst in Ländern wie den USA oder Großbritannien, die niedrige Arbeitslosenquoten aufweisen, wird über den Arbeitsmarkt gesprochen, dort vor allem über die steigende Ungleichheit der Entlohnung.[1] Auf der Suche nach dem Anlaß für die steigende Ungleichheit in der Entlohnung bzw. der steigenden Arbeitslosigkeit haben sich zwei Erklärungsansätze durchgesetzt: technischer Fortschritt und Globalisierung.[2] Empirisch konnte nicht abschließend gezeigt werden, welcher der beiden Ansätze relevant ist.[3] Ungeachtet dessen, ob Globalisierung als Hauptursache der derzeitigen Misere am deutschen Arbeitsmarktes gelten darf oder nicht, sind theoretische Überlegungen dazu nützlich, weil sie den Zusammenhang zwischen internationaler Arbeitsteilung und heimischen Arbeitsmärkten verdeutlichen.

---

1 Beide Phänomene werden als zwei Seiten einer Medaille bezeichnet. Da in den Ländern, die eine steigende Ungleichheit in der Entlohnung beobachten, der Arbeitsmarkt wenig, in Ländern, die eine steigende Arbeitslosenquote beobachten, der Arbeitsmarkt stark reglementiert ist, scheint diese Auffassung gerechtfertigt (Freeman, 1995).

2 Technischer Fortschritt: siehe u.a. Lawrence/Slaughter (1993).
Globalisierung: siehe u.a. Sachs/Shatz (1996); Wood (1994).

3 Für die empirische Evidenz technischen Fortschritts als Erklärungsansatz siehe u.a. Fitzenberger (1996). Wood (1994) ist einer der wenigen Autoren, die empirisch zeigen, daß Globalisierung zu einem beachtlichen Rückgang der Nachfrage nach einfacher Arbeit im entwickelten Land führen kann. Dabei weist Wood auf methodische Inkorrektheiten bisheriger Vorgehensweisen hin. Für eine Zusammenfassung seiner Argumente vgl. Wood (1995).

Betrachtet man Globalisierung als verstärkten Handel zwischen Ländern, so hat Globalisierung in den letzten 20 Jahren weiter zugenommen, wie auch der Beitrag B in diesem Band zeigt. Im Mittelpunkt dieses Beitrags steht der verstärkte Handel mit Entwicklungs- und Schwellenländern sowie den Ländern Mittel- und Osteuropas. Die Ursache für den zu beobachtenden intensivierten Handel zwischen Industrie- und Entwicklungsländern ist vor allem in einem Wechsel der Entwicklungspolitik auf Seiten dieser Länder, begleitet durch eine Senkung der Transport- und Kommunikationskosten, zu sehen. Vor allem die Länder Südostasiens haben ihre Wettbewerbsvorteile erkannt und die vorher auch dort vorherrschende Importsubstitution als Entwicklungskonzept gegen eine Konzentration auf Exporte ausgetauscht (siehe auch Donges, 1981). Dabei wird im zweiten Abschnitt anhand theoretischer Ansätze gezeigt, daß in entwickelten Ländern mit stark reglementierten Arbeitsmärkten Handel mit Entwicklungsländern die bestehende Arbeitslosigkeit erhöhen kann. Es wird gezeigt, daß Reglementierungen des Arbeitsmarktes und nicht Handel die Ursache von Arbeitslosigkeit sind. Die Intensivierung des Handels mit weniger entwickelten Wirtschaften läßt die vorhandenen Probleme nur stärker hervortreten. In einem dritten Abschnitt werden aus den Modellen des Abschnitts 2 Handlungsmöglichkeiten des Staates abgeleitet. Gleichzeitig werden sie auf ihre Plausibilität hin überprüft. Abschnitt 4 faßt die Argumente zusammen.

2 Handel und Arbeitsmärkte

Wie sich eine Handelsliberalisierung zwischen Industrie- und Entwicklungsländern auf die heimischen Arbeitsmärkte auswirkt, wurde vielfach im Rahmen des Heckscher-Ohlin-Samuelson Modells (HOS) untersucht.[4] Dieses klassische Modell unterstellt, daß intersektoraler Handel durch Unterschiede in der relativen Faktorausstattung verursacht wird. Vergleicht man die relative Ausstattung der

---

4 Als Unterscheidungsmerkmal zwischen Industrie- und Entwicklungsländern soll die relative Faktorausstattung von Humankapital zu einfacher Arbeit herangezogen werden. Ist ein Land relativ reich an Humankapital, wird es als Industrieland bezeichnet, ist es relativ reich an einfacher Arbeit, zählt es zu den Entwicklungsländern. Konkret sollen unter Industrieländern alle OECD-Länder außer Mexiko, Tschechien und der Türkei verstanden werden. Für bestimmte Länder Mittel- und Osteuropas sowie für bestimmte Schwellenländer wird diese Unterscheidung als nicht adäquat angesehen. Auf die besondere Problematik solcher Länder wird später eingegangen.

Industrieländer mit Humankapital zu weniger gut ausgebildeten Arbeitskräften mit denjenigen von Entwicklungsländern, so scheint die Annahme gerechtfertigt.[5] Die Auswirkungen von Handel auf die heimischen, vollkommenen Arbeitsmärkte wird durch das Stolper-Samuelson Theorem und das Faktor-Preis-Ausgleichstheorem beschrieben. Werden Handelsschranken abgebaut, so muß sich auf dem größeren Weltgütermarkt ein Preisverhältnis derart bilden, daß Nachfrage und Angebot ausgeglichen sind. Sind die Länder unterschiedlich mit Faktoren ausgestattet, so unterscheiden sich die relativen Güterpreise vor der Handelsliberalisierung. Eine Zunahme internationaler Arbeitsteilung wirkt also im klassischen HOS-Modell über die Veränderung relativer Güterpreise. Das Stolper-Samuelson Theorem verbindet die relativen Güterpreisveränderungen mit den Faktorpreisveränderungen auf den heimischen Gütermärkten. Angewandt auf den Handel zwischen Industrie- und Entwicklungsländern müßte die Differenz der Entlohnung zwischen Humankapital und einfacher Arbeit größer werden. Die Höhe der Beschäftigung dagegen ändert sich nicht, da das klassische HOS-Modell von vollkommenen Arbeitsmärkten ausgeht, d.h. es existieren immer Faktorpreise, die die Arbeitsmärkte räumen.

Woher kommt aber nun Arbeitslosigkeit und wie kann der Handel zwischen entwickelten und weniger entwickelten Ländern Arbeitslosigkeit erhöhen? Auf die Frage, wie Arbeitslosigkeit entsteht, können Ansätze der Arbeitsmarkttheorie Antworten geben. Arbeitslosigkeit kann grundsätzlich nur durch Unvollkommenheiten auf dem Arbeitsmarkt entstehen.[6] Sie können durch die Existenz von Gewerkschaften und Arbeitgeberverbänden oder durch den Staat verursacht werden oder durch die Tatsache, daß Transaktions- und Anpassungskosten eben nicht vernachlässigt werden können.[7] Auf die Frage, ob und gegebenenfalls in welche Richtung Handel zwischen Industrie- und Entwicklungsländern die Höhe der Ar-

---

[5] Diese grobe Zweiteilung von Arbeit in Humankapital und einfache Arbeit bringt Abgrenzungsprobleme mit sich. Als Unterscheidungsmerkmal soll hier die Schulbildung herangezogen werden. Alle Arbeiter mit weniger als 12 bzw. 13 Jahren Schulbildung sollen als einfache Arbeiter bezeichnet werden.

[6] Man spricht von vollkommenen Märkten, wenn keiner der Akteure Marktmacht besitzt, wenn keine Transaktions- und Anpassungskosten sowie keine externen Effekte vorliegen. Sind eine oder mehrere dieser Bedingungen verletzt, spricht man von unvollkommenen Märkten. Im Fall von Tarifparteien auf dem Arbeitsmarkt z.B. besitzen beide Akteure, Arbeitgeber- und Arbeitnehmervertretungen Marktmacht.

[7] Für einen Überblick über Imperfektheiten am Arbeitsmarkt siehe Franz (1991).

beitslosigkeit beeinflußt, geben Modelle Auskunft, die unvollkommene Arbeitsmärkte und Modelle der Außenhandelstheorie verknüpfen.

In den folgenden Abschnitten wird zunächst untersucht, welche Rolle imperfekte Arbeitsmärkte spielten.

i) Unvollkommene Arbeitsmärkte und Handel mit Entwicklungsländern

In den folgenden beiden Abschnitten werden zwei Varianten des HOS-Modells vorgestellt, in denen die Annahme vollkommener Arbeitsmärkte aufgehoben und Verzerrungen auf dem Arbeitsmarkt eingeführt werden. Dabei werden die betrachteten Unvollkommenheiten auf dem Arbeitsmarkt so gewählt, daß die eine (reale Mindestlöhne) gesetzlich verankert sein und somit auch abgeschafft werden kann, die andere dagegen nicht (Effizienzlöhne).

a) Reale Mindestlöhne

Mindestlöhne setzen der Lohnflexibilität nach unten Grenzen. Sie können nominal oder real sein. Nominale Mindestlöhne führen jedoch nicht zwingend zu Arbeitslosigkeit, wenn eine entsprechende Preissteigerungsrate für sinkende reale Mindestlöhne sorgt. Reale Mindestlöhne können z.B. gesetzlich verankert sein (Lohnindexierung), durch Verhandlungen der Tarifparteien oder durch real angepaßte Arbeitslosenunterstützung und Sozialhilfe entstehen. Aber auch reale Mindestlöhne müssen nicht zwangsläufig zu Arbeitslosigkeit führen. Entscheidend ist deren Wirksamkeit. Liegt der reale Mindestlohn unter dem Grenzprodukt der Arbeit (der arbeitsmarkträumende reale Lohnsatz ist dann größer als der reale Mindestlohn), ist er wirkungslos und Vollbeschäftigung kann erzielt werden. Erst wenn der reale Mindestlohn den markträumenden realen Lohnsatz übersteigt, kann Arbeitslosigkeit entstehen.

Mindestlöhne in einer geschlossenen Volkswirtschaft

Im klassischen HOS-Modell sind die Arbeitskräfte, also sowohl Humankapital als auch einfache Arbeit national zwischen den Sektoren vollkommen mobil. International jedoch ist Arbeit vollkommen immobil. Auch wird vereinfachend von einer stationären Bevölkerung ausgegangen, die ihre Arbeitskraft auf den jeweiligen Märkten vollkommen unelastisch anbietet. Während Humankapital mit einem vollkommenen Arbeitsmarkt konfrontiert ist, soll der Markt für einfache Arbeit unvollkommen sein.[8] Dem Modell Brechers (1974a) folgend soll die Verzerrung in realen Mindestlöhnen für einfache Arbeit bestehen.[9]

Abbildung D.1 zeigt die Produktionsmöglichkeitskurve T_2T_1 einer Wirtschaft ohne reale Mindestlöhne. In einer solchen, geschlossenen Wirtschaft wird sich ein Preisverhältnis $p = p_1/p_2$ derart bilden, daß sich Angebot und Nachfrage entsprechen, hier Punkt A. Gleichzeitig wird Vollbeschäftigung erreicht, da die Löhne nach unten vollkommen flexibel sind.

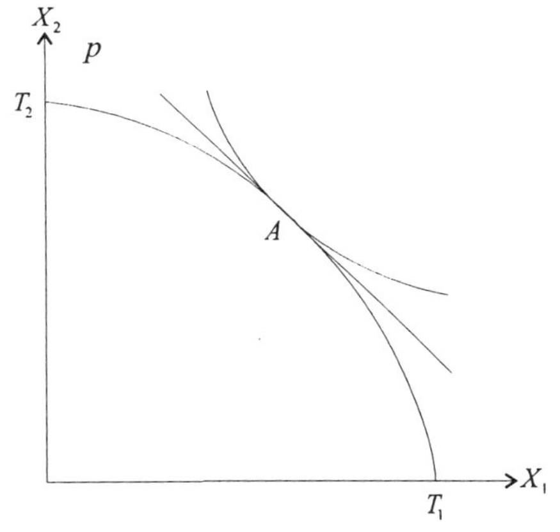

Abbildung D.1: Transformationskurve einer Wirtschaft ohne Mindestlöhne

[8] Alternativ könnte auch angenommen werden, daß der Mindestlohn sowohl für einfache Arbeit als auch für Humankapital gilt, wobei die Produktivität von Humankapital immer über dem Mindestlohn liegt. Weitere Annahmen des klassischen HOS-Modells sind: Keine Transportkosten, perfekte Gütermärkte, positive aber abnehmende Grenzerträge für jeden Faktor, konstante Skalenerträge, kein Umschlagen der Faktorintensitäten und gleiche Produktionstechnologien zwischen den Ländern. Siehe Gandolfo (1994).

[9] Dieser Abschnitt orientiert sich an der Arbeit von Brecher (1974). Siehe u.a. Bhagwati/ Srinivasan (1974; 1975) für sektorspezifische Mindestlöhne. Die Untersuchung von festen Lohndifferenzen unterscheidet sich kaum von der hier vorgestellten Methode. Siehe u.a. Bhagwati (1971) für Lohndifferenzen zwischen Sektoren, Krugman (1995) für Lohndifferenzen zwischen Faktoren.

Werden in einer geschlossenen Volkswirtschaft bei gegebener Technologiestruktur Mindestlöhne eingeführt, so verändert sich die Transformationskurve zu $T_2R_2^0R_1^0T_1$, dargestellt in Abbildung D.2. Ist der Mindestlohn nicht zu hoch, so gibt es eine Menge an Preisverhältnissen $p = p_1/p_2$, p p^0, zu denen das Wertgrenzprodukt einfacher Arbeit in beiden Sektoren ausgeglichen und größer als der Mindestlohn ist. Es kann Vollbeschäftigung erreicht werden, wenn Angebot und Nachfrage zu einem dieser Preisverhältnisse in Übereinstimmung gebracht werden kann - der Mindestlohn ist de facto unwirksam.[10] Solche Gleichgewichte liegen auf dem Abschnitt $T_2R_2^0$ der Transformationskurve in Abbildung D.2. Dieser Abschnitt ist um so größer, je niedriger der Mindestlohn ist, die Gerade $R_2^0R_1^0$ verschiebt sich bei sinkenden realen Mindestlöhnen nach rechts.

Das Preisverhältnis p^0 ist dadurch gekennzeichnet, daß das Wertgrenzprodukt einfacher Arbeit zwischen den Sektoren exakt zum Mindestlohn ausgeglichen werden kann. Für Preisverhältnisse p p^0 kann das Wertgrenzprodukt einfacher Arbeit zum herrschenden Mindestlohn nicht mehr ausgeglichen werden, ein Sektor ist nicht mehr konkurrenzfähig. Die vollkommene Mobilität der Faktoren zwischen den Sektoren führt dann dazu, daß der Sektor, der einfache Arbeit relativ intensiv nutzt (X_2), verschwindet. Dieser Situationen entsprechen Punkte auf dem Abschnitt $R_1^0T_1$ der Transformationskurve. Da die Konsumenten in einer geschlossenen Volkswirtschaft jedoch beide Güter konsumieren wollen, wird es nicht zu einer solchen Spezialisierung kommen. Es wird sich das Preisverhältnis p^0 bilden. Dementsprechend muß ein inländisches Gleichgewicht auf der Rybczynski-Geraden $R_2^0R_1^0$ liegen, die alle Güterkombinationen darstellt, die zum Preisverhältnis p^0 mit verschiedenen Mengen einfacher Arbeit hergestellt werden können. Es kann Vollbeschäftigung erreicht werden (Punkt R_2^0) oder eine minimale Beschäftigung (Punkt R_1^0). Wie hoch die Arbeitslosigkeit im inländischen Gleichgewicht sein wird, hängt von der Nachfrage zum Relativpreis p^0 ab. Nachfrage und Angebot sind zu diesem Preisverhältnis dann ausgeglichen, wenn der Einkommensexpansionspfad (*EE*) die Rybczynski-Gerade kreuzt, Punkt A_M.

[10] In einer solchen Situation könnten sich die USA befinden, die zwar einen Mindestlohn gesetzlich garantieren, der aber so niedrig ist, daß Arbeitslosigkeit wohl nicht darauf zurückzuführen ist.

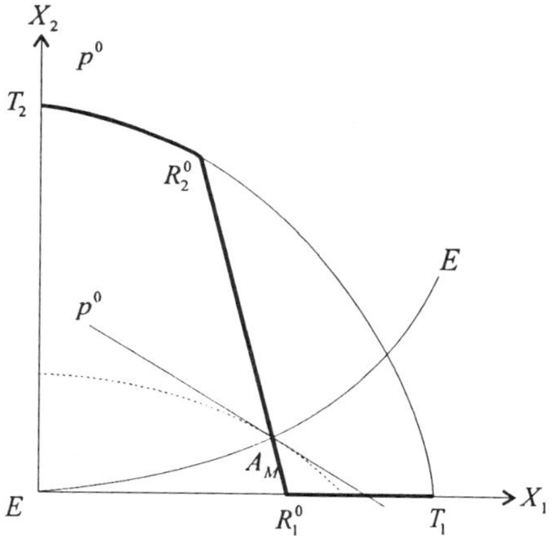

Abbildung D.2: Transformationskurve einer Wirtschaft mit Mindestlöhnen

Handelsliberalisierung bei realen Mindestlöhnen

Nimmt die betrachtete Wirtschaft Handel zu einem anderen Land auf, vergrößert sich der relevante Absatzmarkt für die Unternehmen. Das Handelsgleichgewicht muß nun zwei Bedingungen erfüllen: Zum einen muß die Handelsbilanz beider Länder ausgeglichen sein, da es in der betrachteten Ökonomie keine internationalen Kapitalströme gibt. Zum anderen muß sich ein Preisverhältnis bilden, das Angebot und Nachfrage nach Importen ausgleicht.[11] Das Handelsmuster des Industrielandes wird durch die relativen Faktorausstattungsunterschiede bestimmt. Im folgenden wird davon ausgegangen, daß das Inland (Industrieland) Handel mit einem Entwicklungsland aufnimmt, das reichlich mit einfacher Arbeit ausgestattet ist. Das Heckscher-Ohlin Theorem (Jones/Neary, 1984, S. 15) sagt für diesen Fall im klassischen HOS-Modell voraus, daß das Industrieland das humankapitalintensive Gut exportiert. Die relativen Güterpreise der beiden Länder unterscheiden sich in Autarkie durch die unterschiedlichen Faktorausstattungen. So ist das humankapitalintensive Gut im Industrieland relativ billig, im Entwicklungsland relativ teuer. Mit Aufnahme von Handel wird sich ein Handelspreisverhältnis zwischen denen in Autarkie bilden. Für das Entwicklungsland bedeutet dies eine relative Preissenkung für das humankapitalintensive Gut. Die Konsumenten

[11] Es wird davon ausgegangen, daß ein solches Gleichgewicht existiert, eindeutig und stabil ist.

werden im Ausland mehr dieser Güter nachfragen - sie importieren dieses Gut (X_1).

Auch bei wirksamen realen Mindestlöhnen im Industrieland bleibt das Heckscher-Ohlin Theorem gültig. Mindestlöhne bewirken im Inland nur, daß der Faktor Arbeit verteuert wird. Das humankapitalintensive Gut wird im Industrieland bei Mindestlöhnen also relativ billiger sein als ohne diese Lohnrestriktion. Das Industrieland wird auch bei wirksamen realen Mindestlöhnen das humankapitalintensive Gut (X_1) exportieren. Für das Preisverhältnis p^T muß also $p^T \geq p^0$ gelten.

Abbildung D.3 zeigt, welche Handelsmuster sich im Industrieland unter Freihandel bei Preisverhältnissen p^T größer bzw. gleich dem p^0 bilden. Sind die relativen Güterpreise vor und nach der Handelsliberalisierung identisch, so liegen die Produktionspunkte des entwickelten Landes auf der Rybczynski-Geraden. Das Industrieland wird auch in der Handelssituation beide Güter herstellen, außer im Punkt R_1^0, in dem sich das Land gerade auf das humankapitalintensive Gut 1 spezialisiert. Da das entwickelte Land entsprechend dem Heckscher-Ohlin Theorem das humankapitalintensive Gut exportiert, werden die Produktionspunkte der betrachteten entwickelten Wirtschaft auf dem Abschnitt $A_M R_1^0$ liegen. Damit ist jedoch eine geringere Beschäftigung bzw. eine höhere Arbeitslosigkeit als in der Ausgangssituation A_M verbunden.[12] Ist der relative Güterpreis in der Freihandelssituation p^T strikt größer als der in Autarkie, so können sich die Wertgrenzprodukte zum herrschenden Mindestlohn nicht mehr ausgleichen - Sektor 2, der den Faktor einfache Arbeit relativ intensiv nutzt, ist nicht mehr konkurrenzfähig. Während die Beschäftigungswirkung einer gestiegenen internationalen Arbeitsteilung zwischen einem entwickelten Inland und einem Entwicklungsland bei anhaltend diversifizierter Produktion eindeutig ist, kann mit Spezialisierung sowohl mehr Arbeitslosigkeit als auch mehr Beschäftigung verbunden sein. In Abbildung D.3 ist eine Situation dargestellt, in der die Beschäftigung nach einer Öffnung des Inlandes zum dann herrschenden Preisverhältnis p' größer ist als vor

[12] Die in Abbildung D.3 gepunktet eingezeichneten Transformationskurven verdeutlichen dies. Transformationskurven, die näher am Punkt E liegen, sind mit höherer Arbeitslosigkeit einfacher Arbeit verbunden. Alle Transformationskurven, die mit Punkten auf der Gerade $A_M R_1^0$ verbunden sind liegen näher am Punkt E und sind dementsprechend mit geringerer Beschäftigung verbunden.

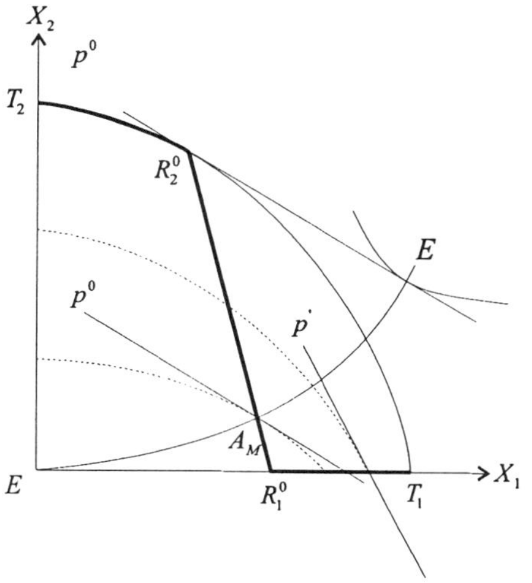

Abbildung D.3: Mögliche Handelsgleichgewichte

der Öffnung. Ob nach der Öffnung des Inlandes für Handel Vollbeschäftigung (Punkt T_1) oder eine minimale Beschäftigung (Punkt R_1^0) erreicht wird, hängt zum einen davon ab, wie hoch der Mindestlohn ist. Zum anderen sind die relativen Faktorausstattungsunterschiede und die Nachfragestruktur eines Landes wichtig.

b) Effizienzlöhne

Effizienzlöhne sind, ähnlich wie Mindestlöhne, zu hoch, um markträumend zu sein. Anders als Mindestlöhne aber, die in vielen Fällen gesetzlich verankert sind, ergeben sich Effizienzlöhne und damit auch Arbeitslosigkeit, aus dem Gewinnmaximierungskalkül der Unternehmen. Die Theorie der Effizienzlöhne geht von der Vorstellung aus, daß Arbeiter mit unterschiedlichen Arbeitsanstrengungen arbeiten können. Die Unternehmen ihrerseits können die Arbeiter nicht vollständig kontrollieren.[13] Unternehmen zahlen also freiwillig höhere Löhne, um die Arbeitsanstrengung ihrer Angestellten zu erhöhen.

---

[13] Für eine umfassendere Beschreibung und Kritik der Theorie der Effizienzlöhne, siehe Franz (1991, S. 300ff.).
Andere Ansätze gehen davon aus, daß eine Kontrolle prinzipiell möglich, aber kostenintensiv

Effizienzlöhne in einer geschlossenen Volkswirtschaft

Auch in diesem Abschnitt wird von einem HOS-Modell ausgegangen, in dem zwei homogene Güter unter Verwendung zweier Faktoren, Humankapital und einfache Arbeit, hergestellt werden. Humankapital soll, wie im vorangegangenen Kapitel mit einem vollkommenen Arbeitsmarkt konfrontiert sein, einfacher Arbeit wird ein Effizienzlohn gezahlt.[14]

Einfache Arbeiter wählen also sowohl die Höhe des Konsums beider Güter X_1 und X_2 als auch die Höhe der Arbeitsanstrengungen e nutzenmaximierend. Der Arbeit von Hoon (1991) folgend wird angenommen, daß die Arbeitsanstrengung nur zwei Ausprägungen annehmen kann, $e \in \{0,1\}$.[15]

Für Unternehmen ist es den Annahmen gemäß nicht möglich, ihre Arbeiter vollständig zu kontrollieren. Es ist ihnen jedoch möglich, einen kleinen Teil der weniger gut gebildeten Arbeiter kostenlos zu überwachen. Diese „Stichproben" werden zufällig durchgeführt. Daraus resultiert, daß jeder einfache Arbeiter mit einer gewissen Wahrscheinlichkeit beim Bummeln entdeckt und entlassen wird. Da die Unternehmen im langfristigen Gleichgewicht die gesamte Anzahl der einfachen Arbeiter konstant halten wollen, wird jede frei gewordene Stelle neu besetzt.

Unternehmen setzen die Löhne für weniger gut ausgebildete Arbeiter nun so, daß jeder einzelne Arbeiter indifferent ist, sich bei der Arbeit anzustrengen oder nicht. Aus diesem Kalkül der Unternehmen ergibt sich eine Lohnfunktion mit folgenden Eigenschaften:

$$\mathbf{w} = \mathbf{w}(\mathbf{U}, \mathbf{g}) \quad \partial \mathbf{w}/\partial \mathbf{U}, \partial \mathbf{w}/\partial \mathbf{g} < \mathbf{0},$$

wobei mit U die Anzahl der Arbeitslosen und mit g die Wahrscheinlichkeit, bei

---

ist. Vgl. dazu Brecher (1992).

14 Dies impliziert, daß Humankapital entweder nie bummelt oder kostenlos kontrolliert werden kann, einfache Arbeit dagegen nicht. Diese Annahme kann z.B. dadurch gerechtfertigt werden, daß mit hochqualifizierter Arbeit nicht-pekuniäre Vergütungen verbunden sind, wie z.B. größerer Abwechslungsreichtum der Tätigkeit, höheres Ansehen in der Bevölkerung etc., die das „Arbeitsleid" ausgleichen.

15 Die folgenden Ausführungen orientieren sich an der Arbeit von Hoon (1991). Vgl. u.a. Brecher (1994), der Kontrollkosten von Unternehmen explizit berücksichtigt oder Copeland (1989), bei dem Effizienzlöhne nur in einem Sektor gezahlt werden. Albert/Meckl (1997) zeigen, daß Effizienzlöhne auch zu konstanten Lohndifferenzen zwischen den Sektoren führen kann.

Bummeln entdeckt zu werden, bezeichnet wird. Der Lohnsatz wird um so niedriger sein, je höher die Arbeitslosigkeit und die Wahrscheinlichkeit g ist.[16] Die Gleichung für den Lohnsatz zeigt auch, daß anders als bei realen Mindestlöhnen, der gezahlte Effizienzlohn sowohl flexibel nach oben als auch nach unten ist. Die Unternehmen werden auf den entsprechenden Arbeitsmärkten so viele Arbeitskräfte nachfragen, bis der Lohnsatz gleich ihrem Wertgrenzprodukt entspricht. Aus den Bedingungen für Gewinnmaximierung auf Firmenebene, zusammen mit der Lohnsetzungsgleichung der Unternehmen, ergibt sich eine Beziehung zwischen der Beschäftigung der betrachteten Wirtschaft und den relativen Güterpreisen. Dieser Zusammenhang ist auf der rechten Seite der Abbildung D.4 dargestellt und ist bekannt als „Non-Shirking-Condition" (NSC). Mit $\bar{L}$ wird die exogen gegebene Ausstattung an einfacher Arbeit bezeichnet. Vollbeschäftigung würde dann erreicht, wenn $U=0$. Dies ist aufgrund der NSC nicht möglich. Die Form dieser NSC zeigt anschaulich, daß die Unternehmen einen gewissen Bestand an Arbeitslosigkeit in der Wirtschaft benötigen, um die Arbeitsanstrengungen ihrer weniger gut ausgebildeten Arbeiter zu erhöhen. Es wird in Abbildung D.4 ebenfalls deutlich, daß die tatsächliche Höhe der Arbeitslosigkeit durch das Preisverhältnis, das den Gütermarkt räumt, bestimmt wird, wobei mit D die Nachfragefunktion, mit S die Angebotsfunktion bezeichnet wird.[17]

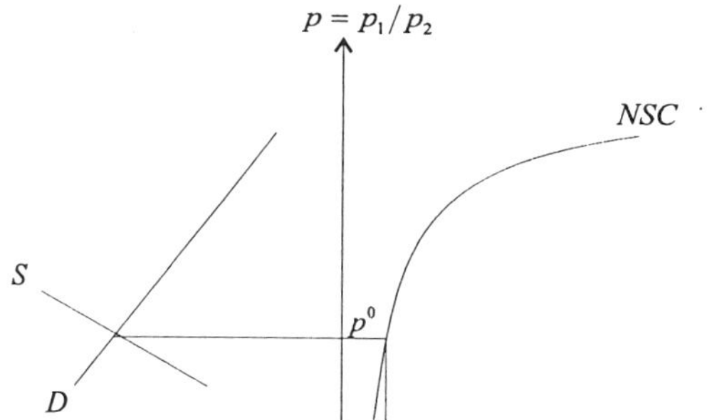

Abbildung D.4: Arbeitslosigkeit durch Effizienzlöhne

[16] Kann ein einfacher Arbeiter zusätzlich über die Höhe seiner Arbeitsanstrengungen e entscheiden, so wird der Lohnsatz zusätzlich positiv von den Arbeitsanstrengungen abhängen.

[17] Die Angebotskurve D wurde in Abbildung D.5 vereinfachend linear dargestellt. Die Nachfragekurve S besitzt tatsächlich diesen linearen Verlauf, wenn die Präferenzfunktion der Individuen im Konsum vom Cobb-Douglas Typ ist.

Effizienzlöhne in einer globalisierten Welt

Auch in diesem Abschnitt wird davon ausgegangen, daß das betrachtete Industrieland Handel zu einem Entwicklungsland aufnimmt. Die Preisverhältnisse vor Liberalisierung des Handels im Inland und im Ausland werden durch das Gleichgewicht auf dem jeweiligen Gütermarkt bestimmt. In Abbildung D.5 ist dies durch die Schnittpunkte der Angebotskurve S des Inlandes mit der Nachfragekurve D bzw. der Angebotskurve $\tilde{S}$ des Auslandes mit der Kurve D dargestellt. Die Preisverhältnisse in Autarkie sind mit p^0 bzw. $\tilde{p}^0$ bezeichnet. Abbildung D.5 zeigt, daß, wie im vorangegangenen Kapitel, das humankapitalintensive Gut 1 im Entwicklungsland relativ teurer als im Industrieland unter Autarkie ist. Die relativen Güterpreise bei Freihandel p^T, die in Abbildung D.5 durch den Schnittpunkt der gemeinsamen Angebotskurve S^* und der Nachfragekurve D bestimmt werden, werden deshalb zwischen p^0 und $\tilde{p}^0$ liegen. Für das entwickelte Inland wird das humankapitalintensive Gut 1 relativ teurer, für das weniger entwickelte Ausland wird es relativ billiger. Das Heckscher-Ohlin Theorem ist auch hier gültig. Da die NSC durch die Aufnahme von Handel nicht beeinflußt wird, bestimmt das Preisverhältnis unter Freihandel die Beschäftigung im entwickelten Inland. Abbildung D.5 zeigt deutlich, daß für $p^T=p^0$ keine Beschäftigungswirkungen zu erwarten sind. Für Preisverhältnisse $p^T > p^0$ dagegen sinkt die Beschäftigung, und

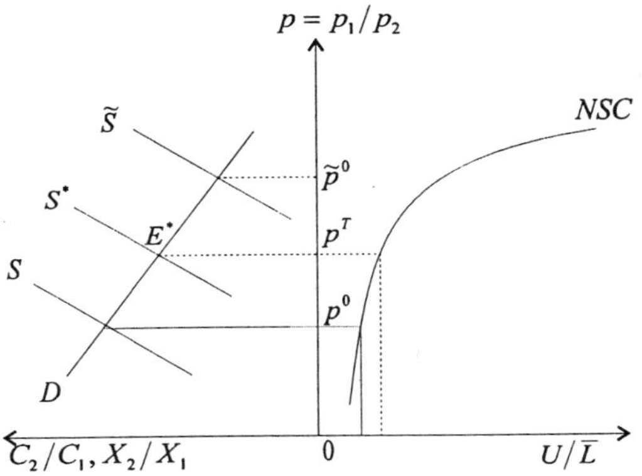

Abbildung D.5: Außenhandelsgleichgewicht bei Effizienzlöhnen

die Arbeitslosigkeit steigt. Eine minimale Beschäftigung würde für $\tilde{p}^0$, das autarke Preisverhältnis des Auslandes, erzielt.

Das Industrieland wird dem Heckscher-Ohlin Theorem gemäß das humankapitalintensive Gut 1 exportieren, das Gut 2, das den Faktor einfache Arbeit relativ intensiv nutzt, importieren. Das Stolper-Samuelson Theorem ist für beide Länder gültig. Wenn also in der Handelssituation ein Güterpreisverhältnis $p^T \; p^0$ gebildet wird, wird im Inland die reale Entlohnung für einfache Arbeit sinken, die für Humankapital steigen. Dies scheint zunächst ein Widerspruch zu der Idee der Effizienzlöhne zu sein. Anschaulich läßt sich dieses Ergebnis damit erklären, daß durch die höhere Arbeitslosigkeit niedrigere reale Löhne gezahlt werden können, um geringe Arbeitsanstrengungen zu verhindern.

ii) ***Die Besonderheiten des Handels mit mittel- und osteuropäischen Ländern***

Der Unterschied zwischen den Ländern Mittel- und Osteuropas (MOE-Länder) und den Schwellenländern auf der einen Seite und den „klassischen" Entwicklungsländern auf der anderen kann darin gesehen werden, daß die erstgenannten Ländergruppen bereits einen beträchtlichen Stock an Humankapital besitzen. Auch wenn man für den heutigen Zeitpunkt konstatiert, daß die Effektivität des Humankapitals in diesen Ländern geringer ist als in den Industrieländern, muß in Betracht gezogen werden, daß diese Länder bald über die gleiche relative Faktorausstattung verfügen werden. Der einzige Unterschied, der sich dann zu den entwickelten Ländern ergeben würde, wäre das Lohnniveau. Unter der Annahme von gleichen relativen Faktorausstattungen und vollkommenen Arbeitsmärkten im klassischen HOS-Modell würde Handel zwischen MOE- bzw. Schwellenländern und Industrieländern nicht stattfinden, da keine Unterschiede in der Faktorausstattung bestehen. Gelten im Industrieland jedoch reale Mindestlöhne, so unterscheiden sich die Preisverhältnisse vor der Handelsliberalisierung trotz gleicher relativer Faktorausstattung. In der Folge werden beide Länder Handel aufnehmen, wobei das Industrieland das humankapitalintensive Gut 1 exportiert, da dieses Gut relativ billiger im Inland ist. Dementsprechend wird bei anhaltend diversifizierter Produktion sowohl die Beschäftigung als auch die Wohlfahrt im Industrieland sinken. Bei vollkommener Spezialisierung des Inlandes auf das humankapitalintensive Gut kann eine minimale Beschäftigung oder Vollbeschäftigung erzielt werden, wie in Abbildung D.4 dargestellt. Durch das Vorhandensein wirksamer realer Mindestlöhne im Industrieland wird zusätzlich zu dem i.d.R. stattfindenden intrasektoralen Handel, der unabhängig von Unterschieden in der Faktorausstattung ist, intersektoraler Handel generiert, der ohne die Arbeitsmarktimperfektheit „reale Mindestlöhne“ nicht existieren würde.

3 Staatliche Maßnahmen für mehr Beschäftigung

Die letzten beiden Abschnitte haben anhand theoretischer Betrachtungen gezeigt, daß Handel mit Niedriglohnländern die Beschäftigung im entwickelten Inland verringern kann, wenn im Industrieland Verzerrungen auf dem Arbeitsmarkt bestehen. Dabei spielt keine Rolle, ob in den Niedriglohnländern Humankapital relativ zu einfacher Arbeit knapp ist im Vergleich zum Industrieland (vgl. Abschnitt *ii)*). Dieser Abschnitt soll sich nun damit beschäftigen, was der Staat gegen die gestiegene Arbeitslosigkeit in der nun globalisierten Welt unternehmen kann. Dabei soll zunächst eine Handlungsalternative angesprochen werden, die sowohl für reale Mindestlöhne als auch für Effizienzlöhne gewählt werden kann. Anschließend sollen zwei Fälle unterschieden werden. In einem ersten Fall sollen weitere Handlungsmöglichkeiten aufgezeigt werden, wenn die Ursache der Imperfektheit auf dem Arbeitsmarkt auf direktes Eingreifen des Staates zurückzuführen ist. Der zweite Fall soll demgegenüber Möglichkeiten für den Staat zeigen, wenn die Arbeitsmarktimperfektheit auch ohne seine direkten Eingriffe wirksam ist.

Nach einer Handelsliberalisierung zwischen Industrie- und Niedriglohnländern wird das entwickelte Land auch bei unvollkommenen Märkten das humankapitalintensive Gut exportieren. Abbildungen D.3 und D.5 zeigen recht anschaulich, daß es nach einer Handelsliberalisierung eine Nachfrage nach Importbeschränkung geben wird. Durch die Unvollkommenheiten auf dem Arbeitsmarkt wird die Flexibilität der Anpassung einzelner Sektoren, hier Sektor 2, herabgesetzt. Diese Sektoren fragen Protektion nach, um ihre mangelnde Anpassungsfähigkeit ausgleichen zu können. Die Abbildungen D.3 und D.5 legen zwar den Schluß nahe, daß der Staat durch Importbeschränkungen die Beschäftigung erhöhen kann, es muß jedoch an dieser Stelle auf die generelle Schwäche solcher theoretisch abgeleiteten Folgerungen hingewiesen werden. Die hier dargestellten Modelle schränken die Wirklichkeit sehr stark und in manchen Punkten auch unzulässig ein. Zum einen wurde hier von technischem Fortschritt und Wirtschaftswachstum abstrahiert. Eine Handelsliberalisierung wird aber i.d.R. nicht zu Wohlfahrtsverlusten führen, wenn die Wirtschaft mit verzerrten Arbeitsmärkten genügend wächst. Zum anderen besteht bei einer Abschottung die Gefahr, daß Unternehmen ihre Produktionsstandorte ins Ausland verlagern. In diesem Fall würde der gutgemeinte Ansatz zur bösen Falle. Denn anstatt das Beschäftigungsproblem zu lösen, kann es damit weiter verschärft werden. Darüber hinaus ist eine zentrale Annahme des Modells, daß das einzige Ziel der Unternehmen die Gewinnmaximierung ist, verletzt. Unternehmen werden auch dann um Protektion bitten, wenn es gilt Managementfehler auszugleichen oder anstehende, aber durchaus zu bewältigende Anpassungsprozesse durchzuführen. Schon aus den drei hier genannten Gründen ist generell von einer Wiedereinführung von Handelsschranken abzuraten. Zusätzlich müssen internationale Aspekte einer erneuten Protektion berücksichtigt werden, mit denen sich Beitrag F beschäftigen wird.

Der Staat kann reale Mindestlöhne entweder direkt gesetzlich verankern oder aber indirekt, durch die jährliche Festlegung der Sozialhilfesätze oder durch die Festlegung von Arbeitslosenunterstützung und -hilfe. Sind die so hervorgerufenen realen Mindestlöhne wirksam, so gibt es neben Importquoten und -tarifen eine weitere Möglichkeit für den Staat, Arbeitslosigkeit zu verringern. Der Staat kann die realen Mindestlöhne so weit senken, bis sie unwirksam sind und damit Vollbeschäftigung erreichen. Dabei wird sich zwar die Ungleichheit in der Entlohnung zwischen Humankapital und einfacher Arbeit erhöhen, das Phänomen des „working poor“ sollte jedoch nicht als zwingende Folge betrachtet werden. Zum einen sind die relativen Faktorausstattungen nicht fix, wie in den theoretischen Ansätzen des Abschnitts 2 angenommen. Die Entscheidung darüber, ob Humankapital akkumuliert werden soll oder nicht, entspringt neben den grundsätzlichen Fähigkeiten zur Bildung auch einem Optimierungskalkül. Ein junger Mensch wird eher Humankapital ansammeln, wenn die Aussichten auf einen Job als einfacher Arbeiter schlecht sind bzw. dieser schlecht bezahlt wird. Dementsprechend würde sich das gesamte Angebot an einfacher Arbeit verringern. Die Entlohnung würde wesentlich weniger sinken, als durch Modelle mit exogen gegebenen Faktorausstattungen vorhergesagt. Zum anderen spielt das gesamte Bildungsniveau der Bevölkerung eine Rolle. So sehen Nickell/Bell (1996) in den gut ausgebildeten Arbeitern Deutschlands den Grund dafür, daß in Deutschland bis 1988 die Arbeitslosigkeit im Vergleich zu den USA oder Großbritannien nicht wesentlich höher war, die Entlohnung zwischen Humankapital und einfacher Arbeit jedoch wesentlich weniger ungleich. Beide Argumente sprechen dafür, daß in Deutschland zum einen die sozialen Sicherungssysteme reformiert werden müssen, zum anderen aber auch darüber nachgedacht werden muß, wie das Bildungssystem aussehen soll. Ein Bildungssystem, das gut ausgebildete und vor allem flexible Arbeiter hervorbringt, kann dazu beitragen, daß es nicht zu „working poor" kommt.

Eine weitere Möglichkeit besteht darin, daß die wirksamen Verzerrungen am Arbeitsmarkt durch die Tarifautonomie bzw. Effizienzlöhne hervorgerufen werden. Solche Verzerrungen können vom Staat nicht einfach abgeschafft werden, denn die Lohnbildung obliegt grundsätzlich den am Arbeitsmarkt beteiligen Akteuren. Während man bei realen Mindestlöhnen, verursacht durch die Verhandlungen der Tarifpartner, noch über gesetzliche Rahmenbedingungen nachdenken kann (siehe dazu Beitrag E), kann beim Lohnbildungsprozeß über Effizienzlöhne die Ursache der Verzerrung nicht beseitigt werden. Was kann der Staat also tun, um Arbeitslosigkeit zu mindern? In diesem Fall kann der Staat zum Mittel „Besteuerung" greifen.[18] Beide dargestellten Ansätze würden eine Subventionierung einfacher Arbeit nahelegen, um die Beschäftigung zu erhöhen. Der Grundgedanke in der Version von Lohnverhandlungen über Tarifparteien ist, daß durch eine solche Maßnahme die Wirksamkeit der realen Mindestlöhne gemindert wird, ähnlich der Senkung von Arbeitslosenunterstützung etc. Die vorgestellten Modelle abstrahieren jedoch von bereits bestehenden Steuersystemen. In einem Modell ohne Steuersystem entspricht die Subvention des Faktors einfache Arbeit einer Entlastung der Unternehmen. In Deutschland müssen jedoch Unternehmen nicht über Subventionen entlastet werden.[19] Für eine Entlastung der Unternehmen bieten die sozialen Sicherungssysteme, ihre Finanzierung und arbeitsrechtliche Regelungen

---

[18] Für den Fall von realen Mindestlöhnen, hervorgerufen durch die Lohnverhandlungen über Tarifpartner, kann die Beschäftigung auch durch eine Besteuerung des humankapitalintensiven Gutes beim Konsumenten erfolgen (vgl. Brecher, 1974b). Darauf soll hier jedoch zum einen deshalb nicht eingegangen werden, weil mit dieser Maßnahme i.d.R. keine Vollbeschäftigung erreicht werden kann. Zum anderen ist diese Art der Besteuerung in der Praxis ungeeignet, da für jedes Gut immer wieder kontrolliert werden muß, ob es noch relativ humankapitalintensiv ist.

[19] Um die optimale Faktorbesteuerung für ein bereits bestehendes Steuersystem unter der Restriktion, daß ein bestimmtes Steueraufkommen gewahrt bleiben soll, zu bestimmen, müßte das Steuersystem im Modell explizit berücksichtigt werden. Es ist jedoch nicht davon auszugehen,

genügend Spielraum.[20] Darüber hinaus bestärkt der hier vorgestellte Ansatz realer Mindestlöhne, hervorgerufen durch ein Tarifkartell, die Ergebnisse und Vorschläge des Beitrags E. Bei Effizienzlöhnen bewirkt eine Subventionierung einfacher Arbeit bzw. eine Verringerung des Anteils der Lohnnebenkosten für Unternehmen, daß sich die NSC in Abbildung D.5 nach links verschiebt. Bei Effizienzlöhnen entsteht Arbeitslosigkeit durch Handel mit Niedriglohnländern deshalb, weil die autarken Löhne zu hoch sind, um nach der Liberalisierung des Handels die gleiche Beschäftigung zu erzielen. Da die Unternehmen jedoch die Arbeitsanstrengungen ihrer einfachen Arbeiter auf gleichem Niveau halten wollen, können sie nur dann niedrigere Löhne zahlen, wenn gleichzeitig eine höhere Arbeitslosigkeit besteht. Mit der einseitigen Entlastung der Unternehmen fallen Produzentenlöhne und Konsumentenlöhne auseinander. Die Unternehmen können bei niedrigerer eigener Belastung mit den gleichen Arbeitsanstrengungen ihrer Arbeiter rechnen - es kann das gleiche Beschäftigungsniveau wie vor der Liberalisierung erreicht werden.

4 Bewertungen der Handlungsmöglichkeiten

Es ist gezeigt worden, wie Unvollkommenheiten auf dem Arbeitsmarkt zu Arbeitslosigkeit führen können und daß die Beschäftigung nach einer Handelsliberalisierung niedriger sein kann. Gleichzeitig sind Möglichkeiten für den Staat gezeigt worden, die Arbeitslosigkeit zu verringern. Die Maßnahmen unterscheiden sich jedoch, je nachdem welche Imperfektheit die Arbeitslosigkeit erzeugt. Für die Frage, welche politischen Instrumente der Staat ergreifen sollte, muß demnach zuerst empirisch geklärt werden, welche Verzerrungen wirksam sind.

Grundsätzlich kann in Deutschland davon ausgegangen werden, daß Effizienzlöhne und beide Arten von realen Mindestlöhnen gleichzeitig wirken. Darüber hinaus ergibt sich bei genauerer Betrachtung, daß sich die Maßnahmen nur geringfügig unterscheiden. Sind reale Mindestlöhne durch direktes staatliches Eingreifen, etwa durch die Festlegung von Arbeitslosenunterstützung und -hilfe sowie Sozialhilfe, relevant, so sollten diese in ihrer Wirksamkeit beschränkt wer-

daß sich die grundlegende Aussage ändert - den Faktor einfache Arbeit zu entlasten.

[20] Dies wirft natürlich die Frage auf, wie dies zu geschehen hat. Eine umfassende Antwort darauf soll hier nicht gegeben werden, da dieses Problem sehr vielschichtig ist.

den. Dieser Vorschlag setzt direkt an der Ursache des Problems der Arbeitslosigkeit an und gehört somit zu den „erstbesten" Lösungen. Hier liegt das Augenmerk vor allem auf der konkreten Ausgestaltung unserer Sozialversicherungssysteme. Hierfür wäre u.a. angemessen, neu festzulegen, was eine „unzumutbare" Tätigkeit für einen Arbeitslosen darstellt.

Sind reale Mindestlöhne durch Tarifkartelle bzw. Effizienzlöhne für die Misere am Arbeitsmarkt verantwortlich, so setzen die Vorschläge vor allem an der Finanzierung der Sozialversicherungssysteme und arbeitsrechtlicher Regelungen an. Doch eine anhaltende und vor allem glaubhafte Entlastung der Unternehmen durch die Senkung ihrer Lohnnebenkosten setzt eine grundlegende Reform dieser sozialen Sicherungssysteme voraus. Dementsprechend muß auch hier nicht nur über die Finanzierung, sondern auch über die Höhe der Ausgaben nachgedacht werden.

Ferner sollte, unabhängig von der Art der Arbeitsmarktverzerrung, kritisch geprüft werden, ob unser Bildungssystem im internationalen Vergleich konkurrenzfähig genug ist. Gut ausgebildete Arbeiter sind nach wie vor ein wichtiger Standortfaktor für Investitionen in Deutschland. Dabei sollte das Augenmerk nicht nur auf die Ausbildung von Akademikern gerichtet werden, sondern auf das gesamte Bildungssystem. Wenn das Wertgrenzprodukt der Arbeit aufgrund einer guten und flexiblen Ausbildung hoch ist, dann werden sich auf einem unverzerrten Arbeitsmarkt auch entsprechend hohe Löhne bilden. Die Sorge vor „working-poor" ist dann unbegründet.

So kann als Fazit festgestellt werden, daß, egal ob Mindestlöhne oder Effizienzlöhne gelten, eine Reform der sozialen Sicherungssysteme unumgänglich ist, will man mehr Beschäftigung erzielen. Eine solche Reform muß sich zuerst damit beschäftigen, welche Risiken eine Sozial*versicherung* denn absichern soll, denn ein Versicherungssystem sollte nicht zu einem Transfersystem werden. Darauf aufbauend muß geprüft werden, ob Unternehmen an der Finanzierung dieser Sicherungssysteme beteiligt werden sollen, denn das Risiko des Alters, der Krankheit oder der Arbeitslosigkeit liegt allein auf Seiten der Arbeiter.

5 Literaturverzeichnis

Albert, Max und Jürgen Meckl (1997), „Efficiency Wages, Unemployment and Welfare: A Trade Theorists' Guide", *Diskussionsbeiträge Serie II* - Nr. 348, Sonderforschungsbereich 178, Universität Konstanz, Juli 1997.

Bhagwati, Jagdish N. and T. N. Srinivasan (1971), „The Theory of Wage Differentials: Production Response and Factor Price Equalization", *Journal of International Economics*, Jg. 1, S. 19-35.

Bhagwati, Jagdish N. und T. N. Srinivasan (1974), „On Reanalyzing the Harris-Torado Model: Policy Rankings in the Case of Sector Specific Sticky Wages", *American Economic Review*, Jg. 64, S. 502-508.

Bhagwati, Jagdish N. und T.N. Srinivasan (1975), „Alternative Policy Rankings in a Large Open Economy with Sector-Specific, Minimum Wages", *Journal of Economic Theory*, Jg. 11, S. 356-371.

Brecher, Richard A. (1974a), „Minimum Wage Rates and the Pure Theory of International Trade", *Quarterly Journal of Economics*, Jg. 88, S. 98-116.

Brecher, Richard A. (1974b), „Optimal Commercial Policy for a Minimum-Wage Economy", *Journal of International Economics*, Jg. 4, S. 139-149.

Brecher, Richard A. (1992), „An Efficiency-Wage Model with Explicit Monitoring: Unemployment and Welfare in an Open Economy", *Journal of International Economics*, Jg. 32, S. 179-191.

Copeland, Brian R. (1989), „Efficiency Wages in a Ricardian Model of International Trade", *Journal of International Economics*, Jg. 27, S. 221-244.

Donges, Juergen B. (1981), „Die Arbeitsteilung zwischen Industrie- und Entwicklungsländern im Wandel", *Außenwirtschaft*, Jg. 36, S. 245-258.

Fitzenberger, Bernd (1996), „Wages Prices, and International Trade - Trends across Industries for an 'Export-Champion'", *Diskussionsbeiträge Serie II* - Nr. 323, Sonderforschungsbereich 178, Universität Konstanz, Oktober 1996.

Franz, Wolfgang (1991), *Arbeitsmarktökonomik*, Berlin et al.

Freeman, Richard A. (1995), „Are Your Wages Set in Beijing?", *Journal of Economic Perspectives*, Jg. 9, Nr. 3, S. 15-22.

Gandolfo, Giancarlo (1994), *International Economics I - The Pure Theory of International Trade*, Bd. I, Berlin et al.

Hoon, Hian Teck (1991), „Comparative Advantage and the Equilibrium Rate of Unemployment", *Economics Letters*, Jg. 37, S. 299-304.

Jones, Ronald W. und J. Peter Neary (1984), „The Positive Theory of International Trade, in: R.W. Jones und P.B. Kenen (Hrsg.): *Handbook of International Economics*, Bd. 1, S. 1-62.

Krugman, Paul (1995), „Growing World Trade: Causes and Consequences", *Brooking*

Papers on Economic Activity, Bd. 1, S. 327-377.

Lawrence, Robert Z. und Matthew J. Slaughter (1993), „International Trade and American Wages in the 1980: Giant Sucking Sound or Small Hiccup?“, *Brooking Papers on Economic Activity*, Bd. 2, S. 161-210.

Nickell, Stephen und Brian Bell (1996), „Changes in the Distribution of Wages and Unemployment in OECD Countries“, *American Economic Review - Papers and Proceedings*, Jg. 86, S. 302-308.

Sachs, Jeffrey D. und Howard J. Shatz (1996), „U.S. Trade with Developing Countries and Wage Inequality“ *American Economic Review - Papers and Proceedings*, Jg. 86, S. 234-239.

Wood, Adrian (1994), *North-South Trade, Employment and Inequality - Changing Fortunes in a Skill-Driven World*, Oxford.

Wood, Adrian (1995), „How Trade Hurt Unskilled Workers“, *Journal of Economic Perspectives*, Jg. 9, Nr. 3, S. 57-80.

E Die deutsche Arbeitsmarktordnung auf dem Prüfstand

Angela Schürfeld

1 Die Globalisierung als Herausforderung für den Arbeitsmarkt

Auf dem Arbeitsmarkt wird über die Preise für Arbeitsleistungen und damit über den wichtigsten Kostenfaktor der Produktion entschieden. Deshalb ist der Preis, der hier ausgehandelt wird, von weitreichender Bedeutung für die gesamtwirtschaftliche Entwicklung einer Volkswirtschaft. Er determiniert die Nachfrage nach Arbeitsleistungen und somit die Höhe des Beschäftigungsstandes. Vor dem Hintergrund der desolaten Situation auf dem deutschen Arbeitsmarkt, die sich derzeit in etwa 4,3 Millionen Arbeitslosen ausdrückt, ist die Funktionstüchtigkeit des deutschen Arbeitsmarktes zunehmend in Frage gestellt.

Ein Grund für den Wegfall von Arbeitsplätzen im Inland wird häufig in der Globalisierung gesehen. Durch die gestiegene Mobilität des Kapitals und die Zunahme des weltweiten Güterhandels stehen die nationalen Arbeitsmärkte immer stärker in Konkurrenz zueinander. Der Wettbewerb verläuft einerseits über die Gütermärkte, da letztlich Güter von dort nachgefragt werden, wo sie mit komparativen Kostenvorteilen produziert werden (vgl. hierzu Beitrag D in diesem Band). Andererseits findet zwischen den einzelnen Standorten ein Wettbewerb um Kapital statt, der dem Standort mit den besten Renditeerwartungen und Entwicklungsaussichten die höchsten Investitionen verschafft. Hohe Investitionen führen zu einer Erhöhung der Beschäftigung.

Die Wettbewerbswirkung der am nationalen Arbeitsmarkt erzielten Ergebnisse wird im Rahmen der internationalen Konkurrenz deutlich. Ein anhaltender Abbau von Arbeitsplätzen mag demnach als Indikator für einen negativen Wettbewerbseffekt dienen. Die Ordnung des Arbeitsmarktes kann einen großen Einfluß auf das Marktergebnis nehmen. In diesem Zusammenhang will der vorliegende Beitrag die deutsche Arbeitsmarktordnung kritisch daraufhin überprüfen, ob sie den Anforderungen der Globalisierung Rechnung trägt und letztlich die Funktionstüchtigkeit des Arbeitsmarktes sicherstellt. Zunächst sollen einige Überlegungen zu den Anforderungen an die Funktion des Arbeitsmarktes angestellt werden, die sich aus der zunehmenden Globalisierung ableiten. Im Anschluß daran wird untersucht, inwiefern die deutsche Arbeitsmarktordnung diesen Anforderungen gerecht wird. Dazu wird ein kurzer Überblick über das deutsche Arbeitsrecht als konstituierendes Element der Arbeitsmarktordnung gegeben. Dann werden die Wettbewerbswirkungen einzelner arbeitsrechtlicher Regulierungen analysiert und die praktische Ausgestaltung dieser Vorgaben erörtert. Aus dem Ergebnis der Analyse lassen sich Ansatzpunkte für eine marktwirtschaftliche Arbeitsmarktordnung ableiten.

2 Anforderungen an die Arbeitsmarktordnung

Durch die zunehmende Globalisierung, die in einer stetig steigenden Verflechtung der weltweiten Güter- und Kapitalströme Ausdruck findet, wird der nationale Arbeitsmarkt unter Druck gesetzt. Die jeweilige Arbeitsmarktordnung beeinflußt das Verhalten der Akteure auf dem Markt. Ihnen obliegt die Gestaltung einer Lohn- und Beschäftigungspolitik, die sich nun im internationalen Wettbewerb behaupten muß. Einerseits geht es um die Wettbewerbsfähigkeit der Unternehmen, die den Faktor Arbeit bei der Produktion einsetzen. Werden sie durch übermäßig hohe Kosten belastet, die sie aufgrund starker internationaler Konkurrenz nicht auf ihre Preise überwälzen können, führt dies zur Rationalisierung, möglicherweise sogar zur Einstellung der Produktion oder aber zu Standortverlagerungen in Niedriglohnländer. In jedem Fall würde die Beschäftigung im Inland abnehmen. Andererseits muß auch der Wettbewerb unter den Anbietern von Arbeitsleistungen funktionieren, damit keine Machtverhältnisse zugunsten der Inhaber von Arbeitsplätzen gefestigt werden, durch die eine Ausweitung der Beschäftigung verhindert werden könnte.

Als Leitlinie für eine Lohnpolitik, die sich im internationalen Wettbewerb behaupten kann, bietet sich die Orientierung der Lohnentwicklung am Produktivitätsfortschritt an (SVR, 1995, Ziffer 374). Dadurch würde gesichert, daß die Arbeitskosten nicht den Ertrag, der aus dem Einsatz des Faktors Arbeit resultiert, übersteigen. Dabei muß jedoch berücksichtigt werden, daß ein Anstieg der Produktivität auch durch den Wegfall von weniger produktiven Arbeitsplätzen entstehen kann. Die statistisch meßbare Durchschnittsproduktivität der Arbeit, die als Orientierungshilfe der Lohnpolitik dient, kann durch die Abnahme des Arbeitseinsatzes - wenn diese die weniger produktiven Stellen betrifft - steigen.

Damit jedoch das Ziel einer Zunahme des Beschäftigungsstandes nicht durch eine Lohnpolitik, die sich an der Produktivität ausrichtet, konterkariert wird, muß ein Korrekturabschlag von der Zuwachsrate der Grenzproduktivität vorgenommen werden (SVR, 1996, Ziffer 315).[1]

Neben dem Lohnniveau sollte auch die Struktur der Löhne den Anforderungen des Marktes entsprechen. Durch den gesamtwirtschaftlichen Strukturwandel, der besonders durch veränderte Konkurrenzverhältnisse am Weltmarkt vorangetrieben wird, findet in regionaler und sektoraler Hinsicht eine ständige Umbewertung des Faktors Arbeit statt. Wenn der Arbeitsmarkt auf neue Nachfrage- und Angebotsbedingungen, die sich aus dem internationalen Handel ergeben, nicht flexibel reagieren kann, indem er durch den Preis für Arbeitsleistungen die veränderten Knappheiten berücksichtigt, wird dies zu einer Zunahme der Arbeitslosigkeit führen (Klodt/Stehn, 1994, S. 226-228).[2] Anpassungen sind dann nämlich nur noch über Rationalisierungen oder Standortverlagerungen möglich. Ein allgemeingültiger Referenzmaßstab für die hinreichende Flexibilität der Lohnstruktur ist nicht verfügbar. Die adäquate Lohnstruktur, die unterschiedlichen Qualifikationen sowie differierenden wirtschaftlichen Gegebenheiten in einzelnen Regionen und Branchen Rechnung trägt, muß über den Prozeß der Preisbildung auf dem Arbeitsmarkt herausgefunden werden (Franz, 1995, S. 5).

Die Flexibilität des Arbeitsmarktes wird darüber hinaus noch von weiteren Faktoren bestimmt. Die variable Anpassung der Arbeitszeiten an Marktschwankungen sowie geringe Transaktionskosten bei der Einstellung und Kündigung von Arbeitskräften erleichtern eine Reallokation des Faktors Arbeit und erhöhen die Anpassungsfähigkeit der Unternehmen bei strukturellen sowie konjunkturbedingten Veränderungen der wirtschaftlichen Lage.

Die nationale Arbeitsmarktordnung sollte so konzipiert sein, daß sie ein marktkonformes Lohnniveau sowie eine Lohnstruktur, die den bestehenden Knappheitsrelationen entspricht, ermöglicht und sicherstellt. Die marktwirtschaftlichen Kräfte sollten durch sie gestützt werden. Zudem ist es für die Bildung langfristiger Erwartungen von Vorteil, wenn die auf dem Arbeitsmarkt praktizierte Lohn-

---

1 Vgl. dazu auch die methodischen Erläuterungen zur Ermittlung der Veränderungsrate der Grenzproduktivität der Arbeit (SVR, 1996, Anhang V, Punkt E.).

2 Dies gilt besonders, wenn der Faktor Arbeit immobil ist und nicht dorthin - also in eine andere Region oder einen anderen Sektor - wandert, wo er nachgefragt wird.

und Beschäftigungspolitik eine Stetigkeit vorweist. Die Kosten für den Faktor Arbeit werden dann für die Unternehmen kalkulierbar, was zu einer steigenden Arbeitsnachfrage führen kann - vorausgesetzt, die stetige Politik orientiert sich an den oben aufgestellten Anforderungen. Durch die Arbeitsmarktordnung wäre demnach ein Rahmen vorzugeben, der eine beschäftigungsorientierte Lohnpolitik der handelnden Akteure forciert und eine flexible Anpassung bei unterschiedlichen Wirtschaftsentwicklungen in verschiedenen Regionen oder Branchen ermöglicht.

3 Erfüllt die deutsche Arbeitsmarktordnung diese Anforderungen?

i) Überblick über die Regulierungen

Die Ordnung des Arbeitsmarktes in Deutschland wird besonders durch den gegenwärtigen Rechtsrahmen geprägt. Zu unterscheiden ist hier zwischen dem öffentlichen, dem individuellen sowie dem kollektiven Arbeitsrecht, wobei die drei Bereiche nicht unabhängig voneinander sind, sondern vielfältige Interdependenzen vorweisen (Keuchel, 1989, S. 8-32).

Das *öffentliche* Arbeitsrecht umfaßt einerseits das Arbeits*schutz*recht. Dort werden Arbeitsschutzvorschriften (z.B. Betriebs- und Gefahrenschutz), Sozialvorschriften (z.B. Lohnfortzahlung bei Krankheit) sowie der Schutz bestimmter Personengruppen (Mutterschutzgesetz, Jugendarbeitsschutzgesetz, Schwerbehindertengesetz) geregelt. Darüber hinaus zählt auch das Arbeits*förderungs*gesetz (AFG) zum öffentlichen Arbeitsrecht. Dieses wurde 1969 kodifiziert und begründet eine *aktiv* gestaltende Arbeitsmarktpolitik im Sinne des Stabilitäts- und Wachstumsgesetzes. Dazu gehören sowohl die Arbeitsvermittlung und Berufsberatung als auch die Sicherungspolitik bei Arbeitslosigkeit.

Das *Individual*arbeitsrecht wird durch das Arbeitsvertragsrecht bestimmt. Dieses regelt das Zustandekommen von Arbeitsverträgen, die Pflichten der Arbeitsvertragsparteien sowie die Beendigung des Arbeitsverhältnisses. Neben dem Kündigungsschutzgesetz nehmen besonders auch die Regelungen des öffentlichen Arbeitsschutzrechtes einen Einfluß auf das individuelle Arbeitsverhältnis und die Vertragsgestaltung.

Das *kollektive* Arbeitsrecht findet in erster Linie im Koalitions- und Tarifvertragsrecht Ausdruck. Die sogenannte Tarifautonomie fußt auf dem Art. 9 Abs. 3 des GG, in dem das Recht, zur Wahrung und Förderung der Arbeits- und Wirtschaftsbedingungen Vereinigungen zu bilden, gewährleistet wird. Es handelt sich hier um eine positive Koalitionsfreiheit.[3] Darüber hinaus bilden auch das Arbeitskampf- und Schlichtungsrecht sowie das Mitbestimmungs- und Betriebsverfassungsrecht weitere Säulen des kollektiven Arbeitsrechts.

Die gesetzlichen Vorgaben sind oft wenig präzise und damit interpretationsbedürftig. Die genaue Auslegung obliegt den Arbeitsgerichten. Aufgrund von Einzelfallentscheidungen tragen sie somit zur Gestaltung der Arbeitsmarktordnung bei. Problematisch ist in diesem Zusammenhang, daß das Richterrecht rückwirkend in Kraft tritt. Dadurch entsteht eine Unsicherheit bei den Marktparteien, da nicht ausgeschlossen werden kann, daß abgeschlossene Arbeitsverträge nachträglich modifiziert werden müssen (Deregulierungskommission, 1991, Ziffer 552).

ii) ***Auswirkungen auf das Marktergebnis***

Der Überblick über die Ausprägungen des Arbeitsrechts auf verschiedenen Ebenen verdeutlicht bereits, wie umfangreich der deutsche Arbeitsmarkt direkt reguliert ist. Im folgenden sollen nun einzelne Gesetze, die in besonderem Maße die Arbeitsmarktordnung prägen, hinsichtlich ihrer Wirkungen auf den Wettbewerb in diesem Markt und damit auf das Marktergebnis untersucht werden.

Vor allem die kollektiven Arbeitsrechtsgesetze haben einen großen Einfluß auf die derzeitige Ordnung des deutschen Arbeitsmarktes. Mit dem Koalitions- und Tarifvertragsrecht wird die Tarifautonomie festgelegt. Durch sie werden Gruppenverhandlungen über die Preisbildung am Arbeitsmarkt zugelassen, die durch Gewerkschaften und Arbeitgeberverbände vorgenommen werden und ohne staatliche Einflußnahme vor sich gehen (Franz, 1996, S. 233-237).[4] Aus wettbewerbstheoretischer Sicht handelt es sich hier um ein Kartell, eine Absprache unter Konkurrenten über wichtige, den Wettbewerb determinierende Aktionspara-

[3] Eine *negative* Koalitionsfreiheit beinhaltet das Recht, einer Koalition fernbleiben zu können.

[4] Tariffähige Parteien sind Gewerkschaften, Arbeitgeberverbände sowie einzelne Arbeitgeber, nicht jedoch einzelne Arbeitnehmer. Die Gruppenverhandlungen stellen eine Form horizontaler Kooperation dar, durch die die Organisation des Marktes entschieden beeinflußt wird

meter. Tarifverträge können mithin als Mindestpreis- und Konditionenkartelle interpretiert werden. Allokationsverzerrende Wirkungen ergeben sich, wenn der Mindestpreis oberhalb des markträumenden Preises festgelegt wird. Eine Vielzahl von Faktoren auf dem deutschen Arbeitsmarkt wirkt in diese Richtung (Möschel, 1996, S. 11-16). Demnach orientieren sich die tarifvertraglich festgelegten Löhne nicht zwingend an den Produktivitätszuwächsen des Faktors Arbeit (Donges, 1992, S. 21-23). Statt relativer Knappheiten spiegeln die ausgehandelten Löhne die relativen Machtverhältnisse zwischen den Sozialpartnern wider.[5]

Der abgeschlossene Tarifvertrag gilt unmittelbar und zwingend, wenn beide Vertragsseiten tarifgebunden sind.[6] Darüber hinaus können die tarifvertraglichen Regelungen vom Bundesminister für Arbeit im Einvernehmen mit Vertretern der Sozialpartner als „allgemeinverbindlich" erklärt werden.[7] Die Allgemeinverbindlichkeit hat zur Folge, daß die bilateralen Absprachen für den gesamten Wirtschaftsbereich gelten. Damit stellt sie einen Eingriff in die negative Koalitionsfreiheit dar. Die gleichen Regelungen werden einer Vielzahl von Unternehmen übergestülpt, die sich jedoch in sehr unterschiedlichen Ertragslagen befinden können. Eine Lohn- oder Arbeitszeitdifferenzierung gemäß firmenspezifischer Gegebenheiten ist nur noch sehr begrenzt möglich. Die auferlegte Lohnnivellierung trägt auch den regionalen Divergenzen keine Rechnung. Flexible Anpassungsmöglichkeiten werden stark eingeschränkt. Ähnliche Effekte gehen von der gängigen Praxis der Pilotfunktion einzelner Branchentarifabschlüsse in einer Region aus. Das Verhandlungsergebnis in einem bestimmten Tarifbezirk, in dem die Gewerkschaften recht großen Einfluß auf die Lohnfindung haben, dient als Vorbild für die weiteren Tarifabschlüsse in anderen *Regionen*. Gleichzeitig kann es auch als Leitbild für die Verhandlungen in anderen *Branchen* herangezogen wer-

---

(Richter/Furubotn, 1996, S. 323).

5 Theoretisch läßt sich dieser Sachverhalt bei der Marktkonstellation eines bilateralen Monopols zeigen. Der Preis (Lohn) für das Gut (Arbeitsleistung) kann sich in einem „Unbestimmtheitsbereich" auf der Kontraktkurve bewegen. Welcher Preis erreicht wird, hängt von der Verhandlungsmacht der Marktpartner ab (Schumann, 1992, S. 300-310).

6 Dieses gilt für die Mitglieder der Tarifvertragsparteien und Arbeitgeber, die selbst Partei des Tarifvertrags sind (Keuchel, 1989, S. 20).

7 Voraussetzung dafür ist, daß mindestens 50 vH der unter den Geltungsbereich des Vertrags fallenden Arbeitnehmer durch die tarifgebundenen Arbeitgeber beschäftigt werden und ein öffentliches Interesse an der Allgemeinverbindlichkeitserklärung besteht (§ 5 Abs. 1 TVG). Dabei wird der Begriff des „öffentlichen Interesses" nicht weiter spezifiziert. Seine Feststellung obliegt dem Bundesminister für Arbeit.

den. Dadurch wird eine synchrone intersektorale und interregionale Tarifentwicklung begründet. Die Abschlüsse orientieren sich an der wirtschaftlichen Lage im Pilotbezirk, nicht jedoch an der Leistungsfähigkeit der schwächeren Unternehmen.

Die Nachwirkungsregel (§ 3 Abs. 3 TVG) und das Günstigkeitsprinzip (§ 4 Abs. 3 TVG) begrenzen die Möglichkeiten einzelner tarifgebundener Unternehmen, sich den Tarifvereinbarungen zu entziehen. So ist der Arbeitgeber nach dem Austritt aus seinem Verband noch bis zum Ablauf des gerade geltenden Vertrags an die Vereinbarungen gebunden. Abweichungen von den Vereinbarungen eines Tarifvertrags sind nur gestattet, wenn der Arbeitnehmer durch diese günstiger gestellt wird. Dabei bewertet die enge Auslegung des Prinzips jeglichen Verzicht auf tariflich zugestandene Rechte des Arbeitnehmers als ungünstig, auch wenn durch diesen möglicherweise der Arbeitsplatz gesichert werden könnte.[8]

Das Kündigungsschutzgesetz regelt die Modalitäten für die Auflösung eines Arbeitsvertrags. Sowohl durch tarifvertragliche Vereinbarungen als auch durch die Interpretation der Gerichte ist der Kündigungsschutz in den letzten Jahren immer weiter zugunsten der Arbeitnehmer verstärkt worden (Rüthers, 1996, S. 57-70). Aus Sicht der Unternehmen bedeutet der Kündigungsschutz eine Restriktion ihres Handlungsspielraums. Gerade in konjunkturell schlechten Zeiten wirkt er als Bestandsschutz und hemmt die flexible Anpassung an eine veränderte Auftragslage. Beschäftigungsrisiken werden damit von den Arbeitnehmern auf die Arbeitgeber verlagert. Die Unternehmen reagieren darauf, indem sie diese Nebenbedingung antizipieren und schon im voraus mit einer verminderten Arbeitsnachfrage kalkulieren. So werden im Konjunkturverlauf möglicherweise bereits Entlassungen vorgenommen oder Neueinstellungen begrenzt, wenn der obere konjunkturelle Wendepunkt noch nicht erreicht ist und sich die Ertragslage der Unternehmen sogar noch leicht verbessern könnte. Insgesamt ergeben sich durch diesen Ausweichmechanismus negative Beschäftigungseffekte (Siebert, 1987, S. 4-14). Der Kündigungsschutz begrenzt den Wettbewerb um Arbeitsplätze, da er für die arbeitssuchenden Outsider auf dem Arbeitsmarkt eine Markteintrittsschranke darstellt. Zudem hemmt er die Flexibilität auf dem Arbeitsmarkt: Auf Arbeitnehmerseite sinkt die Mobilität, auf Arbeitgeberseite werden Produktionsveränderungen

[8] Die Restriktivität der normativen Tarifvertragsbestimmungen in Deutschland wird besonders im internationalen Vergleich deutlich (Kruse, 1996, S. 103-118; Bispinck/Lecher, 1993).

verzögert, so daß insgesamt nicht hinreichend schnell auf den Strukturwandel reagiert werden kann. Die Kosten des Bestandsschutzes bewirken eine zusätzliche Verteuerung des Faktors Arbeit.

Von den öffentlichen Arbeitsschutzrechten gehen ähnliche Effekte aus. Sie führen ebenfalls zu einer Verteuerung der Arbeit gegenüber dem Kapital. Durch die Sozialvorschriften werden persönliche Risiken der Arbeitnehmer auf die Unternehmen überwälzt, wodurch diesen zusätzliche Kosten entstehen. Schutzrechte, die sich auf bestimmte Arbeitnehmergruppen beziehen, privilegieren diese gegenüber den restlichen Arbeitnehmern und stellen somit einen speziellen Kündigungsschutz dar. Als Konsequenz ergeben sich aber gerade für die geschützten Gruppen häufig schlechtere Einstellungschancen. Der ihnen auferlegte Schutz wirkt für sie selbst als Zutrittsbarriere zum Arbeitsmarkt.

Die umfangreichen diskretionären Eingriffe in den Arbeitsmarkt, die durch die aktive Arbeitsmarktpolitik begründet werden, führen zu weiteren Wettbewerbsverzerrungen auf dem Arbeitsmarkt. Insgesamt tragen arbeitsmarktpolitische Instrumente wie Arbeitsbeschaffungsmaßnahmen oder Berufsförderungen zu einer Verzögerung notwendiger Anpassungsprozesse bei und hemmen dadurch zusätzlich die Flexibilität des Arbeitsmarktes. Umfangreiche Mitnahme- und Substitutionseffekte stellen sowohl die Effektivität als auch die Effizienz der Instrumente in Frage (Klodt/Stehn, 1994, S. 238-244). Auch die Fehlanreize, die durch die Sicherungspolitik in Form der Arbeitslosenversicherung ausgehen, schwächen den Wettbewerb am Arbeitsmarkt. Einerseits müssen die Leistungen der Versicherung von Arbeitnehmern und Arbeitgebern gezahlt werden, andererseits determiniert die Lohnersatzleistung den niedrigsten Lohn, zu dem Arbeitsleistung angeboten wird. Beides führt dazu, daß die Kosten für den Faktor Arbeit wiederum ansteigen.

iii) Das Kalkül der Sozialpartner

Die deutsche Arbeitsmarktordnung wird besonders durch die praktische Ausgestaltung der kollektiven Arbeitsrechte geprägt. Insgesamt kommt den Flächentarifverträgen, die für gesamte Branchen ausgehandelt werden, eine größere Bedeutung zu als den Firmentarifverträgen, die einzelne Arbeitgeber mit den Gewerkschaften abschließen.[9] Bei den kollektiven Verhandlungen auf dem Arbeitsmarkt verfolgen Gewerkschaften und Arbeitgeberverbände unterschiedliche Ziele, die nicht zwingend auf eine beschäftigungsorientierte Lohnpolitik hinwirken. Die oben aufgestellten Anforderungen an das Arbeitsmarktergebnis sind nicht immer kompatibel mit den Interessen der Tarifpartner, teilweise stehen sie diesen diametral gegenüber.

Die Gewerkschaften vertreten in erster Linie die Insider auf dem Arbeitsmarkt, also diejenigen, die einen Arbeitsplatz besitzen.[10] Ihre Bereitschaft zu einer Lohnzurückhaltung im Sinne einer produktivitätsorientierten Lohnpolitik ist demnach sehr begrenzt. Solange die wirtschaftliche Gesamtlage schlecht ist, werden sie, um den Arbeitsplatz ihrer Mitglieder zu sichern, einer mäßigen Lohnentwicklung zustimmen. Verbessert sich die Konjunktur, so werden Lohnsteigerungen gefordert; unabhängig davon, daß möglicherweise durch eine kontinuierliche Lohnzurückhaltung der Beschäftigungsstand insgesamt langfristig erhöht werden könnte (Schares, 1996, S. 65-66). Die Beschäftigungswirkung der vertretenen Lohnpolitik wird folglich nur insoweit berücksichtigt, wie sie die Arbeitsplatzsicherheit der eigenen Mitglieder gefährdet. Das übergeordnete gesamtwirtschaftliche Beschäftigungsziel tritt hingegen in den Hintergrund.

Auch von seiten der Arbeitgeber wird nicht unbedingt eine Erhöhung der Beschäftigung angestrebt. Zwar sind sie grundsätzlich an niedrigen Lohnkosten interessiert, um ihre Wettbewerbsposition zu stärken, dies ist jedoch nicht gleichzusetzen mit dem Ziel, einen hohen Beschäftigungsstand zu erreichen. Um den sozialen Frieden im Unternehmen sicherzustellen und um die Kosten des Arbeitskampfes zu umgehen, willigen sie häufig in die Lohnforderungen der Gewerkschaften ein, auch wenn diese sich nicht an der jeweiligen Produktivitätsentwicklung orientieren und damit für das Unternehmen einen Verlust, der durch die Kapitalrendite auszugleichen ist, darstellen können. Die Arbeitgeber

---

[9] Im Jahre 1996 gab es in Westdeutschland 38.508 gültige Tarifverträge. Davon waren 26.257 Verbandstarifverträge, unter deren Bedingungen etwa 20 Millionen Arbeitnehmer beschäftigt wurden. In Ostdeutschland galten knapp 6.640 Tarifverträge, von denen etwa 3.500 Verbandstarifverträge waren. Zur gleichen Zeit bestanden in Gesamtdeutschland 15.371 Firmentarifverträge (BMA, 1997, S. 5-7).

[10] Dies ist darauf zurückzuführen, daß die Mitglieder der Gewerkschaften größtenteils Insider sind. Allerdings läßt sich empirisch nicht unbedingt nachweisen, daß Gewerkschaftsmitglieder bei Arbeitslosigkeit sofort aus der Gewerkschaft austreten. Ein Grund dafür könnte in den deutlich reduzierten Beiträgen für arbeitslose Mitglieder liegen (Schares, 1996, S. 70).

wägen hier zwischen den Arbeitskampfkosten und den Kosten für die Lohnzahlungen ab. Solange überhöhte Lohnsteigerungen kompensiert werden können, ist es für die Arbeitgeber günstiger, den Gewerkschaften Zugeständnisse zu machen, als auf niedrige Lohnkosten zu drängen und damit einen kostspieligen Arbeitskampf zu riskieren. Letztlich werden so aber keine neuen Arbeitsplätze geschaffen. Da sich die branchenweiten Tarifabschlüsse häufig an der durchschnittlichen Ertragssituation der Unternehmen orientieren, werden die *über*durchschnittlich erfolgreichen Unternehmen durch die ausgehandelte Lohnhöhe begünstigt, da sie die Erträge aus ihrem Arbeitseinsatz nicht vollständig ausschütten.

So haben beide Tarifpartner mehrschichtige Anreize, ihre Lohnpolitik nicht an gesamtwirtschaftlichen Zielen auszurichten, sondern vielmehr - gemäß der Logik der Interessengruppe - ihre eigenen Ziele zu verfolgen. Diese bestehen in einem Machterhalt durch eine steigende, zumindest aber nicht rückläufige, Mitgliederanzahl und in der Wiederwahl der jeweiligen Verbandsgeschäftsführung. Dafür werden die Interessen der Mitglieder im Eigeninteresse der Tarifparteien vehement vertreten, ohne Rücksicht auf die Kosten, die dadurch der Allgemeinheit entstehen. Die Folgen der Fehlentscheidungen werden sozialisiert und fallen somit nicht in den Verantwortungsbereich der Verursacher.

Um das Eigeninteresse der Verbände stärker an dem übergeordneten Allgemeinwohl auszurichten, wird in letzter Zeit zunehmend die Forderung nach konzertierter Aktion in Form eines Beschäftigungspaktes laut. Hier sollen Vertreter von Staat, Arbeitgeber- und Arbeitnehmerseite gemeinsam festlegen, wie die adäquate Lohnpolitik für eine gesamtwirtschaftlich erwünschte Beschäftigung auszusehen hätte. Die Einschränkung der Gruppenmacht durch einen Kompromiß ist jedoch bereits mehrfach gescheitert und aufgrund der Ratio der Interessengruppen auch in Zukunft als nicht erfolgsträchtig einzustufen.[11] Die Organisations- und Kampfkraft der Gewerkschaften würde erodieren, ihre Mitgliederanzahl vermutlich schrumpfen. Folglich werden sie sich nicht in einen Konsens der produktivitätsorientierten Lohnpolitik einbinden lassen (Monopolkommission, 1994, Ziffer 894). Zudem ist generell in Frage zu stellen, ob eine Expertenkommission am runden Tisch festlegen kann, welches Lohnniveau oder welche Lohnstruktur letztlich marktgerecht ist und das erwünschte Ergebnis hervorbringen wird.

---

[11] Zu den Funktionsbedingungen und Koordinationsproblemen der Konzertierten Aktion vgl. Ribhegge (1978, S. 64-121).

Insgesamt ist festzuhalten, daß durch die Regulierung des Arbeitsmarktes Raum für die Ausbreitung der Verbandsmacht geschaffen wurde. Letztere hat ein solches Ausmaß angenommen, daß Kritiker bemerken, die deutsche Arbeitsmarktordnung hätte den „*(...) Unternehmer zu einem Unterlasser gemacht und zu einer 'Refeudalisierung dieser Gesellschaft zugunsten der Verbände' geführt (...)*“ (Keuchel, 1989, S. 37). Wegen der bestehenden Regelungen kann die Arbeitsmarktordnung in ihrer jetzigen Form und Ausgestaltung keine marktgerechte Lohnstruktur und kein produktivitätsorientiertes Lohnniveau sicherstellen. In vielen Facetten dient sie dem Bestandsschutz auf dem Arbeitsmarkt und lähmt dadurch den Wettbewerb. Die starren institutionellen Regeln auf dem deutschen Arbeitsmarkt bieten demnach keine, dem übergeordneten Beschäftigungsziel hinreichenden Reaktionsmöglichkeiten auf die dynamische Weltwirtschaft. Als Resultat ergibt sich eine kontinuierlich zunehmende strukturelle Arbeitslosigkeit. Um diese wirkungsvoll zu bekämpfen, sind ordnungspolitische Weichenstellungen erforderlich, die zu den wirtschaftlichen Voraussetzungen für einen hohen Beschäftigungsstand führen.

4 Ansatzpunkte zur Gestaltung einer wettbewerblichen Ordnung auf dem Arbeitsmarkt

Es obliegt der Ordnung eines Marktes, die richtigen Anreize zu schaffen, damit die dort handelnden Akteure ein effizientes Ergebnis hervorbringen. Wird der Markt durch falsche oder übermäßige Regulierungen gestört, können sich die marktwirtschaftlichen Kräfte nicht frei entfalten. Eine Verträglichkeit der Ordnungsstruktur mit dem Allgemeininteresse ist dann nicht mehr garantiert. So ist der Status quo auf dem deutschen Arbeitsmarkt. Daher gilt es, die Arbeitsmarktordnung zu überdenken und zu reformieren.

Die Kräfte des Marktes werden gestärkt, wenn mehr Wettbewerb zugelassen wird. Die Konkurrenzmöglichkeiten für die Outsider am Markt müßten verbessert werden. Hierzu könnte im Rahmen des bestehenden Systems eine Erleichterung des allgemeinen Kündigungsschutzes beitragen. Auch weitere Schutzrechte, die als Markteintrittsschranken für bestimmte Arbeitnehmergruppen wirken, wären kritisch zu überprüfen.[12] Durch die Möglichkeit von Einsteigertarifen, wie sie

[12] Ansatzpunkte zur Neugestaltung des allgemeinen und speziellen Kündigungsschutzes wurden

zum Teil bereits heute in Tarifverträgen vorgesehen sind, oder den Abschluß befristeter Verträge könnten auch die Langzeitarbeitslosen wieder den Sprung in den Arbeitsmarkt schaffen.[13] Der Markt der Insider würde dann bestreitbarer für die außenstehenden Arbeitslosen.

Um eine größere Flexibilität im Hinblick auf die Lohnstruktur und die Arbeitszeit zu erreichen, müßten die Tarifabschlüsse mehr Gestaltungsspielräume auf Firmenebene ermöglichen. Die enge Auslegung des Günstigkeitsprinzips sollte zugunsten des Arbeitnehmers dahingehend geändert werden, daß auch der Erhalt des Arbeitsplatzes als Vorteil bewertet wird. So könnte eine Abweichung von den tarifvertraglich festgesetzten Löhnen nach unten durchaus im Sinne der Arbeitnehmer liegen, wenn dadurch Entlassungen vermieden würden. Von der Möglichkeit einer Allgemeinverbindlichkeitserklärung von Tarifverträgen wäre vor dem Hintergrund der Anforderungen an die Funktionstüchtigkeit des Arbeitsmarktes gänzlich abzuraten.

Das System kollektiver, branchenweiter Lohnverhandlungen muß generell in Frage gestellt werden.[14] Dezentrale Lohnverhandlungen zwischen einzelnen Arbeitgebern und Gewerkschaften können firmenspezifische Gegebenheiten besser berücksichtigen und damit die notwendige Anpassungsfähigkeit der Unternehmen steigern. Insgesamt wird die Flexibilität auf der Mikroebene erhöht, eine marktgerechte Lohnstruktur kann erreicht werden. Die Möglichkeiten für Produktivitätsanstieg und Wirtschaftswachstum nehmen zu, wodurch letztlich auch die Beschäftigung ansteigen wird (Berthold/Fehn, 1996, S. 67-75). Die Verantwortung für die Beschäftigung im Unternehmen liegt dann bei dem einzelnen Arbeitgeber und der Gewerkschaft. Die Arbeitnehmer sind vom Ausgang der Verhandlungen unmittelbar betroffen und werden die Gewerkschaft für die Sicherung ihrer Arbeitsplätze verantwortlich machen. Da in einem einzelnen Unternehmen zudem Gefühle der Kollegialität und Solidarität gegenüber den anderen Mitarbeitern bei

---

z.B. von der Deregulierungskommission (1991, Ziffer 607-609) und der Monopolkommission (1994, Ziffer 934) formuliert.

[13] Eine Möglichkeit bestünde darin, eine zielgruppenorientierte negative Einkommensteuer als „Einstiegsgeld“ für Langzeitarbeitslose einzuführen (Jerger/Spermann, 1997).

[14] Zahlreiche wissenschaftliche Arbeiten haben sich bereits mit den Wirkungen von Lohnverhandlungen auf verschiedenen Ebenen (zentral, branchenweit, dezentral) auseinandergesetzt (z.B. Calmfors/Driffill, 1988; Freeman, 1988; Schnabel, 1993; Fitzenberger/Franz, 1994; Rama, 1994). Ein Überblick findet sich bei Calmfors (1993).

den Lohnverhandlungen in den Vordergrund treten können, wird die Gewerkschaft sich vermutlich nicht nur lohnorientiert, sondern verstärkt beschäftigungsorientiert verhalten (Schares, 1996, S. 65-66).[15]

Dezentrale Lohnverhandlungen erzeugen einen geringeren Lohndruck als branchenweite, kollektive Lohnbildungssysteme, was dem gesamtwirtschaftlichen Ziel einer hohen Beschäftigung zuträglich ist. Die einzelnen Unternehmen befinden sich im Wettbewerb auf dem Gütermarkt. Dieser Wettbewerb ist um so stärker und vollkommener, je offener die Märkte und je umfangreicher die internationalen Handelsbeziehungen sind. Jede Lohnerhöhung, die nicht auf die Preise überwälzt werden kann, wird sich in Entlassungen niederschlagen. Entsprechend wird die Lohnpolitik diszipliniert, und die Lohnforderungen werden sich an der Produktivität orientieren.[16]

Der Vorschlag einer Dezentralisierung der Lohnpolitik ist in der wissenschaftlichen Auseinandersetzung nicht unumstritten (Franz, 1995, S. 10-12). Festzuhalten ist jedoch, daß die Lohnverhandlungen auf sektoraler Ebene - wie sie zur Zeit in Deutschland praktiziert werden - zu einem gesamtwirtschaftlich unerwünschten Ergebnis führen. Empirisch kann für die OECD-Staaten ein Trend hin zu dezentraleren Lohnverhandlungen konstatiert werden. Dieser ist an folgenden Entwicklungen festzumachen: Der Organisationsgrad der Gewerkschaften ist rückläufig, der prozentuale Anteil von Arbeitnehmern, die unter Kollektivverträgen beschäftigt werden, nimmt ab,[17] Lohnverhandlungen werden zunehmend auf dezentralere Ebenen verlagert. So sind z.B. zentrale Lohnverhandlungen, wie sie einst in den skandinavischen Ländern durchgeführt wurden, bereits auf die sektorale Ebene verlagert worden (OECD, 1994, S. 175; S. 184-185). In anderen Län-

---

[15] Die Insider-Outsider-Problematik bleibt bei dezentralen Lohnverhandlungen weiterhin bestehen und wird durch die Kündigungsschutzgesetze zusätzlich begünstigt.

[16] Nach der „Hump-shape-These" (Calmfors/Driffill, 1988) würde auch eine vollständig zentralisierte Lohnpolitik einen geringen Lohndruck erzeugen, da externe Effekte der Lohnverhandlungen (z.B. Konsumpreisexternalitäten) hier berücksichtigt und damit internalisiert werden. Die zentralisierte Lohnpolitik kann jedoch auf der Mikroebene nicht die gleiche Flexibilität sicherstellen wie eine dezentrale Lohnfindung. Zudem würde sie - aller Wahrscheinlichkeit nach - durch weitere Verhandlungen auf anderen Ebenen ergänzt, was wiederum zu externen Effekten führen würde (Berthold/Fehn, 1996, S. 80-81).

[17] Frankreich und Portugal bilden hier Ausnahmen vom Trend. Dort wurde die Allgemeinverbindlichkeit von Tarifverträgen ausgeweitet.

dern fand sogar eine recht umfassende Dezentralisierung der Lohnbildung statt; so zum Beispiel in Neuseeland.

Anstelle von kollektiven Verhandlungen, die zuvor durch Pflichtmitgliedschaften in Gewerkschaften festgesetzt waren,[18] ist seit der Verabschiedung des Arbeitsvertragsgesetzes im Jahre 1991 in Neuseeland eine freie Vertragsschließung jedes einzelnen Arbeitnehmers mit seinem Arbeitgeber möglich. Kein Arbeitsbereich darf nunmehr von einer Gruppe oder Organisation monopolisiert werden. Insgesamt wurde durch die umfangreichen Reformen des Arbeitsmarktes eine neue Arbeitsmarktordnung geschaffen, die auf dezentrale Marktprozesse vertraut und auf die allgemeinen Prinzipien der Vertragsfreiheit und Rechtsstaatlichkeit aufbaut. Die Macht der Tarifpartner wurde erheblich eingeschränkt. Die Gewerkschaften verloren ihre privilegierte Position und müssen sich nun als Dienstleister beweisen. Nachdem ihre Mitgliederanzahl zunächst stark zurückging, konnten sie in den letzten Jahren durch das Angebot von Informations- und Vertretungsleistungen ihren Nutzen beweisen und verbuchen nun zum Teil wieder steigende Mitgliederzahlen. Der Arbeitgeberverband mußte sich ebenfalls anpassen, da die zentrale Arbeitgeberorganisation nicht mehr an den Lohnverhandlungen beteiligt ist. Über regionale Verbände wird nun den zahlenden Mitgliedern die Verhandlungsvertretung angeboten. Viele Firmen verhandeln jedoch im eigenen Namen oder beauftragen sogar andere, unabhängige Vertreter (Kasper, 1996, S. 51-56).

Die Ergebnisse auf dem neuseeländischen Arbeitsmarkt, die der Umstrukturierung der Arbeitsmarktordnung folgten, deuten auf eine verbesserte Funktionstüchtigkeit des Marktes hin. Die Beschäftigung nahm insgesamt zu, Lohnraten wurden stärker in sektoraler, regionaler sowie qualifikatorischer Hinsicht differenziert, die unternehmerische Flexibilität wurde verbessert, wodurch die Produktivität anstieg.[19] Die Wiedereingliederung von Langzeitarbeitslosen sowie die Senkung der Arbeitslosenquote bei Problemgruppen gelang. Insgesamt zeigt das neuseeländische Beispiel, daß durch die Reform institutioneller Gegebenheiten eine Arbeitsmarktordnung geschaffen werden kann, die den Anforderungen der Globalisierung standhält.

Vor allem die Begrenzung der Macht der Interessengruppen sollte im Mittelpunkt der Überlegungen für eine Reform der Arbeitsmarktordnung stehen. Keineswegs

---

[18] Somit bestand vor der Arbeitsmarktreform keine negative Koalitionsfreiheit.

kann es im Sinne der Demokratie oder der marktwirtschaftlichen Wettbewerbsordnung sein, die Koalitionsfreiheit anzugreifen. Diese sollte durch Reformen nicht tangiert werden, so daß es nach wie vor freigestellt ist, wirtschaftliche Vereinigungen zu gründen bzw. ihnen beizutreten. Lediglich die besonderen Privilegien, die vor allem den Gewerkschaften zugestanden werden, die sie vom allgemeinen Recht ausnehmen und sie letztlich Verträge zu Lasten Dritter abschließen lassen, wären kritisch zu überdenken (von Hayek, 1991, S. 339-360).

Die Verantwortung für das durch die Tarifparteien hervorgebrachte Verhandlungsergebnis auf dem Arbeitsmarkt müßte deutlicher zugeordnet werden. Während Lohnsteigerungen stets als Verdienst der Gewerkschaften angesehen werden, fällt eine steigende Arbeitslosenquote in die Verantwortung der jeweiligen Regierung, die Kosten der Arbeitslosigkeit werden auf die Allgemeinheit abgewälzt (Donges, 1992, S. 26-28). Um diese Kosten beim Verursacher zu internalisieren, wurde der Gedanke einer gewerkschaftlichen Beteiligung an den Leistungen der Arbeitslosenversicherung entwickelt (Risch, 1983, S. 124-173). Defizite der Arbeitslosenversicherung, die sich immer dann ergeben, wenn die tatsächliche Arbeitslosigkeit über einer als natürlich erachteten Unterbeschäftigung liegt, wären demnach von den Gewerkschaften auszugleichen.[20] Die Finanzierung der Ausgleichszahlungen hätte zwangsläufig einen Anstieg der Mitgliederbeiträge zur Folge. Als Konsequenz würden die Mitglieder zunehmend aus der Gewerkschaft austreten, die gewerkschaftliche Macht würde erodieren. Um dieser Entwicklung entgegenzuwirken, hätten die Gewerkschaften einen starken Anreiz zu einer beschäftigungsorientierten Lohnpolitik. Möglich wäre jedoch auch, daß es lediglich zu einer Substitution zwischen den „Solidaritätsbeiträgen" der Mitglieder für die Ausgleichszahlungen und der Zuteilung höherer Verteilungsgewinne kommt. Die Folge wäre dann ein weiterer Rückgang der Beschäftigung.[21] Zudem werden hier die Arbeitgeber als wichtige Akteure beim Tarifkartell nicht in die Verantwortung einbezogen.

Um die Macht des Tarifkartells zu brechen, könnte möglicherweise eine Regel geschaffen werden, die die Tarifautonomie bei Fehlergebnissen begrenzt. So

---

[19] Diese Ergebnisse wurden zum Teil durch Befragungen ermittelt (Kasper, 1996, S. 64-68).

[20] Leistungen an die „natürliche Zahl" der Arbeitslosen würden weiterhin durch Arbeitnehmer- und Arbeitgeberbeiträge zur Arbeitslosenversicherung finanziert.

[21] Denkbar wäre auch, daß die Gewerkschaften diverse Ausweichmöglichkeiten nutzen werden,

wurde vorgeschlagen, die Tarifparteien sollten das Recht auf den Abschluß neuer Tarifverträge verlieren, wenn die Arbeitslosigkeit einen bestimmten Prozentsatz, der sich an der natürlichen Rate der Unterbeschäftigung orientiert, übersteigt.[22] Die Tarifautonomie würde dadurch auf ihre Gemeinwohlverträglichkeit geprüft. Als problematisch erweist sich jedoch hier - wie auch im Fall einer gewerkschaftlichen Beteiligung an der Arbeitslosenversicherung - die konkrete Festlegung der „natürlichen" Arbeitslosenquote als beschäftigungspolitische Leitlinie. Darüber hinaus sind die Transmissionskanäle zwischen der Lohnpolitik und der Arbeitslosigkeit nicht eindeutig festzustellen. Vermutlich sind viele weitere Faktoren ursächlich für den erreichten Stand der Beschäftigung.[23] Die Autonomie der Tarifpartner sollte daher nicht konkret an ein bestimmtes zu erreichendes Ziel der Lohnpolitik gebunden werden, sondern vielmehr durch die abstrakteren Regeln einer wettbewerblichen Ordnung auf dem Arbeitsmarkt begrenzt werden. Letztlich wird der Wettbewerb dazu führen, daß ein gemeinwohlverträgliches und international wettbewerbsfähiges Ergebnis hervorgebracht wird.

5 Schlußbemerkung: Mehr Markt für den Arbeitsmarkt!

Die deutsche Arbeitsmarktordnung wird in ihrer jetzigen Form den Anforderungen der Globalisierung nicht gerecht. Die Umstrukturierung der starren institutionellen Vorgaben ist notwendig, damit mehr Wettbewerb auf dem Arbeitsmarkt ermöglicht wird. In letzter Zeit gingen zwar einige ermutigende Signale von den Tarifpartnern aus, die in die richtige Richtung weisen. So wurden zur Beschäftigungssicherung in der Chemischen Industrie Öffnungsklauseln vereinbart. In der Baubranche wurden neue Einstiegslohngruppen festgelegt, die zu einer leichteren Wiedereingliederung Arbeitsloser in den Markt beitragen sollen. Gleichzeitig wird jedoch die gewerkschaftliche Forderung nach einem „Ende der Enthaltsam-

---

indem sie z.B. eine Pflichtabgabe nichtorganisierter Arbeitnehmer politisch durchsetzen.

[22] Nach dem Vorschlag von Wilhelm Krelle wäre diese Grenze bei 4 vH festzulegen (Barbier, 1995, S. 17).

[23] In diesem Zusammenhang muß auch erwähnt werden, daß die Arbeitsmarktreformen in Neuseeland von umfassenden Umstrukturierungen in anderen wirtschaftspolitischen Bereichen flankiert wurden. So wurden z.B. die Sozialleistungs- und Steuersysteme reformiert, so daß die Grenzsteuersätze sanken und der Abstand zwischen gesetzlichem Mindestlohn und Transfereinkommen größer wurde. Beides trägt mittelbar ebenfalls zu einer Steigerung der Beschäftigung bei.

keit" bei den Lohnverhandlungen laut. Die Lohnzurückhaltung der letzten Jahre solle aufgegeben werden. Statt dessen wären die steigenden Gewinne der Unternehmen, die mit der Ausweitung des konjunkturellen Aufschwungs einhergehen, auf die derzeit beschäftigten Arbeitnehmer zu verteilen. Dadurch würden die Chancen der Arbeitslosen auf einen Arbeitsplatz wiederum geschmälert.

Möglicherweise ist eine grundlegende Reform des Arbeitsmarktes unumgänglich. Unabhängig von der nationalen Ordnung des Arbeitsmarktes wird die Globalisierung dazu beitragen, daß die Kartellmacht der Sozialpartner immer weiter geschwächt wird (Berthold/Fehn, 1996, S. 86-88). Abschottungsmaßnahmen, wie das Entsendegesetz, können die deutschen Arbeitnehmer - wenn überhaupt - höchstens kurzfristig vor der internationalen Konkurrenz bewahren; die Tarifpartner können lediglich vorübergehend ihre bislang praktizierte Lohnpolitik fortsetzen. Die nationalen Arbeitsmarktordnungen, die besonders in den jeweiligen Lohnverhandlungssystemen Ausdruck finden, stehen im Wettbewerb miteinander. Langfristig wird sich das effiziente System durchsetzen, wettbewerbs*un*fähige Systeme werden wegfallen. Der zu beobachtende Trend hin zu einer dezentraleren Lohnpolitik in den OECD-Ländern mag diesen Selektionsprozeß bereits widerspiegeln. Um jedoch den leidvollen Untergang der eigenen Ordnung zu umgehen, sollten bereits jetzt Reformmaßnahmen eingeleitet werden, die den Arbeitsmarkt wieder funktionstüchtig gestalten und den Strukturwandel vorantreiben.

Anzustreben wäre eine wettbewerbliche Ordnung, die auf der individuellen Entscheidungsfreiheit beruht und nicht durch kollektive Absprachen gelenkt wird. Vor diesem Hintergrund könnten die Beschäftigungsprobleme in Deutschland als Resultat solcher Institutionen gesehen werden, die vom Leitbild einer „offenen Gesellschaft" abweichen. *„Mangel an Arbeit ist kein (...) Schicksal, sondern Ergebnis der gesellschaftlichen Institutionen."* (v. Weizsäcker, 1996, S. 15).

6 Literaturverzeichnis

Barbier, Hans D. (1995), „Notbremsung bei vier Prozent", *Frankfurter Allgemeine Zeitung*, 18.09., S. 17.

Berthold, Norbert und Rainer Fehn (1996), „Evolution von Lohnverhandlungssystemen", in: Werner Zohlnhöfer (Hrsg.), *Die Tarifautonomie auf dem Prüfstand, Schriften des Vereins für Socialpolitik*, N.F. Band 244, Berlin, S. 57-94.

Bispinck, Reinhard und Wolfgang Lecher (1993), *Tarifpolitik und Tarifsysteme in Europa*, Köln.

Bundesministerium für Arbeit und Sozialordnung (1997), *Tarifvertragliche Arbeitsbedingungen im Jahre 1996*, Bonn (zitiert als BMA).

Calmfors, Lars (1993), „Centralisation of Wage Bargaining and Macroeconomic Performance: A Survey", *OECD Economics Department Working Papers* No. 131.

Calmfors, Lars und John Driffill (1988), „Bargaining Structure, Corporatism and Macroeconomic Performance", *Economic Policy*, Vol. 6, S. 14-61.

Deregulierungskommission (1991), *Marktöffnung und Wettbewerb*, Berichte 1990 und 1991, Stuttgart.

Donges, Juergen B. (1992), *Deregulierung am Arbeitsmarkt und Beschäftigung*, Vorträge und Aufsätze des Walter Eucken Instituts Nr. 138, Tübingen.

Fitzenberger, Bernd und Wolfgang Franz (1994), „Dezentrale versus zentrale Lohnbildung in Europa: Theoretische Aspekte und empirische Evidenz", in: Gahlen, B., H. Hesse und H. J. Ramser, (Hrsg.), *Europäische Integrationsprobleme aus wirtschaftswissenschaftlicher Sicht*, Tübingen.

Franz, Wolfgang (1995), *Die Lohnfindung in Deutschland in einer internationalen Perspektive: Ist das deutsche System ein Auslaufmodell?*, Diskussionsbeiträge der Fakultät für Wirtschaftswissenschaften und Statistik der Universität Konstanz, Nr. 24, April 1995.

Franz, Wolfgang (1996), *Arbeitsmarktökonomik*, 3. Aufl., Berlin u.a.

Freeman, Richard B. (1988), „Labour Market Institutions and Economic Performance", *Economic Policy*, Vol. 6, S. 64-80.

Hayek, Friedrich August von (1991), *Die Verfassung der Freiheit*, Tübingen.

Jerger, Jürgen und Alexander Spermann (1997), „Wege aus der Arbeitslosenfalle - ein Vergleich alternativer Lösungskonzepte", *Zeitschrift für Wirtschaftspolitik*, 46. Jg., S. 51-73.

Kasper, Wolfgang (1996), *Die Befreiung des Arbeitsmarktes - Neuseelands Wirtschaft im Aufschwung*, Gütersloh.

Keuchel, Matthias (1989), „Kann der Arbeitsmarkt dem Wettbewerb unterworfen werden?", *Untersuchungen zur Wirtschaftspolitik*, Bd. 81, Köln.

Klodt, Henning, Jürgen Stehn et al. (1994), „Standort Deutschland: Strukturelle

Herausforderungen im neuen Europa", *Kieler Studien* Nr. 265, Tübingen.

Kruse, Martin (1996), *Die Leistungsfähigkeit des britischen, deutschen und französischen Tarifvertrags- und Arbeitskampfrechts im Vergleich*, Baden-Baden.

Möschel, Wernhard (1996), „Tarifautonomie - ein überholtes Ordnungsmodell?" in: Werner Zohlnhöfer (Hrsg.), *Die Tarifautonomie auf dem Prüfstand, Schriften des Vereins für Socialpolitik*, N.F. Band 244, Berlin, S. 11-24.

Monopolkommission (1994), *Mehr Wettbewerb auf allen Märkten*, Hauptgutachten 1992/1993, Baden-Baden.

OECD (1994), *Employment Outlook*, Paris.

Rama, Martin (1994), „Bargaining Structure and Economic Performance in the Open Economy", *European Economic Review*, Vol. 38, No. 2, S. 403-415.

Ribhegge, Hermann (1978), *Rationale Einkommenspolitik aus der Sicht der Neuen Politischen Ökonomie, Schriften zur Kooperationsforschung*, Bd. 13, Tübingen.

Richter, Rudolf und Eirik Furubotn (1996), *Neue Institutionenökonomik*, Tübingen.

Risch, Bodo (1983), „Alternativen der Einkommenspolitik", *Kieler Studien* Nr. 180, Tübingen.

Rüthers, Bernd (1996), „Beschäftigungskrise und Arbeitsrecht", Frankfurter Institut - *kleine Handbibliothek* Bd. 18, Bad Homburg.

Sachverständigenrat zur Begutachtung der gesamtwirtschaftlichen Entwicklung (1995), *Im Standortwettbewerb*, Jahresgutachten 1995/1996, Stuttgart (zitiert als SVR).

Sachverständigenrat zur Begutachtung der gesamtwirtschaftlichen Entwicklung (1996), *Reformen voranbringen*, Jahresgutachten 1996/1997, Stuttgart (zitiert als SVR).

Schares, Christof (1996), „Lohnform und Arbeitslosigkeit", *Untersuchungen zur Wirtschaftspolitik*, Bd. 103, Köln.

Schnabel, Claus (1993), „Korporatismus, zentralisierte Tarifverhandlungen und makroökonomische Performance", *Zeitschrift für Wirtschaftspolitik*, Jg. 42 Heft 3, S. 259-272.

Schumann, Jochen (1992), *Grundzüge der mikroökonomischen Theorie*, 6. Aufl., Berlin u.a.

Siebert, Horst (1987), *Kündigungsschutz und Sozialplanpflicht - optimale Allokation von Risiken oder Ursache der Arbeitslosigkeit?*, Diskussionsbeiträge der Fakultät für Wirtschaftswissenschaften und Statistik der Universität Konstanz, Nr. 27, Juli 1987.

Weizsäcker, Carl Christian von (1996), „Die offene Gesellschaft und ihr Arbeitsmarkt", *Frankfurter Allgemeine Zeitung*, 16.11.1996, S. 15.

Kapitel IV: Gestaltungsspielräume der Wirtschaftspolitik

F Protektionistische Handelsblöcke als Antwort auf die Globalisierung?

Ralf Zimmermann

1 Problemstellung

Die ökonomischen Ursachen, die sich hinter Globalisierung verbergen - liberalisierte Güter- und Faktormärkte, verringerte Transaktionskosten durch technischen Fortschritt -, erhöhen die Wettbewerbsintensität. Dies verstärkt den Anpassungsdruck auf ineffiziente Unternehmen. Anbieter von ehedem nicht-handelbaren Gütern werden zunehmend dem internationalen Wettbewerb ausgesetzt. Unternehmen mit komparativen Kostennachteilen müssen aus dem Markt scheiden. X-Ineffizienzen werden aufgedeckt und erzwingen unternehmerische Anpassungen: Produktions- und Verwaltungsprozesse sind zu optimieren, Rationalisierungspotentiale zu nutzen. Neue Produkte haben die zukünftige Wettbewerbsfähigkeit zu sichern. Die Arbeitnehmer müssen räumlich, zeitlich und beruflich flexibler werden. Leisten Unternehmer und Arbeitnehmer diese Anpassungen nicht, drohen Einkommenseinbußen, im Extrem Konkurs bzw. Arbeitslosigkeit. Da sowohl die Anpassungen als auch die Folgen von Nichtanpassung für die Betroffenen unbequem sind, besteht die Gefahr, daß Forderungen nach Protektion laut werden.

Die unter Importdruck geratenden Arbeitnehmer und Kapitaleigentümer hoffen, mit den Preiserhöhungsspielräumen, die Protektion gewährt, wettbewerbswidrige Renten sichern und somit die aus der Globalisierung resultierenden Anpassungen vermeiden zu können. Dabei könnte Protektionismus die besondere Form eines verstärkten Regionalismus annehmen. Diese Gefahr droht insbesondere vor dem Hintergrund, daß regionale Integration eine der wenigen Ausnahmen vom Meistbegünstigungsgebot der Welthandelsorganisation (WTO) darstellt und deren an Regionalabkommen geknüpfte Bedingungen in der Vergangenheit eine geringe Bindungskraft besaßen. Regionalismus ist seinem Wesen nach ambivalent. Durch die diskriminierende Handelsliberalisierung wird einerseits neuer intra-regionaler Handel geschaffen, andererseits bestehender Handel mit effizienten extra-regionalen Anbietern auf weniger effiziente Unternehmen innerhalb des Integrationsgebiets umgelenkt. Nur ersteres zielt auf weltweiten Freihandel, letzteres wirkt hingegen protektionistisch (Viner, 1950, S. 41-55). Handelspolitiker könnten nun in bestehenden Integrationsräumen vermehrt protektionistische Elemente einführen oder neue Abkommen abschließen, die gezielt bestehenden Handel umlenken statt neuen zu schaffen. Allerdings stellt sich die Frage, inwieweit protektionistische Regionalabkommen unter den übrigen Bedingungen der Globalisierung - liberalisierter Kapitalverkehr, technischer Fortschritt - ein wirksames Mittel sind, um wettbewerbswidrige Renten aufrecht erhalten zu können.

Das ist Gegenstand dieses Beitrags.[1] Abschnitt 2 stellt dar, wie regionale Integrationsabkommen die Protektionsnachfrage bedienen können. Im Anschluß werden einzelne Kanäle aufgezeigt, welche der Absicht, inländischen Faktoren wettbewerbswidrige Renten zu sichern, entgegen laufen. Im einzelnen sind dies im Integrationsraum bestehende Tochterunternehmen extra-regionaler Anbieter (Abschnitt 3), die Reaktionen der Investitionsströme auf regionale Protektion (Abschnitt 4) sowie die multilateralen Regeln zur regionalen Integration und Streitschlichtung, die im Rahmen der Uruguay-Runde verbessert worden sind (Abschnitt 5). Abschnitt 6 zieht ordnungspolitische Schlußfolgerungen.

2 Protektionistische regionale Integrationsabkommen

Die beiden wesentlichen Ausprägungen regionaler Integration sind Zollunionen und Freihandelszonen. Bei ersteren wird die Handelspolitik gegenüber Drittstaaten vergemeinschaftet, bei letzteren bleiben die einzelnen Mitgliedstaaten dafür zuständig. Damit unterscheiden sie sich in ihrem Ansatzpunkt für eine protektionistische Handelspolitik.

---

[1] Dieser Beitrag soll demnach *nicht* der in jüngster Zeit vermehrt diskutierten Grundsatzfrage nachgehen, ob regionale Integration die weltweite Arbeitsteilung vertieft oder bremst. Der Aufsatz unterstellt hingegen eine protektionistische Ausgestaltung von Regionalabkommen.

i) Zollunionen

Bei Zollunionen liegt dieser Ansatzpunkt im gemeinsamen Protektionsniveau gegenüber Dritten, wie der Rekurs auf die Theorie der Zollunion verdeutlicht. Im folgenden gelten die üblichen Annahmen der Wohlfahrtsökonomik, die Zollunion sei klein gegenüber dem Drittstaat. Abb. F.1(a) zeigt die Angebots- und Nachfragebedingungen im Inland, Abb. F.1(b) jene im Partnerland, um die Auswirkungen einer kleinen Zollunion mit harmonisiertem gemeinsamen Außenzoll analysieren zu können.[2] Die gewählte partialanalytische Darstellung bedingt, daß die Auswirkungen auf andere Sektoren unberücksichtigt bleiben. N_I (N_P) und A_I (A_P) seien die inländische (partnerländische) Nachfrage- und Angebotskurve; im Inland und Partnerland wird mit steigenden Grenzkosten produziert. N_I+N_P und A_I+A_P seien die aggregierte Nachfrage- bzw. Angebotskurve in einer Zollunion, die ebenfalls in Abb. F.1(a) enthalten sind. p_D sei der aus inländischer und partnerländischer Sicht gegebene zollausschließliche Preis im Drittstaat. Im Ausgangszustand herrscht im Inland ein höherer Zoll als im Partnerland ($z_I > z_P$). Im Inland wird zum Preis p_I die Menge x_1^I von inländischen Unternehmen produziert, x_2^I konsumiert und $x_1^Ix_2^I$ von effizienten Unternehmen aus Drittstaaten importiert. Der Zoll im Partnerland ist prohibitiv, die konsumierte Menge x_2^P wird allein aus partnerländischer Produktion zum Preis p_P bereitgestellt. In einer Zollunion wird nun der gemeinsame Außenzoll auf den höheren inländischen Zoll festgelegt. Bei den unterstellten Angebots- und Nachfragekurven ergibt sich der Preis in der Zollunion p_{ZU} im Schnittpunkt von aggregierter Angebotskurve und aggregierter Nachfragekurve und entspricht p_I. Welche Auswirkungen sind damit verbunden?

Im Inland ändern sich weder Preis noch produzierte und konsumierte Menge; Handel wird also nicht geschaffen. Allerdings wechselt die Importquelle von effizienten Anbietern aus Drittstaaten auf weniger effiziente im Partnerland. Diese aus ökonomischer Sicht negative Handelsumlenkung verschlechtert die Wohlfahrt um die Höhe des Terms-of-Trade Verlustes (der Importpreis hat sich von p_D auf p_{ZU}=p_I erhöht) bzw. des Verlustes an Zolleinnahmen (pro importierter Mengeneinheit z_I); graphisch entspricht dies der Fläche a in Abbildung F.1 (a). Das Partnerland gewinnt durch diese Handelsumlenkung auf die eigene Produktion, die sich um $x_2^Px_3^P$ ausdehnt. Es wird durch den integrationsinduzierten Preisan-

[2] Vgl. für eine Zollunion mit *mittlerem* gemeinsamen Außenzoll Robson (1987, S. 15ff.).

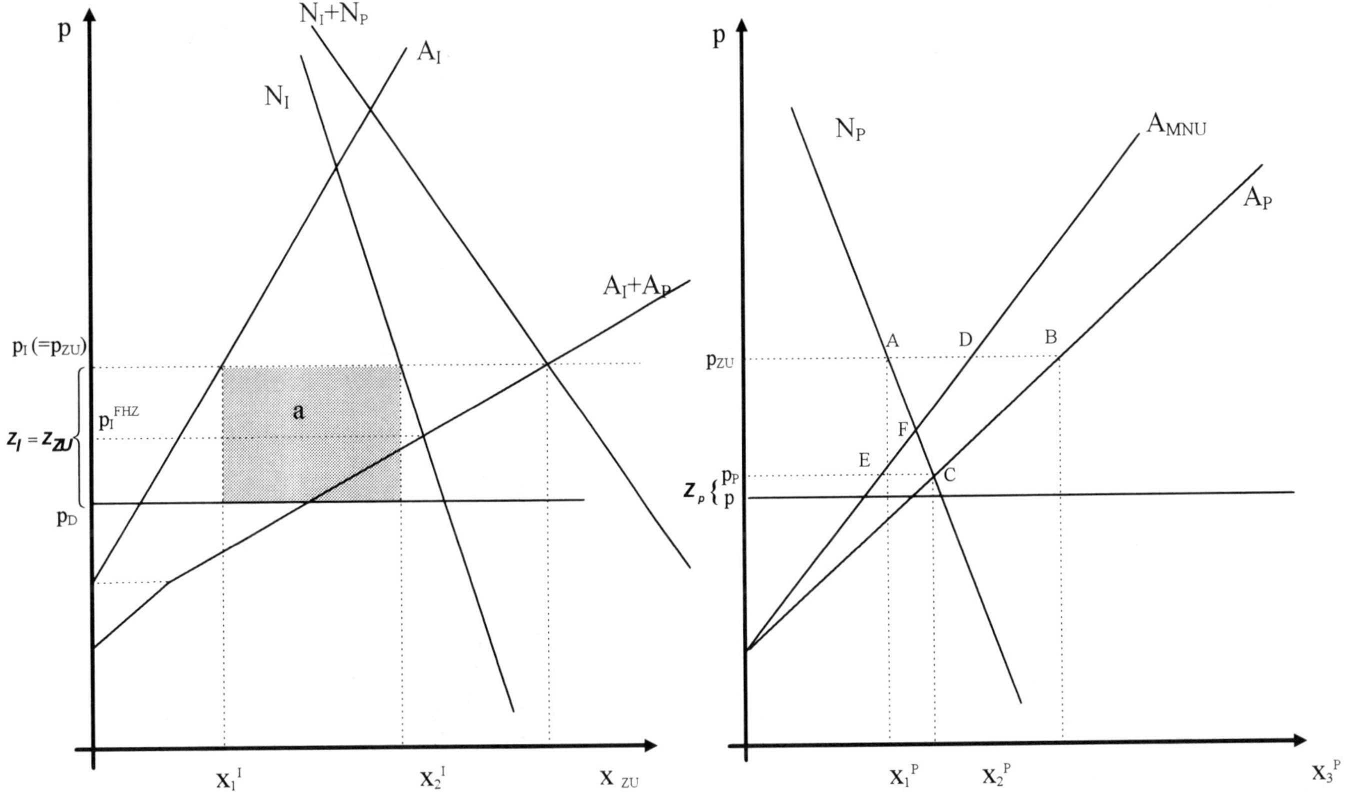

(a) Inland und Unions-

(b) Partnerland

Abbildung F.1: Wirkungen einer protektionistischen Zollunion

stieg zum Exporteur des Gutes, während es bei Freihandelsbedingungen importieren würde. Der damit verbundenene Anstieg der Produzentenrente ($p_P p_{ZU} BC$) übersteigt den Rückgang der Konsumentenrente ($p_P p_{ZU} AC$) um das Dreieck ABC. Aus weltwirtschaftlicher Sicht verschlechtert sich die Faktorallokation, da intraregionale Faktoren vermehrt in Sektoren gebunden werden, die unter Freihandelsbedingungen unter Anpassungsdruck gerieten.

Aus *politökonomischer* Sicht ist ein solches Abkommen für partnerländische Handelspolitiker besonders attraktiv. Auf dem Markt für Protektion spielen Konsumenteninteressen aufgrund ihrer unzureichenden Organisierbarkeit nur eine geringe Rolle - im Gegensatz zu den besser organisierten Produzenten- und Arbeitnehmerinteressen.[3] In der (partialanalytischen) Darstellung gewinnen die Unternehmen dieser Branche durch den Preisanstieg. Das Wertgrenzprodukt des eingesetzten Kapitals und der eingesetzten Arbeit steigt über die Faktorkosten. Es kommt zu Neueinstellungen, höheren Löhnen und Kapitalrenditen. Den Faktoren fließt damit nicht nur die höhere Produzentenrente zu ($p_P p_{ZU} BC$), sondern auch die Fläche $x_2^P CBx_3^P$, die höhere Faktorerträge darstellt. Demgegenüber fällt - politökonomisch - die verschlechterte Position der Konsumenten nicht ins Gewicht. Das Inland verliert zwar, sofern das gewählte Protektionsinstrument vor dem Abkommen zu staatlichen Einnahmen geführt hat,[4] aber durch den gleich gebliebenen Zollsatz konnte zumindest verhindert werden, daß der inländische Preis sinkt und damit ineffiziente Produktion durch Importe verdrängt wird.

Damit das Inland dem Abkommen zustimmt, müssen auch solche Sektoren aufgenommen werden, in denen die Situation spiegelbildlich ist. Ein protektionistisches Regionalabkommen ist dadurch gekennzeichnet, daß (nur) jene Bereiche aufgenommen werden, in denen die Vertragspartner wechselseitig Handel zu Lasten nicht-beteiligter Drittstaaten und zu Gunsten intra-regionaler Unternehmen umlenken können. Darüber hinaus werden „sensible" Sektoren vom Abkommen

---

[3] Vgl. dazu überblicksartig Weck-Hannemann (1992, S. 56 ff.).

[4] Das Inland stellt sich nicht schlechter, wenn vor Integration der Handel durch nichtdiskriminierende technische Vorschriften behindert wurde. Sie verursachen für alle ausländischen Anbieter gleich hohe Marktzutrittskosten und führen (in der Regel) nicht zu staatlichen Einnahmen. In Abb. F.1 sind somit die statischen Mengen- und Preiseffekte identisch - mit dem Unterschied, daß keine Zolleinnahmen entfallen können. Anders formuliert: Die inländischen Terms-of-Trade bleiben konstant, da vor Integration der effektive Preis an der Grenze nicht p_D, sondern p_I war. Vgl. dazu auch Baldwin (1997, S. 13f.).

ausgeschlossen, in denen große komparative Kostenunterschiede bestehen und demnach mit nachhaltigen Anpassungen bei intra-regionalen Unternehmen zu rechnen ist, oder es gilt für sie ein besonders hoher Außenschutz - wie beispielsweise für Agrar, Kohle, Werften, Eisen und Stahl in der Europäischen Union (Berthold, 1996, S. 66-74). Derartige regionale Integration schafft wenig neuen intra-regionalen Handel und lenkt vor allem mit Drittstaaten bestehenden Handel um.[5]

ii) *Freihandelszonen*

In einer Freihandelszone gibt es keine Einigung auf eine gemeinsame höhere sektorale Außenprotektion. Protektionsnachfrager verfügen bei mehrstufigen Produktionsprozessen über einen anderen entscheidenden Hebel. Ursprungsregeln sollen hier die sogenannte Handelsablenkung (trade deflection) verhindern (Lloyd, 1993). Damit ist das Verhalten von Anbietern aus Drittstaaten gemeint, welche die höhere nationale Protektion eines Integrationsmitgliedes über den Partnerstaat mit dem jeweils geringsten sektoralen Außenschutz umgehen.[6] Durch eine restriktive Ausgestaltung, z.B. einen hohen geforderten Mindestanteil der intra-regionalen Wertschöpfung, lassen sich ineffiziente intra-regionale Anbieter von Vorprodukten schützen (Krueger, 1993). Endprodukthersteller, welche die Präferenz der Freihandelszone in Anspruch nehmen wollen, werden ihre Inputs nicht mehr außerhalb, sondern nunmehr innerhalb des Integrationsraums beziehen. Damit wird der Handel von effizienten Vorleistungsanbietern in Drittstaaten auf weniger effiziente in den Mitgliedstaaten gelenkt. Die daraus resultierende

---

[5] Bei *bereits existierenden* Zollunionen kann schließlich das gemeinsame Protektionsniveau gegenüber Drittstaaten angehoben werden. Die Renten für intra-regionale Unternehmen und Beschäftigte steigen, sofern der gemeinsame Außenzoll nach Erhöhung der Protektion bindend bleibt. In Abb. F.1 muß der Schnittpunkt von aggregierter Angebots- und Nachfragekurve oberhalb von p_{ZU} liegen.

[6] In Zollunionen ist Handelsablenkung aufgrund des harmonisierten Außenschutzes nicht möglich. Insofern sind Ursprungsregeln nicht notwendig. Gleichwohl können sie auch in Zollunionen als Protektionsinstrument eingesetzt werden. So sah Frankreich Anfang der 90er Jahre die in britischen „transplants“ zusammengebauten Autos japanischer Unternehmen nach wie vor als japanische Produkte an und wollte ihnen keinen freien Zutritt auf den französischen Markt gewähren. Der Streit konnte nur beigelegt werden, als sich die japanischen Autobauer verpflichteten, den Anteil der europäischen Wertschöpfung zu erhöhen. Daher gelten die Mißbrauchsmöglichkeiten von Ursprungsregeln gleichermaßen in Zollunionen, zumal auch dort die

Ausdehnung der intra-regionalen Produktion von Vorleistungen sichert und erhöht die Einkommen der dort beschäftigten Faktoren.[7] Angesichts zunehmend aufgespaltener Wertschöpfungsketten und vorangeschrittener internationaler Arbeitsteilung kann durchaus in nennenswertem Maße Handel umgelenkt werden.[8]

Die Möglichkeiten, Endproduktunternehmen in einer Freihandelszone Renten zu gewähren, sind eingeschränkt im Vergleich zu Zollunionen. Angenommen, im Partnerland herrsche aufgrund geringerer Protektion ein niedrigerer Preis für das Endprodukt als im Inland. Die partnerländischen Unternehmen werden dann ihre gesamte Produktion im Inland anbieten, die überschüssige Nachfrage im Partnerland wird aus den Drittstaaten bedient. In Abb. F.1 steigt für die partnerländischen Unternehmen der auf dem inländischen Exportmarkt erzielte Preis von p_P auf p_I^{FHZ}.[9] Die in den partnerländischen Unternehmen beschäftigten Faktoren gewinnen damit indirekt durch die hohe Protektion des inländischen Marktes, da sie durch regionale Integration den Zutritt zu einem stark geschützten Markt erhalten. Aus inländischer Sicht sinkt jedoch der Preis. Daher wird im Gegensatz zu einer protektionistischen Zollunion ineffiziente inländische Endproduktion vom

---

Frage nach dem Ursprung und damit möglicher Vorzugskonditionen geklärt werden muß.

7 Voraussetzung ist allerdings, daß die höheren Inputkosten nicht die Mehrerlöse übersteigen, die Endprodukthersteller aus dem liberalisierten Zugang zum Partnermarkt erhalten. Anderenfalls werden sie auf die Präferenz verzichten und ihre Inputs nach wie vor außerhalb des Integrationsraumes beziehen.

8 Als empirisches Beispiel für protektionistische Ursprungsregeln können möglicherweise - genaue empirische Untersuchungen liegen m.E. noch nicht vor - jene gelten, die in der nordamerikanischen Freihandelszone (NAFTA) angewandt werden: Insbesondere in den Sektoren Automobilbau und Textilien/Bekleidung scheinen US-amerikanische Zulieferer zu Lasten ihrer extra-regionalen Wettbewerber geschützt zu werden (Krueger, 1993). Lopez-de-Selanez et al. (1996) verwenden ein Modell des allgemeinen Gleichgewichts, um die rent-shifting-Effekte von - hypothetischen - NAFTA-Ursprungsregeln in der Automobilindustrie abzuschätzen. Ihr Vergleichsmaßstab ist allerdings eine NAFTA ohne Ursprungsregeln und nicht die Situation vor regionaler Integration. Demnach nehmen sektorale Produktion, Beschäftigung und Gewinne innerhalb Nordamerikas zu (sowohl für das Endprodukt Auto als auch für die beiden betrachteten Zwischenprodukte Motoren und Teile), wohingegen sich die korrespondierenden Größen außerhalb der NAFTA verringern. Auswirkungen auf die nicht-automobilen Endprodukte werden nicht berichtet.

9 Der Preisanstieg für die Unternehmen des Partnerlands ist geringer als in einer Zollunion, da in einer Freihandelszone für die Bestimmung des im Inland geltenden Preises die partnerländische Nachfrage keine Rolle spielt. Die Konsumenten im Partnerstaat zahlen nach wie vor p_P, ihre Nachfrage wird nun aus den Drittstaaten bedient. Um die Abbildung nicht zu überladen, sind die genauen wohlfahrtsökonomischen Auswirkungen nicht dargestellt. Siehe zu einem wohlfahrtsökonomischen Vergleich von Freihandelszonen und Zollunionen Robson (1987, S. 23ff.).

Markt verdrängt. Durch sektorspezifische regionale Integration wird also aus politökonomischer Sicht eine erhöhte Protektion für intra-regionale Exporteure mit einer verringerten Protektion für intra-regionale Importkonkurrenten erkauft.

Zusammengefaßt: Regionale Integration kann so gestaltet werden, daß intraregionalen Produktionsfaktoren höhere wettbewerbswidrige Einkommen zufließen. In einer Zollunion ist das wesentliche Instrument der gemeinsame Außenschutz, in einer Freihandelszone sind es restriktive Ursprungsregeln. Allerdings gibt es verschiedene Effekte, welche die beabsichtigten Einkommenswirkungen auf intra-regionale Arbeitnehmer und Kapitaleigentümer abschwächen.

3 Regionale Protektion bei globalisierter Produktion

Eine Begleiterscheinung der Globalisierung ist die multinationale Produktion. Diese hat in den vergangenen Jahren erheblich zugenommen - wenn auch von geringem Niveau aus. In ausgewählten Industriestaaten[10] haben sich die ausländischen Direktinvestitionen von rund 50 Mrd. US-Dollar im Jahre 1980 auf über 270 Mrd. US-Dollar 1995 mehr als verfünffacht (IMF, 1997, S. 61). Die Zahl der Empfänger- wie der Quellenländer ausländischer Direktinvestitionen ist angewachsen, die sektorale Streuung hat sich erweitert. In Deutschland lag die durchschnittliche Wachstumsrate ausländischer Direktinvestitionen für den Zeitraum 1983-95 bei über 7 vH - und damit deutlich über dem Wachstum des internationalen Handels (Beitrag B in diesem Band). In kleinen offenen Volkswirtschaften wie Kanada, Australien, Belgien und Irland lag der Anteil ausländischer Tochterunternehmen am Gesamtumsatz in der Verarbeitenden Industrie bei über 30 vH, in Deutschland, Frankreich und dem Vereinigten Königreich zwischen 20 und 30 vH. (Vickery, 1992/1993, S. 12). Der Kapitalstock in einer Volkswirtschaft gehört also zu einem Teil ausländischen Kapitaleigentümern. Damit läßt sich Protektion im allgemeinen sowie in besonderer Form von Regionalabkommen nicht mehr zielsicher einsetzen, um (nur) inländischen Faktoren höhere Erträge zukommen zu lassen. Ausländische bzw. extra-regionale Kapitaleigentümer und Arbeitnehmer können in gleichem Maße als Trittbrettfahrer von regionaler Protektion gewinnen. Im Extrem erhalten ausländische Faktoren die protektions-

---

[10] Belgien, Kanada, Frankreich, Deutschland, Italien, Japan, Niederlande, Schweden, Schweiz, Vereinigtes Königreich und USA.

bedingten Umverteilungsgewinne, während die Umverteilungsverluste bei den inländischen Faktoren anfallen.

Diese Streuung wettbewerbswidriger Renten unter inländischen und ausländischen Faktoren wird aus Abb. F.1 ersichtlich.[11] Angenommen, ein Teil des partnerländischen Angebots werde durch im Partnerland ansässige Tochterunternehmen von extra-regionalen Firmen bereitgestellt (A_{MNU}). Diese Tochterunternehmen repatriierten ihre Gewinne vollständig, eine Besteuerung durch das Partnerland finde nicht statt. Dann steigt die Produzentenrente der partnerländischen Unternehmen durch eine protektionistische Zollunion nicht mehr um $p_P p_{ZU} BC$, sondern nur noch um EDBC. Die Gewinne der extra-regionalen Tochterunternehmen erhöhen sich um $p_P p_{ZU} DE$.[12] Zwar erhöhen sich auch die Faktoreinkommen inländischer Arbeitnehmer in dem Maße, in dem sie in den extra-regionalen Unternehmen beschäftigt werden (Teil der Fläche unter A_{MNU}), allerdings bleibt festzuhalten: Durch regionale Integration werden Renten in Höhe von $p_P p_{ZU} AFE$ von den inländischen Konsumenten zu extra-regionalen Kapitaleigentümern umverteilt.

Der partnerländische Staat könnte diese Gewinne extra-regionaler Kapitaleigentümer durch Besteuerung abschöpfen. Im Zuge der Globalisierung nimmt jedoch der Standort- und damit auch der Steuerwettbewerb zu. Die Möglichkeiten, den mobilen Faktor Kapital zu besteuern, verringern sich (Beitrag H in diesem Band). Zum anderen können gerade multinationale Unternehmen durch die Wahl von internen Verrechnungspreisen die Gewinne und damit die Steuerlast beeinflussen. So wird eine hochbesteuerte Auslandstochter zu hohen Verrechnungspreisen Vor- und Zwischenprodukte von ihrer Mutterfirma beziehen und zu geringen Preisen Produkte an diese verkaufen. Damit wird die Steuerbelastung im Empfängerland ausländischer Direktinvestitionen gesenkt. Insofern erscheint eine Abschöpfung von Gewinnen von multinationalen Unternehmen zumindest nicht in größerem Maße möglich.

Werden also durch bilaterale Abkommen Sektoren geschützt, in denen bereits in beträchtlichem Maße extra-regionale Unternehmen auf dem regionalen Markt

---

[11] Es ist nicht unproblematisch, multinationale Unternehmen im Analyserahmen der neoklassischen Integrationstheorie zu untersuchen. Vgl. dazu Abschnitt 4.

[12] Tironi (1982, S. 156ff.), der erstmals darauf hinwies, nannte dies den *foreign profit creation effect*.

präsent sind, müssen die Handelspolitiker Streuverluste gewärtigen. Im anderen Fall - Schutz von Sektoren mit einem geringen extra-regionalen Kapitalstock - erscheint Protektion auf den ersten Blick wirksamer zu sein. Allerdings können dann die Reaktionen der diskriminierten Drittstaaten die Wirksamkeit regionaler Protektion einschränken. Dazu zählen veränderte Investitionsströme der extra-regionalen (und intra-regionalen) Unternehmen und Kapitalanleger.

4 Reaktionen extra-regionaler Unternehmen und Kapitalanleger

Aufgrund der liberalisierten Kapitalmärkte und stark gesunkener Transaktionskosten hat sich die internationale Mobilität des Faktors Kapital erhöht. Die Wanderung von Arbeitskräften ist nach wie vor durch Regulierung (und soziale Wanderungskosten) eingeschränkt. Protektionistische Integrationsabkommen verändern nun die intra-regionalen Faktorentlohnungen. Daher ist zu erwarten, daß vornehmlich Kapital in den Integrationsraum fließt oder gegebenenfalls Kapital aus dem Integrationsraum abfließt.[13] Damit können aber - zumindest zum Teil - die ursprünglichen politökonomischen Ziele eines protektionistischen Regionalabkommens unterlaufen werden.

i) Grundüberlegungen

Für das Heckscher-Ohlin Modell (ohne gebundene Produktionsfaktoren) hat als erster Mundell (1957) darauf hingewiesen, daß verhinderter Güterhandel durch Faktorwanderung ersetzt wird und sich dabei dasselbe Gleichgewicht wie bei Freihandel einstellt. Angenommen, ein kleines Land führe einen Zoll auf das kapitalintensiv hergestellte Produkt ein. Mit dem Anstieg des relativen Preises dieses Gutes steigt dann auch der Realzins.[14] Dadurch werden Kapitalimporte in das kleine Land angeregt. Kapital wird solange aus dem Ausland in das kleine Land fließen, wie sich die Realzinsen noch nicht angeglichen haben. Da die Realzinsen

---

[13] Das Beispiel Entsendegesetz, mit dem EU-Bauarbeitern untersagt wurde, in Deutschland zu geringeren Löhnen zu arbeiten als tarifgebundene deutsche Bauarbeiter, zeigt: Selbst dort, wo Arbeitskräftemobilität trotz Wanderungskosten auftritt, ist sie aufgrund des resultierenden Anpassungsdrucks auf deutsche Löhne unerwünscht - und wird unterbunden.

[14] Die Trennungslinie zwischen Gewinnern und Verlierern von Protektion verläuft im Heckscher-Ohlin Modell entlang von Faktoren und nicht wie im Modell mit sektorspezifischen Produkti-

im (großen) Ausland unverändert bleiben, werden sie im kleinen Land auf das Vor-Protektions-Niveau fallen. Die Protektionsrenten inländischer Kapitaleigentümer erodieren gänzlich.

Auch die Absicht, die inländischen Arbeitseinkommen zu schützen, wird nicht erreicht. Für Industriestaaten ist dies im Heckscher-Ohlin Modell das realistischere Szenario. Der Zoll auf das arbeitsintensive Gut erhöht zwar im ersten Schritt die Reallöhne. Die verringerten Realzinsen im Inland führen allerdings zu Kapitalexport ins Ausland bis der daraufhin ansteigende inländische Realzins dem Weltmarktzins entspricht. Die Arbeitsintensität der inländischen Produktion nimmt dementsprechend zu, die Reallöhne sinken wieder auf ihr Ausgangsniveau.

Mit anderen Worten: Ist Kapital international mobil, wird die ursprüngliche Absicht, einem Faktor durch Protektion wettbewerbswidrige Renten zu gewähren, nicht erreicht. Führt Protektion zu verringerten Einkommen des inländischen Kapitals, wird dieses abwandern - und damit die Entlohnung des reichlicher gewordenen Faktors Arbeit wieder auf das Vor-Protektions-Niveau senken. Gehört Kapital hingegen zu den Protektionsgewinnern, werden die Protektionserträge durch den ausgelösten Zustrom von ausländischem Kapital abgebaut. Die Gleichgewichte bei freiem Güterhandel und bei freier Kapitalbewegung sind völlig identisch, Protektion ist dann im Heckscher-Ohlin Modell wirkungslos.

Im Modell mit sektorspezifischen Produktionsfaktoren ist bei internationaler Kapitalmobilität diese Beurteilung zu relativieren. Protektionistische Regionalabkommen führen dazu, daß die Kapital- und Arbeitseinkommen in den geschützten Industrien steigen. Sollte nun extra-regionales (und ungebundenes) Kapital in den Integrationsraum fließen, wird der Faktor Arbeit in diesen Sektoren knapper. Dementsprechend steigen - bei konstanten Skalenerträgen - die Reallöhne, während die Realzinsen sinken.[15] Im Grenzfall fließt solange Kapital, bis die intraregionale Kapitalrendite das Niveau vor Protektion erreicht hat. Durch den Zufluß extra-regionalen Kapitals werden - zunächst - die Reallöhne sogar weiter

onsfaktoren entlang von Industrien.

[15] Bei konstanten Skalenerträgen sind die realen Faktorentgelte allein von Technologie und Faktorintensität abhängig. Bei steigenden Skalenerträgen ist die Produktionsmenge entscheidend. Insofern können die Realzinsen in den kapitalakkumulierenden Sektoren ansteigen, sofern der Skaleneffekt hinreichend groß ist.

ansteigen. Daraus läßt sich allerdings nicht der Schluß ziehen, daß die politökonomischen Protektionsziele für die Arbeitnehmer auf längere Sicht erreicht, ja sogar noch verstärkt werden.

Es ist zu bezweifeln, daß Protektion auf Gütermärkten Innovationsfähigkeit und Wachstum fördert, die Voraussetzung für steigende Realeinkommen sind. Theorie und Empirie zeigen, daß die langfristige Wettbewerbsfähigkeit von Unternehmen hinter Protektionsmauern beeinträchtigt wird: Ressourcen werden von unternehmerischen Aktivitäten abgezogen und in unproduktives Rentseeking umgelenkt. Der Anschluß an die technologische Entwicklung auf den Weltmärkten geht verloren. Dann ist aber eher damit zu rechnen, daß längerfristig die Verzinsung des in den geschützten Märkten eingesetzten Kapitals sinken wird. In diesem Fall würde bei liberalisierten Kapitalmärkten nicht nur das zuvor in den Integrationsraum geflossene extra-regionale Kapital, sondern darüber hinaus auch (ungebundenes) intra-regionales Kapital abgezogen. Damit würde die Produktion wieder arbeitsintensiver und die Reallöhne dementsprechend sinken. Mit anderen Worten: Die Möglichkeit für im Integrationsraum angelegtes Kapital, mit Kapitalexport zu reagieren, wenn die intra-regionalen Realzinsen unter das Weltmarktzinsniveau fallen, erzeugt für Arbeitnehmer einen permanten Anpassungsdruck. Bei X-Ineffizienzen und nicht-produktivitätsgerechten Lohnerhöhungen drohen Kapitalabzug und Lohneinbußen.

Bisher wurde unterstellt, Investitionsströme würden allein durch Realzinsunterschiede ausgelöst. Dies gilt jedoch im wesentlichen nur für Finanz- oder Portfolioinvestitionen. Hier sind die um verschiedene Größen - Informations-, Transaktionskosten, Wechselkursänderungserwartungen, Risikoprämien - bereinigten Realzinsunterschiede bestimmend (Donges, 1995, S. 35). Finanzkapital fließt in der Regel dorthin, wo der erwartete adjustierte Realzins am höchsten ist. Liberalisierte Kapitalmärkte und stark gesunkene Transaktionskosten verringern damit die Spannweiten nationaler Finanzkapitalrenditen.[16] Protektion kann daher die

---

[16] Die Integration der nationalen Kapitalmärkte ist noch nicht so weit vorangeschritten, daß von einem einheitlichen Weltkapitalmarkt gesprochen werden kann. Nationale Investitionen und Ersparnisse sind - wenn auch abnehmend - positiv korreliert. Realzinsen sind nach wie vor nicht international ausgeglichen; Investoren betrachten inländische und ausländische Wertpapiere nicht als vollkommene Substitute, sondern verlangen Risikoprämien. Gleichwohl hat die Kapitalmobilität in den letzten zehn Jahren zugenommen - und damit auch die resultierenden Anpassungszwänge für die Unternehmen. Siehe zu einer Diskussion des Weltkapitalmarktes Obst-

intra-regionalen Realzinsen nicht über das Weltzinsniveau hinaus anheben. Da Handelspolitiker allerdings weniger Portfoliokapitaleigentümer als eher Arbeitnehmer schützen möchten, ist wichtiger: Der Schutz von Arbeitnehmereinkommen wird zumindest in Unternehmen, die durch ungebundenes intra- und extraregionales Portfoliokapital finanziert werden, ebenfalls abgeschwächt. Attrahiertes Kapital kann abgezogen werden, wenn protektionsinduzierte X-Ineffizienzen die Kapitalrendite verringern. Dann werden die wettbewerbswidrigen Renten für die Arbeitnehmer wieder abgebaut.

ii) ***Direktinvestitionen extra-regionaler Unternehmen***

Bei Direktinvestitionen, die für multinationale Unternehmen konstituierend sind, ist die Investitionsentscheidung komplexer - und nicht allein auf Realzinsunterschiede zurückzuführen. Im Gegensatz zu Portfolioinvestitionen ist mit dem Kapitalfluß auch Unternehmenskontrolle verbunden. Der Kapitalzufluß ist geringer als bei Portfolioinvestitionen, häufig nutzen Auslandstöchter den jeweiligen nationalen Kapitalmarkt (Markusen u.a., 1995, S. 394). Insofern ist der entscheidende Aspekt die Unternehmenskontrolle. Eine einheitliche Theorie multinationaler Unternehmen gibt es bisher nicht. Die höchste Erklärungskraft wird dem eklektischen OLI-Paradigma von Dunning (1981) zugeschrieben. Demnach sind drei Vorteile notwendig, damit aus einem nationalen ein multinationales Unternehmen wird. Dies wird deutlich, wenn multinationale Produktion mit den Alternativen kontrastiert wird. *Erstens*, das Unternehmen muß über einen spezifischen Eigentumsvorteil (*o*wnership) verfügen, um den inhärenten Nachteil gegenüber heimischen Anbietern - geringere Kenntnis der nationalen Institutionen, Konsumentenpräferenzen, Marktusancen etc., unterschiedliche Sprache und Kultur - überzukompensieren. Ansonsten könnten Inländer die Produktion durchführen. Konkret bedeutet dies firmenspezifische Vorteile wie überlegene Technologien, Marketing- oder Organisationskenntnisse, Handelsmarken, Reputation, Patente etc. Damit führt man Elemente unvollständiger Konkurrenz ein und verläßt den neoklassischen Analyserahmen, der vollständige Konkurrenz unterstellt. *Zweitens*, die Alternative Export muß weniger attraktiv sein. Das Empfängerland muß gewisse Standortvorteile (*l*ocation) besitzen. *Drittens*, auch die Lizenzvergabe an

feld (1995).

ausländische Unternehmen muß ausscheiden. Insofern sind Internalisierungsvorteile (internalization) nötig; das firmenspezifische Eigentumsrecht wird aufgrund von hohen Transaktionskosten der Lizenzvergabe innerhalb eines Unternehmens besser ausgeschöpft als durch den Verkauf des Rechts an den Lizenznehmer. Internalisierungsvorteile können Direktinvestitionen auch gegenüber Exporten begünstigen, wenn das firmenspezifische Aktivum nur in Nähe zu den Konsumenten ausgeschöpft werden kann - z.B. bei vielen Dienstleistungen.

Ein protektionistisches Regionalabkommen kann aus zwei verschiedenen Gründen die Investitionsentscheidungen extra-regionaler Unternehmen beeinflussen (vgl. dazu auch Blomström/Kokko, 1997). Der Ansatz liegt jeweils in einer veränderten relativen Standortqualität des Integrationsraumes. *Erstens*, Abkommen wie sie oben skizziert sind, errichten neue Protektionsmauern gegenüber Drittstaaten, deren Handel mit dem Integrationsraum dadurch umgelenkt bzw. verringert wird. Die Entscheidung zwischen Export und ausländischer Produktion verschiebt sich damit zu Gunsten von letzterem. Durch die extra-regionale Investition im Integrationsraum überspringen Outsider die neuen Handelsbarrieren, um ihre Marktanteile zu sichern (tariff jumping). Dies kann auch geschehen, wenn die Drittstaaten erwarten, daß sich der Außenschutz in der Zukunft erhöht. Die Direktinvestitionen versichern das extra-regionale Unternehmen gegen zukünftige Erlös- und Gewinneinbußen durch Protektion. Ein solches Vorgehen ist dann lohnend, wenn zwischen Aufbau von Handelsschranken und marktanteilsichernden Investitionen größere Zeitverzögerungen bestehen, die möglicherweise verloren gegangene Marktanteile verfestigen.[17] Tatsächliche oder antizipierte Protektion erhöht also „künstlich" die Qualität eines Standorts.

Zweitens, dies gilt für Integrationsabkommen allgemein: Das Abkommen vergrößert die Märkte in jenen Sektoren, die bilateral geöffnet werden. Produktion in einem Mitgliedstaat gewährleistet zugleich den ungehinderten Zutritt auf die Märkte der Partnerländer. Ist die Errichtung ausländischer Produktionsstätten mit Fixkosten verbunden, hat möglicherweise vor Integration der beschränkte Auslandsmarkt verhindert, daß der firmenspezifische Vorteil durch Auslandsinvesti-

---

[17] In diesem Zusammenhang können auch die von Bhagwati so bezeichneten Quid-pro-quo-Investitionen gesehen werden. Allerdings wird bei ihnen das Ziel verfolgt, mit Direktinvestitionen die Wahrscheinlichkeit zukünftiger Protektion zu verringern. Vgl. zu den Unterschieden zwischen antizipatorischem „Tariff jumping" und Quid-pro-quo-Investitionen Berthold/Donges

tionen ausgeschöpft wurde. Die vergrößerten Märkte erlauben es, steigende interne Skalenerträge zu realisieren und schaffen damit die Voraussetzung, um den firmenspezifischen Vorteil ausnutzen zu können.[18]

In der Literatur wird darüber gestritten, welches Investitionsmotiv dominiert.[19] Die Antwort bestimmt die Auswirkungen der Investitionen. Bei „Tariff jumping" sind Güterhandel und Faktorwanderung eher Substitute: Exporte werden eingeschränkt und durch Investitionen ersetzt. Die Direktinvestitionen zielen (allein) auf den intra-regionalen Markt ab. Damit geht der Handel mit den Drittstaaten über den Primäreffekt der Handelsumlenkung hinaus weiter zurück. Aus allokationstheoretischer Sicht sind solche Investitionen eher kritisch zu beurteilen. Kapital wird in intra-regionalen Sektoren akkumuliert, die offensichtlich komparative Nachteile aufweisen. Die Wohlfahrt in den Empfängerländern kann sich über die statischen Allokationsverzerrungen hinaus weiter verschlechtern (Johnson, 1967). Die Geberländer können negative Auswirkungen des zurückgedrängten Exports verringern, im Vergleich zur Situation vor Abkommen sind sie allerdings auch schlechter gestellt, da bereits zuvor die Investitionsoption zur Verfügung stand, aber nicht gewählt wurde.

Im zweiten Fall - vergrößerte Märkte - sind Investitionen eher Komplemente zum Handel. Zum einen werden möglicherweise erst nach dem Regionalabkommen firmenspezifische Vorteile durch Investitionen ausgenutzt. Das Güterangebot erhöht sich damit im Integrationsraum. Zum anderen lassen vergrößerte Märkte positive Wachstumsimpulse erwarten, so daß es zu externer Handelsschaffung

---

(1997, S. 29ff.).

[18] Auf den Anstieg intra-regionaler Investitionen von Drittstaaten, um Zollmauern zu überspringen oder neue Marktmöglichkeiten zu nutzen, hat bereits Kindleberger (1966, S. 71) hingewiesen, der dafür den Begriff Investitionsschaffung (investment creation) prägte. Demgegenüber werden - bei Kindleberger - die Investitionen umgelenkt, wenn die Drittstaaten bereits vor Integration in verschiedenen Mitgliedsländern fertigen und nach Integration ihre intra-regionalen Produktionsstandorte zusammenlegen. In der Literatur werden die Begriffe Investitionsschaffung und Investitionsumlenkung uneinheitlich verwendet. Siehe dazu Balasubramanyam/ Greenaway (1992, S. 155ff.) sowie Baldwin/Forslid/Haaland (1996).

[19] Blonigen/Feenstra (1996) kommen zu dem Ergebnis, daß die japanischen Direktinvestitionen in die USA 1981-1988 von einem erwarteten Anstieg der amerikanischen Protektion bestimmt waren. Belderbos (1997) weist Antidumpingregeln eine zentrale Rolle bei japanischen Direktinvestitionen in die Europäische Union zu. Nach Aristotelous/Fountas (1996) waren die japanischen und amerikanischen Direktinvestitionen in die EU 1983 (1980)-1992 durch die vergrößerten Märkte motiviert. Vgl. auch die Literaturangaben in Belderbos (1997, S. 420f.).

kommen kann. Direktinvestitionen werden möglicherweise auch getätigt, um (extra-regionale) Exportmärkte bedienen zu können - im Gegensatz zu protektionsinduzierten Investitionen (WTO, 1996, S. 16f.). Die allokationstheoretische Beurteilung ist hier positiv. Da hier dem firmenspezifischen Vorteil extra-regionaler Tochterunternehmen eine besondere Rolle zukommt, gewinnt der Integrationsraum durch Technologietransfer: zum einen unmittelbar, wenn das Tochterunternehmen mit der überlegenen Technologie des Mutterunternehmens produziert, zum anderen mittelbar durch Spillover-Effekte, wenn dieses Aktivum im Intergrationsraum diffundiert.

Unabhängig vom Investitionsmotiv der extra-regionalen Unternehmen folgt daraus für die intra-regionalen Anbieter: Die Direktinvestitionen verhindern, daß der Wettbewerb durch ein protektionistisches Regionalabkommen eingeschränkt wird und intra-regionale Firmen wettbewerbswidrige Gewinne erzielen. Der Marktzutritt extra-regionaler Tochterunternehmen wird die überhöhten Gewinne abschöpfen.[20] Bei marktgrößeninduzierten Investitionen könnte sich sogar die Wettbewerbsintensität im Vergleich zur Situation vor dem Regionalabkommen erhöhen.

Die Wirkungen auf die Arbeitnehmer sind insgesamt eher positiv. Die Beschäftigung und/oder die Reallöhne steigen, wenn mit den Investitionen eine überlegene Technologie übertragen wird. Der firmenspezifische Vorteil ermöglicht eine höhere Produktivität der Arbeitnehmer in den Tochterunternehmen extra-regionaler Anbieter. Allerdings verschärft sich für die bestehenden intra-regionalen Unternehmen, die zuvor durch das protektionistische Regionalabkommen geschützt wurden, der Anpassungsdruck. Es drohen Realeinkommenseinbußen bei den dort gebundenen Faktoren. Diffundiert der jeweilige spezifische Vorteil der extra-regionalen Anbieter im Integrationsraum, können dann auch die Arbeitnehmer in den intra-regionalen Unternehmen in Form höherer Reallöhne gewinnen.[21]

---

[20] Modelle zur regionalen Integration bilden in der Regel nur die Auswirkungen auf die Unternehmensgewinne, nicht jedoch auf die Faktorlöhne ab: Regionale Integration erhöht (verringert) die Gewinne der intra-regionalen (extra-regionalen) Anbieter. Extra-regionale Produktion wird in den Integrationsraum verlagert (production shifting), die Gewinne der intra-regionalen Unternehmen erodieren. Vgl. dazu Baldwin/Venables (1995, S. 1605ff.), Baldwin/Forslid/Haaland (1996) sowie Motta/Norman (1996).

[21] Protektion könnte demnach sogar strategisch eingesetzt werden, um Direktinvestitionen anzulocken und die aggregierten intra-regionalen Beschäftigungsmöglichkeiten zu erhöhen. Allerdings ist der Schutz *bestimmter* Arbeitsplätze nicht realisierbar. Bestehende Arbeitsplätze geraten unter Anpassungsdruck, die neuen entstehen an anderer Stelle.

Die Auswirkungen auf die durch Protektion geschützten Faktoren hängt darüber hinaus von der Form der Direktinvestition ab.[22] Möglich sind: Aufkauf eines bestehenden intra-regionalen Unternehmens oder Gründung eines Tochterunternehmens im Integrationsgebiet. Wird ein bestehendes Unternehmen gekauft, scheint sich auf den ersten Blick nichts zu ändern. Für die betroffenen Arbeitnehmer in den erworbenen Firmen können sich jedoch zwei gegenläufige Wirkungen ergeben. Einerseits erhöht Technologietransfer die Reallöhne der in den multinationalen Unternehmen Beschäftigten. Andererseits werden die neuen Eigentümer möglicherweise durch eine straffere Unternehmensführung die interne Effizienz und damit die Kapitalverzinsung erhöhen, falls ein Unternehmen aufgekauft wird, das aufgrund von X-Ineffizienzen gering bewertet wurde. Es kann dann zu Entlassungen kommen, um die Produktivität der verbleibenden Arbeitskräfte zu erhöhen. Wird ein neues Unternehmen gegründet, erhöhen sich die gesamtwirtschaftlichen Beschäftigungsmöglichkeiten für Arbeitnehmer.

Höhere Reallöhne bzw. steigende Beschäftigung - in den multinationalen Unternehmen - sind auch möglich, wenn mit den Investitionen nicht nur intraregionale, sondern auch extra-regionale Märkte bedient werden und mit steigenden Skalenerträgen produziert wird. Die Produktivität der eingesetzten Faktoren erhöht sich dementsprechend. Allerdings gilt auch hier: Der Anpassungsdruck auf bestehende Arbeitsplätze nimmt eher zu, und möglicherweise scheiden einige Wettbewerber aus dem Markt aus.

Das Fazit ist demnach gemischt: Für die Arbeitnehmer werden sich die gesamtwirtschaftlichen Beschäftigungsmöglichkeiten erhöhen. Der Technologietransfer wird die Reallöhne in den neuen Unternehmen erhöhen. Neue rentable Arbeitsplätze entstehen, allerdings geraten die vorhandenen Arbeitsplätze in den zuvor geschützten Unternehmen unter Anpassungsdruck. Insofern müssen die dort Beschäftigten flexibler werden. Für die intra-regionalen Kapitaleigentümer gilt, daß ihre Einkommen aufgrund des verschärften Wettbewerbs zuerst sinken werden. Erst wenn die neue Technologie im Integrationsraum diffundiert und bestehende X-Ineffizienzen abgebaut werden, erhöhen sich auch die Zinseinkommen aus Realkapital.

---

[22] Vgl. zu den Beschäftigungswirkungen ausländischer Direktinvestitionen McCulloch (1993, S. 45ff.) und Donges (1995, S. 50ff.).

Damit muß die Wirksamkeit protektionistischer Regionalabkommen relativiert werden.[23] Sie lassen sich bei möglichen ausländischen Direktinvestitionen nicht mehr gezielt einsetzen, um die Einkommen von Faktoren zu schützen, die in bestimmten Unternehmen gebunden sind. Reagieren die Drittstaaten erst auf die tatsächliche Protektion, sind die Direktinvestitionen zeitlich verzögert. Dann bleiben Protektionsrenten zumindest kurzfristig bestehen. Dies ist anders, wenn bereits die erwartete Protektion die Investitionen bestimmt. Dann werden wettbewerbswidrige Gewinne bereits im voraus abgeschöpft.

Die rentenerodierende Wirkung von multinationalen Unternehmen wird durch technischen Fortschritt eher begünstigt. Die Aufspaltung unternehmerischer Prozesse - von Forschung und Entwicklung bis zum Verkauf - auf verschiedene Standorte ist mit Koordinationskosten verbunden. Aufgrund der Entwicklungen in der Kommunikationstechnologie fallen diese Kosten, so daß die jeweiligen Standortvorteile von Unternehmen wirksamer als bisher ausgenutzt werden können. Damit erhöht sich auch die Geschwindigkeit, mit der Unternehmen auf Verschiebungen von Standortvorteilen reagieren bzw. Handelsbarrieren umgehen können. Allerdings bleibt die Möglichkeit bestehen, daß die Kosten von Direktinvestition nach wie vor die erwarteten Erträge übersteigen, so daß die Investitionen unterbleiben. Die Integrationspartner können aber nicht damit rechnen, daß die Protektionsrenten dann bestehen bleiben. Ausgeschlossene Drittstaaten können nach Abschluß der Uruguay-Runde besser gegen sie belastende Regionalabkommen vorgehen.

5 Institutionelle Schranken durch die WTO

Protektionistische Regionalabkommen führen bei den ausgeschlossenen Drittstaaten zu Einkommenseinbußen. Durch bereits bestehende Tochterunternehmen im Integrationsraum oder durch extra-regionale Unternehmen, die Zollmauern überspringen, können diese Verluste - wenigstens zum Teil - vermieden werden. Reichen diese Möglichkeiten nicht aus, steht Drittstaaten ein weiterer Weg offen: Sie können Klage bei der Welthandelsorganisation (WTO) erheben.

---

[23] Vgl. dazu auch Berthold/Donges (1997, S. 24ff.), die die Auswirkung multinationaler Unternehmen auf das intra-regionale Protektionsangebot und die intra-regionale Protektionsnachfrage untersuchen.

Erratum

Auf Seite 30 bezieht sich der Querverweis „*Tabelle B.3*" nicht auf die entsprechend numerierte Tabelle im Anhang, sondern auf untenstehende.

Tabelle: Anteile der in den Handel fließenden deutschen Direktinvestitionen nach Branchen der deutschen Investoren und Empfängerregionen, 1993, in vH

	Weltweit		Industrieländer				Entwicklungsländer	
			EU-Länder		USA			
	Handel[a]	Anteil[b]	Handel[a]	Anteil[ab]	Handel[a]	Anteil[ab]	Handel[a]	Anteil[ab]
Verarbeitendes Gewerbe	19	49	24	23	11	12	10	6
darunter:								
Chemische Industrie	10	16	14	7	1	5	14	2
Maschinenbau	33	6	36	2	27	2	16	1
Straßenfahrzeugbau	46	8	22	4	34	1	1	1
Elektrotechnik	12	8	26	4	4	2	7	1

Anmerkungen: Unmittelbare und mittelbare Direktinvestitionen nach Wirtschaftszweigen der deutschen Investoren und der ausländischen Investitionsobjekte. Stand am Ende des jeweiligen Jahres.

[a] Anteil der in den Handelssektor des Empfängerlandes fließenden deutschen Direktinvestitionen an den gesamten deutschen Direktinvestitionen in diesem Land.

[b] Anteil der Direktinvestitionen des betreffenden Wirtschaftszweiges in dem jeweiligen Land an der Summe aller deutscher Direktinvestitionen über alle Länder und Wirtschaftszweige (Verarbeitendes Gewerbe plus Dienstleistungen).

Quelle: Deutsche Bundesbank (1995), S. 40ff. Eigene Berechnungen.

Diskriminierende Regionalabkommen sind unter bestimmten Voraussetzungen vom Meistbegünstigungsgebot ausgenommen. GATT Artikel XXIV und GATS Artikel V verlangen im wesentlichen, daß, *erstens*, die Handelsbarrieren gegenüber den Drittstaaten „in ihrer Gesamtheit" nicht erhöht werden,[24] und *zweitens*, daß sich das Abkommen auf „annähernd den gesamten Handel" bezieht. Diese Anforderungen sind zu Recht als unklar und unzureichend kritisiert worden (Senti, 1994). Kleinere Kritikpunkte hat man im Rahmen der Uruguay-Runde aufgegriffen, wesentliche Mängel bleiben nach wie vor bestehen.[25] Als erkennbare Leitlinie läßt sich jedoch insgesamt festhalten: Eindeutig protektionistische Regionalabkommen, wie sie im zweiten Abschnitt skizziert sind, verstoßen gegen Artikel XXIV.

Die entscheidende Verbesserung durch die Uruguay-Runde liegt an anderer Stelle. Das zentrale Problem der WTO-Regeln ist ihre Durchsetzung. Da eine supranationale Zwangsgewalt fehlt und kein einziges WTO-Mitglied hinreichend mächtig ist, um als Hegemon agieren zu können, müssen sich die Regeln „selbst durchsetzen".[26] Mit anderen Worten: Regelbefolgung muß im politökonomisch geprägten Interesse aller Mitglieder sein. Dies setzt voraus, daß die Nettogewinne aus Regelbefolgung die Nettogewinne aus Regelverstoß übersteigen. Eigene Regelbefolgung ermöglicht in einem Tit-for-Tat-Prozeß kooperatives Verhalten der anderen Mitglieder (Axelrod, 1984). Die dabei erzielten Gewinne entsprechen den vermiedenen Verlusten, die durch ausländische Regelverstöße, wie unzulässige Protektion, anfallen. Hingegen bestehen die Nettogewinne aus eigenem Regelverstoß aus den kurzfristigen Protektionsrenten abzüglich der mittelfristigen

---

[24] In einer Zollunion können einzelne Zollsätze erhöht werden. Allerdings müssen dann kompensierend Zölle für andere Güter gesenkt werden (GATT Artikel XXIV: 6). Im Rahmen der Uruguay-Runde einigten sich die WTO-Mitglieder darauf, daß die Verhandlungen über ausgleichende Zollsenkungen bereits vor Einführung des höheren Außenschutzes der Zollunion geführt werden müssen.

[25] Das grundsätzliche Problem regionaler Integration, die Kosten für Drittstaaten, wurde nicht angegangen: Nur die Verpflichtung, den Außenschutz zu senken oder den Integrationsraum für Dritte zu öffnen, würde diese Belastungen für ausgeschlossene Staaten vermeiden. Dagegen wurde die Methode präzisiert, mit der die durchschnittlichen Handelsbarrieren zu berechnen sind. Darüber hinaus ist nach wie vor unbestimmt, bis zu welcher Größe Sektoren regelkonform vom Abkommen ausgeschlossen bleiben können. Vgl. Freytag/Zimmermann (1996, S. 40ff.).

[26] Vgl. zu sich selbst durchsetzenden Verträgen Richter/Furubotn (1996, S. 171ff.).

Verluste, die sich aus nicht-kooperativen Reaktionen der anderen Mitglieder ergeben.

Im alten GATT waren die Nettogewinne aus Regelverstoß hoch, da regelgebundene Sanktionen gegen protektionistische Regionalabkommen ausblieben. Sogenannte Working parties wurden eingesetzt, um die Vereinbarkeit der über 100 Regionalabkommen mit Artikel XXIV zu überprüfen. Nur in sechs Fällen wurde diese festgestellt (WTO, 1995, S. 16). Für die übrigen Abkommen kam die erforderliche Einstimmigkeit nicht zustande, da sich in den Arbeitsgruppen die unterschiedlichen Interessen der Insider und Outsider gegenseitig blockierten. Nur in drei Fällen wurde der Streit zwischen beiden Gruppen vor die (frühere) GATT-Streitschlichtung getragen - nicht zuletzt aufgrund von Unstimmigkeiten, ob die multilaterale Streitschlichtung Fälle erneut aufgreifen darf, die bereits zuvor durch die Working parties untersucht worden sind. In allen drei Streitfragen kam der notwendige Konsens ebenfalls nicht zustande, weil die beschuldigte Partei - es war immer die Europäische Union - das Verfahren blockierte. Regelgebundene Sanktionen gegen Verstöße gegen Art. XXIV konnten in der Vergangenheit demnach immer vom Regelbrecher verhindert werden; damit führte die Option Regelbruch häufig zu höheren Nettogewinnen als regelkonformes Verhalten. Dies hat sich mit der neuen WTO-Streitschlichtung geändert.

Grundsätzlich wurde geklärt, daß die WTO-Streitschlichtung im Zusammenhang mit vermuteten Verletzungen gegen Artikel XXIV angerufen werden kann (GATT, 1994, S. 34). Darüber hinaus wurden wichtige Schwächen des früheren Verfahrens beseitigt (GATT, 1994, S. 404ff.):[27] Die Entscheidungen können nicht mehr durch die beschuldigte Partei blockiert werden, das Konsensprinzip wurde umgekehrt. Anträge auf Panels, die Annahme der Berichte sowie regelgebundene Vergeltungsmaßnahmen können nur noch einstimmig abgelehnt werden. Die Verfahrensdauer wurde verkürzt. Kommt der beschuldigte Integrationspartner den Empfehlungen des Panels oder des neueingesetzten unabhängigen Berufungsausschusses nicht nach und enden die darauffolgenden bilateralen Gespräche zwischen Insidern und Outsidern ergebnislos, können die betroffenen Drittstaaten ihrerseits strikt regelgebundene Gegenmaßnahmen ergreifen. Dies bedeutet konkret: Outsider können vereinbarten Protektionsabbau im gleichen Sektor, in

[27] Vgl. dazu GATT (1994, S. 404ff.) sowie die Übersicht über das Verfahren in Hauser/Schanz (1995, S. 239).

schwerwiegenden Fällen auch in anderen Sektoren, gegenüber den beschuldigten Insidern zurücknehmen. Diese Sanktionen können solange angewandt werden, wie die Regelverstöße gegen Artikel XXIV nicht beseitigt sind oder keine anderweitige einvernehmliche Lösung gefunden wurde.[28]

Kurz: Regelverstoß ist nach der Härtung des Streitschlichtungsmechanismus mit höheren Kosten verbunden. Protektionistische Regionalabkommen können zu regelgebundenen Sanktionen gegen die Integrationsmitglieder führen - und damit die Einkommensmöglichkeiten von intra-regionalen Exporteuren beeinträchtigen. Protektionsrenten bei importkonkurrierenden Unternehmen wären mit Einkommensverlusten bei exportierenden Unternehmen erkauft. Dies ergibt sich zwar bereits aus den ökonomischen Wirkungen von Protektion, die über verschiedene Mechanismen die nicht-geschützten Unternehmen bestraft. Allerdings sind die damit verbundenen Ursache-Wirkungsketten nicht offensichtlich und setzen ökonomische Kenntnisse voraus. Anders hingegen bei multilateraler Bestrafung von intra-regionalen Exporteuren. Hier läßt sich der Zusammenhang zwischen Einbußen bei Exporteuren und Renten bei importkonkurrierenden Unternehmen nicht (mehr) durch protektionsanbietende Politiker verschleiern. Die Kosten von Protektion steigen damit für Politiker.

[28] Die ersten Erfahrungen mit der WTO-Streitschlichtung sind positiv. Zum einen wird das neue Verfahren mit bisher über 100 Streitfällen in weniger als drei Jahren weitaus stärker genutzt als das frühere mit rund 300 Fällen in fast 50 Jahren. Dies drückt wohl erhöhtes Vertrauen in die Wirksamkeit aus. Zum anderen wurden alle Berichte der Panels oder des Berufungsausschusses angenommen, Blockade ist also nicht mehr möglich. Allerdings hat die WTO bisher nicht über die *Umsetzung* der Vorgaben der Streitschlichter berichtet. Ein Indikator für die Härtung der Streitschlichtung ist möglicherweise das Verhalten der Europäischen Union im Zusammenhang mit der EU-Importquote für Bananen. Diese war bereits im früheren GATT Gegenstand von zwei Verfahren, die beide von der EU blockiert wurden. Nun hat der Streitpunkt die neue WTO-Schlichtung durchlaufen. Der Berufungsausschuß hat im wesentlichen die Bewertung des Panels bestätigt und festgestellt, daß das Bananenregime nicht mit den WTO-Regeln zu vereinbaren sei und geändert werden müsse. Die EU hat in ihren ersten Äußerungen das Urteil akzeptiert. Vgl. Internetseite http://www.wto.org/wto/dispute/bulletin.htm vom 30.10.1997 sowie WTO (1997a und b).

6 Schlußfolgerungen

Die Globalisierung erschwert es den Politikern, mit Protektion im allgemeinen und protektionistischen Regionalabkommen im besonderen heimischen Faktoren wettbewerbswidrige Renten zuzuführen. Dort wo Produktion bereits globalisiert ist, führen Handelsbarrieren aus nationaler Sicht zu Streuverlusten bei Protektionsrenten. Liberalisierte Kapitalmärkte und der technische Fortschritt ermöglichen zudem Faktorwanderungen, die durch Protektionsrenten angelockt werden. Damit werden - zumindest zum Teil - die ursprünglichen Protektionsrenten abgeschöpft. Schließlich erhöht auch die gestärkte Welthandelsorganisation - als institutioneller Ausdruck der zunehmenden weltwirtschaftlichen Verflechtung - die politischen Kosten von Protektion.

Wollen Politiker die Wirksamkeit von Handelspolitik erhöhen, müßten sie daher konsequenterweise auch an den übrigen Ursachen der Globalisierung ansetzen. Der Kapitalverkehr wäre zu beschränken, Investitionsauflagen müßten es multinationalen Unternehmen erschweren, Handelshemmnisse überspringen zu können. Der technische Fortschritt, der die internationale Arbeitsteilung, die Multinationalisierung der Produktion und den transnationalen Kapitalfluß vorantreiben, müßte eingedämmt oder sogar rückgängig gemacht werden. Dies ist den Politikern aber nicht möglich. Zwar könnten sie die Kapitalmärkte reregulieren, aber die technische Entwicklung ist unumkehrbar. Die Globalisierung beschneidet demnach den handelspolitischen Spielraum. Angesichts der hohen ökonomischen Kosten von Protektion ist dies zu begrüßen.

Die wirtschaftspolitisch sinnvolle Antwort auf die durch Globalisierung hervorgerufenen Anpassungszwänge ist daher nicht Abschottung, sondern Offenheit. Der internationale Wettbewerb sollte aufgrund der zu erwartenden enormen Gewinne nicht unterdrückt werden, sondern muß im Inland seine Wirkung entfalten. Um soziale Verwerfungen und Widerstand gegen die Globalisierung zu vermeiden, stehen die Politiker allerdings vor zwei Herausforderungen, die hier nur angedeutet werden können. Die Leistungsfähigkeit des Bildungssystems ist zu erhöhen, um die Zahl der Globalisierungsverlierer gering zu halten bzw. zu verringern. Darüber hinaus müssen die Sozialsysteme reformiert werden, um - bei gleichzeitiger Rückführung der Staatsquote - die staatlichen Transfers auf die wirklich Bedürftigen zu konzentrieren.

7 Literaturverzeichnis

Aristotelous, Kyriacos und Stilianos Fountas (1996), „An Empirical Analysis of Inward Foreign Direct Investment in the EU with Emphasis on the Market Enlargement Hypothesis", *Journal of Common Market Studies*, Jg. 34, Nr. 4, S. 571-583.

Axelrod, Robert (1984), *The Evolution of Corporation*, New York.

Balasybramanyam, V.N. und David Greenaway (1992), „Regional Integration Agreements and Foreign Direct Investment", in: Kym Anderson and Richard Blackhurst (Hrsg.), *Regional Integration and the Global Trading System*, New York u.a., S. 147-166.

Baldwin, Richard E. (1997), „The Causes of Regionalism", *CEPR Discussion Paper* 1599, London.

Baldwin, Richard E., Rikard Forslid und Jan I. Haaland (1996), „Investment Creation and Diversion in Europe", *The World Economy*, Jg. 19, Nr. 6, S. 635-659.

Baldwin, Richard E. und Anthony J. Venables (1995), „Regional Economic Integration", in: Gene M. Grossman and Kenneth Rogoff (Hrsg.), *Handbook of International Economics*, Bd. 3, Amsterdam u.a., S. 1597-1644.

Belderbos, René A. (1997), „Antidumping and Tariff Jumping: Japanese Firms' DFI in the European Union and the United States", *Weltwirtschaftliches Archiv*, Jg. 133, Nr. 3, S. 419-457.

Berthold, Norbert (1996), „Regionalismus, Multilateralismus und GATT", in: Michael Frenkel und Dieter Bender (Hrsg.), *GATT und neue Welthandelsordnung: globale und regionale Auswirkungen*, Wiesbaden, S. 61-89.

Berthold, Norbert und Martín Donges (1997), *Regionalismus und multinationale Unternehmungen: Wird der Protektion Einhalt geboten?*, Wirtschaftswissenschaftliche Beiträge des Lehrstuhls für Volkswirtschaftslehre, Wirtschaftsordnung und Sozialpolitik, Nr. 11, Würzburg.

Blomström, Magnus und Ari Kokko (1997), „Regional Integration and Foreign Direct Investment", *CEPR Discussion Paper* 1659, London.

Blonigen, Bruce A. und Robert C. Feenstra (1996), „Protectionist Threats and Foreign Direct Investment", *NBER Working Paper* Nr. 5475, Cambridge, MA.

Donges, Juergen B. (1995), *Deutschland in der Weltwirtschaft*, Mannheim u.a.

Dunning, John H. (1981), *International Production and the Multinational Enterprise*, London.

Freytag, Andreas und Ralf Zimmermann (1996), *Die Auswirkungen eines transatlantischen Freihandelsabkommens auf die deutsche Industrie*. Eine Studie im Auftrag des Bundesverbandes der Deutschen Industrie, Köln.

General Agreement on Tariffs and Trade (GATT) (1994), *The Results of the Uruguay Round of Multilateral Trade Negotiations. The Legal Texts*, Genf.

Hauser, Heinz und Kai-Uwe Schanz (1995), *Das neue GATT: Die Welthandelsordnung nach Abschluß der Uruguay-Runde*, München/Wien.

International Monetary Fund (IMF) (1997), *World Economic Outlook*, May, Washington.

Johnson, Harry G. (1967), „The Possibility of Income Losses from Increased Efficiency of Factor Accumulation in the Presence of Tariffs", *Economic Journal*, Jg. 77, S. 151-154.

Kindleberger, Charles P. (1966), „European Integration and the International Corporation", *Columbia Journal of World Business*, Jg. 1, Nr. 1, S. 65-73.

Krueger, Anne A. (1993), „Free Trade Agreements as Protectionist Devices: Rules of Origin", *NBER Working Paper* 4352, Cambridge, MA.

Lloyd, Peter J. (1993): „A Tariff Subsitute for Rules of Origin in Free Trade Areas", *The World Economy*, Jg. 16, Nr. 6, S. 699-712.

Lopez-de-Silanez, Florencio, James R. Markusen und Thomas F. Rutherford (1996), „Trade Policy Subtleties with Multinational Firms", *European Economic Review*, Jg. 40, S. 1605-1627.

Markusen, James R., James R. Melvin, William H. Kaempfer und Keith E. Maskus (1995), *International Trade. Theory and Evidence*, New York u.a.

McCulloch, Rachel (1993), „New Perspectives on Foreign Direct Investment", in: Kenneth A. Froot (Hrsg.), *Foreign Direct Investment*, Chicago/London, S. 37-53.

Motta, Massimo und George Norman (1996), „Does Economic Integration Cause Foreign Direct Investment?", *International Economic Review*, Jg. 37, Nr. 4, S. 757-783.

Mundell, Robert A. (1957), „International Trade and Factor Mobility", *The American Economic Review*, Jg. 47, S. 321-335.

Obstfeld, Maurice (1995), „International Capital Mobility", in: Peter B. Kenen (Hrsg.), *Understanding Interdependence: The Macroeconomics of the Open Economy*, Princeton, S. 201-261.

Richter, Rudolf und Eirik Furubotn (1996), *Neue Institutionenökonomik. Eine Einführung und kritische Würdigung*, Tübingen.

Robson, Peter (1987), *The Economics of International Integration*, 3. Auflage, London u.a.

Senti, Richard (1994), „Die Integration als Gefahr für das GATT", *Aussenwirtschaft*, Jg. 49, H. 1, S. 131-150.

Tironi, Ernesto (1982), „Customs Union Theory in the Presence of Foreign Firms", *Oxford Economic Papers*, Jg. 34, Nr. 3, S. 150-171.

Vickery, Graham (1992/1993), „Global Industries and National Policies", *OECD Observer*, Nr. 179, Dezember 1992/Januar 1993, S. 11-14.

Viner, Jacob (1950), *The Customs Union Issue*, Washington.

Weck-Hannemann, Hannelore (1992), *Politische Ökonomie des Protektionismus. Eine institutionelle und empirische Analyse,* Frankfurt.

World Trade Organization (WTO) (1995), *Regionalism and the World Trading System*, Genf.

World Trade Organization (WTO) (1996), *Trade and Foreign Direct Investment*, Genf.

World Trade Organization (WTO) (1997a), „Disputes Reach Century Mark", *WTO Focus*, Nr. 21, August, S. 1-3.

World Trade Organization (WTO) (1997b), „DSB Adopts Banana Reports", *WTO Focus*, Nr. 22, September, S. 8.

G Neue Kontrollen für den internationalen Kapitalverkehr?*

Hans Willgerodt

1 Alte und neue Furcht vor der Freiheit des internationalen Kapitalverkehrs

i) Ausgangstatsachen

Nach der letzten Devisenmarkterhebung (Bank für Internationalen Zahlungsausgleich, 1996, S. 105f.) betrug im April 1995 der *tägliche* Umsatz an den Devisenmärkten der Welt (außerbörsliche Devisengeschäfte) durchschnittlich 1,190 Billionen $. Demgegenüber belief sich der Welthandel *für das ganze Jahr 1994*, gemessen an der Weltausfuhr, auf nur 4,208 Billionen $ (SVR, 1996, Tab. 18*). Selbst wenn man den internationalen Handel von Dienstleistungen in einer Größenordnung von etwa 2,4 Billionen $[1] hinzurechnet, um die internationalen Güterumsätze zu ermitteln, ändert sich an den Größenverhältnissen wenig. Von den Devisenumsätzen eines Jahres dürfte ein Betrag, der etwa einem Wochenumsatz entspricht, vollkommen ausreichen, um die Zahlungen für den gesamten Welthandel des Jahres abzuwickeln.

Der übrige Devisenumsatz entfällt auf Finanzgeschäfte. Es handelt sich um Bruttokapitalbewegungen in jeweils entgegengesetzte Richtungen. Deshalb neutralisieren sie sich makroökonomisch zum größten Teil,[2] und der gesamtwirtschaftliche Nettoeffekt dieser Bewegungen ist weitaus geringer, als die großen Zahlen vermuten lassen. Denn für diesen Nettoeffekt kommt es auf die Differenz aus den Hin- und Herbewegungen von Zahlungen an. Diese Salden sind kleiner

---

* Für Kritik danke ich Barbara Dluhosch und Andreas Freytag.

[1] Für 1995 wird für Dienstleistungen ein Betrag von etwa 1,2 Billionen $ angegeben, für Einkommen einschließlich Kapitaleinkommen etwa 1,2 Billionen $ (IMF, 1996, Part 2, Table B-3 und B-11).

[2] Zum Teil finden die entgegengesetzten Ströme gleichzeitig oder innerhalb eines Tages statt. Jedenfalls sind die zeitlichen Abstände zwischen Hin- und Herbewegung meist kurz, weil ungedeckte Positionen für die Finanzagenten riskant sind.

als die Bruttobewegungen, aus denen sie sich ergeben. Und zwar entspricht die Summe aller Nettoabflüsse an Finanzkapital[3] genau der Summe nationaler Leistungsbilanzüberschüsse. Denn zum Erwerb ausländischer Vermögenstitel muß das Inland Gegenleistungen erbringen oder vom Ausland unentgeltlich erhaltene Werte verwenden. Ohne dies kann international keine Nettobewegung von Finanzkapital zustande kommen. Die dafür nötigen Salden der nationalen Leistungsbilanzen sind aber stets kleiner als die Zu- und Abflußwerte der Leistungsbilanzen selber. Gewiß haben mit der Liberalisierung des internationalen Kapitalverkehrs auch die Nettokapitalbewegungen zugenommen. Wahrscheinlich bleiben sie aber auch heute noch in Relation zum Bruttosozialprodukt hinter dem Stand weit zurück, der vor dem ersten Weltkrieg schon einmal erreicht gewesen ist (vgl. Eichengreen, 1991, S. 3f.).

Gleichwohl ruft trotz des viel geringeren Umfangs der Nettozahlungen die Tatsache Befürchtungen hervor, daß an einem einzigen Tage mehr als eine Billion Dollar international umgesetzt werden. Angesichts der Größenordnungen dieser Devisengeschäfte verbinden sich damit Vorstellungen der einzelnen Länder über drohende Katastrophen, die entweder von zufließenden Finanzmitteln überschwemmt oder von fluchtartigen Kapitalabflüssen in Krisen gestürzt werden könnten.

a) Bedenken gegen kurzfristigen Kapitalverkehr

Die täglichen Devisengeschäfte werden zu einem wesentlichen, wenn auch nicht exakt feststellbaren[4] Anteil von *kurzfristigen* Kapitaldispositionen hervorgerufen. Man unterstellt ihnen oft, sie seien in einem nachteiligen Sinne „spekulativ"[5] und für Instabilität von Zinsen, Wechselkursen und Handelsströmen verantwortlich. Außerdem hätten ihretwegen die Instanzen der nationalen Geld- und Finanzpolitik an Handlungsfähigkeit verloren, und zwar trotz flexibler Wechselkurse, von

---

[3] Sofern die Bestandsveränderungen bei den nationalen Devisenreserven zu den Finanzbewegungen hinzugerechnet werden.

[4] Die rechtliche Fristigkeit einer Kapitalbewegung kann von ihrer ökonomischen Fristigkeit abweichen, weil kurzfristige Titel längerfristig gehalten und formal langfristige Titel kurzfristig liquidiert werden können.

[5] Versteht man darunter ungedeckte, nicht durch Gegengeschäfte abgesicherte Positionen, dann ist jedes unternehmerische Engagement letztlich spekulativ.

denen man sich eine größere nationale währungs- und finanzpolitische Autonomie versprochen habe. Die Finanzmärkte seien allzu perfekt und beweglich geworden. Sie könnten deshalb zum Beispiel Maßnahmen der nationalen monetärfiskalischen Beschäftigungspolitik durchkreuzen. Wenn etwa die Notenbankzinsen gesenkt werden, um die nationale Konjunktur anzuregen, könne dies statt zu höheren Inlandsinvestitionen zum Kapitalexport führen. Davon gehe ein Abwertungsdruck auf die eigene Währung aus, der nicht dauerhaft sein müsse, aber für den Handelsverkehr falsche und unsichere Signale gebe. Die von der Beweglichkeit der kurzfristigen Finanzströme ausgehende Volatilität der Wechselkurse bringe zusätzliche Risiken. Deswegen sei der freie Kapitalverkehr problematisch. Aber muß er wirklich der nationalen Währungs- und Fiskalautonomie geopfert werden, wenn sich herausstellt, daß sie als Mittel der Beschäftigungs- und Wachstumsförderung immer weniger nützlich geworden ist?

Ein weiteres Argument lautet: Es bestehe eine starke Diskrepanz zwischen der Beweglichkeit des Geldkapitals über die Grenzen hinweg und der Anpassungsfähigkeit der Leistungsbilanzen. Wenn unter diesen Bedingungen eine Nettobewegung des Geldkapitals stattfinde, müßten starke Wechselkursbewegungen oder im Festkurssystem größere Änderungen von Nominaleinkommen und Preisniveau hingenommen werden, um den Realtransfer möglich zu machen. Bei Unbeweglichkeit von Preisen, Löhnen und Beschäftigungsstrukturen könne es wegen der Bewegungen des Geldkapitals zu Arbeitslosigkeit kommen. Deswegen solle die internationale Beweglichkeit des Geldkapitals der geringeren Mobilität des Realkapitals und begrenzten Anpassungsfähigkeit der Leistungsbilanzen angepaßt werden, sei es durch unmittelbare Kontrollen, sei es durch Steuern auf den Kapitalverkehr.[6] Aber sind nicht in der Regel Wechselkursbewegungen und Änderungen von Preisen und Einkommen notwendig, wenn ein Transfer von Realkapital überhaupt zustande kommen soll?

Die Kritik an der Beweglichkeit des Geldkapitals tritt noch in der besonderen Form auf, daß vor allem der formal kurzfristige Nettokapitalverkehr zu länger anhaltenden Übertreibungen neige, auf die dann Phasen mit ebenso übersteigerten Korrekturen zu folgen pflegten. Es könne zu anhaltenden „Über- oder Unterbewertungen" der Währungen kommen, mit nachteiligen Folgen für die internationale Arbeitsteilung und auch für die internationale Kapitalverteilung, weil man sich an „falsche“ Wechselkurse anpasse. Diese These setzt erstens voraus, daß die Kritiker - etwa mit Hilfe von Kaufkraftparitäten oder deren Veränderungen - angeben können, wo die „richtigen“ Wechselkurse liegen. Zweitens dürfen die Wirtschaftenden dies nicht wissen oder mindestens von einem solchen Wissen keinen für sie vorteilhaften Gebrauch machen. Dies soll gelten, obwohl die Märkte längerfristig zu Wechselkursen drängen, die den realen Angebots- und Nachfragebedingungen entsprechen. Warum machen dann die „Wissenden“, etwa die Zentralbanken, von ihrem „Wissen“ nicht als die besseren Spekulanten einen für sie gewinnbringenden Gebrauch?

iii) ***Bedenken gegen den längerfristigen Kapitalverkehr***

Mit der Zunahme des Welthandels, dem Abbau von Handelsschranken und der gestiegenen Beweglichkeit des Geld- und Realkapitals sind auch alte und neue Bedenken gegen längerfristige internationale Kapitalbewegungen zum Vorschein gekommen. Dabei sind weltwirtschaftliche, nationalbezogene und gruppenspezifische Motive zu unterscheiden:

a) Weltwirtschaftliche Motive

Von einem *weltwirtschaftlichen* Standpunkt aus sollte sich das bewegliche Kapital international so verteilen, daß sich seine bewerteten Grenzerträge ausgleichen und insoweit das Weltsozialprodukt maximiert wird. Dazu wäre eine freie Kapitalbewegung notwendig. Das Kapital würde bei funktionierenden Wettbewerbsmärkten dorthin fließen, wo es besonders knapp ist, und auf diese Weise dazu beitragen, daß ärmere, und das heißt immer auch: kapitalärmere, Länder zu höherem Einkommen gelangen. Damit steigt das Weltsozialprodukt.

Trotzdem werden Beschränkungen und Kontrollen des internationalen Kapitalverkehrs auch mit weltwirtschaftlichen Begründungen gefordert:

- Es liege nicht im weltwirtschaftlichen Interesse, wenn zunächst im Vertrauen auf angebliche Konkursunfähigkeit der öffentlichen Hand an Regierungen von Entwicklungsländern große Kredite gewährt werden, später aber Verzinsung

---

[6] Zur sogenannten Tobin-Steuer auf den Devisenverkehr vgl. Abschnitt 2, ii) b).

und Rückzahlung nicht gesichert seien. Von ausländischen Steuerzahlern zu gewährender Schuldenerlaß oder internationale Zwangskredite durch Notenbanken und den Internationalen Währungsfonds könnten, wenn sie zur Regel werden, als Einladung zur Kapitalvergeudung aufgefaßt werden. Ob dieses Problem am zweckmäßigsten durch Kontrollen des Kapitalverkehrs zu lösen ist, kann schon allein deshalb bezweifelt werden, weil solche Kontrollen vor allem von den Ländern zu handhaben wären, deren Regierungen die Ursache für schlechte Schuldnerpositionen sind. In den Gläubigerländern müßte die Bankenaufsicht zusammen mit der Transparenz über Schuldner verbessert werden. Allgemeine Kontrollen des Kapitalverkehrs wären der politischen Korruption ausgesetzt, abgesehen von ihrer Unvereinbarkeit mit der Konvertierbarkeit der Währungen.

– Es wird behauptet, man müsse das Prinzip der Sozialen Marktwirtschaft auf die Weltwirtschaft im ganzen übertragen, also einerseits zwar die marktwirtschaftlichen Ordnungsgrundsätze weltweit durchzusetzen versuchen, auf der anderen Seite aber einen sozialen Ausgleich weit über den traditionellen Bereich der Entwicklungshilfe hinaus anstreben. Freier Kapitalverkehr könne hier stören, indem durch Zinsen und Amortisationen mehr aus den Armutsgebieten abströme, als an Hilfe zufließt. Zinsen aus Krediten für rentable Investitionen sind aber kein Verlust für den Schuldner, sondern der Preis für reale Kapitalnutzung. Ihr steht ein darüber hinaus gehender Vorteil des Schuldners gegenüber, wenn es sich um eine wirtschaftlich sinnvolle Investition handelt. Wenn wirklich Kapital aus Armutsgebieten abströmt, liegt das nicht zuletzt an Ordnungsmängeln, die durch Kapitalverkehrskontrollen nur noch verstärkt werden. Denn solche Kontrollen können nicht neutral und rechtsstaatlich einwandfrei gehandhabt werden.

– Einen ähnlichen Charakter wie das Argument, eine internationale Kapitallenkung entspreche dem Ziel eines weltweiten sozialen Ausgleichs, hat folgende Behauptung: Es bestehe ein allgemeines weltwirtschaftliches Interesse daran, überall ein staatliches Angebot an öffentlichen Gütern ebenso möglich zu machen und seine Finanzierung zu sichern wie Maßnahmen der sozialen Sicherung. Solange das Kapital aber international beweglich sei, könne es dorthin wandern, wo die Steuerlasten und Sozialabgaben niedrig seien. Dies gefährde die Finanzierung der notwendigen Staatstätigkeit und den „Sozialstaat". Die öffentlichen Lasten müßten dann auf immobile Faktoren, hauptsächlich ärmere, nicht wanderungsfähige Arbeitnehmer, abgewälzt werden. Die soziale Umverteilung werde behindert. Zu ihr müßten auch Kapitaleigner beitragen. Wenn schon die jetzt bestehende weitgehende Freiheit des internationalen Kapitalverkehrs nicht wieder rückgängig gemacht werden könne, müsse wenigstens durch internationale Harmonisierung von Steuern und Umverteilungsabgaben dafür gesorgt werden, daß das Kapital nicht mehr durch internationale Wanderungen diesen Belastungen ausweichen könne. Dieses Argument setzt voraus, daß Art und Umfang der Staatstätigkeit und der vom Staat erzwungenen Umverteilung als optimal anzusehen sind und nicht durch internationalen Standortwettbewerb in Frage gestellt werden dürfen. Gelingt die internationale Harmonisierung der Abgaben nicht, dann ist zu fragen, ob durch Kapitalverkehrskontrollen einschließlich umfassender Meldepflichten und Aufhebung des Bankgeheimnisses die fiskalische Erfassung des Inlandskapitals gelingen kann und welche Nebenwirkungen für den Zustrom von Auslandskapital dies hätte.

– Es kann im weltwirtschaftlichen Interesse liegen, in ärmeren Ländern eine sich selbst beschleunigende wirtschaftliche Entwicklung zu fördern, wenn sie bisher nur deshalb nicht zustande gekommen ist, weil nicht ausreichend internalisierbare Wirtschaftlichkeitsvorteile bestanden haben, die privatwirtschaftlich ungenutzt geblieben sind. Es wäre also sinnvoll, eigenes und fremdes Kapital in solchen Ländern zu binden, wenn dadurch die externen Wirtschaftlichkeitsvorteile genutzt werden können. Aber ist dafür eine Kapitalverkehrskontrolle und eine staatliche Investitionslenkung das geeignete Mittel? Wäre es nicht zweckmäßiger, durch die allgemeine Ordnungspolitik die Standortqualität zu heben und im äußersten Fall mit gezielten Förderungen einzugreifen, sofern der Staat ausnahmsweise wirklich besser als die Privaten Entwicklungsmöglichkeiten erkennen kann und es dabei nicht ausreicht, zunächst bei Verbesserungen der Infrastruktur anzusetzen?

b) Nationalbezogene Motive

Bei *nationalbezogenen* Bedenken gegen einen freien internationalen Kapitalverkehr sind die im echten Sinne volkswirtschaftlichen Motive von den volkswirtschaftlich verkleideten, in Wahrheit gruppenspezifischen Motiven zu unterscheiden.

Als im echten Sinne volkswirtschaftliches Motiv, bei dem das nationale Gesamtinteresse im Vordergrund steht, ist die Befürchtung anzusehen, daß ein starker Kapitalzufluß im Festkurssystem die Geldwertstabilität gefährden kann, wenn dieser Zufluß nicht wie in erheblichem Umfang in der Schweiz und in Luxemburg über das Banksystem wieder in das Ausland zurückgeleitet werden kann, sondern eine Anlage im Inland sucht (zu dieser Problematik im einzelnen Willgerodt, 1964). Bei beweglichen Wechselkursen führt ein solcher Nettokapitalzufluß zur Aufwertung und konjunkturdämpfenden Passivierung der Leistungsbilanz. Auch das kann für unerwünscht gehalten werden, falls damit die Inlandsinflation unter das angestrebte Niveau gedrückt wird und die Wettbewerbsfähigkeit im Export leidet.

Für plötzliche Kapitalabflüsse gilt mutatis mutandis das Entgegengesetzte: Im Festkurssystem können sie unerwünscht deflatorisch wirken und sich sogar in Sonderfällen wegen der eigentlich spielregelrichtigen monetären Restriktion selbst verstärken, wenn diese Restriktion zu massenhaften Konkursen und einem Vertrauensschwund führt, der den an sich das Kapital anlockenden höheren Inlandszins in dieser Wirkung überkompensiert.[7] Bei flexiblen Kursen führen starker Kapitalabfluß oder Kapitalflucht zu Abwertungen mit Aktivierungen der Leistungsbilanz und inflatorischen Wirkungen. Einer Kapitalflucht liegt ein Vertrauensschwund zugrunde, bei dem meist auch eine politische Krise mit wirtschaftspolitischen Fehlentscheidungen zusammenwirkt.[8] Ob der Versuch, durch Kontrollen des Kapitalverkehrs diesen Vertrauensschwund und seine Folgen zu verhindern, erfolgreich sein kann, ist fraglich.

Ob Kapitalzuflüsse oder Kapitalabflüsse vom nationalen (oder regionalen) Standpunkt aus als bedenklich anzusehen sind, ist auch sonst vielfach umstritten:

So wird bei Kapitalzuflüssen (auch von unentgeltlich gewährtem Kapital, etwa in

---

[7] Vgl. Lutz (1962, S. 28f.). Das Kapital bewegt sich entgegen dem Zinsgefälle, weil ein hoher Zins hier als Zeichen für ein hohes Risiko angesehen wird.

[8] In der Kreditkrise Mexikos von 1994 war der Präsidentschaftskandidat Colosio ermordert worden. Außerdem scheint die anfänglich erfolgreiche Stabilisierungspolitik nicht konsequent genug verfolgt worden zu sein. Zu den Einzelheiten: Bank für Internationalen Zahlungsausgleich (1995, S. 175ff.); Fischer/Schnatz (1996, S. 13-39).

der Form von Entwicklungs- und Wiederaufbauhilfe) von einigen Beurteilern vermutet, daß sie das inländische Wachstum eher behindern (in diesem Sinne: Herr, 1993, S. 42). Dahinter steht die Vorstellung, es komme z.B. in den Transformationsländern eher darauf an, die vorhandenen Produktionsmittel durch intensivere Nachfrage auszulasten als inländische Investitionen vom Ausland finanzieren zu lassen. Die mit dem Kapitalfluß einhergehende Passivierung der Leistungsbilanz mindere Beschäftigung und Wachstum. Denn das Transferproblem müsse durch Aufwertung der Empfängerwährung oder inflatorische Aufblähung der Inlandsnachfrage gelöst werden, bis der notwendige Einfuhrüberschuß zustande komme. Damit sinke jedoch die Wettbewerbsfähigkeit des kapitalempfangenden Landes am Weltmarkt, das heißt bei den Außenwirtschaftsgütern, während bei den Binnengütern der inflatorische Impuls Preissteigerungen und Investitionen anrege, die sich später bei der Beendigung des Kapitalzuflusses als unrentabel erweisen könnten. Der Kapitalzufluß wirke ähnlich wie die sogenannte „Dutch Disease“ (Greiner/Maaß/Sell, 1994, S. 271-299), bei der ein einzelnes reichlich und sehr wettbewerbsfähig angebotenes Exportgut die anderen Exportgüter des Landes aus dem Markt verdränge, indem es zum Beispiel eine Aufwertung solchen Umfanges herbeiführe, daß die anderen Exportbranchen konkurrenzunfähig werden. Die damit sprudelnde Devisenquelle reiche aus, um die Finanzierung der Einfuhren sicherzustellen, andere Ausfuhren (oder Importsubstitute) würden vom Markt verdrängt. Die Funktion des dominierenden Exportgutes als übermächtige Devisenquelle könne ein großer Kapitalimport übernehmen und ähnlich nachteilige Wirkungen für die exportierenden oder mit Einfuhren konkurrierenden Wirtschaftszweige hervorrufen. Wäre dies richtig, dann müßten Kapitalimporte und auch Kapital übertragende Entwicklungshilfe als Nachteil für den Empfänger angesehen werden. Eher könnte dann der Kapitalexport bei Exportüberschüssen zum Wachstum beitragen. Aber sind die dafür notwendigen Bedingungen unausgelasteter und wettbewerbsfähiger inländischer Produktionskapazitäten sowie eines Überflusses an Inlandsersparnis bei mangelhaften inländischen Investitionsgelegenheiten wirklich im Regelfall erfüllt? Und kann nicht in Wahrheit das Transferproblem durch Marktöffnung wesentlich erleichtert werden?

Kaum verwunderlich ist es in diesem Zusammenhang, wenn auch Argumente der Xenophobie vorgebracht werden: Ausländische Investoren könnten versuchen, den Inlandsmarkt zu beherrschen und solche Objekte besetzen, die eine marktstrategische Bedeutung hätten. Daraus fließende Gewinne stünden dann nicht dem Inland, sondern Ausländern zu. Im übrigen könnten vor allem multinationale Unternehmen gegenüber kleineren Ländern durch große Investitionen eine auch politisch dominierende Stellung erlangen.

Gefahren sieht man ferner in einem bereits erreichten hohen Verschuldungsgrad eines Landes gegenüber dem Ausland. Denn die Bedienung dieser Schuld durch Verzinsung und Amortisation setze einen zu erwirtschaftenden Exportüberschuß voraus, falls die dafür aufzubringenden Beträge nicht wieder im Inland angelegt werden. Wenn vom Ausland finanzierte Kapazitäten vor allem nicht weltmarktfähige Binnengüter produzieren, sei ein Exportüberschuß schwerer zu erzielen.

Außerdem sei vor allem eine kurzfristige und auf Fremdwährung lautende hohe inländische Schuld deswegen gefährlich, weil bei einer Störung panikartige Kreditabzüge möglich seien, die das inländische Banksystem gefährden.[9] Gegen derartige Transfer- und Kreditkrisen kommen Kapitalverkehrsbeschränkungen im Augenblick der Krise zu spät und verstärken jedenfalls das internationale Mißtrauen gegen Schuldnerländer. Als Vorbeugung sind sie mit Dirigismus und dem Verzicht auf nationale Beschäftigungs- und Wachstumsvorteile verbunden, die mit Kapitaleinfuhren einhergehen können. Keine staatliche Behörde kann in diesem Sinne nützliche von weniger nützlichen Kapitaleinfuhren zuverlässig unterscheiden.

c) Gruppenegoistische Motive

Neben diesen Argumenten ist mit der Globalisierungsdebatte eine nur teilweise nationalbezogene, in Wirklichkeit aber in erheblichem Umfang schon gruppenegoistische Kritik am freien internationalen Kapitalverkehr getreten. Die damit verbundenen Forderungen können als „Kapitalverwendungsprotektionismus" bezeichnet werden (Willgerodt, 1989, S. 83-91). Mit der Aufhebung von Kapitalverkehrskontrollen hat sich insofern ein internationaler Standortwettbewerb ergeben, als das Kapital, soweit es beweglich ist, ohne Rücksicht auf nationale Bindungen dort angelegt wird, wo es die günstigsten Bedingungen findet, das heißt wo die Rentabilität der Kapitalanlage unter Einbeziehung des Risikos am größten

[9] Solche internationalen Kreditkrisen sind zwar möglich, aber keineswegs in dem Umfang wahrscheinlich, wie oft angenommen wird; vgl. Willgerodt (1981, insbes. Anhang S. 54ff.).

ist. Dieses unpatriotische Verhalten gilt zugleich als unsolidarisch gegenüber inländischen Arbeitnehmern des Kapitalgeberlandes, die vielleicht einen höheren Lohn erzielen könnten, wenn sie reichlicher mit Sachkapital ausgestattet wären.[10]

Allerdings haben es die Arbeitnehmer in der Hand, das Kapital zu binden, indem ihm international wettbewerbsfähige Konditionen geboten werden. Verglichen mit anderen Standorten können unter anderem niedrigere Lohnkosten (die nicht mit niedrigeren Lohnsätzen zu verwechseln sind) zu höherer Kapitalrentabilität beitragen. Man vermutet niedrigere Lohnkosten in Entwicklungsländern; dabei wird auf die dort niedrigeren Lohnsätze hingewiesen und häufig außer Betracht gelassen, daß in diesen Ländern die Arbeitsproduktivität niedriger ist. Man muß also neben zahlreichen anderen Standortfaktoren nicht nur die Lohnsätze, sondern auch die Leistung der Arbeitskräfte in Betracht ziehen, bevor man von einem die inländischen Arbeitnehmer des Kapitalgeberlandes schädigenden Standortwettbewerb durch Abwanderung des Kapitals spricht.

Immerhin ist es möglich, daß ein bisher kapitalarmes Land für das mobile Kapital günstigere Bedingungen bietet, als sie in reichlich mit Kapital ausgestatteten Ländern vorherrschen. Wenn vor allem die Lohn- und Sozialpolitik in den entwickelten Ländern dahin wirkt, die Bedingungen für Inlandsinvestitionen im Vergleich zum Ausland zu verschlechtern, kommt es zum Kapitalexport. Alte inländische Arbeitsplätze werden nach Amortisation ins Ausland verlagert, neue aus inländischen Finanzmitteln von vornherein dort errichtet.

Soll in diesem Falle das Kapital im Inland durch Kontrollen festgehalten werden, obwohl es im Ausland mehr erwirtschaftet und zum Einkommen der Inländer beiträgt? Wäre es nicht besser, die inländischen Arbeitnehmer könnten durch Vermögensbildung mittelbar oder unmittelbar an solchen Rentabilitätsvorteilen der Kapitalanlage im Ausland beteiligt werden?

Läßt man das aus dem Entlohnungsinteresse abgeleitete Argument gegen freie internationale Kapitalbewegungen gelten, dann müßte man folgerichtig sein und

---

[10] In einer Rede am 12. Dezember 1996 hat Bundespräsident Herzog „nationale Loyalitäten" von Unternehmen und „Sozialpflichtigkeit" statt „Gewinnmaximierung und Kapitalvermehrung" angemahnt, eine Verengung des Blickwinkels „allein auf betriebswirtschaftliche Bilanzwerte" kritisiert und deutlich erkennen lassen, daß er es für problematisch hält, „wenn Unternehmen ihren Produktions- und Steuerstandort ins Ausland verlagern" (Presse- und Informationsamt der Bundesregierung, 1996, S. 1142ff.).

es auch gegen eine Art von Ersatz für solche Bewegungen richten. Der freie internationale Handel erlaubt nämlich die Spezialisierung ärmerer (also mit weniger Kapital pro Kopf ausgestatteter) Länder auf arbeitsintensiv herzustellende Produkte. Sie werden exportiert und gegen kapitalintensiv hergestellte Güter getauscht, die aus den kapitalreicheren Ländern bezogen werden.[11] Damit geraten die Produzenten in den arbeitsintensiven Branchen der wohlhabenderen Länder unter Wettbewerbsdruck; es fallen dort tendenziell die Lohnsätze oder steigen weniger stark, weil in den arbeitsintensiven Branchen durch die Importkonkurrenz mehr Arbeitskräfte freigesetzt werden, als gleichzeitig durch die Expansion der kapitalintensiven Branchen an zusätzlichen Arbeitskräften gebraucht werden.[12]

Wenn dann in den reicheren Ländern die Löhne in den unter Wettbewerbsdruck geratenen Branchen nicht nachgeben, können die davon betroffenen Firmen ihr Kapital und ihre Produktion in die ärmeren Länder verlagern. Damit verschärft sich der Anpassungsdruck in den wohlhabenden Ländern, während Produktion und Einkommen der ärmeren Länder zunehmen können.

Es werden hieraus, meist vorschnell, Thesen über eine zwangsläufige Zunahme einer ungleichen Einkommensverteilung in den entwickelten Industrieländern und sogar Arbeitslosigkeit und Verelendung bei ihren unteren Einkommensschichten abgeleitet (Reich, 1993), während man sich kaum mit der Frage beschäftigt, wie die internationale Arbeitsteilung den Wohlstand der Konsumenten in allen beteiligten Ländern beeinflußt und in welcher Weise eine Kapitalbewegung dieser Art auf die Entwicklung ärmerer Länder wirkt.

Das Gruppeninteresse von bestimmten Produzenten, die vor dem durch Kapitalbewegung hervorgerufenen Standortwettbewerb geschützt werden sollen, ist nur eines von zahllosen Gruppeninteressen, deren Vertreter eine freie internationale (und auch interregionale) Kapitalbewegung für schädlich halten. Zum Beispiel gerät eine durch Handelsschranken oder Transportkosten geschützte Branche immer dann unter Wettbewerbsdruck, wenn ausländische Wettbewerber im Wege

---

[11] Dieses Heckscher-Ohlin-Theorem der internationalen Faktorpreisangleichung wird gelegentlich mit dem Stolper-Samuelson-Theorem verwechselt, wonach der relativ knappe Produktionsfaktor bei Freihandel *absolut* schlechter gestellt wird. Vgl. Haberler (1961, S. 17ff.).

[12] Nicht einbezogen wird von dieser Theorie, daß es eine Kapitalgüterindustrie geben muß, die das Sachkapital herstellt und vernutztes Sachkapital ersetzt, so daß von einer kapitalintensiven

einer Direktinvestition in den nach außen abgetrennten inneren Freihandelsraum eindringen. Kapitalbewegungen sind insoweit ein Ersatz für Zollsenkung und Marktfusion. Entsprechend können Ansiedlungsverbote und Behinderungen der Kapitaleinfuhr gefordert werden. Dabei verfängt allerdings das Argument des „Schutzes der nationalen Arbeit“ weniger, weil die eindringenden Ausländer ja im Inland Arbeitsplätze schaffen wollen, soweit nicht lediglich zum Zwecke der Teilhabe an den Protektionsrenten schon vorhandene Anlagen ohne Erweiterungsabsicht aufgekauft werden.

Die Lenkung des internationalen Kapitalverkehrs im Gruppeninteresse muß sich nicht der groben Instrumente direkter Beschränkung der Kapitalbewegungen bedienen. Es gibt indirekte Verfahren zur Umlenkung von Investitionen und Kapitalströmen. Damit können einzelne Gruppen besonders differenziert berücksichtigt werden. Hierzu gehören Investitionszuschüsse. Wenn sie allgemein für Inlandsinvestitionen gewährt werden, wirken sie auf den ersten Blick nicht gruppenspezifisch. Allerdings wird die Auslandsinvestition für die Erschließung ausländischer Märkte diskriminiert und damit die eigene Exportwirtschaft benachteiligt. Tatsächlich werden aber steuerliche und anderweitige wirtschaftspolitische Instrumente aller Art zur Lenkung der Kapitalbewegungen im Interesse bestimmter Gruppen differenziert. Wenn zum Beispiel vorzugsweise die Agrarpreise über dem Weltmarktniveau gehalten und Investitionszuschüsse für die Landwirtschaft gegeben werden, so wird damit Kapital in die Landwirtschaft gelenkt oder darin festgehalten. Entstehen daraus Produktionsüberschüsse, so können sie durch eine Mischung von Produktionsbegrenzungen (Quoten) und durch Aufkäufe neutralisiert werden. Volkswirtschaftliche Ersparnisse als potentielles Kapital werden damit für gruppenspezifische Zwecke umgelenkt und zum Teil real vernichtet.

iv) Der internationale Staatskredit als Sonderproblem

Die internationalen Kapitalbewegungen werden zu einem erheblichen Teil durch den internationalen Staatskredit beeinflußt:

– Staaten können sich gegenseitig Kredite gewähren.

Produktion mittelbare Beschäftigung ausgeht.

- Sie können Zahlungen an das Ausland zur Finanzierung staatlicher Zwecke leisten und sich dafür auf ausländischen Kapitalmärkten verschulden.
- Für die gleichen Zwecke können sie sich aber auch auf dem inländischen Kapitalmarkt verschulden mit der Folge, daß ausländisches Kapital zuströmt und mittelbar den Staatskredit dadurch ermöglicht, daß es anstelle von Inländern inländische Kredite und Investitionen finanziert.
- Der Staatskredit kann zur Finanzierung von Staatsausgaben sowohl im Inland wie im Ausland dienen.

Nicht selten wird der Staatskredit zur Finanzierung staatlich subventionierter Konsumausgaben verwendet oder für solche Investitionen, die weder direkt noch indirekt gesamtwirtschaftlich in dem Sinne rentabel sind, daß der erreichte Nutzen die vom Staat zur Bedienung des Kredits aufzuwendenden Kosten deckt. Als „Nutzen" kann allerdings die Befriedigung von Wünschen einer Wählerklientel oder erfolgreiche Rentenzuschwemmung an diejenigen gelten, denen über Staatsausgaben die Staatsverschuldung zugute kommt. Andere und zum Teil wirtschaftlich und politisch diskutable Zwecke können mit einer internationalen Staatsverschuldung verfolgt werden.

Wichtig ist, daß die Zinsempfindlichkeit der Staaten oft gering ist und sie für längere Zeit in der Lage sind, Kapital entgegen dem sonst herrschenden Rentabilitätsgefälle fließen zu lassen. Teilweise wurde der Staatskredit noch immer wegen der formalen Konkursunfähigkeit der öffentlichen Hand als risikolos angesehen, bis man erkannt hat, daß sich heute Staaten auf andere Weise als durch den Staatsbankrott von ihren Schuldnerpflichten befreien können, nämlich vorzugsweise durch Inflation, Transferbeschränkungen oder international organisierten Schuldenerlaß in Verbindung mit den Zwangskrediten, die von internationalen Organisationen, etwa dem Internationalen Währungsfonds, gewährt und den Gläubigerländern abverlangt werden. Es wird damit eine weltwirtschaftliche Sozialisierung der ökonomischen Nachteile staatlichen Schuldnerverhaltens erreicht. Dies hat, zum Beispiel in der Europäischen Union, zu Anstrengungen geführt, diese Sozialisierung zu verhindern: Schulden der Einzelstaaten sollen nicht von der Gemeinschaft oder den anderen Mitgliedstaaten übernommen werden; die öffentlichen Defizite will man gemeinschaftlich überwachen und begrenzen (Artikel 104 b und c des Maastrichter Vertrages über die Europäische Union).

Eine ähnliche Tendenz haben Auflagen, die der Internationale Währungsfonds bei seinen Nothilfekrediten zu machen pflegt.

Selten werden aber Einwände erhoben, wenn an sich kapitalreiche Staaten wie die USA oder Deutschland international in großem Umfang Kredite aufnehmen und damit das international mobile Kapital entgegen dem Wohlstandsgefälle fließen lassen.[13] Diese Länder erhalten vom Ausland Kredit, weil sie wegen ihres hohen Einkommens, hoher Produktionskapazität und anderer Bedingungen als kreditwürdig gelten. Da aber in diesen beiden Ländern in erster Linie eine extrem hohe staatliche Kreditaufnahme für den Zustrom von Auslandskapital verantwortlich ist, handelt es sich um eine begründungsbedürftige Anomalie. Eigentlich müßten solche Länder mit ihren hohen Einkommen und entsprechender Sparfähigkeit zur Kapitalversorgung der übrigen Welt beitragen, wie sie das in der Vergangenheit ja auch getan haben. In beiden Ländern wird die ständig steigende Staatsschuld mit Recht als bedenklich angesehen. Man würde aber den Hebel der Reform an der falschen Stelle ansetzen, wenn nicht die Staatsverschuldung selber zurückgedrängt würde, sondern nur ihre unmittelbare oder mittelbare Finanzierung aus dem Ausland.

Wenn reiche Länder internationales Kapital an sich ziehen können, so heißt das nicht, daß ärmere Länder nicht ebenso kreditwürdig sein oder werden können. Sie haben die Möglichkeit, bei den allgemeinen rechtlich-institutionellen Rahmenbedingungen und bei der Ordnung der Staatsfinanzen die reicheren Länder einzuholen oder sogar zu übertreffen. Aufstrebende Entwicklungsländer der Gegenwart sind hierfür ebenso ein eindrucksvoller Beweis wie etwa Preußen als Entwicklungsland des 19. Jahrhunderts.

---

[13] Im Falle der USA kann das Budgetdefizit des Bundeshaushaltes bei der Entstehung des Nettokapitalimportes mitgewirkt haben und durch den von den USA schließlich gewonnenen Rüstungswettlauf mit der Sowjetunion motiviert werden.
Im deutschen Fall hat die Wiedervereinigung das Land insgesamt mit einer geringeren Kapitalausstattung pro Kopf zurückgelassen, so daß eine Motivation für den Reimport vorher exportierten Kapitals vorlag. Da der Kapitalimport teilweise für Konsumzwecke verwendet worden ist, ist der Erklärungswert dieses Zusammenhanges begrenzt.

2 Kritik der Furcht vor dem international mobilen Kapital

i) Moralische und politische Dimensionen

a) Kapitalexporthindernisse für Mißliebige

Diejenigen, die heute die freie Bewegung von Kapital über die Staatsgrenzen hinweg kritisieren und damit offen oder verdeckt staatliche Kontrollen und Beschränkungen des internationalen Kapitalverkehrs verlangen, lassen in der Regel außer Betracht, daß es im 20. Jahrhundert große Fluchtbewegungen und Vertreibungen aus politischen Gründen gegeben hat und noch gibt. Es ist im Gegensatz zum 19. Jahrhundert der Regelfall, daß den Flüchtenden oder Vertriebenen nicht erlaubt wird, ihr Vermögen an den Fluchtort mitzunehmen. Meist wird es sogar entschädigungslos enteignet, getreu dem Aktionsprogramm des Kommunistischen Manifestes, in dem gefordert wird: „Konfiskation des Eigentums aller Emigranten und Rebellen".[14] Der in dieser Beziehung vorangehenden Sowjetunion mit ihren Konfiskationen und der Weigerung, zaristische Schulden zu übernehmen, folgte vor allem das nationalsozialistische Deutschland. Schon vorher war im Jahre 1931 von der Regierung Brüning die Devisenzwangswirtschaft für den Kapitalverkehr eingeführt worden. Damit war der Boden für das weitere Vorgehen der Nationalsozialisten bereitet. Auch mit einer Reichsfluchtsteuer wurde der Kapitalexport steuerlich kriminalisiert und den politisch Verfolgten der Weg für die Mitnahme ihres Vermögens verlegt. Der allgemeine Kampf gegen die Kapitalflucht, der sich der Devisenzwangswirtschaft bediente, konnte leicht für Zwekke der politischen Verfolgung ausgenutzt werden. Es folgten andere, zunächst indirekte und später auch direkte, Enteignungen. Inzwischen ist das kommunistisch-nationalsozialistische Vorbild weltweit nachgeahmt worden, begleitet von Versuchen, das angewandte Mittel der internationalen Kapitalverkehrsbeschränkungen durch die damit verfolgten Zwecke zu rechtfertigen.

---

[14] Der deutsche Staat der Gegenwart verhält sich sogar innerhalb desselben Landes gegenüber in der Zeit von 1945 bis 1948 in der Sowjetischen Besatzungszone politisch Verfolgten und Enteigneten trotz Aufhebung der politischen Ursache der Enteignung als Vollstrecker des kommunistischen Prinzips.

Kein Geringerer als Keynes selber hat im Interesse der nationalen Konjunkturautonomie die Konvertierbarkeit der Währungen für den internationalen Kapitalverkehr abgelehnt und sich damit im Währungssystem von Bretton Woods zunächst durchgesetzt (Proposals for an International Clearing Union, 1943). Die politischen Nebenwirkungen seiner Vorschläge dürfte er kaum einbezogen, sondern eine korrekte rechtsstaatliche Handhabung für möglich gehalten haben. Für die von ihm empfohlene Clearing-Union empfahl er, die britische Devisenbewirtschaftung zu übernehmen, zumal die Kontrolle von internationalen Kapitalbewegungen nur durch das *eine* der beteiligten Länder schwieriger sei, vor allem, wenn das Mittel der Postzensur fehle. Im Jahre 1943, als solche Erwägungen angestellt wurden, befand man sich im Kriege, in dem eine Postzensur und ein allgemeines militarisiertes Kontrollsystem akzeptiert wurden. Ob dies den Gleichmut erklärt, mit dem damals den Regierungen Machtinstrumente dieser Art übertragen wurden, mag offen bleiben.

Der Einwand liegt nahe, daß man eben eine demokratisch-rechtsstaatliche Verfassung voraussetzen müsse. Aber kann sie bestehen bleiben, wenn der Regierung Instrumente zur Verfügung gestellt werden, die ihrer Natur nach zum Mißbrauch einladen und kaum rechtsstaatlich in dem Sinne angewandt werden können, daß der Ermessensspielraum hinreichend begrenzt und seine Ausschöpfung vorhersehrbar ist? Welche Kapitalbewegungen in das Ausland sind zu erlauben, welche nicht? Gewiß gibt es illegitim oder illegal erworbenes Vermögen, das zum Beispiel Diktatoren oder Rauschgifthändler aus dem Lande schaffen und dort anlegen wollen, wo die freie Verwendung erlaubt und der Schutz des Eigentums gesichert ist. *Allgemeine* Behinderungen des internationalen Kapitalverkehrs sind aber nicht das richtige Mittel, um dieses Problem zu lösen. Es ist ja nicht die Bewegung, sondern diese Art des Erwerbs des Vermögens, die zu bekämpfen ist. Selbst wenn aus polizeilichen Gründen der Zugriff bei der Überweisung in das Ausland zweckmäßig sein sollte, so hat dies nichts mit der Verwerflichkeit der Kapitalbewegung an sich zu tun, sondern mit der Entstehung des Vermögens, das auch dann beschlagnahmt werden müßte, wenn es nicht oder nur im Inland bewegt werden würde. Im übrigen kann es international Meinungsverschiedenheiten darüber geben, welche Art des Vermögenserwerbs noch legal ist und welche nicht.

b) Das Problem der Spekulation

Langfristige Kapitalbewegungen zwischen verschiedenen Ländern gelten als echtes Engagement in anderen Volkswirtschaften und damit als relativ solide. Demgegenüber haftet dem kurzfristigen internationalen Kapitalverkehr das Odium flatterhafter Unsolidität an, die man vor allem der kurzfristigen Devisenspekulation unterstellt. Zunächst ist anzumerken, daß zu den kurzfristigen Kapitalbewegungen auch die Arbitrage gehört, also die Ausnutzung von Zins- und Wechselkursdifferenzen zwischen verschiedenen Märkten, womit sich diese Geldpreise angleichen. Die Angleichung hat den Sinn, Knappheiten allen Handelnden in gleicher Weise zu signalisieren. Ein Verbot der Arbitrage zwischen In- und Ausland, wie sie für den Kapitalverkehr in der Devisenzwangswirtschaft typisch ist, führt zu staatlich verordneter Ungleichbehandlung von Marktteilnehmern. Sollte sie sozialpolitisch gewollt sein, ließe sie sich auf andere Weise besser erreichen als durch falsche Preise für die Kapitalnutzung.

Neben der nichtspekulativen Arbitrage gibt es Spekulationen, bei denen erwartete, aber noch nicht bekannte Ertrags-, Zins- und Wechselkursänderungen ausgenutzt werden sollen. Dabei können die Spekulanten verschiedene („heterogene") Erwartungen haben, die sich in ihrer gesamtwirtschaftlichen Wirkung mindestens teilweise gegenseitig aufheben können. Auch diese Spekulation muß nicht funktionslos, geschweige dann amoralisch sein. Sind die Erwartungen der Spekulation berechtigt, dann dämpft sie sonst eintretende Ausschläge der Entwicklung und mildert sie damit. Daneben gibt es die übertreibende und damit destabilisierende Spekulation, die aber diejenigen Spekulanten bestraft, die sich von einer Massenhysterie verführen lassen und ihre Erwartungen zu spät ändern. Ob eine Spekulation in diesem Sinne richtig oder falsch war, weiß man erst hinterher. Kann eine regulierende Behörde besser und eher das eine vom anderen unterscheiden (Krüger, 1994, S. 25ff. und Kapitel V)? Im übrigen ist der kurzfristige Kapitalverkehr schon allein in der Form der Kurssicherungsgeschäfte für den Handelsverkehr unentbehrlich.

Die Erwartungen können aber homogener werden, wenn sich zum Beispiel eine unsolide staatliche Finanzpolitik durchsetzt oder eine Regierung hartnäckig an einem falschen Wechselkurs festhält. In solchen Fällen kann die Spekulation das einzige Mittel sein, eine renitente Regierung zur Kursänderung zu zwingen.

Hauptproblem sind also die eigentlichen Ursachen von Wechselkurs- und Kapitalmarktkrisen. Was davon auf die private Wirtschaft zurückgeht, ließe sich wahrscheinlich durch Maßnahmen der Banken- und Börsenaufsicht und Publizitätspflichten eindämmen. Die häufigste Ursache für solche Krisen sind jedoch staatliche Handlungen und Unterlassungen. Die vom Staat zu verantwortenden Dauerinflationen vieler Länder, verursacht durch mangelhafte finanzpolitische Disziplin, gelegentlich abgelöst von Stabilisierungen, deren Dauerhaftigkeit nicht garantiert werden kann, rufen spekulative „Attacken" hervor, die als verwerflich hingestellt werden. Die Rechtssicherheit für das Eigentum wird auch in entwikkelten Industrieländern direkt und indirekt immer wieder in Frage gestellt und durch die Rechtsprechung relativiert. Man betreibt, wie in Deutschland, geradezu eine Politik der Kapitalvertreibung durch überhöhte Belastungen gerade des unternehmerisch besonders produktiven Eigen- und Beteiligungskapitals. Die Unternehmungen wehren sich nunmehr seit Jahren gegen diesen arbeitsmarkt-, finanz- und sozialpolitischen Test ihrer Belastbarkeit durch erfolgreiche Rationalisierungen und Verlagerungen von unrentabel gewordener Inlandsproduktion in das Ausland. Unternehmen, denen das nicht gelungen ist, sind ausgeschieden, ihre Arbeitsplätze sind verloren gegangen. Den Überlebenden geht es oft gut, aber weniger deswegen, weil es ein allgemein günstiges Klima für Inlandsinvestitionen und unternehmerische Tätigkeit gäbe, sondern deshalb, weil sie diesen staatlichen und sozialpolitischen Darwinismus durch überholende Reaktion überstanden haben.[15] Ein Verbot oder indirekte Behinderungen des Kapitalexports und der Verlagerung von Arbeitsplätzen in das Ausland würde die inländischen Konkursziffern zusammen mit der inländischen Arbeitslosigkeit erhöhen, weil damit kostengünstige Bezüge von Zwischenprodukten aus eigener Auslandsfertigung behindert, unrentable inländische Arbeitsplätze zunächst gewaltsam konserviert und Erschließungen ausländischer Märkte verhindert werden würden.

[15] Die Hoffnung, das unternehmerische Einkommen und die Unternehmertätigkeit durch Restriktionen und Regulierungen aller Art ohne Reaktion zurückstauen zu können, ist illusorisch, weil auf die Dauer der Zugang zum Unternehmerberuf elastisch reagiert. Vgl. Willgerodt (1966, S. 135-158).

c) Nationalinteresse und weltwirtschaftliche Solidarität

Gegner und Befürworter freier internationaler Kapitalbewegungen haben verschiedene Vorstellungen über die anzustrebende internationale Kapitalverteilung. Dabei wird einerseits vom Standpunkt eines uneingeschränkten Nationalinteresses aus argumentiert, andererseits an weltwirtschaftliche Solidarität insbesondere der wirtschaftlich fortgeschrittenen und kapitalreichen Länder appelliert. Ein solcher Gegensatz setzt voraus, daß ein radikales Nationalinteresse dem weltwirtschaftlichen Interesse widersprechen kann. Was das jeweilige nationale oder weltwirtschaftliche Interesse ist, wird außerdem nicht einheitlich beantwortet.

Daß der Kapitalabfluß aus entwickelten Industrieländern mit hoch entwickeltem Sozial- und Steuerstaat in weniger entwickelte Länder die Kapitalgeberländer schädigt, ist keineswegs so sicher, wie es eine gängig gewordene Argumentation nahelegt. Aufstrebende Länder mit Kapitalzufluß bringen nicht nur neuen Wettbewerb in die entwickelten Länder, sondern bieten ihnen auch neue Absatzmärkte.

Auch die These, die Bezieher von Kapitaleinkommen könnten oder wollten sich unter allen Umständen steuerlichen und sozialpolitischen Abgaben entziehen und hätten dazu stets jederzeit offenstehende Möglichkeiten, ist in mehrfacher Hinsicht in Frage zu stellen:

- Ist das Kapital wirklich so beweglich, wie diese These unterstellt?
- Legen die Kapitaleigner als Personen keinerlei Wert auf Vorteile des nationalen Sozialstaates,[16] die auch ihnen zugute kommen könnten, soweit solche Vorteile wirklich bestehen?
- Sind Kapitalanleger nicht bereit, steuerliche und anderweitige Belastungen gegen die Vorteile abzuwägen, die ihnen an einem bestimmten Investitionsstandort mit den öffentlichen Leistungen als dem Gegenposten für die öffentlichen Abgaben geboten werden?

---

[16] Bisher ist der Sozialstaat ein nationaler Wohlfahrtsstaat. „Die Nation wird jetzt zu einem Versicherungsverein und einer Wohlfahrtskasse auf Gegenseitigkeit mit dem Paß als einer Art von Versicherungspolice und mit der begreiflichen Neigung aller „panem et circences“ Rufenden, Eindringlinge von den Sitzreihen fernzuhalten.“ (Röpke, 1979, S. 250.)

Kann nicht eine maßvolle und rationale Sozialpolitik auch einen Beitrag zur Besserung des Investitionsklimas leisten und damit Kapital eher anziehen als abstoßen?

Manche Probleme der Wirtschaftspolitik sind nicht nur Fragen des Prinzips, sondern auch der „intelligenten Dosierung" (Niehaus, 1957, S. 253).

Fragwürdig ist im übrigen, weshalb das Interesse derjenigen Inländer, die sich von der Kapitalanlage im Ausland Vorteile versprechen, aus der Definition des Nationalinteresses meist ausgeschlossen wird. Strebt man wirklich einen gemeinsamen europäischen Währungs- und Finanzraum an, dann gehört dazu auch die völlige Beweglichkeit des Kapitals im Raum der Gemeinschaft. Soweit in Zukunft ein wachsender Teil der Alterssicherung durch Kapitalbildung gewährleistet werden muß, weil Umlageverfahren an ihre Grenzen gestoßen sind, kann nicht dieses Kapital an Standorten gebunden werden, an denen es geringere Rendite und höheres Risiko hinnehmen müßte.

Nicht konsequent ist es ferner, wenn einerseits der Kapitalexport in ärmere Länder als Schädigung des Nationalinteresses ausgegeben wird, andererseits aber in denselben Ländern, in denen der Kapitalexport beklagt wird, mehr Entwicklungshilfe gefordert wird. Sie kann doch sinnvoll nicht nur in Nothilfe und Konsumfinanzierung bestehen, sondern muß die Übertragung von Kapital und Wissen einschließen.

Notwendig ist jedenfalls eine Klärung der ökonomischen Sachzusammenhänge, bevor begründete Urteile gefällt werden können.

ii) *Zur Ökonomie der internationalen Kapitalbewegungen*

a) *Methodische Vorbemerkungen*

Die internationalen Kapitalbewegungen vollziehen sich unter den Bedingungen mehr oder weniger großer Unvollkommenheiten marktwirtschaftlicher oder nicht marktwirtschaftlicher nationaler Ordnungen und daraus hervorgehender Unvollkommenheiten des internationalen Wirtschaftsverkehrs. Als Vollkommenheitsmaßstab dient dabei meist die Vorstellung allgemein funktionsfähiger Wettbewerbsmärkte und sonstiger Optimalkriterien der Wohlfahrtstheorie, wobei eine weltwirtschaftlich effiziente Produktion mit maximaler Wertschöpfung erwartet wird. Soweit ein nationales Optimum als Maßstab dient, wird auch ein marktstrategisches Verhalten der Nation gegenüber der Außenwelt, etwa zur Besserung der Terms-of-Trade, für maßstabgerecht gehalten.[17] Da man aber weiß, daß die Vollkommenheitsbedingungen nicht erfüllt sind, sondern man sich ihnen nur mehr oder weniger nähern kann, werden staatliche Maßnahmen zur Korrektur der unvollkommenen Ergebnisse für gerechtfertigt gehalten. Gegenüber der Herstellung der Vollkommenheitsbedingungen gelten solche Maßnahmen als zweitbeste Lösungen. Für die staatliche Kontrolle internationaler Kapitalbewegungen muß jedoch nachgewiesen werden, daß mit den Eingriffen wirklich bessere und nicht etwa nur dritt- oder viertbeste Ergebnisse erzielt werden können. Der eingreifende Staat muß dazu nicht nur ein überlegenes Wissen über den gegenwärtigen Zustand, sondern auch eine überlegene Prognose über die Entwicklung ohne Eingriff und die Wirkungen des Eingriffs zur Verfügung haben. Außerdem muß der erwähnte Vollkommenheitsmaßstab insoweit relativiert werden, als damit Bedingungen, aber nicht optimale Wege zur Erfüllung dieser Bedingungen definiert werden. Auch muß einbezogen werden, in welchem Umfang Unvollkommenheiten (einschließlich derjenigen der Politik) Marktaktivitäten hervorrufen, um sie zu mildern oder zu beseitigen und über sie hinweg zu insgesamt besseren Ergebnissen zu gelangen, die man ohne Herausforderung nicht erreichen würde.[18] Schließlich führen marktwirtschaftliche Unvollkommenheiten nicht ohne weiteres zur Rechtfertigung von Einschränkungen der internationalen Kapitalbewegungen, sondern können im Gegenteil auch ihre Förderung nahelegen, wie das Beispiel der Erschließung ausländischer Märkte durch Filialen zeigt.

b) Zur Kritik der kurzfristigen internationalen Kapitalbewegungen

Wenn die kurzfristigen internationalen Kapitalbewegungen erschwert oder unterbunden werden, wird die sinnvolle Arbitrage vermindert, es werden Kurssicherungsgeschäfte und damit der internationale Handelsverkehr erschwert und die Möglichkeiten eingeschränkt, daß eine stabilisierende Spekulation Ausschläge

---

[17] Zur theoretischen Rechtfertigung von Kapitalverkehrskontrollen als „Second-best-Strategie“: Meade (1955, Part III).

[18] Kapitalbewegungen können das Verhalten von Regierungen im rationalisierenden Sinne verändern und vermachtete Märkte öffnen.

von Wechselkursen und internationalen Zinsdifferenzen mildert. Der internationale Liquiditätsausgleich zwischen Banken wird behindert.

Als Vorteile solcher Kontrollen werden genannt:

- Verhinderung destabilisierender Wechselkurs- und Zinsspekulation. Die Kontrollbehörden wissen aber höchstens in Extremfällen genau genug, ob eine Spekulation nur eine Reaktion auf Änderungen der realen Daten einschließlich der Politik oder eine darüber hinausgehende Überreaktion ist. Im voraus wissen sie das nie, können also nicht präventiv handeln. Auch können sie nicht innerhalb der Kapitalbewegungen kommerziell notwendige von spekulativen und destabilisierenden Transaktionen zutreffend unterscheiden. Die Kontrollen treffen daher alle Kapitalbewegungen oder differenzieren nach willkürlichen Kriterien.
- Trotz dieser Nachteile kann eine Ausnahme von der Freiheit des Kapitalverkehrs für Fälle des Übergangs begründet werden, in denen eine wirkliche Stabilisierung der nationalen Finanz- und Währungspolitik eingeleitet wird, die dann auch den freien Kapitalverkehr erlaubt, die Finanzmärkte aber noch nicht von der Glaubwürdigkeit der Reform überzeugt sind und daher gegen sie spekulieren. Im Beispiel Westdeutschlands nach 1948 hat die Freigabe des Kapitalverkehrs am Ende des Stabilisierungsprozesses gestanden. Ob man nicht früher den inneren und äußeren Kapitalverkehr hätte liberalisieren sollen, ist allerdings umstritten.
- Auch der umgekehrte Fall ist möglich, nämlich daß eine Reform zu enthusiastisch durch Kapitalzufluß honoriert wird, der nicht problemlos absorbiert werden kann und dazu verführt, eine Politik der monetären Expansion zu betreiben, die nach dem Versiegen des Kapitalzuflusses nicht fortgesetzt werden kann und zu einer Kreditkrise führt.[19]

Falls in den beiden zuletzt genannten Fällen überhaupt Kapitalverkehrskontrollen wirksam gemacht werden können, sind sie allenfalls als Übergangsmaßnahme diskutabel, sofern nicht eine Wechselkursfreigabe zusammen mit konservativer Kreditpolitik ausreicht.

---

[19] Dies scheint bei der Kreditkrise Mexikos von 1994 mitgespielt zu haben, vgl. Belege in Anm. 8.

– Wenn schon eine Rückkehr zum System von Bretton Woods mit einer Rückkehr zu Beschränkungen des internationalen Kapitalverkehrs nach nationalem Gutdünken nicht mehr möglich sei, könne eine begrenzte Autonomie der nationalen Geldpolitik dadurch wiederhergestellt werden, daß Devisenmarkttransaktionen mit einer Steuer belegt werden. Der Vorschlag geht auf James Tobin zurück, der sich davon vor allem eine Minderung der kurzfristigen Kapitalbewegungen verspricht, die für Wechselkursschwankungen unabhängig von den wirtschaftlichen Fundamentalbedingungen verantwortlich seien (zuerst: Tobin, 1978, S. 153-159; jetzt: Eichengreen/Tobin/Wyplosz, 1995, S. 162-172). Ein mäßiger Steuersatz treffe die langfristigen und als weniger unberechtigt angesehenen Kapitalbewegungen nicht so stark wie die für schädlich gehaltenen kurzfristigen Kapitalbewegungen.

Von der an diesem Konzept geübten Kritik wird merkwürdigerweise das damit verfolgte Ziel, nämlich eine größere nationale Konjunkturautonomie im Interesse einer monetär-inflatorischen Konjunkturpolitik, kaum in Frage gestellt. Diese Politik spielte sich im Bretton-Woods-System bei festen, aber anpassungsfähigen Wechselkursen in folgender Weise ab: Nationale monetär-fiskalische Expansionen der effektiven Nachfrage wurden in ihren Wirkungen auf die Außenwirtschaft zunächst durch internationale Zwangskredite und Mobilisierung von anderen Währungsreserven abgefangen sowie durch Importbehinderungen und Exportförderungen gemildert. Die Zwangskredite wurden den Gläubigern auferlegt und wirkten dort inflatorisch. Wenn sich dies nicht mehr fortsetzen ließ, folgten Abwertungen der inflatorisch vorangehenden Länder (zu dieser Abfolge: Willgerodt, 1965, S. 344ff.). Dies alles vollzog sich in der Überzeugung, daß die Länder mit Zahlungsbilanzüberschüssen für zu geringe monetäre Nachfrage und daher Arbeitslosigkeit verantwortlich seien und entsprechend zu Zwangskrediten herangezogen werden müßten. Diese auf Keynes selbst zurückgehende Konzeption ist aber inzwischen deswegen gescheitert, weil sich mit inflationistischen Mitteln bei fehlender Geldwert- und Wechselkursillusion und dem entsprechenden „Reallohnwiderstand" (Hicks, 1975, S. 1-13 und die daran geübte Kritik von Harry G. Johnson, 1976, S. 13-17) keine Vollbeschäftigung mehr erreichen läßt, sondern eher das Gegenteil, eine „Stagflation" (Haberler, 1985). Im übrigen ist die Tobin-Steuer aus folgenden Gründen untauglich:

1. Für jede Abgrenzung von steuerpflichtigen Devisentransaktionen gibt es Ausweichmöglichkeiten, etwa Transaktionen von Wertpapieren, die nicht als De-

visengeschäfte gelten. Will man dies ausschließen, dann ist eine vollständige Devisenzwangswirtschaft erforderlich.[20]

2. Der vorgeschlagene Steuersatz von 0,5 vH vom Umsatz ist zu gering, um eine Auf- oder Abwertungsspekulation abzuschrecken, die mit höheren Sätzen rechnet, kann also allenfalls geringfügige Wechselkursschwankungen, soweit sie von einer Spekulation abweichend von den Fundamentaldaten hervorgerufen wird, abschrecken. Ob dies die immensen Verwaltungs- und Kontrollkosten einer solchen Steuer rechtfertigt, ist zweifelhaft, weil sie größere und gefährlichere Spekulationen nicht aufhalten kann (Davidson, 1997, S. 671-686).

3. Dies gilt um so mehr, als die Steuer zwar nur bei hohen Sätzen für ihren eigentlichen Zweck tauglich sein könnte, aber schon bei dem vorgeschlagenen niedrigen Satz den internationalen Handel weitaus stärker belastet. Wenn z.B. nach Davidson (1997, S. 678) für ein normales Handelsgeschäft vier oder mehr steuerpflichtige Devisengeschäfte (einschließlich Kurssicherung) notwendig sind, käme der Vorschlag einer allgemeinen Steuer von 2 vH auf den Außenhandel gleich, ohne sein eigentliches Ziel zu erreichen.

4. Der Vorschlag von Spahn (1996, S. 24-27), eine zweistufige Tobin-Steuer einzuführen und einen höheren Steuersatz für Devisenumsätze vorzusehen, wenn eine festgelegte Bandbreite der Wechselkurse überschritten wird, leidet darunter, daß vom höheren Steuersatz auch die normalen Handelsumsätze und stabilisierenden Devisengeschäfte getroffen würden. Eine ohnehin angeblich zu große und ungerechtfertigte Verteuerung der Devisen würde also durch die Sondersteuer abermals gesteigert, der Verzerrungseffekt vergrößert. Befindet man sich zunächst noch innerhalb der nicht von der Sondersteuer erfaßten Bandbreite und erwartet man eine Verteuerung der Auslandswährung, die zur Steuerpflicht führt, dann wird man den Devisenkauf zeitlich vorziehen und Devisenbestände anlegen, um der Steuerpflicht zu entgehen. Damit nimmt die Volatilität der Wechselkurse nicht ab, sondern zu (zur Kritik an Spahns Vorschlag: Stotsky, 1996, S. 28f.).

5. Solange nicht durch ein internationales Abkommen eine einheitliche Anwendung der Steuer vereinbart und durchgesetzt wird, kann sie leicht umgangen

---

[20] Zu den sonst bestehenden Umgehungsmöglichkeiten: Hasse/Werner/Willgerodt (1975); zum Ausweichen von Devisengeschäften auf Wertpapiergeschäfte: Garber/Taylor (1995, S.179).

werden, indem Devisengeschäfte dort abgeschlossen werden, wo die Steuer nicht erhoben wird. Außerdem begünstigt die Steuer ein Verfahren der wechselseitigen Kompensation von Forderungen, um Devisengeschäfte zu vermeiden und mit Verrechnungskursen zu operieren, die kaum kontrolliert werden können. Kurz nachdem eine solche Steuer eingeführt ist, mag sie vorübergehend wirken. Aber nach einiger Zeit schwinden durch Einübung von Ausweichreaktionen die Steuergegenstände.

6. Der Haupteinwand ist jedoch weniger technisch als grundsätzlich: Das vorgeschlagene Verfahren kann auch dazu dienen, einen fundamental falschen Wechselkurs zu verteidigen und die notwendige Anpassung des Kurses oder der Geld- und Finanzpolitik hinauszuschieben, mit der Folge, daß eine Spekulation auf die schließlich unvermeidliche Anpassung um so sicherer wird.

Damit wird abermals ein grundsätzlicher Zusammenhang deutlich: Die destabilisierenden Kapitalbewegungen sind im wesentlichen Symptom und nicht Ursache krisenhafter Entwicklungen, die so gut wie immer von der Politik durch Handlungen oder - meist ordnungspolitische - Unterlassungen mitverursacht sind. Dabei steht der Versuch der Politik im Vordergrund, die Marktkräfte zurückzustauen, anstatt sie nutzbar zu machen. Übersehen wird zum Beispiel die Funktion kurzfristiger Kapitalbewegungen, reale Anpassungprozesse zu mildern. Ein Land, das im System fester Wechselkurse eine zahlungsbilanzwirksame Störung erfährt, etwa eine Defizittendenz, kann durch eine Steigerung der Notenbankzinsen vorübergehend kurzfristiges Auslandskapital anziehen. Dadurch mildert es den Zwang, sofort durch massive monetäre Restriktion seiner Kreislaufgrößen den nötigen Aktivierungsprozeß seiner Leistungsbilanz hervorzurufen. Ebenso kann bei flexiblen Kursen ein Zustrom von kurzfristigem Kapital die Abwertungstendenz mildern. Die beklagte angeblich zu geringe Anpassungsgeschwindigkeit der Leistungsbilanz an Kapitalströme[21] wird insoweit gerade durch die größere Reaktionsgeschwindigkeit kurzfristiger Kapitalströme gemildert und nicht verschärft.

---

[21] Vgl. Eichengreen/Tobin/Wyplosz (1995, Fn 1). Nach der deutschen Vereinigung hat sich die deutsche Leistungsbilanz innerhalb eines Jahres um ca. 100 Mrd. DM von einem Aktivum in ein Passivum verändert. Dies beruht nicht auf einem bloßen Additionseffekt, indem etwa ein auch bei Selbständigkeit der DDR mögliches Defizit Ostdeutschlands mit einem westdeutschen Aktivum fusioniert worden wäre. Die DDR hätte ein nach der Vereinigung von ihr ausgehendes Defizit selbständig gar nicht finanzieren können. Vgl. SVR (1991, Ziffern 112-117 und Tab. 59*).

Voraussetzung für das Funktionieren dieses Prozesses ist allerdings, daß kurzfristige Kredite dauerhaft nötige Anpassungen nicht verhindern und daß sie vorwiegend dazu dienen, neben einer bloßen Milderung der realen Anpassung wie die Federung eines Autos entgegengesetzte und in kurzer Folge einwirkende Datenänderungen zu überbrücken, denn die mit kurzem Abstand aufeinanderfolgenden Zu- oder Abflüsse von Kapital erfordern dann keine Umstellung von Produktion und Nachfrage mit den entsprechenden Kosten. Damit die kurzfristigen Kapitalbewegungen die genannten Funktionen erfüllen können, müssen allerdings die Funktionsbedingungen des Festkurssystems und die realwirtschaftlich keineswegs milderen Funktionsbedingungen eines Systems beweglicher Wechselkurse erfüllt sein.[22] Vor allem kann auf die Beweglichkeit der Preisstrukturen und realen Produkt- und Faktorpreise nicht verzichtet werden.

c) Zur Kritik an langfristigen Internationalen Kapitalbewegungen

Das Argument der Arbeitsplatzverlagerung in Niedriglohnländer durch Kapitalabfluß

Die Behauptung, das international bewegliche Kapital weiche vor dem Druck hoher Lohnsätze in sogenannte Niedriglohnländer aus, zu denen Entwicklungsländer gerechnet werden, wird vor allem für Produktionen vorgetragen, bei denen weniger qualifizierte Arbeit gebraucht werde, die in diesen Ländern reichlich und billig zur Verfügung stehe. Die in Billiglohnländern hergestellten Massenprodukte würden dann in die entwickelten Industrieländer mit bisher hohen Löhnen exportiert und müßten dann zu einer Lohnsenkung für die breite Masse der weniger Qualifizierten in den alten Industrieländern führen (in diesem Sinne z.B. Reich, 1993). Als Gegenleistung exportierten die alten Industrieländer Güter der Hochtechnologie, für deren Herstellung hochqualifizierte und immer besser bezahlte Arbeitskräfte verwendet würden.

Die empirische Basis dieser Behauptungen ist brüchig. Zwar haben die Nettokapitalexporte in die Entwicklungsländer zugenommen, aber keineswegs in dem

---

[22] Vgl. Lutz, wie Anm. 7. Zu den Funktionsbedingungen flexibler Wechselkurse: Meyer (1951, S. 345-364). Ähnlich: Hayek (1937/1964).

behaupteten Umfang. Im März 1995 wurde angegeben, diese Nettokapitalexporte während der vergangenen 25 Jahre hätten nur etwa 2 vH des Kapitalstocks der Industrieländer ausgemacht (Ghosh, 1996, S. 41). Nicht selten hatten alle Entwicklungsländer zusammengenommen ein geringeres Leistungsbilanzdefizit und damit Nettokapitalzuflüsse als allein die USA (Bank für Internationalen Zahlungsausgleich, 1965, S. 67; 1966, S. 34).

Befürchtungen, die Kapitalversorgung der alten Industrieländer werde unter einer Kapitalbewegung in Entwicklungsländer leiden, sind aus mehreren Gründen wenig überzeugend:

1. Das Argument, die moderne Produktionstechnik sei überall in der Welt problemlos einsetzbar, unterschätzt die gesellschaftlichen, rechtlichen und bei der Infrastruktur notwendigen Rahmenbedingungen der Produktion, die in vielen Entwicklungsländern auf absehbare Zeit kaum erfüllt werden.

2. Selbst wenn dies, was wünschenswert ist, doch zutrifft, ist der Kapitalzustrom aus dem Ausland vielfach nur eine mithelfende Anregung für den Entwicklungsprozeß, der mit einsetzendem Wachstum und damit steigender Ersparnis von eigener Kapitalbildung abgelöst wird. Bei Inländern gehörenden Unternehmungen ist die eigene Kapitalbildung schon allein deshalb notwendig, weil haftendes Eigenkapital zur Verfügung stehen muß.

3. Die Ersparnis in den entwickelten Ländern ist zwar durch eine kapitalbildungsfeindliche Sozial- und Finanzpolitik beeinträchtigt, bisher aber noch so groß, daß ein Teil davon in die Entwicklungs- und Transformationsländer fließen kann, ohne die eigenen Nettoinvestitionen wesentlich zu beeinträchtigen. Dies kann sich freilich ändern, wenn die Entwicklungs- und Transformationsländer im Standortwettbewerb stark aufholen.

4. Einige frühere Entwicklungsländer wie Singapur, Taiwan und Hongkong exportieren bereits Realkapital,[23] sind also wie lange vor ihnen Japan in das Lager der Weltgläubiger übergegangen. Diese Länder haben eine exportorientierte, globalisierungsfreundliche Entwicklungspolitik betrieben, der sie bei allen dabei begangenen, meist dirigistischen Fehlern ihre Erfolge verdanken.

---

[23] Desgl. Bank für Internationalen Zahlungsausgleich (1996, S. 67). Zu den erheblichen Sparquoten der Entwicklungsländer in Asien und Lateinamerika, wobei sie in Asien höher sind: Turner (1995, S. 14, Table 4).

Je mehr Länder ihnen darin folgen, desto eher wird das Problem der Kapitalknappheit lösbar.

Zu der These, eine neue internationale Arbeitsteilung - von Kapitalbewegungen in die Entwicklungsländer begleitet - müsse zur relativen oder absoluten Verarmung der weniger qualifizierten Arbeitskräfte in den Industrieländern führen, sind mehrere Fragen zu stellen: Kann die Arbeitsteilung zwischen alten Industrieländern und Entwicklungsländern tatsächlich so verändert werden, daß die Entwicklungsländer die Märkte der industriellen Massengüter erobern und die bisherigen Produzenten in den alten Industrieländern verdrängen? Wird hier nicht die Anpassungsfähigkeit der entwickelten Länder stark unterschätzt? Die bisherigen Produzenten wären dann arbeitslos und müßten von den höher Qualifizierten des eigenen Landes alimentiert werden. Wären diese dazu in der Lage, das heißt, würden sie im Export und auf dem Binnenmarkt soviel verdienen, daß ihr Einkommen dazu ausreicht, zumal schon über Importe von qualifizierten Leistungen aus Entwicklungsländern geklagt wird?

Wenn sich die Importe der entwickelten Länder gleichwohl vorwiegend aus industriellen Massenprodukten zusammensetzen würden und diese nun wegen der angeblich niedrigeren Lohnkosten der Entwicklungsländer billiger angeboten werden: Wer in den alten Industrieländern kauft diese Produkte, wenn die Minderheit der Hochqualifizierten solche Güter nur in begrenzter Menge abnimmt? Müssen dann nicht die Preise dieser Güter so stark fallen, daß sie auch von den angeblich verarmenden Unterschichten gekauft werden können? Ist es dann eine Zumutung für diese Schichten, den Wettbewerb mit den Importen wieder aufzunehmen und sich innerhalb der Massenproduktion im Austausch auch mit Entwicklungsländern zu spezialisieren? Verlangen die Entwicklungsländer aus den alten Industrieländern nur Güter der Hochqualifizierten und haben sie einen derartig großen Bedarf an Blaupausen und Gütern der „Hochtechnologie“, daß bei ihnen andere Einfuhren dadurch verdrängt werden? Was würde eine Regulierung des Kapitalverkehrs, sofern sie überhaupt wirksam gemacht werden könnte, für die Dämpfung des Konkurrenzdrucks in den alten Industrieländern nützen, wenn auch ohne Kapitalimporte der Entwicklungsländer der bloße freie Handel zu einer ähnlichen Arbeitsteilung führen würde?

Im übrigen sind die Kapitalmärkte der Welt für die Bewegung von Realkapital weit davon entfernt, perfekt zu sein, so daß die Lokalisierung des Kredits

(Haberler, 1955, S. 396ff.) noch immer groß genug ist, um unterschiedliche Kapitalintensitäten der Produktion bei ähnlichen Gütern zuzulassen, weil die Kapitalkosten in den entwickelten Ländern niedriger sind. Das erlaubt dort höhere Arbeitsproduktivität und höhere Lohnsätze. Dies um so mehr, als der Kapitalreichtum dieser Länder auch mehr Investitionen in Bildung und Ausbildung erlaubt und daher auf verwandten Märkten mit einer anderen Produktionsfunktion gearbeitet wird. Das gilt auch deswegen, weil die mit der Kapitalverwendung eng verbundene Unternehmerleistung keineswegs international völlig mobil ist und auf allen Märkten der Welt mit gleicher Qualität konkurrieren kann.

Die Klage über schädliche Verlagerungen von Produktionen oder Teilen davon in das Ausland übersieht, daß der Vorgang des Kapitaltransfers selber unter bestimmten Bedingungen zunächst einmal beschäftigungsfördernd im kapitalgebenden Land wirken kann, vor allem, wenn der notwendige Leistungsbilanzüberschuß durch eine Abwertung erleichtert wird oder die Investitionsgüter direkt aus dem Kapitalgeberland bezogen werden. Außerdem können sich längerfristige Lieferbeziehungen für Erweiterungs- und Ersatzinvestitionen des Empfangslandes ergeben.

Vor allem von Direktinvestitionen durch Firmen entwickelter Länder werden dort Arbeitsplatzverluste erwartet. Diese einzelwirtschaftliche Sicht läßt außer Betracht, daß gleichzeitig Direktinvestitionen anderer Länder in umgekehrter Richtung stattfinden können. Selbst wenn aber der Saldo der Direktinvestitionen in dem Sinne ungünstig wäre, daß mehr Arbeitsplätze exportiert als importiert werden, besagt das für den volkswirtschaftlichen Beschäftigungseffekt nicht genug: Es können in einem Land gleichzeitig Portfolioinvestitionen des Auslandes zu Kapitalzuflüssen und realen Investitionen führen, dem Inland also per Saldo weder Kapital noch Arbeitsplätze entgehen.

Im übrigen zeigt sich, daß die meisten Direktinvestitionen aus entwickelten Ländern in anderen entwickelten Ländern vorgenommen werden.[24] Der Versuch, sie durch staatlichen Eingriff zu verhindern, kann zu Wettbewerbsnachteilen der betroffenen Firmen und zum dadurch hervorgerufenen Verlust von Arbeitsplätzen im In- und Ausland führen.

---

[24] Zu dieser Tendenz der deutschen Direktinvestitionen: Klodt/Maurer (1996); im übrigen: Markusen (1995, S. 171).

Das Argument des schädlichen Kapitalzuflusses

Ganz im Gegensatz zur Kritik am Kapitalabfluß steht eine nicht seltene Furcht vor Kapitalzuflüssen auch langfristiger Art. In kleineren Entwicklungsländern wird Überfremdung, Machtanwendung durch große multinationale Unternehmen, Umstellung der Wirtschaft zugunsten von Weltmarktprodukten auf Kosten der agrarischen Selbstversorgung und Überschuldung erwartet. In entwickelten Industrieländern kommt Furcht vor neuem Wettbewerb durch Ansiedlung ausländischer oder vom Ausland finanzierter Investitionen hinzu. Bei Kapitalzuflüssen in kleine Länder muß es aber in diesen Ländern Instanzen und Personen geben, die das Kapital in Empfang nehmen und diesen Empfang für nützlich halten. Den Grundstückserwerb kann der Staat regulieren, ebenso die Ansiedlung von Ausländern, obwohl dafür Gründe und Gegengründe sehr sorgfältig abgewogen werden müssen. Im übrigen können sich Kleinstaaten als internationale Bankiers und Kapitaldrehscheibe betätigen und aus dieser Dienstleistung erhebliche Vorteile ziehen. Ein ausländischer sehr großer Kapitalanleger, der mit erheblichen Beträgen in einem kleinen Land engagiert ist, wird es sich sehr sorgfältig überlegen, ob er durch plötzlichen Abzug seines Kapitals sich selbst Verluste zufügen will. Sie entstehen durch Abwertung einer kleinen Währung oder durch ruinöse Entwertung im Inland gebundener Anlagen, wenn sie plötzlich verkauft werden. Autarkieargumente sind in genereller Form undiskutabel, was nicht ausschließt, daß auch in offenen Volkswirtschaften eine Politik betrieben wird, die den privaten Haushalten einen Bereich der Selbstversorgung (Haus, Garten usw.) beläßt, um sie weniger krisenempfindlich zu machen.

Das Überschuldungsargument wäre vor allem für die Staatsverschuldung diskutabel, aber die Empfängerstaaten haben es in der Hand, sich in dieser Hinsicht selbst zu disziplinieren. Wenn die politischen Strukturen eine ungehemmte Staatsverschuldung auch gegenüber dem Ausland möglich machen, wäre es Aufgabe der Gläubiger und des internationalen Banksystems, Bonitäten sorgfältiger abzuwägen. Das Problem kann hier nicht vollständig diskutiert werden, es handelt sich aber um einen Bereich, in dem private und staatliche Organisationen der internationalen Kreditkontrolle zweckmäßig sind. Zum Teil nimmt der Internationale Währungsfonds diese Aufgabe wahr. Die in der Europäischen Union vorgesehene Kontrolle von Staatsdefiziten leidet darunter, daß die an der Verschuldung interessierten Staaten selber über Sanktionen entscheiden (Art. 104 c des Maastricht-Vertrages).

Ein Sonderproblem des unerwünschten Kapitalzuflusses kann sich in den Transformationsländern des ehemals sozialistischen Weltteils ergeben, wenn Staatsunternehmen an Ausländer verkauft werden und der Staat die erhaltenen Beträge nicht für Investitionen, sondern für Konsumzwecke verwendet. Man verbraucht dann Volksvermögen; und da der Verkaufserlös nur einmal anfällt, muß nach Aufzehrung dieses Zuflusses der Verbrauch wieder reduziert werden. Das kann mit erheblichen politischen Problemen verbunden sein. Eine ausländische Direktinvestition dieser Art hat höchstens den Vorteil, daß hier wie bei anderen Direktinvestitionen der ausländische Eigentümer an der Weiterentwicklung seines Unternehmens und an der Übertragung von technischem und wirtschaftlichem Wissen interessiert ist.

Überschuldungen der Privatwirtschaft eines ganzen Landes von längerer Dauer, die schließlich in einer Kreditkrise enden, können durch ein völliges Versagen des Kreditsystems bei der Bonitätsprüfung der Schuldner entstehen. Es ist aber keine Lösung des Problems, die Kreditaufnahme im Ausland nur deswegen zu verbieten, weil sie übersteigert werden könnte. Auch in einer Konjunkturkrise können bisher normale Kredite notleidend werden, aber solche Krisen zu bekämpfen, ist nicht Aufgabe von Kapitalverkehrskontrollen, sondern der allgemeinen Konjunkturpolitik. Wollte man vorbeugend Auslandskredite und überhaupt Kredite be- und verhindern, weil sie einmal notleidend werden könnten, dann würden Wachstum und die Absorption von Ersparnissen derartig behindert, daß damit mehr Schaden angerichtet als Nutzen gestiftet wird.

Riskante Kreditgewährung im Wettbewerb der Banken um profitable Schuldner muß durch Bankenaufsicht und stärkere Förderung der Beteiligungsfinanzierung eingedämmt werden. Jedenfalls ist die oft angewandte Entschuldung durch internationale Bankenkonsortien und ausländische Steuerzahler keine Vorbeugung, sondern mehr eine Ermunterung zu kreditpolitischem Leichtsinn.

Es ist - wie gesagt - möglich, daß stabilisierende und marktwirtschaftliche Reformen eines Landes einen Optimismus ausländischer Kreditgeber hervorrufen, der zu einem übermäßigen Zustrom von Auslandskapital und inländischer Erleichterung der Kreditaufnahme führt, die sich mit dem wirtschaftlichen Ertrag der Reformen nicht auf die Dauer rechtfertigen lassen (McKinnon/Pill, 1997, S. 189-193). Im Vertrauen auf steigendes Einkommen werden vorübergehend zuviele Investitions- und Konsumkredite gewährt. Auch hier sind Kontrollen der

Kapitaleinfuhr weniger oder überhaupt nicht geeignet, das Problem zu lösen, weil die inländischen Banken nach wie vor zu optimistisch sein können und bei verminderter Kapitaleinfuhr ihren eigenen Kapitalexport einschränken, um den Inlandsmarkt um so stärker zu bedienen. Vielmehr können Maßnahmen zur Verschärfung der Bonitätsanforderungen und der Bankenaufsicht sowie Erleichterungen der Kapitalausfuhr angebracht sein.

Die Furcht vor Kapitaleinfuhren wird schließlich noch immer mit dem klassischen Transferproblem begründet: Zur späteren Verzinsung und Rückzahlung müsse ein schwierig zu erzielender Exportüberschuß erwirtschaftet werden. Je offener und anpassungsfähiger die Wirtschaft eines Schuldnerlandes und der gegenüberstehenden Gläubigerländer ist, desto leichter läßt sich dieser Exportüberschuß herbeiführen. Bei freier Kapitaleinfuhr ist aber auch mit einem den Transfer verzögernden kurzfristigen Auslandskredit in der Gegenrichtung zu rechnen. Denn bei Festkursen wird die inländische Geldmenge vorübergehend mit zinssteigernder Tendenz beschränkt, bei flexiblen Kursen ruft die Devisennachfrage der rückzahlenden Schuldner eine Abwertungstendenz hervor, die mit Aufwertungserwartung verbunden sein kann, wenn eine elastische Anpassung der Güterwirtschaft an die Notwendigkeit des Transfers erwartet wird. Behinderungen des Kapitalverkehrs würden diesen Ablauf nur erschweren. Angebracht ist vielmehr eine allgemeine Liberalisierungs- und Elastizitätspolitik. Sowohl das Problem der inneren Aufbringung geschuldeter Summen wie das Problem des Transfers in das Ausland sind dann leichter zu lösen.

Wer als solventer und vertrauenswürdiger Schuldner gilt, braucht vielfach überhaupt nicht zurückzuzahlen, denn nichts ist für Banken knapper als gute Schuldner. In guten Schuldnerländern werden sogar Zinsen nicht immer abgerufen, sondern auch investiert. Man hat die Beobachtung gemacht, daß die Abschaffung von Behinderungen des Kapitalexports, die zum Schutz vor Kapitalabflüssen und Transferproblemen eingeführt worden sind, nicht zu einem starken Kapitalabfluß führen muß. Stehen hinter dieser Reform glaubwürdige Veränderungen der inneren Finanz- und Ordnungspolitik, dann kommt es im Gegenteil zu einem Kapitalzufluß, oft im Übermaß, denn die Freigabe des Kapitalverkehrs gilt als Signal für Vertrauenswürdigkeit (vgl. Bartolini/Drazen, 1997, S. 138-154). Auch das Gegenteil gilt: Wer den Kapitalexport behindert, ist nicht mehr kreditwürdig.

Das Argument der Flucht vor Abgaben

Die Kritik an der Globalisierung und dem internationalen Standortwettbewerb stützt sich auch darauf, daß international mobile Faktoren die inländischen Abgaben durch Abwanderung in das Ausland vermeiden können. Mobil sei in erster Linie das Kapital, das deswegen keine oder keine ausreichenden Steuern und Sozialabgaben zahle.

Allerdings wäre es nicht korrekt, allein von einer hohen Mobilität des Finanzkapitals auf die Mobilität des Kapitals überhaupt und dessen Möglichkeiten zur Steuerflucht zu schließen. Wie gezeigt (1.*i)*) hängt der Saldo auch der Bewegungen des Finanzkapitals vom möglichen Saldo der Leistungsbilanzen und damit vom Saldo der Bewegungen von Realkapital und Gütern aller Art ab. Ob insgesamt einem besteuernden Land das Besteuerungsobjekt Kapital entgeht, ist also nicht an der Leichtigkeit abzulesen, mit der sich Beträge auf ein ausländisches Konto überweisen oder Wertpapiere vom Ausland beziehen lassen. Die Salden der Leistungsbilanzen machen im allgemeinen nur einen geringen Anteil des jeweiligen inländischen Gesamtkapitals aus. Dieses Gesamtkapital ist als Sachkapital gebunden und kann nur teilweise schnell und ohne Verluste in das Ausland verbracht werden. Zum Teil ist es überhaupt nicht geographisch mobilisierbar; gleichwohl damit verdiente Abschreibungsbeträge könnten wie jeder andere inländische Geldbetrag in das Ausland fließen, vorausgesetzt, daß ein entsprechender Saldo der Leistungsbilanz herbeigeführt werden kann. Die Veränderlichkeit von Leistungsbilanzsalden ist aber jedenfalls geringer als die Mobilität von Titeln des Finanzkapitals.

Immerhin ist aber eine auf die Dauer große Kapitalbewegung in das Ausland möglich, wenn ein Land überdurchschnittlich hohe Steuern und andere Abgaben auf Kapitalerträge und Kapitalverwendung eingeführt hat, diesen Lasten aber keine kompensierenden Standortvorteile auf anderen Gebieten gegenüberstehen, indem etwa die Lohnkosten niedriger sind als im Ausland oder die Qualität der öffentlichen Leistungen diejenige des Auslandes übertrifft. Soll das Kapital im Lande gehalten werden, um die Produktivität der immobilen Faktoren und deren Einkommen höher zu halten, dann muß die Kapitalbesteuerung gesenkt oder auf die weniger mobilen Faktoren abgewälzt werden.

Der Umfang der Abgabenflucht in das Ausland hängt indessen auch davon ab, ob es dort niedrigere Abgabenlasten bei mit dem Inland vergleichbaren sonstigen

Standortbedingungen gibt und die Aufnahmefähigkeit solcher Zufluchtländer für fremdes Kapital groß genug ist. Kleine Länder können sich nur begrenzt in dem Sinne als Steueroasen betätigen, daß sie ausländisches *Real*kapital aufnehmen und im Inland rentabel investieren. Jedenfalls machen sich dort Agglomerationsnachteile, steigende Bodenpreise und ein weniger aufnahmefähiger Binnenmarkt früher bemerkbar als in größeren Ländern. Freilich dürfen diese Faktoren auch nicht überbewertet werden, wie die Beispiele Singapur, Hongkong und Taiwan zeigen. Diese drei Länder sind jedoch - wie erwähnt - längst zu Exporteuren von Realkapital geworden, was sich an ihren Leistungsbilanzsalden ablesen läßt (Bank für Internationalen Zahlungsausgleich, 1995, S. 67).

Eine andere Möglichkeit für kleinere Länder besteht darin, daß sie Finanzkapital aufnehmen, es aber mit Gewinn in die Herkunftsländer zurückschleusen. Die Funktion bestimmter Länder als internationale Kapitaldrehscheibe erklärt sich nicht nur mit den Möglichkeiten der Steuervermeidung , die sie unter Umständen anbieten, sondern auch mit der Qualität ihrer Finanzdienstleistungen (vgl. Thießen, 1988), zu der Rechtssicherheit, Bankgeheimnis und ein geringeres Geldentwertungsrisiko beitragen. Ein solches Land kann im eigenen Kapitalexport Risiken mischen und entsprechende Zuschläge verlangen oder sich, wie früher die Schweiz, durch niedrige Habenzinsen und hohe Provisionen schadlos halten. Wenn auf diese Weise Kapital in das Ursprungsland zurückgeliehen wird, dann hat es *real* das Ursprungsland gar nicht verlassen und könnte eigentlich auch dort steuerlich erfaßt werden. Geschieht das nicht, dann sind dafür Regelungen des Steuerrechts verantwortlich. Zum Beispiel könnte Auslandsvermögen von Inländern unversteuert bleiben, weil es leichter verborgen werden kann, und auch das über ausländische Banken zurückgeliehene Fluchtkapital könnte im Inland unbelastet bleiben, weil es formal Ausländern gehört.

Dieses Problem wäre lösbar, wenn alles Einkommen ohne Rücksicht auf seine geographische Herkunft lückenlos am Wohnsitz des Steuerpflichtigen versteuert würde und er den Wohnsitz nicht entsprechend der Steuerbelastung verlagern würde. Es ließe sich, soweit das Ausweichen vor jeder Besteuerung vermieden werden soll, auch dadurch lösen, daß das Realkapital am Ort seiner Verwendung mit Abgaben belastet würde, die dem Vorteil entsprechen, den es aus örtlich gebundenen öffentlichen Leistungen zieht (Äquivalenzabgaben). Die lückenlose Erfassung nach dem Wohnsitzlandprinzip setzt vollständige Information durch die Behörden aller Länder voraus und ist offenbar utopisch. Lückenlosigkeit der steuerlichen Erfassung kann freilich auch im Inland nicht hergestellt werden, doch greift im Inland die Kontrolle besser als im Ausland. Bei der Besteuerung an der Quelle, das heißt bei der Verwendung des Realkapitals, wird ein ruinöser internationaler Steuerwettbewerb befürchtet, der schließlich dazu führe, daß das Kapital und seine Erträge überhaupt nicht mehr besteuert würden. Das Argument ist weder überzeugend (im einzelnen: Dluhosch, 1993; Siebert, 1995) noch besonders aktuell. Aktuell ist vielmehr das Problem, ob der überbordende Abgaben- und Fiskalstaat noch anders als durch den Druck des internationalen Standortwettbewerbs zu den unabweisbaren Reformen gezwungen werden kann.

Es sind außerdem nicht die Steuersätze allein, nach denen sich die internationale Kapitalverteilung richtet, sondern auch die mit den Abgaben finanzierten öffentlichen Leistungen. Dabei kommt es auf das Realkapital an; durch Finanztitel wird es lediglich repräsentiert und die Bewertung dieser Titel ist letztlich von der Rentabilität des Realkapitals abhängig. Der Nutzen, den das Realkapital aus öffentlichen Leistungen an einem bestimmten Standort zieht, wird mit dem entsprechenden Nutzen an anderen Standorten verglichen, und dieser Nutzenvergleich wird dem Steuerbelastungsvergleich gegenübergestellt. Daß nur die Steuern für die Standortentscheidung maßgebend seien, geht von der Vorstellung aus, die öffentlichen Leistungen würden in jedem Fall und unabhängig vom Kapitalzustrom erbracht, könnten also ohne Zusatzkosten vom Realkapital genutzt werden. Der Teil der öffentlichen Leistungen, für den das allenfalls zutrifft, ist weitaus geringer, als diese Lehre annimmt. Das gilt vor allem längerfristig, weil sich die Dimension der Infrastruktur im weitesten Sinne mit den Investitionen und dem diese Investitionen erst erfolgreich machenden Wirtschaftswachstum verändert. Es ist dabei ziemlich gleichgültig, ob der Staat bei der Finanzierung dieser Infrastruktur zunächst in Vorlage tritt, aber durch seine Steuergesetze öffentlich kundtut, daß er später die angesiedelten Firmen heranziehen wird, oder ob er durch Anliegerbeiträge die Investoren sofort unmittelbar belastet. In beiden Fällen weiß der Investor, was ihn erwartet, wird sich aber nicht abschrecken lassen, wenn für ihn die öffentliche Leistung mehr Nutzen bringt, als sie ihn kostet.

Im übrigen ist das international mobile Kapital ständig auf der Suche nach Möglichkeiten der rentablen Anlage und bei hinreichenden Gewinnerwartungen auch bereit, eine Erstausstattung mit Gütern der Infrastruktur zu finanzieren, selbst wenn diese Infrastruktur später allgemein genutzt wird.

Die Möglichkeit, Kapitalerträge zur Finanzierung allgemeiner Staatsausgaben heranzuziehen, wird also durch den internationalen Standortwettbewerb zwar gemindert, aber nicht beseitigt. Die langfristige Kapitalbindung an einem Standort wird von einer Vielzahl von Faktoren beeinflußt. Unter ihnen wird die Belastung durch Abgaben nur dann dominierend, wenn sie wie heute in der Bundesrepublik Deutschland die direkte und indirekte Beziehung zu Quantität und Qualität der staatlichen Leistungen zu sehr verliert. Wichtiger für die Investitionsentscheidungen in einem bestimmten Gebiet als die kurzfristigen Erwägungen marginaler Kapitalanbieter für eine bestimmte kurze Zeit sind die längerfristigen Erwartungen, insbesondere Stabilitäts- und Risikoerwartungen, die die Investoren mit einem Standort verbinden.[25] Diese Erwartungen werden ungünstig beeinflußt, wenn Kapitalverwendung und Kapitalerträge mit höheren Abgaben belastet werden und damit gerechnet wird, daß die Regierung gegen einen daraufhin einsetzenden Kapitalabfluß mit Kapitalverkehrskontrollen vorgeht. Ob es ihr dann gelingt, ausländische Zufluchtgebiete zu ähnlichen Abgabensteigerungen zu veranlassen, ist fraglich.

Das Argument der Gefährdung des Sozialstaates

Befürchtet wird nicht nur, daß das bewegliche Kapital der Besteuerung im allgemeinen entgehen kann, sondern auch, daß es sich der sozialpolitischen Umverteilung, sei es über Steuern, sei es über Sozialabgaben, entzieht, solange diese Umverteilung nicht international oder mindestens innerhalb der Europäischen Union harmonisiert ist (vgl. Sinn, 1995, S. 240-249; Feld/Kirchgässner, 1995, S. 562-568).

Kapital als solches und seine Verwendung sind allerdings höchstens für Äquivalenzabgaben ein geeigneter Besteuerungsgegenstand, nicht für Umverteilungsabgaben. Solche Steuern wären Abgaben auf Arbeitsplätze, unabhängig von der

---

[25] Negative Datenänderungen, die nur kurze Zeit wirken, rufen, wenn sie mit Kapitalabflüssen verbunden sind, eine Gegenspekulation hervor, sofern die baldige Rückkehr zu günstigeren Daten erwartet wird. Bei Datenänderungen, deren Aufhebung nicht vorauszusehen ist (Beispiel: inländische Steuererhöhung), kann der Kapitalabfluß erheblich sein, ohne daß es zu gegenläufigen Termingeschäften kommt. Die Kapitalbindung hat nicht nur eine quantitative, sondern auch eine zeitliche Dimension: Für die permanente Kapitalversorgung eines Ortes kommt es nicht darauf an, wieviel Kapital es zu einem Zeitpunkt beherbergt, sondern auch darauf, wie lange es sich dort aufhält.

sozialen Lebenslage der Eigentümer und derjenigen, die an diesen Arbeitsplätzen tätig sind. Nur auf Unterschiede dieser Lebenslagen müßte es der Umverteilung ankommen, nicht auf die funktionalen Einkommenskategorien. Es wäre deswegen abwegig, die Investitionen an sich oder die Abschreibungen mit sozialpolitischen Abgaben zu belasten („Maschinensteuer"). Solche Abgaben hätten nichts damit zu tun, ob die Eigentümer der Arbeitsplätze oder diejenigen, die daran beschäftigt sind, reich sind oder arm. Abwegig ist auch das Argument, ohne solche Abgaben würden die weniger kapitalintensiven Unternehmen durch höhere an das Arbeitseinkommen anknüpfende Sozialbeiträge diskriminiert. Dies ist schon allein deswegen nicht richtig, weil die Kapitalgüter als im wesentlichen vorgetane Arbeit in ihrem Wert bereits die an das Arbeitseinkommen der Kapitalgüterindustrie anknüpfenden Sozialabgaben und aller ihrer Vorlieferanten enthalten. Insoweit würden also die kapitalverwendenden Unternehmungen doppelt besteuert, wenn man eine solche „Maschinensteuer" einführen würde. Die Möglichkeit, diese Steuer auf die Preise abzuwälzen oder bei Tariflohnverhandlungen auf die Arbeitnehmer zurückzuwälzen, hat kaum etwas mit sozialpolitischen Zielen und Maßstäben zu tun.

Im Vordergrund steht wohl eher die Vorstellung, es müßten die *Kapitalerträge* für die Umverteilung herangezogen werden. Besteuert werden sie jetzt schon, und zwar doppelt, wenn zugleich auch die Ersparnisse besteuert werden, aus denen die Kapitalerträge fließen. Jedenfalls gilt dies im Vergleich zum sofortigen Verbrauch des Einkommens, das insoweit nur einmal mit Einkommensteuer belastet ist.[26] Daß bei Ersparnissen die Verbrauchsteuern aufgeschoben werden, gleicht diesen Effekt nicht aus.

Das mobile Kapital kann sowohl einer nicht äquivalenten Substanzsteuer als auch nationalen Sonderbelastungen der Kapitalerträge durch Abgabenflucht in das Ausland begegnen, soweit das Wohnsitzlandprinzip der Besteuerung nicht durchzusetzen ist. Bei Sondersteuern auf das Kapitaleinkommen mögen noch immer veraltete Konzepte von der Verwerflichkeit des Zinses mitspielen. Diese Steuern sind nicht mehr damit zu rechtfertigen, daß Zinsen nur den Wohlhabenderen zufließen. Zins- und Vermögenseinkommen sind eine bei allen Bevölkerungsschichten, wenn auch in unterschiedlichem Grade, verbreitete Einkunftsart. Dar-

---

[26] Zu den Korrekturen dieser Verzerrung durch eine zinsbereinigte Einkommensteuer: Kronberger Kreis (1996).

an ist jedenfalls die sozialpolitische Bedürftigkeit oder Belastbarkeit des Einkommenbeziehers nicht abzulesen. Da außerdem unter makroökonomischen Gleichgewichtsbedingungen die Ersparnis die Investitionen begrenzt, ist eher der Verbrauch eine geeignete Besteuerungsgrundlage. Die Tragfähigkeit der Wirtschaft für sozialpolitische Abgaben hängt nicht zuletzt vom Wirtschaftswachstum und dieses wieder von den Investitionen ab. Auch die sozialpolitische Zukunftssicherung kann nicht mehr allein durch Umlagen gewährleistet werden,[27] bei denen die Kapitalbildung diskriminiert wird. Sondersteuern auf Kapitalerträge sind auch sozialpolitisch nicht länger zu rechtfertigen.

Das schließt keineswegs aus, daß die Kapitalerträge der normalen Einkommensteuer unterworfen werden, bei der die persönliche Situation des Steuerpflichtigen beachtet wird. Die Frage, ob dann zur Vermeidung der erwähnten Doppelbelastung die Ersparnisse steuerfrei bleiben sollen oder ob umgekehrt die Ersparnis bei Steuerfreiheit einer Normalverzinsung voll zu versteuern ist, kann hier auf sich beruhen. Auch wenn die Doppelbelastung nicht bereinigt wird, reagieren die Steuerpflichtigen mit internationaler Kapitalflucht erst nach Überwindung einer Trägheitsschwelle, die von hohen Steuersätzen und ihrer Progression[28] übersprungen wird.

Ein Steuersystem mit maßvollen Abgabesätzen erhöht deswegen die Möglichkeiten sozialpolitischer Umverteilung, weil es das allgemeine Einverständnis mit dem versicherungsähnlichen Charakter dieser Umverteilung erhöht, denn auch Wohlhabende wissen nicht im voraus, ob sie und ihre Angehörigen nicht in die Lage kommen können, Einrichtungen der sozialen Sicherung in Anspruch zu nehmen. Maßvolle Abgabesätze erhöhen auch das Gewicht von Kosten der legalen oder gar illegalen Steuervermeidung, des Wohnsitzwechsels und der Transaktionskosten für die Verlagerung von Kapital in das Ausland sowie der unter Umständen höheren Kontrollkosten bei Kapitalanlagen in fremder Umgebung.

Bisher ist es wegen des überdimensionierten deutschen Systems der sozialen Sicherung mehr indirekt zu einer Tendenz gekommen, Kapital in das Ausland zu verlagern. Solange die Sozialabgaben in Prozent des Arbeitseinkommens erhoben

---

[27] Die jetzt ausgebrochene Krisis dieses totalen Umlageprinzips wurde - verfrüht, aber mit zutreffender Begründung - im Jahre 1955 vorausgesagt: Willgerodt (1955, S. 145-187).

[28] Bei hoher Steuerprogression steigt für Bezieher hoher Einkommen der Anreiz, den Wohnsitz zu verlagern, sofern der Bezug dieses Einkommens nicht an den Standort gebunden ist.

werden und bei Tariflohnverhandlungen die Summe aus Barlohn und Soziallohn nicht über das Vollbeschäftigungsniveau hinausgetrieben wird, tragen die immobilen Arbeitnehmer die Kosten der sozialen Sicherung. Die Minderschätzung des Soziallohns und die Illusion der Umverteilung über Lohnsteigerungen haben seit langem zu einer so starken Verteuerung von Arbeitsleistungen geführt, daß die Unternehmungen mit Konkursen, Rationalisierungen, kapitalintensiverer Produktion und Produktionsverlagerungen in das Ausland geantwortet haben. Werden solche Produktions- und Kapitalverlagerungen verhindert, dann muß um so mehr auf die anderen drei Reaktionsmöglichkeiten ausgewichen werden, mit der Folge, daß die Arbeitslosigkeit noch weiter zunimmt.

Das Argument, mit der Globalisierung und freien internationalen Bewegung des Kapitals schwinde jede Möglichkeit der Umverteilung durch staatlichen Zwang, ist aus mehreren Gründen zu extrem. Zwischen weniger mobilen Arbeitskräften kann nach wie vor erzwungene soziale Sicherung stattfinden. Soweit soziale Sicherung zu einem Klima gesellschaftlicher Reibungslosigkeit beiträgt, kann sie die allgemeine Standortqualität erhöhen und einem Abwanderungsanreiz für Kapital entgegenwirken. Schließlich findet in erheblichem, allerdings immer irrationaler gewordenem Umfang Umverteilung über staatliche Ausgaben statt. Zu nachteiligen Kapitalbewegungen kommt es deswegen vor allem bei wettbewerbsverzerrenden Subventionen, weniger bei allgemeinen Kollektivgütern, die auch denen zugute kommen, die keine oder geringere Steuern zahlen.[29]

Beliebt, aber wenig durchdacht ist schließlich die These, mit dem international beweglichen Kapital dürften nicht im Ausland Arbeitsplätze errichtet werden, die den deutschen sozialpolitischen Vorstellungen nicht entsprechen. Wenn zum Beispiel Kinderarbeit unerwünscht ist, dann ist es zunächst Aufgabe des betreffenden Staates, dagegen vorzugehen. Es ändert wenig bis nichts an solchen Zuständen, wenn nur importiertem Kapital vom Kapitalgeberland Auflagen gemacht werden, inländisches Kapital davon aber nicht erfaßt wird. Außerdem ist jeweils zu prüfen, ob sich die wirtschaftlich-soziale Lage der Betroffenen dadurch bes-

[29] Bei der langfristigen Kapitalbindung wird vom Investor die Qualität des Investitionsstandortes über die ganze Dauer der Investition hinweg und wegen der Kosten des Standortwechsels auch darüber hinaus geschätzt. Dabei spielen institutionelle Dauerfaktoren und das allgemeine soziale und politische Klima um so mehr mit, wie die Kapitalbindung in die Zukunft reicht. Umverteilung zugunsten allgemeiner Schulbildung kann zum Beispiel die Standortwahl positiv beeinflussen.

sert, daß ausländischem Kapital der Zutritt verwehrt wird. Im Regelfall erhöht der Kapitalzustrom die Arbeitsproduktivität und Lohnzahlungsfähigkeit in einem Entwicklungsland.

Das Argument der Flucht des Kapitals vor Regulierungen

Die internationale Beweglichkeit des Kapitals erlaubt es ihm oft, sich nationalen Regulierungen zu entziehen. Als schädlich gilt dies vielfach, wenn damit Vorschriften über Umweltschutz, Wettbewerb, Eigentumsschutz, Arbeitsschutz und dergleichen umgangen werden können. Soweit solches Verhalten internationale Wirkungen hat, können internationale Abmachungen zweckmäßig sein. Meist wird ein Land, das zum Beispiel keinen ausreichenden Eigentumsschutz gewährt, vom internationalen Kapital ohnehin gemieden. In vielen Fällen mag das nicht ausreichen, so daß versucht werden muß, eine internationale Zivil- und Wirtschaftsrechtsordnung durchzusetzen.

Jedenfalls unterwirft aber die internationale Kapitalmobilität die nationalen Regulierungen einem Zweckmäßigkeitstest. Vorher war eine politische Investitions- und Kapitallenkung vereinfacht: In der geschlossenen Nationalwirtschaft mußten inländische Nachfrager in Gestalt höherer Preise politisch veranlaßte Unwirtschaftlichkeit auffangen. In der offenen Wirtschaft lassen sich politisch veranlaßte Fehlinvestitionen nur um den Preis offen ausgewiesener Subventionen und entsprechender fiskalischer Belastungen aufrecht erhalten. Diese Belastungen mindern zusammen mit der Unwirtschaftlichkeit die Standortqualität und treiben Kapital aus dem Lande. Der davon auf das staatliche Verhalten ausgehende Rationalisierungsdruck ist nicht zu bedauern.

d) Ein Sonderproblem: Die Verteidigung falscher Wechselkurse

Was ergibt sich, wenn im Festkurssystem die monetären Folgen einer starken Kapitalbewegung nicht gewollt werden oder ein Wechselkurs verteidigt werden soll, der dem realen außenwirtschaftlichen Gleichgewicht nicht entspricht? In diesem Falle werden kurzfristige Kapitalbewegungen in besonderer Weise herausgefordert, und es ist fraglich, ob man sie neutralisieren oder unterdrücken kann.

Es gibt viele Motive zur Verteidigung eines falschen Wechselkurses. Zum Beispiel kann es das Ziel sein, bei einer dauerhaft höheren Inflation des Auslandes den inländischen Wettbewerbsvorsprung im Export und bei den mit Importen konkurrierenden Produkten zugunsten der Inlandsproduzenten zu erhalten, trotzdem aber keine Inlandsinflation zuzulassen, die diesen Wettbewerbsvorteil über steigende Kosten wieder aufheben würde. Die damit entstehende Unterbewertung der Inlandswährung begünstigt Exportüberschüsse, die als wachstumsfördernd gelten könnten, wenn die realen Inlandsinvestitionen nicht darunter leiden würden. Als weiteres Motiv gilt, daß Tendenzen zu Devisenüberschüssen oder zu entsprechenden Aufwertungen nur vorübergehend bestehen und es verhindert werden soll, daß sich Produktion und Nachfrage an diesen nur für begrenzte Zeit bestehenden Zustand anpassen, weil die Rückkehr zur früheren Struktur nach Ende der Überschußtendenz wegen mangelhafter Umstellungsfähigkeit und Faktormobilität schwierig ist (Corden, 1985, S. 271-281).

Zu denken ist an einen vorübergehend starken Kapitalzufluß oder an einen zeitweiligen Devisenüberschuß, etwa durch Export von Nordseeöl.

Bei einer dauerhaften Inflationsdifferenz zum Ausland gibt es keine länger wirksame Möglichkeit, die Entscheidung zwischen Anpassungsinflation und Aufwertung der stabileren Währung zu vermeiden. Versuche der Notenbank, die zur Stabilisierung des Wechselkurses beim Devisenankauf unvermeidliche Geldvermehrung durch restriktive Geldpolitik zu sterilisieren, führen zu steigenden Inlandszinsen und zum kurzfristigen Kapitalzustrom. Den dabei entstehenden Devisenzufluß muß die Notenbank abermals ankaufen, wenn ihre restriktive Geldpolitik verhindert hat, daß der zum Realtransfer nötige Importüberschuß zustande kommt. Auch der Versuch, mit künstlichen Kapitalexporten, etwa Zinssubventionen für Auslandsanlagen, das Problem zu lösen, verspricht keinen dauerhaften Erfolg. Die reexportierten Mittel erhöhen die Ausgaben des Auslandes und kehren über ausländische Nachfrage nach Inlandsgütern wieder in das Inland zurück (hierzu im einzelnen: Grewe, 1970, S. 121-134; Willgerodt, 1970, S. 135-143). Außerdem läßt sich kaum verhindern, daß das durch Zinssubventionen exportierte Kapital mittelbar oder sogar unmittelbar wieder in das Inland zurückfließt. Auf die Dauer ließe sich ein Devisenüberschuß bei festem Wechselkurs nur durch vollständige Bewirtschaftung zurückstauen, also nicht nur durch Lizenzierung der Kapitaleinfuhr in Verbindung mit subventionierter Kapitalausfuhr, sondern auch durch Kontingentierung des Exports und Förderung der Einfuhr. Eine solche radikale Devisenüberflußbewirtschaftung (zum Begriff: Meyer/Willgerodt, 1980, S. 162) ist bisher nicht beobachtet worden und würde den protektionistischen Zweck einer Nichtaufwertung, nämlich den Schutz der Export- und Importsubstituteproduktion, verfehlen.

Eine administrative Begrenzung nur der Kapitaleinfuhr wäre außerdem insoweit unwirksam, wie die davon ausgehende relative Verknappung des Kapitalangebotes auf dem Inlandsmarkt den Zinssatz auf höherem Niveau hält und damit den Kapitalexport behindert. Er findet ja vor allem bei entwickelten Finanzmärkten zugleich mit der Kapitaleinfuhr statt, weil das Publikum zum Teil auch ausländische Vermögenswerte erwerben will, davon aber absieht, wenn die Inlandsanlage günstiger wird.

Bei der häufiger vorkommenden Fixierung eines bei voraneilender Inflation abwertungsbedürftigen Wechselkurses wird die Kapitalausfuhr durch Kontrollen beschränkt. Dies allein löst das Problem der bei zu niedrigem Devisenpreis zu hohen Devisennachfrage nicht dauerhaft. Die Tendenz zum Leistungsbilanzdefizit führt im Gegenteil zur Verschärfung des Devisenmangels. Denn bei Kontrollen der Kapitalausfuhr vermindert sich die Kapitaleinfuhr. Es handelt sich um den Mausefalleneffekt (Röpke, 1962, S. 198) der Devisenzwangswirtschaft: Weiß man, daß das Kapital nicht wieder in das Ursprungsland zurückgeholt werden kann, wird man in diese Falle nicht erst hineingehen. Also können Leistungsbilanzdefizite weniger als vorher durch private Kapitalimporte finanziert werden, weil das Land weniger kreditwürdig geworden ist.

Die volkswirtschaftlichen Probleme bei der Verteidigung eines falschen Wechselkurses ändern sich nicht, wenn spätere Datenänderungen diesen Kurs richtiger machen, zum Beispiel der Zustrom an Nordseeöl allmählich verebbt. Ist die spätere Veränderung voraussehbar und liegt sie innerhalb des Zeithorizontes der Kapitalanleger, dann müßte sich eine entsprechende Spekulation lohnen, indem in der Überflußphase bei inländischer Zinssenkung oder geringerer Investitionsrendite Auslandsvermögen erworben wird, das später in der Knappheitsphase liquidiert wird. Ein Verbot oder eine Kontingentierung der Ölförderung oder eines größeren Kapitalzuflusses setzt Markversagen voraus, das heißt einen zu kurzen Zeithorizont der Marktteilnehmer, die vermutlich ebenso wie der Staat wissen, welche Veränderungen zu erwarten sind. Der Ankauf von Devisen durch die Notenbank bei Devisenüberfluß dient ja im Festkurssystem selbst schon zur zeitlichen Glättung verschiedener Entwicklungen am Devisenmarkt, weil diese Reserven später in der Knappheitsphase verkauft werden können. Noch deutlicher wird dies bei flexiblen Kursen, weil bei heutiger Verbilligung und später zu erwartender Verteuerung der Devisen der heutige Kauf und spätere Verkauf von ausländischen Titeln lohnen kann.

Wenn Segen oder Fluch einer besseren Kapitalversorgung aus dem Ausland bevorstehen, kann die Regierung versuchen, dies zu be- oder verhindern. Sie kann dies tun, weil sie im Festkursystem die zum Transfer notwendige inflatorische Geldexpansion oder bei flexiblen Kursen die notwendige Aufwertung vermeiden will, um die Export- und Importsubstitutewirtschaft zu schützen. Was gilt aber, wenn das Auslandskapital zur Finanzierung von Investitionen dient, die auch für diese Branchen komplementär sind und deren Produktivität fördern? Wenn das Auslandskapital und die Zusatzimporte unmittelbar oder mittelbar für Investitionen genutzt werden, die sonst unterbleiben müßten, ist nach den Kosten zu fragen, die eine Behinderung der Kapitaleinfuhr hervorrufen würde, also nach dem entgangenen Nutzen und Wachstumsgewinn. Eine Öffnung der Inlandsmärkte vermindert im übrigen die Transferhindernisse, die durch Geldexpansion oder Aufwertung überwunden werden müssen. Auch schwinden inflatorische Anfangsprozesse bei fortlaufender Kapitaleinfuhr immer mehr, weil sich die Märkte an die Zusatzeinfuhr anpassen und nach Erschließung der Absatzwege die Importausgaben zunehmen, ein primär inflatorischer Impuls also insoweit wieder rückgängig gemacht wird. Auch eine Anfangsaufwertung kann sich zurückbilden.

Wie immer man sich entscheidet: Wenn es im langfristigen Wachstumsinteresse liegt, Auslandskapital heranzuziehen, muß man bereit sein, es in Form von Realkapital und dem dazu notwendigen Leistungsbilanzdefizit in Empfang zu nehmen.

3 Die politische Lenkung internationaler Kapitalströme - Wirksamkeit und Folgen

Von den Argumenten, die gegen eine freie internationale Beweglichkeit des Kapitals vorgebracht werden, hat sich vom weltwirtschaftlichen Standpunkt kaum eines als stichhaltig erwiesen. Diskutabel ist höchstens die Anwendung vorübergehender Beschränkungen des internationalen Kapitalverkehrs zur Absicherung eines Stabilisierungsprogramms, dessen Glaubwürdigkeit sich auf den Finanzmärkten erst durchsetzen muß. Aber selbst dafür ist zu prüfen, ob es nicht Alternativen gibt, die je nach den Umständen zweckmäßiger sein können (Beispiel: vollständige Devisendeckung des inländischen Zentralbankgeldes). Voraussetzung für Kontrollen ist im übrigen, daß sie überhaupt technisch wirksam gemacht werden können. Für den Fall, daß eine Finanzkrise mit starken Kapitalabflüssen bereits eingetreten ist, bleibt meist kein anderer Ausweg als zunächst die Freigabe des Wechselkurses, begleitet von dem Versuch, das nationale Finanzsystem durch internationale Kredite zu stabilisieren, die von ordnungspolitischen Reformen begleitet sein müssen. Ähnliches gilt für einen lawinenhaften Kapitalzustrom. Ihm geht im allgemeinen der Versuch der Zentralbank des Zustromlandes voraus, einen Festkurs zu verteidigen, obwohl die Inlandsinflation durch restriktive Kreditpolitik hinter der Auslandsinflation zurückbleibt. Eine solche reale Abwertung der Inlandswährung ist schließlich nicht mehr haltbar. Die Spekulation erwartet eine nominale Aufwertung und erzwingt sie schließlich. In beiden Fällen sich zuspitzender Entwicklungen würden Kapitalverkehrskontrollen nur mit dem ganzen Apparat der alle internationalen Zahlungen und Wertbewegungen erfassenden Devisenzwangswirtschaft ausreichenden Erfolg bei der Stabilisierung des Wechselkurses haben können.

i) Kapitalverkehrskontrollen[30]

Die jetzt bestehende Globalität der internationalen Finanzmärkte wäre nur unter großen Schwierigkeiten wieder rückgängig zu machen. Denn dazu wäre neben der Briefzensur auch eine Kontrolle der neuen Mittel der Telekommunikation erforderlich. Für die Europäische Union ergäbe sich das Problem, die in Artikel 73b des Vertrages über die Europäische Gemeinschaft als Regelfall festgelegte Liberalisierung des innergemeinschaftlichen und auswärtigen Kapitalverkehrs wieder rückgängig zu machen. Dies dürfte für den Fall des Rückschritts in der Liberalisierung des Kapitalverkehrs mit Drittländern nach Artikel 73c, Abs. 2 letzter Satz, Einstimmigkeit der Mitgliedstaaten erfordern. Artikel 73f und g geben allerdings einen begrenzten Spielraum für Entliberalisierungen des Kapitalverkehrs mit Drittländern. Eine angestrebte Funktion der Gemeinschaftswährung

[30] Zu den Einzelheiten: Hasse/Werner/Willgerodt (1975); Meyer/Willgerodt (1980).

als internationale Handels- und Reservewährung dürfte damit vollkommen ausgeschlossen sein, weil eine Währung, die nicht für alle Zahlungszwecke konvertibel ist, kaum als Reserve gehalten wird.

Die direkte Lenkung des internationalen Kapitalverkehrs durch allgemeine Verbote mit Erlaubnisvorbehalt ist überflüssig, wenn sie wegen großzügiger Erlaubnis den Kapitalverkehr nur unwesentlich beeinflußt. Sie verzögert und verteuert ihn freilich. Staut die Kontrolle den Kapitalverkehr dagegen sehr wesentlich zurück, dann erhöht sich damit der Unterschied zwischen inländischer und ausländischer Kapitalknappheit und macht sich in einer Differenz der Renditen bemerkbar. Diese Differenz bedeutet eine Prämie auf Umgehungen, denen auch mit offenen oder verkappten Bestechungen der Weg bereitet werden kann. Das Finden solcher Umwege erfordert Zeit und einige Kosten. Insoweit kann die Kontrolle mindestens kurzfristig erfolgreich sein; sind die Umgehungen einmal eingespielt, dann wird sie jedoch immer unwirksamer. Die Behörden müssen versuchen, die Umwege zu finden und zu verstopfen, aber dann sucht sich der Verkehr neue Schlupflöcher. Will die Kontrolle nicht schließlich die Segel streichen, muß sie Mittel eines totalen Polizeistaates anwenden und den gesamten außenwirtschaftlichen Verkehr lückenlos überwachen. Nach jahrzehntelangen Erfahrungen mit der Devisenzwangswirtschaft ist dieser Sachverhalt nicht mehr strittig.

Eine nur den Kapitalverkehr erfassende Devisenbewirtschaftung eignet sich nicht zur Verteidigung eines marktwidrigen Wechselkurses, und zwar nicht allein wegen der Ausweich- und Kontrollprobleme, sondern auch deswegen, weil die Behinderung des Kapitalverkehrs die Tendenzen der Leistungsbilanzentwicklung unberührt läßt. Will z.B. Kapital abfließen und wird es daran gehindert, so bleibt es als ausgabebereite Summe im Inland und kann für Einfuhren oder exportierbare Güter ausgegeben werden. Das erhöht die Devisennachfrage oder mindert das Devisenangebot aus Exporten, der Druck auf den Wechselkurs wird nur von der Kapitalbilanz auf die Leistungsbilanz verlagert.

Die direkte Lenkung des Kapitalverkehrs ist nicht nur mit erheblichen Bürokratiekosten und Verzerrungen der Kapitalallokation verbunden. Sie kann auch am Anfang einer Transformation der Wirtschaftsordnung stehen, wie die Entwicklung der deutschen Devisenzwangswirtschaft nach 1931 gezeigt hat, die von der Kontrolle des Kapitalverkehrs zum Zwecke der Stabilisierung eines marktwidrigen Wechselkurses über die totale Devisenkontrolle zum allgemeinen Preisstopp und damit zur Aufhebung der Marktwirtschaft fortgeschritten ist.[31]

Heute ist eher eine andere Tendenz zur Transformation der Wirtschaftsordnung aktuell, nämlich der Versuch, die Ansiedlung ausländischer Unternehmungen im Inland oder inländischer Unternehmen im Ausland staatlicher Kontrolle zu unterwerfen. Diese Direktinvestitionen werden einerseits als Erfolgsmaßstab verwendet, wozu sie sich nur mit starken Einschränkungen eignen, andererseits mißtrauisch betrachtet und nationalen industriestrategischen Erwägungen der Politik unterworfen.[32] Die Grenze zwischen berechtigter gewerberechtlicher und umweltpolitischer Beurteilung aller Investitionen ohne Rücksicht auf die Nationalität des Investors und positiver oder negativer Sonderbehandlung ausländischer Investoren ist fließend und um so weniger auszumachen, je mehr überhaupt die staatliche Investitionslenkung weiter um sich greift.

ii) Indirekte Regulierung von internationalen Kapitalbewegungen[33]

Der private internationale Kapitalverkehr kann auch indirekt gelenkt werden. Zum Beispiel können die Währungs- und Finanzbehörden versuchen, zu- oder abfließendes Kapital wieder an den Ursprungsort zurückzupumpen. Das ursprüngliche Stromgefälle kann dadurch nicht beseitigt werden, sondern nimmt, wenn seine Ursachen anhaltend wirksam sind, eher noch zu, insbesondere bei inflatorischem Voraneilen eines Landes. Auch der autonome nationale Schutz vor importierter Inflation kann über den Reexport von zugeflossenem Kapital nur gelingen, wenn er sich kommerziell lohnt. Wenig erfolgreich ist im Festkurssystem der Versuch einer Notenbank, zugeflossenes Kapital durch eine restriktive Kreditpolitik zu sterilisieren, weil dadurch ein Zinsvorteil für zuströmendes Kapital entsteht. Sonderreserven (Bardepots) auf Zu- und Abflüsse von Kapital er-

---

31 Über den Ablauf der Transformation vor dem Hintergrund einer nationalen inflatorischen Vollbeschäftigungspolitik: Meyer (1948, S. 91-124).

32 Der Zustrom von Direktinvestitionen gilt als Zeichen für gute Standortqualität, kann aber auch als Mangel an inländischer Unternehmerleistung und als Versuch von Ausländern zur Marktbeherrschung gedeutet werden. Der Abstrom gilt als Zeichen für schlechte Standortqualität und Export von inländischen Arbeitsplätzen, kann aber auch als Überfluß an inländischer Unternehmerleistung und Festigung der internationalen Marktstellung inländischer Unternehmen angesehen werden. Es muß also der Einzelfall geprüft werden.

33 Zum Begriff vgl. Werner (1976, S. 68).

höhen ebenfalls die Zinstreppe zum Ausland und regen Umwege an, die sich kaum vollständig überwachen lassen. Ähnliches gilt für Steuern auf Zinszahlungen zwischen In- und Ausländern als Sonderbelastung beim Zu- oder Abfluß. Die Kritik, die an der von Tobin vorgeschlagenen Steuer auf Devisenumsätze geübt worden ist, kann auf solche Sondersteuern übertragen werden. Sie überzeugt um so mehr, wenn sie von Sympathisanten geübt wird, die aber die technische Unmöglichkeit des Vorschlages nachweisen (Garber/Taylor, 1995, S.173-180; Kenen, 1995, S. 181-192). Auch die vielfach angewandte Spaltung des Devisenmarktes in einen Markt für Transaktionen der Leistungsbilanz und einen Markt für Transaktionen der Kapitalbilanz leidet unter der Möglichkeit von Umgehungen und führt auf beiden Teilmärkten zu falschen Wechselkursen und Preissignalen (hierzu im einzelnen: Gutowski, 1972, 11-50).

Alle diese Verfahren erfordern entweder den vollen Apparat der Devisenzwangswirtschaft mit Erfassung sämtlicher Vorgänge der Außenwirtschaft oder erreichen auf die Dauer nicht das angestrebte Ziel. Erreichen sie es aber, dann sind die ordnungspolitischen Folgen für die Einzelstaaten wie für die Weltwirtschaft katastrophal.

Natürlich gibt es einen Einfluß der nationalen Politik auf die internationalen Kapitalbewegungen, der die weltwirtschaftliche Integration nicht stört. Hierzu gehören alle ordnungs- und prozeßpolitischen Maßnahmen, mit denen die Standortqualität erhöht wird. Die Frage liegt nahe: Für wen? Die populäre Argumentation geht noch immer vom angeblich unaufhebbaren Gegensatz der Interessen von Arbeitnehmern und Kapitaleignern aus und meint, günstige Bedingungen für Investitionen seien nachteilig für Arbeitnehmer. Ohne den Widerspruch zu bemerken, gilt es gleichzeitig als schädlich für inländische Arbeitnehmer, wenn diese günstigen Bedingungen im Ausland bestehen und deswegen Kapital und Arbeitsplätze dorthin abwandern. Der Versuch, das Kapital durch gleichwertige oder gar bessere Investitionsbedingungen im Inland zu halten, müsse zu Lasten der Arbeitnehmer gehen. Ein Beweis hierzu fehlt, nachdem die marxistische Ausbeutungslehre in ihrer allgemeinen Form als haltlos erwiesen ist. Im Normalfall sind die Lohnsätze dort am höchsten, wo Arbeit reichlich mit Kapital ausgestattet ist.[34]

[34] Dies gilt nur gesamtwirtschaftlich, während zugleich durch Investitionen und arbeitsparenden technischen Fortschritt Arbeit eingespart werden kann. Daß deswegen die volkswirtschaftlich verwendbare Arbeitsmenge gegen den Willen der Arbeitenden zurückgeht, ist nur dann mög-

Mehr oder weniger wird dies dadurch eingeräumt, daß man das Kapital im Lande halten und an der Abwanderung in „Niedriglohnländer" hindern will. Man hält aber das Verteilungsergebnis für mehr oder minder beliebig und meint, die Kapitaleigner, Sparer und Träger des unternehmerischen Risikos könnten und würden ihre Leistungen auch dann unverändert zur Verfügung stellen, wenn die Arbeitskraft weiter verteuert, Steuern und Soziallasten erhöht und staatliche Regulierungen kostentreibend verstärkt würden. Nur die internationale Beweglichkeit des Kapitals und der globalisierte freie Handel seien dafür verantwortlich, daß das Kapital der als notwendig angesehenen Umverteilung entgehen könne.

iii) Harmonisierung von nationalstaatlichen Bedingungen

Deswegen sei es notwendig, Steuern, Lohnsätze, das Arbeits- und Sozialrecht und andere Standortbedingungen international anzugleichen und damit eine Steuer-, Abgaben- und Umverteilungsflucht des Kapitals in andere Länder zu verhindern. Soweit innerhalb der Europäischen Union schon jetzt Egalisierungen eingeleitet und angestrebt werden, wären sie entsprechend zu verstärken, und zwar soll dabei das höchste Abgaben- und Umverteilungsniveau als Maßstab dienen. Weil nicht damit zu rechnen ist, daß außenstehende Drittländer sich solchen Harmonisierungen anschließen, könnte entgegen der geltenden Rechtslage die Hoffnung bestehen, die Europäische Gemeinschaft durch Kapitalverkehrskontrollen und Devisenzwangswirtschaft gegen die Außenwelt abzuschließen.

Man hat dieses Verfahren in anderem Zusammenhang „Raising Rivals' Costs"[35] genannt. Nicht einmal innerhalb Europas besteht Aussicht, daß damit der Standortwettbewerb stark genug herabgesetzt wird, um die offen ausgebrochene Krise des Fiskal- und Sozialstaates merklich zu lindern.

Mit der Globalisierung der Wirtschaft ist aber auch der Zwang zu sinnvollen

---

lich, wenn Strukturveränderungen verweigert und die ordnungspolitischen Bedingungen der Vollbeschäftigung nicht erfüllt werden. Zu den Einzelheiten: Willgerodt (1976, S. 11-59).

35 Salop/Scheffman (1983, S. 267-277). Zum Harmonisierungsproblem vgl. die Buchbesprechung von *Krugman*, (1997, S. 113-120) über: Jagdish Bhagwati und Robert E. Hudec, Fair Trade and Harmonization: Prerequisites for Free Trade?, Cambridge, London, MIT Press 1966, S. 120: „On the evidence of these volumes, then, the demand for harmonization is by and large ill-founded both in economics and in law; realistic political economy requires that we give it some credence, but not too much."

Harmonisierungen gewachsen, weil sich wirtschaftliche Krisen leichter und schneller international ausbreiten können. Zu diesen unabweisbaren Harmonisierungen gehört ein allgemeiner Verzicht auf marktwidrige Preis- und Lohnpolitik, auf Handelsschranken als struktur-, konjunktur- oder zahlungsbilanzpolitisches Mittel, auf nationale Inflation als Instrument der Wachstums-, Beschäftigungs- und Fiskalpolitik. Vor allem die Inflation ist zusammen mit Verletzungen des Eigentumsrechtes die Hauptursache für problematische Kapitalbewegungen. Eine andere sinnvolle Harmonisierung besteht in weiterer freihändlerischer Öffnung der Märkte, weil damit das Transferproblem leichter lösbar wird und Erscheinungen wie eine inflatorische Aufblähung von Binnengüterpreisen (bei der sogenannten „Dutch Disease“ durch Kapitaleinfuhr) zurückgedrängt werden. Ein neues Weltwährungssystem muß die weltweite Liberalisierung des Kapitalverkehrs als Ziel und Verpflichtung vorsehen,[36] schon allein, um ärmeren Ländern eine faire Chance zu geben, Kapital an sich zu ziehen und sich im internationalen Wettbewerb zu bewähren.

[36] In diesem Sinne hat sich der First Deputy Managing Director des Internationalen Währungsfonds für eine Änderung des IMF-Statuts ausgesprochen: Fischer (1997). Allerdings wird sein Vorschlag durch pragmatische Ausnahmeregelungen wieder eingeschränkt und damit teilweise entwertet.

4 Literaturverzeichnis

Bank für Internationalen Zahlungsausgleich (1995), *65. Jahresbericht*, Basel, S. 175ff.

Bank für Internationalen Zahlungsausgleich (1996), *66. Jahresbericht*, Basel, S. 105f.

Bartolini, Leonardo und Allan Drazen (1997), „Capital-Account Liberalization as a Signal", *The American Economic Review*, March, S. 138-154.

Corden, W. Max (1985), „Exchange Rate Protection", in: ders., *Protection, Growth and Trade*, Oxford, New York, S. 271-287).

Davidson, Paul (1997), „Are Grains of Sand in the Wheels of International Finance Sufficient to do the Job when Boulders are often Required?", *The Economic Journal*, Vol. 107, Mai, S. 671-686.

Dluhosch, Barbara (1993), „Strategische Fiskalpolitik in offenen Volkswirtschaften", *Untersuchungen zur Wirtschaftspolitik* 91, Köln.

Eichengreen, Barry (1991), „Trends and Cycles in Foreign Lending", in: Horst Siebert (Hrsg.), *Capital Flows in the World Economy*, Tübingen , S. 3f.

Eichengreen, Barry, James Tobin und Charles Wyplosz (1995), „Two Cases for Sand in the Wheels of International Finance", *The Economic Journal*, Vol. 105 (Januar), S. 162-172.

Feld, Lars P. und Gebhard Kirchgässner (1995), „Fiskalischer Wettbewerb in der EU: Wird der Wohlfahrtsstaat zusammenbrechen?", *Wirtschaftsdienst*, X, S. 562-568.

Fischer, Bernhard und Bernd Schnatz (1996), „Stabilitätspolitische Probleme bei der Integration in die internationalen Finanzmärkte: Mexikos Weg in die Peso-Krise", in: Hans-Bernd Schäfer, *Die Entwicklungsländer im Zeitalter der Globalisierung, Schriften des Vereins für Socialpolitik*, N.F. Bd. 245, Berlin, S. 13-39.

Fischer, Stanley (1997), *Capital Account Liberalization and the Role of the IMF*, International Monetary Fund, September.

Garber, Peter und Mark P. Taylor (1995), „Sand in the Wheels of Foreign Exchange Markets: A Sceptical Note", *The Economic Journal*, Vol. 105, Januar, S. 179.

Ghosh, Swati R. (1996), „Die zunehmende Bedeutung der Entwicklungsländer", *Finanzierung und Entwicklung*, März, S. 41.

Greiner, Uwe, Heinrich Maaß und Friedrich L. Sell (1994), „The East-German-Disease: Volkswirtschaftliche Anpassungsprobleme nach der deutschen Einheit", *Zeitschrift für Wirtschaftspolitik*, Jg. 43, S. 271-299.

Grewe, Klaus (1970), „Kann Kapitalexport einen Inflationsimport verhindern?", in: *Ordo*, Bd. 21, S. 121-134.

Gutowski, Armin (1972), „Kapitalverkehrskontrollen - eine Alternative zu grösserer Flexibilität?", in: *Ordo*, Bd. 23, S. 11-50.

Haberler, Gottfried (1955), *Prosperität und Depression*, 2. Aufl., Tübingen, Zürich, S. 396ff.

Haberler, Gottfried (1961), *A Survey of International Trade Theory*, 2. Aufl., Princeton, S. 17ff.

Haberler, Gottfried (1985), *The Problem of Stagflation*, American Enterprise Institute, Washington D.C.

Hasse, Rolf, Horst Werner und Hans Willgerodt (1975), *Außenwirtschaftliche Absicherung zwischen Markt und Interventionismus. Erfahrungen mit Kapitalverkehrskontrollen*, Frankfurt am Main.

Hayek, F.A. von (1937/1964), *Monetary Nationalism and International Stability*, Reprint New York 1964.

Herr, Hansjörg (1993), „Stabilisierung in Transformationsökonomien", in: Hansjörg Herr und Andreas Westphal (Hrsg.), *Transformation in Mittel- und Osteuropa. Makroökonomische Konzepte und Fallstudien*, Frankfurt am Main, New York, S. 42.

Hicks, Sir John (1975), „What is Wrong with Monetarism", *Lloyds Bank Review*, Oktober, S. 1-13.

International Monetary Fund (1996), *Balance of Payments Statistics:Yearbook 1996*, Part 2, Table B-3 und B-11.

Johnson, Harry G. (1976), „What is Right with Monetarism", *Lloyds Bank Review*, April, S. 13-17.

Kenen, Peter B. (1995), „Capital Controls, the EMS and EMU", *The Economic Journal*, 105, S. 181-192.

Klodt, Henning und Rainer Maurer (1996), „Internationale Direktinvestitionen: Determinanten und Konsequenzen für den Standort Deutschland", *Kieler Diskussionsbeiträge* 284, November.

Kronberger Kreis (1996), *Steuerreform und Umwelt*, Bad Homburg v.d.H., Januar.

Krüger, Malte (1994), „Finanzmarktungleichgewichte und Wechselkursvolatilität", *Untersuchungen zur Wirtschaftspolitik* 94, Köln, S. 25ff. und Kapitel V.

Krugman, Paul (1997), „What Should Trade Negotiators Negotiate About?", *The Journal of Economic Literature*, Vol. XXXV, March 1997, S. 113-120.

Lutz, F.A. (1962), „Goldwährung und Wirtschaftsordnung", in: F.A. Lutz, *Geld und Währung*, Tübingen , S. 18f.

Marcusen, James R. (1995), „The Boundaries of Multinational Enterprise and the Theory of International Trade", *The Journal of Economic Perspectives*, Vol. 9, Nr. 2, Spring, S. 171.

McKinnon, Ronald I. und Huw Pill (1997), „Credible Economic Liberalizations and Overborrowing", *The American Economic Review, Papers and Proceedings*, Mai, S. 189-193.

Meade, J.E. (1955), *Trade and Welfare*, London, New York, Toronto, Part III.

Meyer, Fritz W. (1948), „Geldpolitik, Vollbeschäftigung und Wirtschaftsordnung",

Ordo, Bd. 1, S. 91-124.

Meyer, Fritz W. (1951), „Stabile oder bewegliche Wechselkurse“, in: *Ordo,* Bd. 4, S. 345-364.

Meyer, Fritz W. und Hans Willgerodt (1980), Art. „Devisenbewirtschaftung“, in: *Handwörterbuch der Wirtschaftswissenschaft*, Bd. 2, Stuttgart usw., S. 162.

Niehaus, Heinrich (1957), *Leitbilder der Wirtschafts- und Agrarpolitik in der modernen Gesellschaft*, Stuttgart

Presse- und Informationsamt der Bundesregierung (Hrsg.) (1996), „Roman Herzog: Rede vom 12. Dezember vor der Bundesvereinigung der Deutschen Arbeitgeberverbände“, *Bulletin des Presse- und Informationsamtes der Bundesregierung,* Nr. 106, S. 1142ff.

Proposals for an International Clearing Union (1943), Cmd.6437 H.M. Stationery Office, London, wieder abgedruckt in: Herbert Grubel, *World Monetary Reform, Plans and Issues*, Stanford 1963, S., 72ff.

Reich, Robert B. (1993), *Die neue Weltwirtschaft. Das Ende der nationalen Ökonomie*, Frankfurt am Main/Berlin.

Röpke, Wilhelm (1962), „Währungsreserven und Kapitalflucht“, in: Wilhelm Röpke, *Wirrnis und Wahrheit*, Erlenbach-Zürich und Stuttgart, S. 198.

Röpke, Wilhelm (1979), *Maß und Mitte*, 2. Aufl., Bern und Stuttgart, S. 250.

Sachverständigenrat zur Begutachtung der gesamtwirtschaftlichen Entwicklung (1991), *Die wirtschaftliche Integration in Deutschland. Perspektiven - Wege - Risiken*, Jahresgutachten 1991/92, Stuttgart (zitiert als SVR).

Sachverständigenrat zur Begutachtung der gesamtwirtschaftlichen Entwicklung (1996), *Reformen voranbringen:* Jahresgutachten 1996/97, Stuttgart (zitiert als SVR).

Salop, Steven C. und David J. Scheffmann (1983), „Raising Rivals' Costs“, *The American Economic Review, Papers and Proceedings*, Mai, S. 267-277.

Siebert, Horst (Hrsg.) (1995), *Locational Competition in the World Economy*, Tübingen.

Sinn, Hans-Werner (1995), „Implikationen der vier Grundfreiheiten für eine nationale Fiskalpolitik“, *Wirtschaftsdienst*, V, S. 240-249.

Spahn, Paul Bernd (1996), „Die Tobin-Steuer und die Stabilität der Wechselkurse“, *Finanzierung und Entwicklung*, Juni, S. 24-27.

Stotsky, Janet G. (1996), „Warum eine zweistufige Tobin-Steuer nicht funktioniert“, *Finanzierung und Entwicklung,* Juni, S. 28f.

Thießen, Friedrich (1988), „Standorttheorie für Internationale Finanzzentren“, *Untersuchungen zur Wirtschaftspolitik* 74, Köln.

Tobin, James (1978), „A Proposal for International Monetary Reform“, *Eastern Economic Journal*, Vol. 4, S. 153-159.

Turner, Philip (1995), *Capital Flows in Latin America: A New Phase*, Bank for International Settlements, Basel, S. 14, Table 4.

Werner, Horst (1976), *Die Kontrolle internationaler Kapitalbewegungen*, Köln, S. 68.

Willgerodt, Hans (1955), „Die Krisis der sozialen Sicherheit und das Lohnproblem", in: *Ordo*, Bd. 7, S. 145-187.

Willgerodt, Hans (1964), „Die importierte Inflation und das Beispiel der Schweiz", *Untersuchungen zur Wirtschaftspolitik* 15, Köln.

Willgerodt, Hans (1965), „Wirtschaftsraum und Währungsraum", in: Erich Schneider (Hrsg.), *Weltwirtschaftliche Probleme der Gegenwart, Schriften des Vereins für Socialpolitik*, N.F. Bd. 35, Berlin, S. 344ff.

Willgerodt, Hans (1966), „Flucht vor der Verantwortung und Elitenverschleiß als mögliche Gefahren für die Soziale Marktwirtschaft", *Wirtschaftspolitische Chronik*, Köln, S. 135-158.

Willgerodt, Hans (1970), „Die Größe des „Bumerangeffektes" im System der künstlichen Kapitalexporte", in: *Ordo*, Bd. 21, S. 135-143.

Willgerodt, Hans (1976), „Von der Macht des Kapitals - Mythen und Wirklichkeit", in: Christian Watrin und Hans Willgerodt (Hrsg.), *Widersprüche der Kapitalismuskritik*, Festschrift zum 75. Geburtstag von Alfred Müller-Armack, Bern und Stuttgart, S. 11-59.

Willgerodt, Hans (1981), *Die Krisenempfindlichkeit des internationalen Währungssystems*, Berlin, S. 54ff.

Willgerodt, Hans (1989), „Kapitalverwendungsprotektionismus", *Zeitschrift für Wirtschaftspolitik*, Jg. 38, S. 83-91.

H Steuerpolitik im Zeichen der Globalisierung: Quellenbesteuerung von Kapitalerträgen im Wettbewerb - eine politökonomische Betrachtung

Alexander Lepach

1 Einleitung

Globalisierung erweitert die Abwanderungsmöglichkeiten von Produktionsfaktoren[1] und Gütern, vor allem durch den Abbau von Kapitalverkehrs- und Handelsschranken, sinkende Informations- und Kommunikationskosten sowie die gewachsene individuelle Freizügigkeit.

Vor allem Kapital reagiert zunehmend mobil auf Unterschiede in den Standortbedingungen, einschließlich des steuerlichen Rahmens. Aus der gleichzeitigen Intensivierung des grenzüberschreitenden Kapitalverkehrs (siehe Beitrag B) und umfassender Reformen der Unternehmensbesteuerung wird vielfach geschlossen, daß die Globalisierung nationale Spielräume der Quellenbesteuerung einschränkt und diese in der Zukunft zur Finanzierung von Umverteilungsaufgaben nicht mehr zur Verfügung stehen werden. Dies veranlaßt Wissenschaftler wie Politiker zur Diskussion um Reaktionen auf diese Veränderung der steuerpolitischen Rahmenbedingungen (Mans, 1996, S. 333). Mögliche Maßnahmen reichen von einem laissez-faire des Wettbewerbs der Steuersysteme über die Etablierung einer Wettbewerbsordnung oder konkrete Harmonisierungsschritte bis hin zur Kompetenzzentralisierung, z.B. auf europäischer Ebene. Kritiker nationaler oder subnationaler Steuersouveränität erwarten einen ruinösen Quellensteuerwettbewerb. Autonome Steuersouveräne sind nach dieser Auffassung in ein Gefangenendilemma eingebunden und führen einen Steuersenkungswettlauf um mobiles Kapital (Sinn, 1994, S. 177). In einem zweiten Gedankenschritt wird der Wettbewerb als ruinös qualifiziert, da die gleichgewichtigen effektiven Quellensteuersätze[2] zu

---

[1] Zur sprachlichen Verkürzung wird in der Folge von Faktoren, nicht von ihren Inhabern die Rede sein.

[2] Im weiteren Verlauf des Beitrags wird zur Verkürzung lediglich von Steuersätzen die Rede

niedrig sind und zu Wohlfahrtseinbußen führen (Sinn, 1995, S. 249).

Im vorliegenden Beitrag soll anhand einer politökonomischen Analyse untersucht werden, ob es im Steuerwettbewerb zu der erwarteten kompetitiven Steuersenkung auf ein ruinöses Niveau kommt.

Ansatzpunkt bildet dabei vor allem die Kritik an der modelltheoretischen Vorgehensweise der Wohlfahrtstheorie und der damit verbundenen Sicht auf steuerpolitische Entscheidungen. Durch die implizite Annahme der Gestaltung der Steuerpolitik durch einen wohlmeinenden Diktator wird auf die Delegationsprobleme in der Steuerpolitik und die Auswirkungen des Widerspruchs (Hirschman, 1974, S. 25ff.) immobiler Faktoren auf den Steuerwettbewerb bisher wenig Wert gelegt (Marlow, 1992, S. 75ff.).

Nach einer kurzen Einführung über die Systematik der Besteuerung von Kapitalerträgen (Abschnitt 2) werden die Kernaussagen wohlfahrtstheoretischer Modelle im Hinblick auf den Quellensteuerwettbewerb vorgestellt und die modellimmanenten Verhaltensannahmen einer näheren Kritik unterzogen (Abschnitt 3). Stärker politökonomisch ausgerichtete Beiträge erwarten im Gegensatz zu den Skeptikern der Steuerkonkurrenz Wohlfahrtsvorteile durch den Wettbewerb der Fiskalsysteme. Diese leiten sie vor allem über seine Auswirkungen auf die Ausgabenseite des Budgets ab, ohne die einnahmeseitigen Prognosen zu kritisieren (Abschnitt 4). Im vorliegenden Beitrag soll dargelegt werden, daß bei einer Berücksichtigung politökonomischer Restriktionen die Argumente der Wettbewerbsgegner an Durchschlagskraft verlieren. In Abschnitt 5 werden steuerpolitische Einflüsse aus dem Widerspruch von Interessengruppen und der steuerlichen Abwanderung immobiler Faktoren vorgestellt, die im Systemwettbewerb wirksam bleiben oder sogar bedeutsamer werden können. Diese Einflüsse fließen in eine politökonomische Analyse des Verhaltens nationaler Steuerpolitiker im Steuerwettbewerb ein.

---

sein. Es handelt sich dabei stets um effektive Steuersätze.

2 Die Systematik der Kapitalbesteuerung

Kapital kann nach dem sogenannten Wohnsitzprinzip (Steueranknüpfung am Kapitaleigner und dessen Wohnsitz) oder nach dem Quellenprinzip (Steueranknüpfung an der ertragbringenden Aktivität und entsprechend deren Ansiedlung) besteuert werden. Steuerarbitrage im Systemwettbewerb setzt im ersten Fall die Verlagerung des Wohnsitzes voraus, im zweiten Fall müssen die Kapitalinvestitionen verlagert werden (Mans, 1996, S. 337ff.).

Einer dezentralen Besteuerung nach dem Wohnsitzprinzip wird der Vorteil zugesprochen, die Kapitalallokation nicht zu verzerren, da letztere sich unter diesem Regime nach der Verzinsung vor Steuern richtet. Üblicherweise wird hierbei angenommen, daß die Wohnsitzwahl relativ steuerpreisunelastisch ist. Dementsprechend bleiben die Möglichkeiten zur wohnsitzorientierten Kapitaleinkommensbesteuerung durch die Globalisierung relativ unbeeinflußt, genauso wie betriebliche Investitionen, die aus Fremdkapital finanziert werden (Sinn, 1995, S. 244). Allerdings abstrahiert diese Interpretation von Unvollkommenheiten des Steuervollzugs und von Steuerhinterziehungsabsichten, die eine Verlagerung des Kapitals ins Ausland nahelegen. Ferner sind auch gut ausgebildete Arbeitskräfte zunehmend mobil. Deswegen kann die Globalisierung durchaus auch zu einem Steuersenkungsdruck bei der wohnsitzorientierten Einkommensteuer führen. Diese Probleme bieten letztlich auch eine Erklärung für die weltweite Popularität der Quellenbesteuerung (Fuest, 1996, S. 173; Slemrod, 1996, S. 297).

Steuern nach dem Quellenprinzip beeinflussen die Attraktivität eines Investitionsstandorts für Kapital wesentlich direkter. Im weiteren Verlauf der Arbeit wird die Analyse auf die Wirkungen eines Quellensteuerwettbewerbs beschränkt. Quellensteuern haben vor allem für die Finanzierung von Investitionen aus einbehaltenen Gewinnen Bedeutung (Sinn, 1995, S. 244).[3] Unter der Annahme, daß gerade Unternehmen bei ihren Investitionsentscheidungen sehr sensibel auf Belastungsunterschiede reagieren, muß ein Quellensteuersystem zu einer Angleichung der Kapitalerträge nach Steuern führen. Eine unterschiedlich hohe Unterneh-

[3] Diese Einschränkung rechtfertigt auch die Konzentration auf effektive Quellensteuersätze. Den Anstoß zur Diskussion um den Quellensteuerwettbewerb gaben vor allem Möglichkeiten zur beschleunigten Abschreibung. In einem kombinierten System aus Quellen- und Wohnsitzbesteuerung wirken diese wesentlich umfassender als eine Senkung der Unternehmenssteuersätze. Siehe dazu Sinn (1984, S. 552ff.).

mensbesteuerung ist mit einem Steuerwettbewerb durchaus kompatibel, denn derartige Unterschiede in den Bruttoerträgen können auf außersteuerliche Standortunterschiede oder auf der Bereitstellung von Kollektivgütern beruhen, welche die Produktivität der Kapitalinvestitionen steigern. Wird dieser staatlich bereitgestellte Standortfaktor einbezogen, so relativiert sich auch die Kritik an der angeblichen Verzerrung der Kapitalallokation durch die Orientierung an den Nettokapitalrenditen (Dluhosch, 1993, S. 55).

Der Quellensteuerwettbewerb kann nur dann funktionieren, wenn den produktivitätssteigernden öffentlichen Leistungen im Sinne einer fiskalischen Äquivalenz auch ein steuerliches Entgelt gegenübersteht (Olson, 1969). In der Praxis besteht natürlich ein großer Anreiz zur manipulierenden Verlagerung von Bemessungsgrundlagen. Als Beispiele seien hier nur die Problematik der Steuerumgehung über Holdings in Niedrigsteuerländern und die Manipulation von Verrechnungspreisen und -zinsen genannt (Slemrod, 1996, S. 301). Dadurch wird die Inanspruchnahme öffentlicher Leistungen von der Finanzierung getrennt (Mans, 1996, S. 339ff.). Diese Erhebungsprobleme können die kooperative Etablierung einer Steuerwettbewerbsordnung rechtfertigen. So könnten multinationale Unternehmen als Hauptverursacher dieser fiskalischen Externalitäten nach dem Prinzip der getrennten Buchführung für ihre Filialen veranlagt werden (Fuest, 1996, S.173).

In allen Industriestaaten sind sowohl unternehmensbezogene Steuern gemäß dem Quellenprinzip als auch wohnsitzorientierte Kapitaleinkommensteuern vorzufinden. Durch eine Freistellung von Kapitalerträgen oder eine Anrechnung von Quellensteuerzahlungen auf die direkte Wohnsitzsteuerschuld wären kumulative Belastungen der Kapitalerträge zwar zu vermeiden.[4] In der Praxis sind diesbezüglich allerdings deutliche Unterschiede zu vermerken: Während in einigen Ländern die Anrechnungsvorschriften sogar zu einer nachträglichen Entlastung der Erträge aus investiertem Kapital führen (Belgien; Dänemark; Norwegen) bzw. eine vollständige Freistellung vorliegt (Australien, Finnland, Neuseeland), resultiert in den meisten Staaten die Kombination einer Quellen- mit einer Wohnsitzsteuer in einer deutlichen Mehrbelastung. Über Doppelbesteuerungsabkom-

[4] Siehe dazu Mans (1996b, S. 337); An dieser Stelle sei angemerkt jedoch nicht weiter vertieft, daß die Befürworter einer zinsbereinigten Einkommensteuer die Besteuerung der Kapitalerträge als Doppelbelastung des Einkommens ansehen. Siehe Rose (1994).

men ist die Anrechnung auch für ausländische Quellenbelastungen üblich, wenn auch zumeist noch weniger umfassend (Slemrod, 1996).

Unternehmensbezogene Quellensteuern dienen also unter anderem dazu, fiskalische Defizite der Wohnsitzsteuer aufgrund mangelhafter Erhebungstechnik zu kompensieren. Aufgrund der unsystematischen Besteuerungspraxis spielen sie auch für die internationale Kapitalallokation eine wichtige Rolle. Im folgenden werden zur Vereinfachung der Analyse ausschließlich die Auswirkungen zunehmender Kapitalmobilität in der Globalisierung auf ein reines System der Quellenbesteuerung von Unternehmen betrachtet.

3 Die wohlfahrtstheoretische These des ruinösen Quellensteuerwettbewerbs

i) Folgen des Unterbietungswettbewerbs

Die Diskussion um die Auswirkungen der Globalisierung auf die Möglichkeiten zur Quellenbesteuerung des Kapitals wird durch wohlfahrtstheoretische Analysen dominiert.[5] Nach seiner These muß die Wiedereinführung des Marktes über die Systemkonkurrenz zu demselben Marktversagen führen, welches durch die Staatseingriffe behoben werden sollte (Sinn, 1995, S. 241).

Diese wohlfahrtstheoretischen Modelle betrachten kleine offene Volkswirtschaften mit einem mobilen Produktionsfaktor Kapital und einem immobilen Faktor Arbeit.[6] Die Regierung agiert wie ein wohlmeinender Diktator und maximiert die Nettoeinkommen des immobilen Faktors. In einem kompetitiven Gleichgewicht setzt die Regierung den Steuersatz gleich den Grenzkosten der Bereitstellung von öffentlichen Gütern, welche die Kapitalproduktivität erhöhen.[7] Ein wohlmeinender Diktator würde also in einem Unterbietungswettbewerb nationaler Steuerpolitiker eine sogenannte Äquivalenzlösung wählen, um die Wohlfahrt eines repräsentativen Bürgers zu maximieren (Fuest, 1995, S. 144). Ausgehend von dieser

---

[5] Einen guten Überblick über die Argumente bietet Hohaus (1996). Siehe ferner: Fuest (1995, S. 88ff.) und Sinn (1996b; 1995; 1994; 1990).

[6] Diese Zuordnung wird im weiteren Verlauf des Beitrags aufrechterhalten.

[7] Zur genauen Definition dieses Typs öffentlicher Leistungen siehe Fuest (1995, S. 102).

Grundeinsicht wird darauf hingewiesen, daß mobile Faktoren nicht mehr für Umverteilungslasten zur Verfügung stehen, die ihre Produktivität nicht erhöhen.[8]

In einer weiterführenden Argumentation wird hervorgehoben, daß die staatlich angebotenen kollektiven Güter typischerweise fallende Durchschnittskosten der Nutzung aufweisen.[9] Ein grenzkostenäquivalenter Steuerpreis führt dann zu einem Defizit in der Bereitstellung der Kollektivgüter, welches wiederum durch die Besteuerung der immobilen Faktoren ausgeglichen werden muß (Sinn, 1993, S. 24; Salin, 1994, S. 15). Ein häufig geäußerter Einwand hierzu lautet, daß kollektive Güter beschränkte Kapazitäten haben können und Überfüllungskosten zur Erhebung eines grenzkostenüberschreitenden Steuersatzes führen (Blankart, 1994, S.150; 1996, S. 89). Neuere Analysen zeigen jedoch, daß ein wohlfahrtsmaximierender Steuerdiktator auch bei Berücksichtigung von Überfüllungskosten im Wettbewerb nicht-kostendeckende Steuerpreise setzen wird (Sinn, 1996a, S. 93; 1996b, S. 7). Es kommt also aus der wohlfahrtstheoretischen Perspektive bei vollkommener Kapitalmobilität nicht nur zu einer Verschiebung der Steuerlast von den mobilen auf die immobilen Faktoren. Die Unterdeckung der Ausgaben für produktive kollektive Güter begründet vielmehr auch allokative Ineffizienzen und die Notwendigkeit einer Umverteilung von den immobilen zu den mobilen Faktoren.

Die Ergebnisse der wohlfahrtstheoretischen Modelle werden zum Anlaß genommen, eine Harmonisierung der Quellenbesteuerung, etwa auf europäischer Ebene, für bedenkenswert zu halten.[10] Von einer derartigen Maßnahme können Wohlfahrtsgewinne erwartet werden, wenn angenommen wird, daß Kapital über die Grenzen Europas nicht vollständig mobil ist oder wenn die gemeinschaftliche Steuererhebung den Weltzinssatz beeinflußt und Kapital dadurch einen Teil der Steuerlast tragen muß (Fuest, 1997, Kap. 4).

---

8 Sofern Umverteilung, beispielsweise zur Wahrung innerer Sicherheit, von mobilem Kapital als Standortfaktor angesehen wird, können die Kosten dafür die gleichgewichtige Kapitalbesteuerung erhöhen (Hüther, 1997, S. 202ff.).

9 Für eine nähere Analyse und Kritik dieser Annahme siehe Fuest (1995, S. 100ff.).

10 Siehe z.B. an prominenter Stelle Rivlin (1991, S. 11) oder Sinn (1994, S. 174; S. 179). In neueren Publikationen betont Sinn den Vorrang dezentraler Lösungen. Als besten Ausweg schlägt er den Übergang zu einer Cash-Flow-Besteuerung vor, welche die Funktionsfähigkeit des Quellensteuerwettbewerbs sichern soll. Diese Frage soll hier jedoch nicht vertieft werden. Siehe Sinn (1996a, S. 92ff.).

ii) ***Kritische Würdigung***

Das Verdienst der wohlfahrtsökonomischen Analyse ist, daß sie auf die gestiegenen Wohlfahrtseinbußen durch die Besteuerung eines zunehmend mobilen Faktors hinweist. Im Standortwettbewerb, vor allem im Wettbewerb der Industriestaaten mit vergleichbaren außersteuerlichen Standortbedingungen, müssen nationale Steuerpolitiker die Handlungen ihrer Wettbewerber in zunehmendem Umfang beachten.

Durch die sehr strenge Annahme der perfekten Kapitalmobilität wird der aktuelle Erosionsdruck des Steuerwettbewerbs auf die Steuersätze jedoch überzeichnet. Fuest zeigt auf, daß bei eingeschränkter Kapitalmobilität durchaus eine Besteuerung mobiler Faktoren über den Äquivalenzbeitrag hinaus möglich ist.[11] Es geht wohlfahrtstheoretisch argumentierenden Autoren aber erklärtermaßen nicht um die aktuelle Situation, sondern um den „Endpunkt einer langen Reise zu immer mehr Freizügigkeit und Mobilität" (Sinn, 1996a, S. 94; 1995, S. 243).

Die wohlfahrtstheoretische Bewertung geht von dem Zwischenergebnis aus, daß Steuern auf das grenzkostenäquivalente Niveau fallen. Der perfekte Unterbietungswettbewerb der vollkommenen Konkurrenz wird auf den institutionellen Wettbewerb übertragen. Die steuerpolitische Entscheidung obliegt dem wohlmeinenden Diktator, der die Nutzen der immobilen Faktoren maximiert. In der Realität werden steuerpolitische Entscheidungen jedoch nicht durch eine nutzenmaximierende Einheit getroffen, sondern durch vielfältige Delegationsverhältnisse innerhalb eines Staatswesens geprägt. In der Theorie des Systemwettbewerbs wird zur wohlfahrtstheoretischen Vorgehensweise kritisch angemerkt, daß die „outputs of inter-jurisdictional economic competition" mit den „inputs of domestic political competition" in Verbindung gesetzt werden müssen (Wohlgemuth, 1995, S. 13).

Um die Stoßrichtung des Arguments zu verdeutlichen, soll ein Beispiel aus privaten Märkten herangezogen werden, bei dem die Erosionskräfte der Konkurrenz an Grenzen stoßen. Als Ursachen sind vor allem Informationsasymmetrien in Delegationsverhältnissen zu nennen: Unternehmensführungen verfolgen als

---

[11] Fuest leitet dieses Ergebnis unter der kritischen Annahme ab, daß die Höhe der Kapitalbesteuerung nicht in die Wiederwahlrestriktion aufgenommen wird. Dadurch gehen auch in dieser Modellierung politökonomische Einflüsse nicht in die Höhe der Kapitalbesteuerung ein. Siehe Fuest (1995, S. 150f.; Fn. 304).

Agenten selbst im intensiven Wettbewerb nicht ausschließlich die Interessen der hochmobilen Kapitalgeber. Diese Vertretungskosten[12] aus der Verfolgung managementeigener Ziele mindern die Kapitalrendite oder erhöhen die Produktpreise. Das Problem wird zwar durch die Intensivierung des Wettbewerbs auf den Güter- oder Faktormärkten sowie durch Managermärkte und Übernahmedrohungen reduziert, jedoch bleibt aufgrund der asymmetrischen Information ein Residualverlust bestehen (Richter/Furubotn, 1996, S. 215; S. 372ff.).

Übertragen auf den Systemwettbewerb ist deshalb zu prüfen, ob derartige Grenzen der Erosionskonkurrenz auch im Rahmen des Quellensteuerwettbewerbs bestehen und sich auf die Verteilung der Steuerlast auswirken können (Kiwit/Voigt, 1997, S. 10). Anders als beim privatwirtschaftlichen Beispiel sind es hier nicht die Kapitalgeber, die unter Informationsdefiziten leiden. Insbesondere Wettbewerbsschranken, die sich aus dem Principal-Agent-Verhältnis zwischen Bürgern, Interessenvertretern und Steuerpolitikern ergeben, werden durch die Annahme des wohlmeinenden Diktators ausgeblendet. Ein umfassenderes, politökonomisches Modell zur Erklärung von Steuer- und Ausgabestrukturen im Systemwettbewerb muß die Zielfunktion der Politik, die verfügbaren steuerlichen Handlungsparameter und die möglichen ökonomischen und politischen Einflußmöglichkeiten der Besteuerten umfassen (Hettich/Winer, 1987, S. 34). Die politökonomische Forschung hat mit der Bürokratietheorie, rent-seeking-Modellen und der Analyse des Politikerverhaltens vielfältige Erklärungen für wohlfahrtsmindernde Politikergebnisse gefunden. Diese Theorieansätze können einer realitätsnäheren Betrachtung des Steuerwettbewerbs dienen. Bevor politökonomische Einflüsse auf steuerpolitische Entscheidungen im Hinblick auf ihre Wettbewerbswirkungen analysiert werden, ist jedoch zu prüfen, ob sie trotz des Erosionsdrucks aus dem Systemwettbewerb bedeutsam bleiben.

---

[12] Vertretungskosten oder Agency costs spielen in der Principal-Agent-Literatur eine große Rolle. Darunter sind folgende Kosten zu subsumieren: (1) Überwachungskosten des Auftraggebers, (2) Kautionsausgaben des Beauftragten, (3) Residualverlust - die Differenz zwischen dem hypothetischen Gewinn des Prinzipals bei einer klassischen erstbesten Lösung und dem tatsächlichen Gewinn bei positiven Transaktionskosten und opportunistischem Verhalten der Agenten. Siehe Richter/Furubotn (1996, S. 166).

4 Politökonomische Argumente für einen Quellensteuerwettbewerb

Einige realistische Hypothesen zum Verhalten der Finanzpolitiker und zur Rolle von Interessengruppen haben bereits Eingang in die Literatur zum Steuerwettbewerb gefunden. Den Anstoß zu diesen alternativen Betrachtungen der Steuerpolitik gab die Vermutung, daß Regierungen bei weitem eher einem eigennutzmaximierenden Leviathan ähneln als einem wohlmeinenden Diktator. Ausgehend von dieser Einsicht wird in der Ausweitung der Abwanderungsmöglichkeiten im System- und Steuerwettbewerb ein Kontrollmechanismus für den nationalen Leviathan gesehen (Marlow, 1992, S. 78ff; Buchanan/Lee, 1994, S. 220f.).

Neuere Modelle verlassen die restriktive Leviathanannahme und verbinden realistischere politökonomische Argumente mit einer wohlfahrtstheoretischen Analyse.[13] Sie versuchen die Folgen des Steuerwettbewerbs aufzuzeigen, wenn sowohl die negativen Wohlfahrtswirkungen abwandernden Kapitals als auch diskretionäre Budgets und die Einflüsse von Partikularinteressen das Verhalten der Steuerpolitiker prägen.

In den Modellen von Edwards/Keen und Fuest konkurrieren identische kleine Staaten um Kapital, das auf quellensteuerbedingte Minderungen der Kapitalerträge unter das Weltzinsniveau mobil reagiert. Analysiert wird sowohl die Einnahmenseite als auch die Ausgabenseite, wobei vereinfachend nur die öffentliche Bereitstellung von Gütern betrachtet wird, die den immobilen Faktoren zugute kommen (Fuest, 1997, Kap. 5.2.; Edwards/Keen, S. 127). In beiden Modellen verwendet die Regierung einen Teil der Steuereinnahmen nicht zur Finanzierung der öffentlichen Güter. Fuest splittert diesen Eigenkonsum der politischen Klasse zusätzlich in Ausgaben zur Subventionierung von Interessengruppen und diskretionäre Budgets von Regierung und Bürokratie auf.

In der Modellierung konzentrieren sich beide Autoren auf die Auswirkungen des Steuerwettbewerbs auf die Ausgabenseite. Die Wahl der Steuerquellen unterliegt dagegen keinen politökonomischen Einflüssen außer dem popularitätsmaximierenden Kalkül des Steuerpolitikers, der ein vorgegebenes Budgetvolumen bei minimaler Einschränkung des Bürgernutzens erheben will. Es macht deshalb auch in diesen Modellen keinen Sinn, bei Kapitalmobilität Quellensteuern zu erheben, da die Kapitalabwanderungen zu unnötigen Beeinträchtigungen des Bürgernut-

[13] Einen Überblick bietet Windisch (1997).

zens führen würden. Kapital wandert so lange ab, bis es aufgrund der steigenden binnenländischen Grenzproduktivitäten eine Entlohnung erzielt, die der Weltmarktentlohnung plus der Steuerbelastung entspricht. Die Kapitalsteuererträge würden vollständig in die Einkommen der immobilen Faktoren überwälzt. Ferner entstehen Nettoeinkommensverluste aufgrund der abwanderungsbedingten Zusatzlasten der Besteuerung. Bei vollkommener Kapitalmobilität wird deshalb, analog zur reinen wohlfahrtstheoretischen Analyse, keine Quellensteuer erhoben, wenn der Staat keine produktiven Kollektivgüter bereitstellt.

Auf der Ausgabenseite hingegen führt der Steuerwettbewerb zu anderen Ergebnissen als die reine Wohlfahrtstheorie. Die Autoren weisen nach, daß der Steuerwettbewerb vorteilhaft sein kann, wenn der Regierung eine Maximierung ihres diskretionären Budgets unter Beachtung der Wiederwahlrestriktion unterstellt wird (Fuest, 1997, Kap. 5.5.), bzw. wenn sie eine relativ hohe Verschwendungsneigung aufweist (Edwards/ Keen, 1996, S. 129; Fuest, 1997, Kap. 5.4.). Der Wettbewerb der Gebietskörperschaften führt dann zu einem Vorteil für die Bürger, weil diskretionäre Budgets und Subventionen an Interessengruppen, die aus dem Einkommen der immobilen Faktoren finanziert werden müssen, erodiert werden. Eine Koordination der Steuerpolitiken, auch in einem Teilgebiet wie der EU, würde diese positiven Wirkungen des institutionellen Wettbewerbs hemmen und die Wohlfahrt der Bürger reduzieren.

5 Politökonomische Analyse der unterstellten Quellensteuererosion

Im folgenden Kapitel soll der Frage nachgegangen werden, ob die Quellensteuererosion bei realistischer Betrachtung dezentraler Steuerpolitik an institutionenbedingte Grenzen stößt. Diese Grenzen der Steuererosion können sich vor allem daraus ergeben, daß die handelnden Steuerpolitiker nicht identisch mit den betroffenen Bürgern sind und letztere unvollständige Informationen über die Folgen des steuerpolitischen Handelns haben. In stabilen, gereiften Demokratien bilden diese Informationsdefizite den Nährboden, auf dem die Arbeit von Interessengruppen gedeiht (Kiwit/Voigt, 1997, S. 19). Wenn politökonomische Einflüsse die Steuerpolitik im Wettbewerb beeinflussen sollen, dürfen sie durch den Systemwettbewerb nicht selber obsolet werden. Im folgenden werden hauptsächlich die politökonomischen Einflüsse aus dem rent-seeking untersucht. Abschnitt 5 *i)* befaßt sich mit den Auswirkungen der Globalisierung auf die Verbandsstruktur.

Abschnitt 5 *ii)* untersucht die Anreize für professionelle Interessenvertreter im Systemwettbewerb. In Abschnitt 5 *iii)* werden die Auswirkungen der Quellensteuerosion auf steuerliche Exitmöglichkeiten der immobilen Faktoren untersucht.

Zunächst jedoch ist die Frage zu klären, warum im globalen Quellensteuerwettbewerb mit potentieller Außenseiterkonkurrenz durch Autokratien, Diktaturen und junge Demokratien die Analyse verbandlicher Einflüsse sinnvoll ist.

Globale Abwanderungsmöglichkeiten führen dazu, daß Demokratien auch mit Autokratien oder Gruppendiktaturen im Standortwettbewerb stehen. Führen demokratische Vertretungskosten in dieser Konfrontation zu einem Wettbewerbsnachteil? Einer solchen Befürchtung könnte die Vorstellung vom allwissenden und wohlmeinenden Diktator oder die fehlleitende Analogie vom besonders gut wirtschaftenden „owner of a house" unterliegen (Olson, 1993, S. 567). Diesen Vorstellungen widerspricht zunächst einmal die Empirie: Becker weist darauf hin, daß von 1950-1985 das Wachstum mit dem Grad der politischen Demokratie positiv korreliert. Der Grund dafür ist, daß autokratische und diktatorische Regime aufgrund des internen Machtmonopols typischerweise zu Leviathanverhalten neigen (Becker, 1996). Gerade im Hinblick auf die Steuerpolitik ist deshalb nicht von einer systematischen Konkurrenz antidemokratischer Länder auszugehen. Sollte sich im Wettbewerb demokratischer Staaten ein erhöhter, die Kosten produktiver Kollektivgüter überschreitender Kapitalsteuersatz ergeben, wird der einnahmenmaximierende Leviathan die Steuerpreise nicht unterbieten, sondern den Aufkommensüberschuß für seinen Eigenkonsum verwenden.

In der Betrachtung entwickelter Demokratien wird insbesondere Interessengruppen große Bedeutung für die Höhe der Vertretungskosten beigemessen. Olson befürchtet für historisch gewachsene Gesellschaftssysteme mit ausdifferenziertem Verbandssystem eine institutionelle Sklerose und einen unaufhaltsamen wirtschaftlichen Abstieg (Olson, 1985). Dabei spielt insbesondere die Konkurrenz junger, anpassungsfähiger Volkswirtschaften eine Rolle, in denen die Vertretungskosten aus dem Interessengruppeneinfluß niedriger sind. Wenn, wie aktuell in der Bundesrepublik zu beobachten, u.a. Hemmnisse aus der Einflußnahme von Verbänden auf die Quellensteuerpolitik zur Abwanderung von Kapital führen, so kann das als Bestätigung des Olson'schen Arguments aufgefaßt werden. Die sinkenden Informations- und Kommunikationskosten im Zuge der Globalisierung verstärken diesen Wettbewerb. Gleichzeitig werden in Schwellenländern, vor allem in Lateinamerika, Südostasien und in ehemaligen Staatshandelsländern verbesserte außersteuerliche Standortbedingungen geschaffen. Obwohl bei einer regionalen Aufgliederung weiterhin ein Übergewicht der Kapitalströme zwischen Industrieländern zu verzeichnen ist, können auch die marginalen Kapitalwanderungen in junge Demokratien ohne ausgeprägten Einfluß von Interessengruppen der immobilen Faktoren eine zunehmende Rolle für den Standortwettbewerb spielen. Zur besseren Beurteilung des Wettbewerbsverhaltens dieser Länder wären allerdings intensivere politökonomische Untersuchungen, beispielsweise zu typischen Organisationsmustern von rent-seekern und ihren politischen Einflußkanälen, zu begrüßen.[14]

Trotz der zu erwartenden Außenseiterkonkurrenz durch junge Demokratien bleibt es sinnvoll, Einflüsse von Interessengruppen in den entwickelten Industriestaaten zu betrachten. Aufgrund dieser Einflüsse kann es für den nationalen Steuerpolitiker rational sein, die Kapitalbelastung über das konkurrenzgegebene Äquivalenzniveau anzuheben, um die immobilen Faktoren steuerlich zu entlasten. Allokationstheoretisch ist eine solche Maßnahme irrational, weil in Höhe der marginalen Zusatzlasten der Besteuerung ein Wohlfahrtsverlust eintritt und zudem die immobilen Faktoren die Kapitalsteuer vollständig tragen müssen, die Steuerentlastung also nur eine Täuschung war. Für den stimmenmaximierenden Steuerpolitiker ist allerdings relevant, wie sich diese Be- und Entlastungen in Stimmengewinnen und -verlusten niederschlagen. In der „Übersetzung“ dieser steuerpolitischen Folgen spielen Interessengruppen eine große Rolle. Sollte es innerhalb der entwickelten Demokratien aufgrund ihres Einflusses zu unkoordinierten, aber parallelen Erhöhungen der Quellenbelastung kommen, so wirken diese wie die Kapitalsteuerfestsetzung eines großen Landes. Damit entwickeln die verbandsdurchsetzten Demokratien selbst bei unkoordiniertem Handeln die Marktmacht, das Weltzinsniveau zu beeinflussen und die Steuerlast teilweise zu exportieren (Fuest, 1995, S. 153; Dluhosch, 1993, S. 73).[15] Entgegen der wohlfahrtstheoretischen These wird dann dem Kapital ein Teil der Steuertraglast auf-

---

[14] Einen Anfang macht Pritzl (1997).

[15] Diese Feststellung sollte nicht als normatives Urteil mißverstanden werden: Dluhosch bezweifelt die positiven Auswirkungen einer gemeinschaftlichen „beggar thy neighbour“-Politik.

gebürdet, wodurch sich wiederum die Bedingungen für politökonomische Einflußnahme auf die Steuerpolitik verbessern.

Unterliegt die Organisationsfähigkeit und der Einfluß von Interessengruppen im Systemwettbewerb nun der Erosion? Die Meinungen dazu weichen weit auseinander. Während Olson den Reformstau durch den sklerotisierenden Verbandseinfluß fürchtet, führen in neoklassischen Modellen die negativen wirtschaftlichen Folgen der Kapitalflucht zu einem vollständigen Verschwinden des Interessengruppeneinflusses auf den Kapitalsteuersatz.[16] Damit wäre die politökonomisch effiziente Steuerpolitik gleichbedeutend mit einem wohlfahrtsoptimalen Steuersatz in Höhe der Grenzkosten der Bereitstellung produktiver öffentlicher Güter. Im angesprochenen Modell von Lorz wird das Verhalten von Interessengruppen neoklassisch modelliert und damit weitgehend im institutionenfreien Raum argumentiert (Lorz, 1997, S. 281). Es existieren keine Informations- und Kontrollprobleme der Verbandsmitglieder über die Rückwirkungen des rent-seeking und bezüglich des Handelns von Verbandsvertretern und Steuerpolitikern, auf die nun näher eingegangen werden soll. Darüber hinaus kann auch der drohende steuerliche Austritt der immobilen Faktoren einer Quellensteuersenkung entgegenwirken.

i) Globalisierung, spezifische Investitionen und die Organisationsstruktur von Verbänden

Eine alle Länder betreffende Folge der Globalisierung ist, daß die unterschiedlichen Mobilitätszuwächse durch die Globalisierung Auswirkungen auf die Organisationsstruktur von Interessengruppen haben werden. Von Weizsäcker betont den Einfluß von sunk-costs auf die Verbandsstruktur und damit auch auf die gesellschaftlich vorherrschenden Vorstellungen von Gerechtigkeit (von Weizsäcker, 1984, S. 136). Im Gegensatz zu anderen Determinanten der Organisationsfähigkeit von Interessen wird dieser Einfluß selten hervorgehoben. Vor allem Ordnungstheoretiker verweisen statt dessen auf die bekannten Olson'schen Determinanten und die Bedeutung des Sozialstaatsprinzips und der Interventionsbereitschaft staatlicher Stellen für den Umfang von Rent-seeking-Aktivitäten (Streit,

[16] In einem von Lorz vorgestellten Modell verschwindet bei vollständiger internationaler Kapitalmobilität und neoklassischer Modellierung des internationalen Kapitalmarktgleichgewichts mit zunehmender Zahl konkurrierender Länder der Einfluß von Interessengruppen auf den Kapital-

1988, S. 257ff.). In Kombination mit der weitreichenden Entscheidungsgewalt des Parlaments fördern die erzielbaren Pfründe die Organisation von Lobbies zur interessenspezifischen Vorteilssuche, indem sie die Erfolgswahrscheinlichkeit von Widerspruch erhöhen.

Oft wird der Einfachheit halber angenommen, daß sich die Kosten des rent-seeking diffus auf die Bürger verteilen und keine Rückwirkungen auf die rent-seeker selbst entfalten (siehe z.B. Tullock, 1989, S. 83). In einer rent-seeking-society sind aber gerade die hohen steuerlichen Kosten der allgemeinen Gewährung von Sondervorteilen für die Organisierbarkeit von Interessengruppen relevant. Die Frage ist, wann die Inhaber eines Faktors das günstigere Steuersystem im Ausland nutzen oder auf die Etablierung eines identischen Steuersystems im Inland hinarbeiten werden. Hierbei spielen spezifische Investitionen sowie die Transaktionskosten von Abwanderung und Widerspruch eine Rolle.

a) Mobilität und spezifische Investitionen

In der Terminologie der Transaktionskostenökonomik könnte die Standortentscheidung als unvollständiger Vertrag zwischen den Faktoren und dem Staat interpretiert werden. Unvollständig ist der Vertrag vor allem durch die staatlichen Möglichkeiten, die rechtlichen und steuerlichen Rahmenbedingungen für die Faktornutzung im ex post zu ändern. Versteht man dementsprechend die Abwanderung als eine Transaktion des Faktors mit der ausländischen Staatseinheit, so müssen zu ihrer Durchführung Such- und Informationskosten sowie Verhandlungs- und Entscheidungskosten aufgewandt werden (Richter/Furubotn, 1996, S. 51ff.). Unter die erste Kategorie wären also beispielsweise die Kosten der Informationsaufbereitung bei der Suche nach steuerlich günstigeren Standorten einzuordnen, gewichtet mit der Erfolgswahrscheinlichkeit der Informationssuche. Die Verhandlungs- und Entscheidungskosten treten im Kontakt mit den ausländischen Institutionen auf. Als Beispiele seien hier nur Betriebs- oder Aufenthaltsgenehmigungen genannt, aber auch Abgaben auf Kapitalimporte wären hier zu subsumieren. Besonders standortspezifische Investitionen stellen wichtige Ein- und Austrittsbarrieren für Faktorwanderungen dar. Dazu zählen Humankapitalinvestitionen wie der Erwerb einer Fremdsprache, aber auch Aufwendungen für Real-

---

steuersatz. Siehe Lorz (1997, S. 273ff.).

kapitalinvestitionen oder standortspezifische Kenntnisse des Rechtssystems. Auch entwertete spezifische Investitionen am alten Standort gehen in die Abwanderungsentscheidung ein. Abschließend bleibt festzuhalten: Je geringer die Transaktionskosten der Abwanderung und die transaktionsspezifischen Investitionen sind, desto höher ist der Grad der Mobilität des Faktors. Von besonders hoher Mobilität ist das Kapitalangebot, da bei einem anonymen Erwerb von Kapitalanteilen über international vernetzte Finanzmarktinstitutionen kaum Transaktionskosten anfallen und auch kaum spezifische Investitionen getätigt werden müssen. Aber auch die kapitalnachfragenden Unternehmen sind zunehmend multinational organisiert und beweisen mit ihren Investitionsentscheidungen eine hohe Mobilität.

b) Spezifische Investitionen und Widerspruch

Bei langfristigen, unvollständigen Verträgen sind die Überwachungs- und Durchsetzungskosten die wichtigste Transaktionskostenkategorie. Ursache dafür ist der drohende Opportunismus des Vertragspartners. Je höher die standortspezifischen Investitionen sind, desto höher ist der Anreiz zu opportunistischem Verhalten und zur Abschöpfung von Quasi-Renten (Williamson, 1990, S. 60ff.). Dies sei am Beispiel der Steuerpolitik verdeutlicht: Für Politiker und andere Interessengruppen ist es besonders reizvoll, selektive Vorteile von sogenannten „sitting ducks“ finanzieren zu lassen, denn diese können nicht elastisch auf Veränderungen der Rahmenbedingungen reagieren.

Den immobilen Faktoren bleibt nur der Widerspruch, um sich gegen diese Belastungen zu wehren. In westlichen Demokratien bieten sich vor allem Wahlen und Lobbyismus als Möglichkeiten zur politischen Einflußnahme an. Die Aufwendungen für diesen Widerspruch stellen notwendige Kosten der Erfüllung und Kontrolle eines unvollständigen „Standortvertrages“ dar. Wie im privaten Bereich sind diese umso höher, je umfangreicher standortspezifische Investitionen und der Anreiz zu opportunistischer Abschöpfung der Quasi-Renten, sprich die Finanznot des Staates, sind.

Im Hinblick auf den Widerspruch gegen die Steuerpolitik fallen die üblichen Kollektivgutprobleme ins Auge. Zum einen ist es für den einzelnen Wähler nicht rational, sich über Steuerpolitik zu informieren, da die individuellen Transaktionskosten - gemessen an den Erfolgswahrscheinlichkeiten - zu hoch sind. Verbände stellen in diesem Zusammenhang eine transaktionskostensenkende Institution dar, die oftmals an die Stelle des direkten Wählereinflusses treten und umgekehrt auch die Wahlentscheidungen beeinflussen. Die Vertretung von Interessen wird an Spezialisten delegiert.[17] Es lohnt sich also vor allem für die immobilen, durch spezifische Investitionen gebundenen Faktoren, intensiv in politische Einflußnahme zu investieren, um opportunistisches Verhalten des Staates in Form steuerlicher Abschöpfung von Quasi-Renten zu verhindern. Dabei spielen Verbände eine besondere Rolle, da sie Transaktionskosten senken, das Kollektivgutproblem überwinden und die Durchschlagskraft der Interessenvertretung erhöhen.

ii) Die Organisationsstruktur der Verbände im Steuerwettbewerb

Die Ausweitung der Abwanderungsmöglichkeiten im Zuge der Globalisierung verschärft die bereits intranational bestehende asymmetrische Organisationsstruktur. Wenn Austritt und Widerspruch als Alternativen gesehen werden, müßte der Organisationsgrad des zunehmend mobilen Faktors abnehmen. Vor allem Unternehmen werden also intranationale Allokationsverzerrungen und Widerspruch durch stumme Abwanderung ersetzen.

Die Auswirkungen der Globalisierung auf die Organisationsfähigkeit der immobilen Faktoren sind umstritten und sollen wiederum isoliert am Beispiel der Steuerpolitik verdeutlicht werden.

Im Zuge des Steuerwettbewerbs werden fiskalische Ansprüche verstärkt an die immobilen Faktoren gerichtet. Dies bildet, wie oben gesehen, einen Anreiz zu Interessengruppenorganisation. Dieser zunehmende fiskalische Druck allein kann jedoch noch nicht zum Anlaß genommen werden, ein verstärktes Lobbying herzuleiten.

Bei vollständiger Kapitalmobilität und vollständiger Information läge es eigentlich auch im Interesse der immobilen Faktoren, nicht in Lobbying gegen die Verschiebung der Steuerlast zu investieren. Schließlich ist aus isolierter nationaler Perspektive zu erwarten, daß die Kapitalsteuer vollständig in ihren Einkommen kapitalisiert wird und eine marginale Zusatzlast aufgrund des abwandernden Ka-

[17] Aufgrund von free-rider-Verhalten kommt es zu einer weiteren, von Olson näher beschriebenen Selektion organisierbarer Interessen. Von dieser soll aber im weiteren abstrahiert werden, da es

pitals auftritt, so daß sich Lobbyinvestitionen in die eigene steuerliche Entlastung nicht mehr lohnen.

Aus der isolierten Sicht einer Untergruppe des immobilen Faktors besteht jedoch die Chance, diese negativen Rückwirkungen einer Belastung des mobilen Faktors von anderen immobilen Gruppen mittragen zu lassen. Zudem erscheint es mehr als plausibel, umfangreichere Informationen über die Höhe des eigenen Steuersatzes zu unterstellen als über die komplizierten Umstände der Rückwälzung der Kapitalsteuer. Aus diesen Gründen bleibt der Interessengruppeneinfluß des immobilen Faktors auch bei vollständiger Kapitalmobilität relevant.

Gemäß dieser Logik ist zu erwarten, daß bei zunehmender Kapitalmobilität und wettbewerbsinduzierter Verschiebung der Steuerlast c.p. mobile Faktoren weniger umfassend in Interessengruppen organisiert sein werden als immobile Faktoren. Im Zuge der Globalisierung sind deshalb wachsende politische Widerstände gegen die wettbewerbsinduzierte Verlagerung der Steuerlasten vom mobilen auf den immobilen Faktor zu erwarten.

*iii) **Das Vertretungsproblem in den Verbänden und ihr Einfluß auf die Steuerpolitik***

Innerhalb der Verbände herrscht ein Vertretungsproblem. Die Interessengruppenmitglieder als Prinzipale beauftragen Verbandsfunktionäre als Agenten mit der Vertretung ihrer Interessen. Von professionellen Verbandsvertretern der immobilen Faktoren könnte aufgrund ihres höheren Informationsstandes erwartet werden, daß sie die Rückwirkungen der Kapitalbelastung kennen. Aufgrund von asymmetrischen Informationen verfügen Verbandsfunktionäre über einen diskretionären Handlungsspielraum, der wiederum durch Mitgliederabwanderung und Widerspruch kontrolliert wird (Vieler, 1986, S. 124ff.). Dieser Handlungsspielraum kann zu opportunistischen Handlungen genutzt werden. Professionelle Interessenvertreter handeln rational, wenn sie die eigene Klientel über die zunehmende Interessenidentität zwischen den Inhabern mobiler und immobiler Faktoren im Unklaren lassen.[18] Die Bedeutung von Interessenagenten hängt von den

hier primär um den Gegensatz zwischen mobilen und immobilen Faktoren geht. Olson (1969).

[18] Vieler beschreibt eine ähnliche Verfälschung der Verbandsforderungen im Hinblick auf gewerkschaftliche Positionen zur Kapitalbeteiligung an Unternehmen. Vieler (1986, S. 145).

Möglichkeiten ab, Sondervorteile für Insider auf Kosten von Outsidern durchzusetzen. Je klarer den Mitgliedern wird, daß die Attraktion mobilen Kapitals in ihrem Interesse ist, desto geringer sind die Spielräume für das rent-seeking und desto unsicherer wird die Position von professionellen Interessenvertretern. Die Verschiebung der Steuerlast auf den mobilen Faktor ist also ein attraktives Ziel für professionelle Interessenvertreter.

Auch strukturelle Unterschiede in der Verbandsorganisation unterliegen dem Systemwettbewerb. Korporatistische Politiksysteme, hierarchische Verbandsorganisation und Zwangsmitgliedschaften verstärken den Einfluß und den diskretionären Handlungsspielraum der Agenten, erhöhen die Belastung des mobilen Faktors und werden durch Einkommensverluste der Verbandsmitglieder bestraft. Im Systemwettbewerb dürften sich durch die Suche nach effizienten Lösungen des Vertretungsproblems die diskretionären Handlungsspielräume der Gruppenfunktionäre verringern und auf ein „institutionelles Gleichgewicht" (Richter/Furubotn, 1996, S. 26ff.) zustreben. Eine vollständige Kontrolle des Agenten in einer Welt positiver Transaktionskosten ist jedoch auch in einem hypothetischen institutionellen Gleichgewicht nicht möglich.

In allen entwickelten Demokratien werden folglich die Vertreter der immobilen Faktoren, begünstigt durch deren besondere Organisationsfähigkeit, gegen die Verlagerung der Steuerlast auf die immobilen Faktoren Einfluß nehmen.

iv) *Steuerlicher Exit der immobilen Faktoren*

In der bisherigen Argumentation wurde stillschweigend davon ausgegangen, daß eine klare Abgrenzung der steuerlichen Bemessungsgrundlagen von mobilen und immobilen Faktoren möglich ist. Gordon und MacKie-Mason weisen demgegenüber auf ein steuertechnisches Problem hin, welches die Verschiebung der Steuerlasten auf den immobilen Faktor, insbesondere die Arbeit, behindert (Gordon/MacKie-Mason, 1993). Liegen die Quellensteuersätze auf Kapital niedriger als die effektiven Steuersätze auf Arbeit, so besteht ein Anreiz zu steuerlichem Ausweichverhalten durch Umwandlung von Arbeitseinkommen in Kapitaleinkommen. Ein deutsches Beispiel hierfür bieten steuerinduzierte Verzerrungen bei der Wahl der zwischen den Unternehmensformen Personengesellschaft und Körperschaft. Auch die vieldiskutierte Scheinselbständigkeit stellt ein Ausweichverhalten vor zu hohen Abgabenlasten dar. Je größer die Spreizung effektiver Steuersätze wird, desto intensiver wird die Suche nach Steuerschlupflöchern betrieben. Gegenmaßnahmen wie der Versuch, die Steuerlasten der Inländer nachträglich anzugleichen, beispielsweise durch eine synthetische, wohnsitzorientierte Einkommensteuer, verursachen hohe steuer- und erhebungstechnische Kosten. Eine isolierte Senkung der Quellensteuer eröffnet also Steuerschlupflöcher für die immobilen Faktoren und erhöht die diesbezüglichen politischen Kosten der Besteuerung. Diese legale Spielart der Steuervermeidung wird durch die Möglichkeiten der Steuerhinterziehung ergänzt. Die geographisch immobilen Faktoren sind demnach nicht unbedingt auch steuerlich immobil. Bei zunehmender Verschiebung der Steuerlast bildet diese Erosion der immobilen Bemessungsgrundlagen ein wachsendes politisches Gegengewicht zu den politischen Gründen für eine Kapitalsteuersenkung.

v) Schlußfolgerung

In der Erforschung des Systemwettbewerbs aus politökonomischer Perspektive sind noch viele Fragen offen (Kiwit/Voigt, 1997; Kerber, 1997; Wegner, 1997; Straubhaar, 1997). Welchen Veränderungen der Einfluß von Interessengruppen im Systemwettbewerb unterliegt, ist mit den hier angestellten Überlegungen sicherlich nicht abschließend geklärt. Für die Suche nach einem institutionellen Gleichgewicht werden weitere Forschungen, beispielsweise über die jeweiligen nationalen Zugangsbedingungen von Interessen zu politischen Entscheidungen, nötig sein.[19] Zudem können andere Einflüsse auf den Steuerpolitiker, beispielsweise aus Bürokratien, berücksichtigt werden. Im folgenden soll dennoch, unter den genannten Vorbehalten, dargestellt werden, welche Folgen die erarbeiteten institutionellen Einflüsse für das wettbewerbliche Verhalten nationaler Steuerpolitiker haben.

---

[19] So deutet einiges darauf hin, daß Staaten mit personalisiertem Mehrheitswahlrecht wie Neuseeland, die USA oder Großbritannien die Allokationsverluste aufgrund der Kapitalabwanderung konsequenter in Reformen der ordnungspolitischen Rahmenbedingungen umsetzen. Die Ursache könnte darin liegen, daß die Entscheidungsinstanzen weniger auf die zentrale Interessenvermittlung durch organisierte Gruppen angewiesen sind.

Ein rationaler Steuerpolitiker in einer kleinen offenen Volkswirtschaft wird die Stimmenverluste und -gewinne bei der Wahl der Steuerlastverteilung zwischen mobilen und immobilen Faktoren abwägen. Ohne den Einfluß von Interessengruppen und bei vollständiger Information der Wahlbürger über die Folgen der Steuerpolitik würde er wie ein wohlmeinender Diktator die Äquivalenzlösung für die Höhe der Kapitalbesteuerung wählen. Werden jedoch Informationsmängel und Interessengruppen eingeführt, so kann ein höherer Quellensteuersatz stimmenmaximierend sein. Die asymmetrische Organisationsfähigkeit mobiler und immobiler Faktoren, das eigennutzorientierte Verhalten von Verbandsagenten und steuertechnische Probleme bei der Belastung der immobilen Faktoren geben Hinweise darauf, daß die Belastungen durch einen höheren Kapitalsteuersatz systematisch unterschätzt werden, während die Entlastungen sich übermäßig in Stimmengewinnen niederschlagen. Wenn diese institutionellen Einflüsse stark genug sind, die Folgen der Einkommenseinbußen zu kompensieren, werden Steuerpolitiker in den entwickelten Demokratien, also anders als der wohlmeinende Diktator, eine grenzkostenüberschreitende Kapitalbelastung wählen und einen niedrigeren Kapitalstock in Kauf nehmen.[20]

Der unkoordinierte parallele Einfluß dieser steuerpolitischen Anreize in allen entwickelten Demokratien wirkt wie eine koordinierte Anhebung des Kapitalsteuerniveaus. Der große Kapitalmarkteinfluß verbandsdurchsetzter Demokratien wird somit das Weltzinsniveau beeinflussen. Ein Teil der überhöhten Steuerlast kann damit exportiert werden. Die Stimmenverluste durch den niedrigeren Kapitalstock sind geringer, als aus isolierter Perspektive zu erwarten wäre. Um zu beurteilen, ob diese Reaktionsverbundenheit zwischen den Steuerpolitikern wiederum in ihre politökonomischen Kalküle eingeht, bedürfte es einer spieltheoretischen Modellierung. Dieses Problem soll hier jedoch nicht weiter vertieft werden, da das Grundargument klar ist. Auch im Quellensteuerwettbewerb können politökonomische Faktoren, die auf delegierten Entscheidungen beruhen, Einfluß auf das Steuerniveau haben.[21]

---

[20] Kapital wandert nicht vollständig ab. Dem unterliegt die Annahme, daß die Grenzproduktivität des Kapitals mit zunehmendem Kapitaleinsatz abnimmt. Kapital wird bei einem gegebenen Weltmarktzins so lange abwandern, bis die erhöhte inländische Grenzproduktivität gleich dem Weltmarktzins plus Steuerbelastung ist.

[21] Zu einem ähnlichen Ergebnis kommen Persson und Tabellini in einem politökonomischen zwei Länder/zwei-Perioden Modell. Sie betonen, daß die ökonomisch konsequente Reaktion durch

Die politökonomische Betrachtung der wettbewerblichen Steuerpolitik in kleinen, offenen Volkswirtschaften mag um zusätzliche Argumente ergänzt werden, die das abgeleitete Ergebnis verändern können. Beispielsweise leidet der Steuerpolitiker unter Informationsdefiziten über die Handlungen seiner Politikkonkurrenten und die Präferenzen der Bürger. Neuere Public-Choice-Modelle adressieren gerade dieses politische Informationsproblem und betonen die Bedeutung von Interessengruppen für seine Lösung (Coughlin et al., 1990; Lorz, 1997, S. 277ff.). Eine besondere Rolle können weiterhin Annahmen über die heterogene Ausstattung der Haushalte mit dem immobilen Faktor und hinsichtlich der Verwendung der Kapitalsteuererträge spielen. Lorz analysiert die Auswirkungen dieser Annahmenvariationen in einem Modell des probabilistic-voting und bei einer variablen, aber exogen gegebenen Zielfunktion des Steuerpolitikers. Je nach zugrundeliegenden Annahmen kann der Steuerwettbewerb zu steigenden, sinkenden oder gleichbleibenden Abweichungen von einem angenommenen Ausgangsniveau der Kapitalbesteuerung führen (Lorz, 1997, S. 243ff.).

6 Fazit: Der profitable Quellensteuerwettbewerb

Aus normativer Sicht kann über die Ergebnisse positiver politökonomischer Analysen weiter gestritten werden. Gegen jede Besteuerung von Kapitalerträgen sprechen weiterhin die dadurch ausgelösten Verzerrungen der Sparentscheidungen und negative Wachstumseffekte (Dluhosch, 1993, S. 79ff.).

Pragmatisch-wirtschaftspolitisch gesehen kann das Ergebnis positiver Analyse jedoch die theoretische Basis der Argumente gegen einen Steuerwettbewerb fragwürdig erscheinen lassen. Der klare Beweis, daß dezentrale Steuerpolitik zu ruinösen Quellensteuersätzen führt, kann nur durch die strenge modellimmanente Abstraktion von institutionellen Problemen geführt werden. Wie einfache politökonomische Überlegungen zeigen, führt diese Modellstruktur jedoch zu zweifelhaften Zwischenergebnissen. Stellungnahmen für oder gegen den Steuerwettbewerb sollten deshalb Delegationsprobleme in die theoretischen Überlegungen integrieren und politökonomische Einflüsse auf den Steuerpolitiker beachten.

---

politische Gegenkräfte, namentlich die Entscheidung der Wähler für „linke" Regierungen konterkariert wird (siehe Persson/Tabellini, 1992).

In Abschnitt 4 sind die Ergebnisse von Modellen vorgestellt worden, die diese Ansprüche erfüllen. Danach spricht für den Quellensteuerwettbewerb, daß er über die Verminderung von diskretionären Handlungsspielräumen der politischen Entscheidungsträger zu Einkommensverbesserungen für die immobilen Faktoren führt. Ineffizienzen der politischen Vertretung, die über das unvermeidliche, in allen Staaten auftretende Maß hinausgehen, werden durch unkoordnierte Quellenbesteuerung einem verstärkten Wettbewerbsdruck ausgesetzt. Wie die vorgestellten Modelle zeigen, betrifft dies sowohl die Verschwendung diskretionärer Budgets innerhalb des engeren politischen Systems als auch die Gewährung von Sondervorteilen. Auch hohe innerverbandliche Vertretungskosten und politische Rahmenbedingungen, die in besonderer Weise den Einfluß von rent-seekern sichern, geraten unter den institutionellen Wettbewerbsdruck. Aus institutionentheoretischer Perspektive ist jedoch leider nicht zu erwarten, daß der globale Wettbewerb diese Vertretungskosten der politischen Delegationsverhältnisse vollständig beseitigen kann.

Angesichts der dargelegten Zweifel an den Argumenten der Wettbewerbsgegner überwiegen somit die Vorteile des Steuerwettbewerbs.

Der Quellensteuerwettbewerb funktioniert jedoch nicht ohne stützende Institutionen. Probleme bereiten Abweichungen vom Prinzip der fiskalischen Äquivalenz, zum Beispiel durch die in Abschnitt 2 erwähnte manipulierende Verlagerung von Bemessungsgrundlagen in Niedrigsteuerländer. Nur wenn die Quellensteuererhebung am Ort der Investition erfolgt, können sich die Wettbewerbskräfte entfalten. Die notwendige Einführung einer Wettbewerbsordnung für den Systemwettbewerb sollte jedoch nicht für versteckte Harmonisierungsschritte genutzt werden (Kerber, 1997).

Welchen Weg sollte die deutsche Steuerpolitik angesichts der dargelegten theoretischen Überlegungen einschlagen? Die abgeleiteten langfristigen Grenzen der Steuererosion sollten gerade im Hinblick auf die deutsche Ausgangssituation nicht mißinterpretiert werden. Von dem beschriebenen Endergebnis ist die aktuelle Situation weit entfernt. In der Anpassung an globalisierende Kapitalmärkte entfaltet der Wettbewerb der Quellensteuern disziplinierenden politischen Druck auf hergebrachte, überdurchschnittlich hohe Steuerlasten und verschwenderischen Umgang mit den Erträgen. Ausgehend von hohen effektiven Kapitalsteuersätzen hat Deutschland die einsetzende Globalisierung und die wettbewerbliche

Steuersenkung anderer Länder verschlafen. In empirischen Untersuchungen hinsichtlich der Quellenbelastung von in- und ausländischen Investitionen schneidet das deutsche Steuersystem sehr schlecht ab (Slemrod, 1996, S. 296ff.; Sinn, 1997, S. 674). Die daraus resultierenden Probleme sind augenfällig: Deutschland ist der größte Exporteur von Direktinvestitionen weltweit und die Arbeitslosenzahlen steigen. Es muß also zu einer wettbewerblichen Absenkung der Quellenbesteuerung kommen.

7 Literaturverzeichnis

Becker, Gary S. (1966), *Familie, Gesellschaft und Politik - die ökonomische Perspektive*, Tübingen.

Blankart, Charles B. (1994), *Öffentliche Finanzen in der Demokratie*, München.

Blankart, Charles B. (1996), „Braucht Europa mehr zentralstaatliche Koordination?“, *Wirtschaftsdienst*, Jg. 76, Nr. 2, S. 87-91.

Buchanan, James M. und Dwight R Lee (1994), „On a Fiscal Constitution for the European Union“, *Journal des Economistes et des Etudes Humaines*, Vol. 5, Nr. 2, S. 219-232.

Coughlin, PJ., D.C. Mueller und P. Murell (1990), „A Model of Electoral Competition With Interest Groups“, *Economic Letters* 32, S. 307-311.

Dluhosch, Barbara (1993), „Strategische Fiskalpolitik in offenen Volkswirtschaften“, *Untersuchungen zur Wirtschaftspolitik* 93, Köln.

Edwards, Jeremy und Michael Keen (1996), „Tax competition and Leviathan“, *European Economic Review*, Jg. 40, S. 113-134.

Fuest, Clemens (1995), „Eine Fiskalverfassung für die Europäische Union“, *Untersuchungen zur Wirtschaftspolitik* 100, Köln.

Fuest, Clemens (1996), „Zur Reform der EU-Fiskalverfassung“, in: Manfred E. Streit und Stefan Voigt (Hrsg.), *Europa reformieren: Ökonomen und Juristen zur zukünftigen Verfaßtheit Europas*, Baden-Baden, S. 166-182.

Fuest, Clemens (1997), „Internationale Koordination der Fiskalpolitik: Wohlfahrtsökonomische versus Politökonomische Sicht“, erscheint in: *Jahrbuch für Wirtschaftswissenschaften*.

Gordon, R. H. und J.K. MacKie-Mason (1993) „Why is there Corporate Taxation in a small open Economy? The Role of Transfer Pricing and income Shifting“, *NBER Working Paper* 4796, Cambridge, MA.

Hettich, Walter und Stanley L. Winer (1987), „Federalism, Special Interests and the Exchange of Policies for Political Resources“, *European Journal of Political Economy*, Special Issue, Vol. 3, Nr. 1+2, S. 33-54.

Hirschmann, Albert O. (1974), *Abwanderung und Widerspruch*, Tübingen.

Hohaus, Bolko (1996), „Steuerwettbewerb in Europa“, *Europäische Hochschulschriften*, Vol. 1862, Frankfurt a.M. u.a..

Hüther, Michael (1997), „Umbau der Sozialen Sicherungssysteme im Zeichen der Globalisierung?“, *Zeitschrift für Wirtschaftspolitik*, Jg. 46, H. 2, S. 193-214.

Kerber, Wolfgang (1997), „Zum Problem einer Wettbewerbsordnung für den Systemwettbewerb“, erscheint in: *Jahrbuch für neue politische Ökonomie*.

Kiwit, Daniel und Stefan Voigt (1997), „Grenzen des institutionellen Wettbewerbs“, erscheint in: *Jahrbuch für neue politische Ökonomie*.

Lorz, Jens Oliver (1997), „Standortwettbewerb bei internationaler Kapitalmobilität - Eine modelltheoretische Untersuchung“, *Kieler Studien* 284, Tübingen.

Marlow, Michael L. (1992), „Intergovernmental Competition, Voice and Exit Options and the Design of Fiscal Structure“, *Constitutional Political Economy*, Vol. 3, Nr. 1, S. 73-88.

Mans, Angela (1996), „Steuerpolitik in der Europäischen Union zwischen Wettbewerb und Harmonisierung“, *Vierteljahreshefte zur Wirtschaftsforschung*, Jg. 65, H. 3, S. 331-353.

Olson, Mancur (1968), *Die Logik des kollektiven Handelns*, Tübingen.

Olson, Mancur (1969), „The Principle of Fiscal Equivalence“, *American Economic Review*, Vol. 59, S. 479-487.

Olson, Mancur (1985), *Aufstieg und Niedergang von Nationen*, Tübingen.

Olson, Mancur (1993), „Dictatorship, Democracy, and Development“, *American Political Science Review*, Vol. 87, Nr. 3, S. 567-575.

Persson, Torsten und Guido Tabellini (1992), „The Politics of 1992, Fiscal Policy and European Integration“, *Review of Economic Studies*, Vol. 59, S. 689-701.

Pritzl, Rupert F. J. (1997) *Korruption und rent seeking in Lateinamerika: zur politischen Ökonomie autoritärer politischer Systeme*, Baden-Baden

Richter, Rudolf und Eirik G. Furubotn (1996), *Neue Institutionenökonomik*, Tübingen.

Rivlin, Alice M. (1991), „Distinguished Lecture on Economics in Government: Strenghtening the Economy by Rethinking the Role of Federal and State Governments“, *Journal of Economic Perspectives*, Vol. 5, Nr. 2, S. 3-14.

Salin, Pascal (1994), „International Tax Problems: Between Coordination and Competition“, *Journals des Economistes et des Etudes Humaines*, Vol 5, Nr. 1, S. 3-24.

Sinn, Hans-Werner (1984), „Die Bedeutung des Accelerated Cost Recovery System für den internationalen Kapitalverkehr“, *Kyklos*, Vol. 37, S. 542-576.

Sinn, Hans-Werner (1990), „The Harmonization and Tax Competition in Europe“, *European Economic Review*, Nr. 34, S. 489-504.

Sinn, Hans Werner (1994), „Wieviel Brüssel braucht Europa? - Subsidiarität, Zentralisierung und Fiskalwettbewerb im Lichte der ökonomischen Theorie“, *Staatwissenschaften und Staatspraxis*, Jg. 5, H.1, S.155-186.

Sinn, Hans-Werner (1995), „Implikationen der vier Grundfreiheiten für eine nationale Fiskalpolitik“, *Wirtschaftsdienst*, Jg. 75,. H. 5., S. 240-249.

Sinn, Hans-Werner (1996a), „Das Prinzip des Diapositivs - Einige Bemerkungen zu Charles B. Blankart“, *Wirtschaftsdienst*, Jg. 76, H. 2, S. 92-94.

Sinn, Hans-Werner (1996b), „The Subsidiarity Principle and Market Failure in Systems Competition“, *NBER Working Paper* 5411, Cambridge.

Sinn, Hans-Werner (1997), „Deutschland im Steuerwettbewerb", *Jahrbücher für Nationalökonomie und Statistik*, Vol. 216/6, S. 672-692.

Slemrod, Joel (1996), „Tax Cacophony and the Benefits of free Trade", in: J. Bhagwati und R.E. Hudec (Hrsg.), *Fair trade and harmonization - prerequisites for free trade*, Cambridge, MA.

Straubhaar, Thomas (1997), „Empirische Indikatoren für den Systemwettbewerb - Moderne und historische Befunde", erscheint in: *Jahrbuch für neue politische Ökonomie.*

Streit, Manfred E. (1988), „Wohlfahrtsstaatlicher Interessenpluralismus und marktwirtschaftliche Ordnung - Eine Kritik verbändestaatlicher Ordnungsvorstellungen", in: Manfred E. Streit (Hrsg.), *Wirtschaftspolitik zwischen ökonomischer und politischer Rationalität*, Festschrift für Herbert Giersch, Wiesbaden, S. 253-274.

Tullock, Gordon (1989), *The Economics of Special Privilege and Rent Seeking*, London.

Vieler, Alexander (1986), *Interessen, Gruppen und Demokratie*, Tübingen.

Wegner, Gerhard (1997), „Systemwettbewerb als politisches Kommunikations- und Wahlhandlungsproblem", erscheint in: *Jahrbuch für neue politische Ökonomie*.

Weizsäcker, Carl Christian von (1984), „Was leistet die Property Rights Theorie für aktuelle wirtschaftspolitische Fragen?", in: Manfred J.M. Neumann (Hrsg.), *Ansprüche, Eigentums- und Verfügungsrechte, Schriften des Vereins für Sozialpolitik*, Bd. 140, Berlin, S. 123-152.

Williamson, Oliver E. (1990), *Die ökonomischen Institutionen des Kapitalismus - Unternehmen, Märkte, Kooperationen*, Tübingen.

Windisch, Rupert (1997), „Modellierung von Systemwettbewerb: Eine kritische Bestandsaufnahme", erscheint in: *Jahrbuch für neue politische Ökonomie*.

Wohlgemuth, Michael (1995), *Institutional Competition - notes on an Unfinished Agenda*, Diskussionbeitrag 06/95 des Max-Planck-Institutes zur Erforschung von Wirtschaftsfragen.

I Bedroht die Globalisierung eine nationale Sozialpolitik?*

Johann Eekhoff

Mit der Globalisierung wird häufig eine Entkoppelung von Wirtschaft und Politik verbunden. Richtig ist, daß der Einfluß der nationalen Politik auf international tätige Unternehmen geringer wird. Unternehmen können auf andere Standorte ausweichen und müssen nicht jede Belastung durch Regulierungen, Steuern und sonstige Abgaben hinnehmen. Sie gehen verstärkt dazu über, Standorte in aller Welt in ihre Investitionsentscheidungen einzubeziehen. Sie wägen die gesamten inländischen Standortbedingungen nüchtern gegen die Bedingungen an anderen Standorten ab. Die Sozialstandards spielen dabei grundsätzlich keine Rolle, weil die von den Unternehmen abzuführenden Sozialabgaben als Teil der gesamten Lohnkosten angesehen werden und die akzeptierten Barlöhne schmälern. Für die Unternehmen kommt es auf die Unterschiede der Lohnstückkosten einschließlich der Sozialabgaben an. Das heißt auch, daß bei höherer Produktivität höhere Löhne getragen werden können. Es ist sicherlich nicht auszuschließen, daß mit der Abwanderung an einen anderen Standort gedroht wird, ohne dies ernsthaft in Betracht zu ziehen, um bessere Förderbedingungen, Steuerentlastungen, günstige Lohn- und Arbeitsbedingungen zu erreichen. Aber der globale Standortwettbewerb wird nicht nur vorgeschoben, sondern ist längst harte Realität.

In der Sozialpolitik wird die Sorge geäußert, die Globalisierung würde immer engere Grenzen setzen, zu einem Abbau von Sozialleistungen, zu einer Nivellierung auf dem niedrigsten Niveau und damit zu einer Erosion der Sozialstandards führen. Der Ausweg bestehe nur darin, ähnlich wie beim Umweltschutz die internationale Zusammenarbeit zu verstärken und sich auf gemeinsame Sozialstandards zu verständigen. Um diesen Bestrebungen mehr Nachdruck zu verleihen, sei es notwendig, Regeln und Sanktionen in der Europäischen Union, in der

---

* Überarbeitete Fassung des Artikels „Die Zukunft der sozialen Sicherung in einem integrierten Europa - Konsequenzen für die Rentenreform?“, in: *Wie sicher ist unsere Zukunft?, Entwicklungsperspektiven der sozialen Sicherung, Beihefte der Konjunkturpolitik*, H. 46 (1997), S. 27-47.

OECD, in der Welthandelsordnung (World Trade Organisation - WTO) und anderen internationalen Organisationen zu entwickeln, mit denen ein sogenanntes Sozialdumping wirksam bekämpft werden könne.

Bislang bestand weitgehende Einigkeit darüber, daß der Abbau von Handelshemmnissen und die Öffnung der Grenzen im Rahmen des GATT bzw. der WTO den Wohlstand der Menschen in den beteiligten Ländern erhöhen und somit auch das Verfolgen sozialer Ziele erleichtern. Deshalb gehört die Öffnung der Grenzen, also die Freizügigkeit der Güter und Dienstleistungen, des Kapitals, der Arbeitnehmer, der Selbständigen, der Studenten, der Rentner und sonstigen Personen zu den Kernideen der Europäischen Union. Insbesondere um die Mobilität der Arbeitnehmer zu erleichtern, wurden frühzeitig Vereinbarungen über die Rechte und den sozialen Schutz der Arbeitnehmer getroffen - immer mit dem Ziel, jeder Arbeitnehmer solle nicht durch arbeitsrechtliche und soziale Regelungen daran gehindert werden, seinen Arbeitsplatz in der Europäischen Union frei zu wählen. Um dieses Ziel zu erreichen, wurde den Arbeitnehmern und ihren Angehörigen der Zugang zu den Sozialsystemen in den verschiedenen Mitgliedstaaten erleichtert, und es wurden Regelungen geschaffen, mit denen Leistungsansprüche bei einem Wechsel des Arbeits- und Wohnstandorts gesichert werden. Einzelne Koordinierungsregeln sind sicher noch verbesserungsfähig, andere sind noch zu ergänzen wie etwa zur betrieblichen Altersvorsorge, aber insgesamt ist in der Europäischen Union ein befriedigender sozialer Rahmen für mobile Arbeitskräfte geschaffen worden. Der einheitliche Binnenmarkt kann von den Arbeitnehmern genutzt werden. Darin liegt die Chance für viele Arbeitnehmer, ihre wirtschaftliche und soziale Situation aus eigener Kraft zu verbessern. Das gilt grundsätzlich auch über die Grenzen der Europäischen Union hinaus, obwohl die Abstimmung zwischen den Sozialsystemen vielfach noch unbefriedigend ist.

Seit einigen Jahren ist aber immer weniger die Rede davon, daß die Mobilität der Arbeitnehmer erleichtert und unterstützt werden müsse. Vielmehr werden umgekehrt Befürchtungen geäußert, ob nicht nationale Sozialsysteme durch eine zu hohe Mobilität gefährdet würden. Auch die Freizügigkeit von Kapital, Gütern und Dienstleistungen wird nicht mehr uneingeschränkt positiv gesehen. Selbst innerhalb der Europäischen Union wird von Lohndumping und Sozialdumping gesprochen. Bei den Investitionen wird ein ruinöser Wettbewerb mit Subventionen und Steuervergünstigungen ausgemacht. Bei Subventionen, die aus nationalen oder lokalen Kassen finanziert werden, mischt sich die Europäische Kommission verstärkt ein. Das ist ein Zeichen für einen funktionierenden Binnenmarkt, weil der unmittelbare Wettbewerb zwischen den Unternehmen ein größeres Gewicht erhalten hat. Je besser der Binnenmarkt funktioniert, je einfacher der Zugang der Unternehmen zu anderen nationalen Märkten ist, um so wichtiger wird es, Wettbewerbsverzerrungen aufgrund von Subventionen zu vermeiden. Allerdings: Der Wettbewerb der Kommunen, der sogenannte Bürgermeisterwettbewerb um die Ansiedlung von Unternehmen, und der Standortwettbewerb zwischen Nationen sollten nicht von vornherein als unfair angesehen werden. Der Wettbewerb mit einer gut ausgebauten Infrastruktur, mit niedrigen Steuern usw. um mobiles Kapital und Betriebsstätten muß zulässig sein, insbesondere wenn die Mittel von den Kommunen bzw. Nationen aufgebracht werden, also nicht aus internationalen Gemeinschaftskassen stammen.

Politiker in mehreren Ländern beklagen, daß sich das Kapital praktisch der Besteuerung entziehe. Die Besteuerungsbasis schrumpfe aber nicht nur wegen der hohen Kapitalmobilität, sondern zunehmend auch wegen der Mobilität der Menschen. Das hohe Lohnniveau und die Sozialleistungen in Deutschland würden gefährdet - im Wettbewerb auf den Gütermärkten, durch Zuwanderung oder Entsendung billiger Arbeitskräfte und durch die Verlegung des Wohnsitzes von Beziehern hoher Einkommen ins benachbarte Ausland.

Die Sorgen über die Abwanderung von Steuerzahlern beziehen sich vorrangig auf die Mobilität innerhalb der Grenzen der Europäischen Union.

1 Kein Solidarausgleich über eine Kapitalbesteuerung

Auf der nationalen Ebene Kapitalerträge zu besteuern ist in den letzten Jahren immer schwieriger geworden. Die Unternehmen haben viele Wege gefunden, Kapitalerträge und Unternehmensgewinne in Ländern anfallen zu lassen, in denen die Steuern niedrig sind. Außerdem haben einzelne Länder erkannt, daß sie mit niedrigen Steuersätzen Kapital anziehen und sogar höhere Steuereinnahmen erzielen können. Das Verlagern von Gewinnen auf Betriebe in Länder mit niedrigen Steuersätzen ist ökonomisch gesehen der harmlosere Fall. Würde es gelingen, durch Doppelbesteuerungsabkommen oder andere Regelungen Kapitalerträge dort zu besteuern, wo sie erwirtschaftet werden, und würden die unterschiedlichen nationalen Steuersätze beibehalten, hätte dies erhebliche Rückwirkungen auf die Wahl der Investitionsstandorte. Investoren würden Hochsteuerländer noch stärker meiden als heute und noch konsequenter Standorte in Niedrigsteuerländern wählen. Die Produktionsstandorte würden noch viel stärker nach der Höhe der Besteuerung ausgewählt. Dadurch wirkt sich der globale Standortwettbewerb unmittelbar auf den Arbeitsmarkt und die Sozialsysteme aus: Wandern Unternehmen ab oder wird in anderen Ländern reinvestiert statt am heimischen Produktionsstandort, steigt die Arbeitslosigkeit bzw. sinken die Löhne. Die Sozialsysteme werden stärker in Anspruch genommen und haben eine schwindende Beitragsbasis.

Grundsätzlich kann mobiles Kapital in einem Land nicht höher besteuert werden als in den Ländern mit den niedrigsten Steuersätzen, also möglicherweise gar nicht, es sei denn, die Kapitalrentabilität ist wegen der besseren Infrastruktur oder aus anderen Gründen höher als in den Niedrigsteuerländern. Dem mobilen Kapital können keine Lasten für einen sozialen Ausgleich auferlegt werden. Die Kapitalrenditen für mobiles Kapital werden im internationalen Wettbewerb bestimmt. Ein einzelnes Land hat darauf also praktisch keinen Einfluß, und eine höhere Kapitalbesteuerung führt zu einem Rückgang des Kapitaleinsatzes, bis die Rendite nach Steuern wieder das international bestimmte Niveau erreicht. In diesem Anpassungsprozeß verringern sich die Kapitalintensität der Produktion und die Produktivität der Arbeitskräfte. Die Löhne verringern sich ebenfalls, bzw. sie steigen langsamer oder es entsteht Arbeitslosigkeit. Wer keine Arbeitslosigkeit will, muß Lohneinbußen infolge einer verstärkten Kapitalbesteuerung in Kauf nehmen. Damit wird die Kapitalbesteuerung mittelbar zu einer Besteuerung der Arbeitnehmer. Die Bewohner eines Landes können sich keinen Nettovorteil durch die Besteuerung des Kapitals verschaffen, jedenfalls nicht durch die Besteuerung des mobilen Kapitals.

Vollkommene Mobilität des Kapitals ist ein Grenzfall. Sie trifft am ehesten auf große international tätige Investoren zu. Daneben gibt es eine Vielzahl von Investoren und Unternehmen mit sehr unterschiedlicher lokaler Bindung. Ein Teil dieser Investoren investiert in der engeren Umgebung oder zumindest in dem ihm vertrauten Sprach- und Rechtsraum. Häufig handelt es sich um Ersatzinvestitionen oder Erweiterungsinvestitionen an vorhandenen Standorten. In diesen Fällen geben sich Investoren mit vergleichsweise niedrigen Renditen zufrieden, insbesondere wenn sie sich schwertun, die Risiken von Investitionsalternativen in anderen Ländern einzuschätzen. Das entspricht durchaus einer rationalen Entscheidung, sei es, daß die Informationsbeschaffung erhebliche Kosten verursacht, sei es, daß eine Vorliebe für verläßliche Bedingungen besteht. Der Übergang zu international tätigen Investoren ist aber fließend, und für die inländische wirtschaftliche Entwicklung kommt es nicht nur auf inländische Investoren an, sondern auch auf Investoren aus anderen Ländern. Letztere können unmittelbar mit den Bedingungen in ihren Ländern vergleichen. Sie reagieren besonders sensibel auf ungünstige Standortfaktoren.

Angesichts der Schwierigkeiten, mobiles Kapital zu besteuern, scheint der Fiskus den steuerlichen Zugriff bei Immobilien zu verschärfen. Nach dem Urteil des Bundesverfassungsgerichts vom 22. Juni 1995 zur Einheitsbewertung und zu den Grenzen des fiskalischen Zugriffs über die Vermögensteuer ließ sich die Höherbewertung der Immobilien im Rahmen der Erbschaftsteuer noch als Korrektur einer Ungleichbehandlung rechtfertigen. Die gleichzeitig beschlossene Erhöhung der Grunderwerbsteuer von 2 auf 3,5 vH entsprang aber ausschließlich dem fiskalischen Anliegen, den Steuerausfall durch den Verzicht auf die Vermögensteuer zu kompensieren. In den Vorschlägen zur großen Steuerreform wurde nicht nur eine ungünstige Abschreibungsregelung für Wohnimmobilien, sondern auch noch eine Verlängerung der Spekulationsfrist von 2 auf 5 bis 10 Jahre diskutiert. Die verlängerte Spekulationsfrist kann nur als Versuch angesehen werden, eine Art Wertsteigerungssteuer einzuführen, die als Verkehrssteuer keinen Sinn macht.

Trotz vieler Einwände gegen die Technik der Immobilienbesteuerung könnte man im Zuge der Globalisierung ein fiskalisch rationales Verhalten darin sehen, immobiles Kapital steuerlich stärker zu belasten, wenn mobiles Kapital nicht nennenswert besteuert werden kann. Ohne auf die grundsätzliche Frage einzugehen, ob es zweckmäßig ist, die Substanz oder die Erträge des Kapitals zu besteuern, muß bei der Immobilienbesteuerung vor dem Trugschluß gewarnt werden, hier ergäben sich nicht die gleichen Ausweichreaktionen wie auch sonst bei der Kapitalbesteuerung. Mit Ausnahme einer reinen Bodensteuer verringern die Steuern auch hier die Renditen und damit die Investitionstätigkeit. Mittelfristig wird es nur dann ein befriedigendes Immobilienangebot geben, wenn weiterhin in Immobilien investiert wird.

Könnte das Kapital nicht stärker besteuert werden, wenn der Standort attraktiver für Investitionen gemacht würde, beispielsweise durch eine verbesserte Verkehrsinfrastruktur? Das ist der Fall, wenn es produktive Verkehrsinvestitionen oder andere gesamtwirtschaftlich rentable unternehmensbezogene Infrastrukturmaßnahmen gibt. Jede dieser Investitionen muß aus sich heraus sinnvoll sein, also einen volkswirtschaftlichen Nettonutzen erbringen. Darüber hinausgehende Verbesserungen der Infrastruktur würden zwar zusätzliches (besteuerbares) Kapital anziehen, aber die zusätzlichen Steuereinnahmen würden nicht reichen, die Kosten des Ausbaus der Infrastruktur zu decken, d.h. die Arbeitnehmer oder die Konsumenten müßten mehr Steuern zahlen als ihrem Vorteil aus der verbesserten Infrastruktur entspräche. Aus der Sicht der Investoren ändert sich nicht viel: Eine höhere Kapitalbesteuerung wird akzeptiert, solange die Vorteile aus der Verbesserung der Infrastruktur (die Erhöhung der Kapitalproduktivität) die zusätzliche Steuerlast gerade noch ausgleichen, die Nettorendite also nicht verringert wird. Ginge die Steuerlast darüber hinaus, würden die Investitionen verringert.

2 Heute noch keine starke Gefährdung der Sozialsysteme durch internationale Mobilität von Personen

Wenn die Analyse zutrifft, wonach das mobile Kapital steuerlich praktisch nicht belastet werden kann, stellt sich die Frage, ob die Arbeitnehmer bzw. die privaten Haushalte, die zu einem Solidarausgleich herangezogen werden sollen, sich dieser Belastung ebenfalls entziehen können, indem sie in ein Land abwandern, das geringere Umverteilungsansprüche an sie stellt. Schon die Möglichkeit einer Abwanderung und geringe Abwanderungsraten als Antwort auf eine größere Belastung könnten es dann geraten erscheinen lassen, auf eine Umverteilung weitgehend zu verzichten. In Zukunft werden immer mehr Menschen es als selbstverständlich ansehen, auch in einem anderen Land zu leben und zu arbeiten. Standorte von Unternehmenssitzen, Verwaltungszentren und Forschungseinrichtungen werden zunehmend von Unterschieden in der Einkommensteuer für Spitzenkräfte bestimmt. Dieser Trend wird unterstützt durch international operierende Unternehmen, die ihre Arbeitnehmer grenzüberschreitend in verschiedenen Betrieben einsetzen und die möglicherweise den Einsatz von Arbeitnehmern so planen, daß sowohl die Beiträge zu den sozialen Sicherungssystemen als auch die Einkommensteuerzahlungen günstig gestaltet werden.

Solche Gestaltungsmöglichkeiten werden vor allem von Personen und Haushalten genutzt werden, die besonders stark von Umverteilungsmaßnahmen belastet sind oder sich übermäßig belastet fühlen und denen es leicht fällt, in ein anderes Land zu ziehen, oder die sich mehrere Wohnsitze leisten können. Sie zwingen die einzelnen Staaten, hochwertige und von den Bürgern geschätzte Leistungen als Gegenwert für die zu zahlenden Steuern zu erbringen. Die Globalisierung setzt die einzelnen Staaten bezüglich ihrer Leistungen für die Unternehmen und Bürger unter einen bisher nicht gekannten Wettbewerbsdruck. Der Ruf vieler Politiker nach internationalen Regelungen für die Besteuerung kann zumindest teilweise als ein Versuch gewertet werden, sich durch die Flucht in ein Kartell dem Leistungswettbewerb zu entziehen.

Für private Haushalte gilt eine ähnliche Regel wie für mobiles Kapital. Es kommt nicht - zumindest nicht vorrangig - auf das Niveau der Steuern und Sozialabgaben an. Entscheidend ist, ob der Haushalt oder der einzelne Bürger das Gefühl hat, daß seiner individuellen Steuer- und Abgabenlast eine angemessene Gegenleistung des Staates und der Sozialsysteme gegenübersteht, wobei er sich an den Alternativen in anderen Ländern orientiert. Zu den Leistungen des Staates mag er auch eine soziale Absicherung durch Sozialhilfe, Wohngeld, BAFöG usw. rechnen, für die kein unmittelbarer Beitrag zu leisten ist. Man darf unterstellen, daß ein gewisses Maß an Umverteilung akzeptiert wird. Fast alle Menschen halten es für selbstverständlich, daß es eine Mindestabsicherung gibt, daß den Menschen geholfen wird, die es aus eigener Anstrengung nicht schaffen, ausreichende Mittel für ihren Lebensunterhalt zu erwirtschaften. In den meisten Gesellschaften besteht auch ein breiter Konsens darüber, daß die Eltern unterstützt werden, wenn sie nicht mehr arbeiten können und kein eigenes Vermögen aufgebaut haben. Auch über die engere Familie hinaus gibt es Solidarität. Eine von den Bürgern gutgeheißene Solidarität, auf die man in einem Land stolz ist, kann durchaus als angemessene Leistung des Staates für die entsprechenden Abgaben angesehen werden. Probleme entstehen dagegen, wenn dieser Konsens nicht mehr gegeben ist, wenn ein nennenswerter Teil der Bürger, die mit Solidarabgaben belastet werden, diese Belastung für unangemessen hoch hält. Obwohl auch Unterschiede in der Effizienz bei der Erstellung staatlicher Leistungen eine Rolle spielen können, liegt das Hauptproblem in der Frage, inwieweit die Bürger, die mit den Kosten von Umverteilungsmaßnahmen belastet werden, bereit sind, diese Lasten zu tragen.

Der Versuch, die Sozialstandards der verschiedenen Länder aneinander anzugleichen, um dadurch Wanderungsanreize von vornherein zu vermeiden, ist angesichts der unterschiedlichen Bedingungen in den verschiedenen Ländern weder realistisch noch sozial sinnvoll. Das Problem liegt vor allem in den unterschiedlichen Mindeststandards, die stark vom wirtschaftlichen Entwicklungsstand eines Landes abhängen. Hinzu kommen Unterschiede in den Verhaltensweisen und Lebensgewohnheiten, z.B. in der Rolle der Familie oder der Nachbarschaft für den Ausgleich von Risiken, unterschiedliche institutionelle Regelungen, klimatische Bedingungen usw.

Kein Staat kann die Solidarität gut verdienender Bürger beliebig in Anspruch nehmen, insbesondere dann nicht, wenn sich die Hilfen nicht klar auf bedürftige Menschen beziehen, sondern großen unscharf oder willkürlich abgegrenzten Gruppen zugute kommen. Die Bereitschaft, Umverteilungslasten zu tragen, mag sich im Zeitverlauf oder aufgrund von Erfahrungen ändern, z.B. mit falsch konzipierten, überzogenen oder schlecht durchgeführten Sozialprogrammen. Hohe Subventionen und Vergünstigungen einzelner Gruppen oder Regionen, eine Umverteilung zugunsten von Personen, die auskömmliche eigene Einnahmen haben, eingetretene oder erwartete kräftige Verschiebungen von Begünstigungen und Belastungen können Widerstand und Gegenreaktionen bei den zu Belastenden auslösen. Verstärkt werden Verhaltensweisen, sich der Abgabenlast zu entziehen, wenn künftig mit geringeren sozialen Leistungen zu rechnen ist.

Selbst wenn die zu Belastenden einzelnen Teilen der Sozialpolitik kritisch gegenüberstehen, ist es keineswegs so, daß ein Land in einem integrierten Europa und in einer sich schnell öffnenden Welt keine eigenständige Sozialpolitik mehr betreiben könnte, weil es andere Länder gibt, die ihren Bürgern mit mittleren und hohen Einkommen weniger Umverteilungslasten auferlegen. Die Leistungen und Gegenleistungen der Sozialsysteme in den einzelnen Ländern sind nur schwer zu vergleichen. Und es ist schwer vorherzusehen, wie sich die Sozialsysteme und Steuersysteme über einen längeren Zeitraum entwickeln werden. Außerdem sind die finanziellen und immateriellen Kosten eines Wechsels zwischen Sozialsystemen durch einen Umzug in ein anderes Land und einen anderen Kulturkreis für die meisten Menschen immer noch vergleichsweise hoch.

Trotzdem ist die Sorge berechtigt, daß sich die Belastungen durch Umverteilungsmaßnahmen in einigen Ländern - auch in Deutschland - in einem kritischen Bereich bewegen und daß die sozialen Sicherungssysteme in der bestehenden Form nicht mehr lange funktionsfähig sein werden. Insbesondere die angelegte intergenerative Umverteilung wird die umlagefinanzierten Systeme vor eine Zerreißprobe stellen. Die Gefahr, daß es zu kumulativen Prozessen aus Beitragssatzerhöhungen, Ausweichreaktionen und höherer Inanspruchnahme der Sozialsysteme kommt, ist erheblich gestiegen, insbesondere weil die Beitragssätze die Beschäftigungsmöglichkeiten stark beeinträchtigen.

Die Globalisierung beschleunigt diese Prozesse. Aber die wichtigste Ausweichreaktion der Personen, die sich mit der Umverteilungslast nicht mehr abfinden wollen, wird in den nächsten Jahren noch nicht in der Abwanderung der Menschen über Landesgrenzen bestehen. Das wird trotz der weit fortgeschrittenen Integration auch in der Europäischen Union auf absehbare Zeit kein Massenphänomen, sondern eher die Ausnahme sein. Kräftig zunehmen wird dagegen die Abwanderung der Erwerbspersonen in die Teilzeitbeschäftigung, in die Selbständigkeit und in die Schattenwirtschaft, wenn nicht sehr schnell gehandelt wird. Die Sozialsysteme sind nicht auf die umwälzenden Veränderungen der Erwerbstätigkeit eingestellt. Sie basieren auf dem Grundmodell der Vollzeiterwerbstätigkeit, des Alleinverdieners und des Arbeitseinkommens als einziger Einkommensquelle. Je weniger diese Bedingungen noch zutreffen, um so häufiger gehen vermeintliche soziale Leistungen an den falschen Personenkreis, um so größer werden die Anstrengungen, die Sozialsysteme legal zu mißbrauchen und um so weniger sind die eingebauten Umverteilungskomponenten zu rechtfertigen.

Die Bedingungen für die Sozialsysteme verändern sich weltweit. Am stärksten betroffen von den durch institutionelle Starrheiten der Sozialsysteme ausgelösten Problemen sind die Länder mit den höchsten Sozialanteilen. Sie geraten nicht unter Druck, weil sie eine besonders gute soziale Absicherung haben, sondern weil die willkürliche Umverteilung innerhalb der Systeme nicht mehr hingenommen wird. Verschärft wird die Situation durch die hohe Arbeitslosigkeit, die unter anderem auch deshalb so schwer zu überwinden ist, weil auf den Arbeitsplätzen eine schwere Last von Sozialabgaben und Steuern liegt und weil es den Gewerkschaften und Arbeitnehmern schon aus diesen Gründen schwer fällt, eine Lohnzurückhaltung zu üben, die ausreicht, die Nachfrage nach Arbeitskräften so zu steigern, daß die Arbeitslosigkeit abgebaut werden kann. Dabei sind die hohen Sozialabgaben häufig ein Reflex ineffizienter Sozialsysteme.

Die Grenzen für höhere Sozialabgaben und für eine stärkere interpersonelle Umverteilung dürften weniger in den international unterschiedlichen Sozialsystemen und Abgabenbelastungen liegen als in den im Inland verfügbaren Ausweichmöglichkeiten sowie in dem Widerstand gegen eine für ungerechtfertigt gehaltene Umverteilung. Der Versuch der zu Belastenden, entsprechende Kostensteigerungen nicht als reale Lohneinbußen hinzunehmen, hat dazu beigetragen, daß die Arbeitslosigkeit ständig zunimmt. Das hat weitere Beitragssatzsteigerungen zur Folge und erschwert das Erreichen von Reallohnzielen, weil mehr Menschen das Sozialsystem in Anspruch nehmen müssen und weil gleichzeitig die Beitragsbasis schrumpft. Eine befriedigende Lösung für dieses kollektiv irrationale Verhalten zeichnet sich noch nicht ab. Aber hier liegt ein größeres Problem als in den international unterschiedlichen Belastungen aus Umverteilungsmaßnahmen.

Auch ohne weitere Fortschritte in der europäischen Integration und ohne zusätzlichen Druck aufgrund der Globalisierungstendenzen müssen die sozialen Sicherungssysteme durchgreifend reformiert werden. Das Schwergewicht der Reformen wird darin liegen müssen, eine größere Entsprechung zwischen Leistung und Gegenleistung herzustellen, also das Äquivalenzprinzip stärker zu beachten und die nach strengen sozialen Maßstäben nicht begründbaren Umverteilungen zu verringern. Nur wenn es gelingt, die Umverteilung auf ein Maß zu verringern und zu begrenzen, das von denen akzeptiert wird, die mit den Kosten belastet werden, besteht eine Chance, die Sozialsysteme ohne Brüche zu reformieren. Nur wenn ein Konsens über die Grundsätze und Regeln der Systeme gefunden wird, läßt sich ein erbitterter Streit zwischen den gesellschaftlichen Gruppen vermeiden. Der Verteilungsstreit auf dem Arbeitsmarkt hat bereits große Schäden angerichtet. Er sollte auf keinen Fall über die soziale Sicherung fortgesetzt und verschärft werden.

Noch spielt die internationale Mobilität von Versicherungsnehmern eine untergeordnete Rolle, d.h. dieses Ventil gegen eine Überforderung durch die Solidargemeinschaft wird noch wenig genutzt. Man könnte eine zunehmende internationale Mobilität aber auch positiv sehen, nämlich als Ansporn, mit soliden Sozialsystemen produktive, leistungsfähige Arbeitnehmer für den eigenen Standort im Wettbewerb zu gewinnen. Das ist eine Chance, die in der Globalisierung liegt, nämlich attraktive Sozialsysteme als Wettbewerbsfaktor zu nutzen. Das stärkt die Position der Bürger, weil die Nationalstaaten sich bemühen müßten, ein günstiges Beitrags-Leistungs-Verhältnis anzubieten und auf die Wünsche der Arbeitnehmer einzugehen, also auch Varianten und Optionen vorzusehen.

Globalisierung und internationaler Wettbewerb stehen nicht im Widerspruch zu einer soliden sozialen Sicherung. Ein gutes soziales Sicherungssystem, das ein günstiges Preis-Leistungs-Verhältnis hat (value for money) und das die Solidarität nur für Bedürftige in Anspruch nimmt, kann auch aus der Sicht der Beitragspflichtigen und Steuerzahler ein positiver Standortfaktor sein. Die meisten Menschen wünschen sich soziale Sicherheit - gerade mit steigendem Lebensstandard. Aber es geht um die Absicherung von Risiken und nicht um die vollständige Fremdbestimmung durch undurchschaubare, unsichere und willkürliche staatliche Systeme.

3 Hausgemachte Gefährdung der Sozialsysteme überwiegt

Welche Sozialsysteme sind gefährdet? Wenn von Sozialsystemen gesprochen wird, denkt man in Deutschland insbesondere an die vier Systeme, in die Beiträge von den Arbeitnehmern und Arbeitgebern als Teil der Lohnzusatzkosten gezahlt werden, nämlich die Rentenversicherung, die Krankenversicherung, die Pflegeversicherung und die Arbeitslosenversicherung. Im engeren sozialpolitischen Sinne ist dagegen nur an Systeme zu denken, in denen durch eine Bedürfniskontrolle sichergestellt wird, daß es eine Umverteilung von den Wohlhabenden zu den Armen gibt. Nur solche Systeme erfüllen die Funktion der sozialen Flankierung der Marktwirtschaft, der Absicherung von Menschen, die aus eigener Kraft kein ausreichendes Einkommen erzielen können. Nur sie setzen zwingend eine Umverteilung voraus, während die erstgenannten sozialen Sicherungssysteme grundsätzlich ohne Umverteilungselemente als echte Versicherungen nach dem Äquivalenzprinzip organisiert werden könnten.

Bei den genannten vier Versicherungen handelt es sich um Pflichtversicherungen, in denen aus der Sicht des Versicherten eine Diskrepanz zwischen den zu zahlenden Beiträgen und dem Wert der erwarteten Versicherungsleistungen bestehen kann. Viele Versicherte würden vermutlich ein anderes Niveau und eine andere Zusammensetzung der versicherten Leistungen vorziehen. Der Zusatz „sozial" bei diesen Versicherungssystemen ist aus verschiedenen Gründen fragwürdig geworden. Alle Systeme enthalten eine Vielzahl sogenannter sozialer Komponenten, und es wird ohne Zweifel im großen Stil zwischen verschiedenen Gruppen von Versicherten umverteilt. Aber die Umverteilung folgt immer weniger eindeutigen sozialen Kriterien. So hat die Umverteilung zwischen den Generationen wenig mit Sozialpolitik im Sinne einer Leistung zugunsten von Einkommensschwachen oder anderen Hilfsbedürftigen zu tun. Selbst die sozial gemeinte Umverteilung zugunsten von mitversicherten Ehepartnern und Kindern oder zugunsten von Rentnern verstößt immer mehr gegen sozialpolitische Grundsätze: Die zugrundegelegten Merkmale „Ehepartner", „Kind" oder „Rentner" lassen nicht eindeutig auf eine Bedürftigkeit schließen, denn es wird nicht geprüft, ob die Begünstigten Vermögen und Vermögenseinkommen haben, ob sie Nebeneinkünfte erzielen, ob sie zwischen Zeiten mit hohen Einkommen und Zeiten mit geringen bzw. ohne Einkommen wechseln und ob sie ihre Arbeitskraft voll einsetzen oder einen Großteil für Eigenarbeit und Selbsthilfe verwenden, also auch Leistungen für sich und ihre Familie erbringen können, für die Vollerwerbstätige keine Zeit haben.

Hier müssen die Reformen ansetzen, nämlich ungezielte Umverteilungselemente zurückzunehmen, die sozialen Leistungen an eine Bedürfnisprüfung zu binden, stärker dem Äquivalenzprinzip zu folgen und die angestrebte und notwendige Umverteilung auf Sozialsysteme zu verlagern, die dafür besser geeignet sind. Auf jeden Fall muß die Umverteilung abgebaut werden, soweit sie nicht eindeutig an soziale Kriterien gebunden ist. Die Solidaritätsbereitschaft darf nicht länger unnötig beansprucht und den Belasteten muß das Unbehagen genommen werden, ihre Beiträge würden zu einem großen Teil in bürokratischen Apparaten an falsche Gruppen fehlgeleitet.

Die anscheinend unaufhaltsam steigenden Beitragssätze der Sozialversicherungen werden immer mehr zu einer Belastung der Entwicklung auf dem Arbeitsmarkt und zu einem Sprengsatz für die Sozialversicherungen. Die Summe der Beitragssätze ist von 24,5 vH im Jahre 1960 über 26,5 vH im Jahre 1970 und 32,4 vH im Jahre 1980 auf 42 vH zu Beginn des Jahres 1997 hochgeschnellt. Für 1998 ist mit einer Belastung von 43 vH zu rechnen. Allein die Rentenversicherung wird um 0,7 Prozentpunkte teurer. Das Institut der Deutschen Wirtschaft geht für den Fall, daß keine Korrekturen erfolgen, von einem weiteren Anstieg auf 63 vH bis zum Jahre 2040 aus (Reform des Sozialstaats, Köln 1997, S. 203). Dieser weitere Anstieg der Beitragssätze ist bei den gegebenen Regelungen im wesentlichen eine Folge der erwarteten demographischen Entwicklung, also der steigenden Lebenserwartung und des zunehmenden Anteils der älteren Menschen. Das bedeutet: Die Beitragszahler rechnen mit weiter steigenden Beiträgen ohne eine entsprechende Steigerung der Versicherungsleistungen, ja z.T. sogar bei abnehmenden Leistungen.

Die aktuell von allen politischen Parteien geforderte Umfinanzierung, also die Erhöhung der Mehrwertsteuer, um Beitragssatzsteigerungen zu vermeiden, ist eine typische Verschleierungsaktion. Durch solche Umverteilungsmaßnahmen werden die Kosten der Sozialsysteme nicht verhindert und die Ausweichreaktion der Bürger eher verstärkt, d.h. auch das Beschäftigungsproblem wird nicht geringer, sondern vermutlich größer. Solche Taschenspielertricks werden im globalen Wettbewerb innerhalb kurzer Fristen aufgedeckt.

Die bereits bestehende hohe Beitragslast kann noch nicht auf eine ungünstige demographische Entwicklung zurückgeführt werden, zumindest dann nicht, wenn man eine höhere Lebenserwartung und eine größere Vitalität der Menschen im Alter positiv beurteilt. Die Ursachen der hohen Beitragslast liegen vielmehr in einer ständigen Ausweitung des Leistungsumfangs der Sozialversicherungssysteme, die immer mehr in Richtung Vollversorgung ausgebaut wurden, sowie in der mit jedem Konjunkturzyklus gestiegenen Arbeitslosigkeit.

Demographisch gesehen ist die Situation in Deutschland im Augenblick sogar besonders günstig. Aufgrund der geringeren Geburtenraten ist der Aufwand für die Erziehung und Ausbildung der Kinder vergleichsweise gering. Die Menschen aus den geburtenstarken sechziger Jahrgängen sind im erwerbsfähigen Alter. Die gestiegene Lebensdauer zeigt, daß die Menschen gesünder, vitaler und länger arbeitsfähig sind. Auch vom Verlauf der Ausgaben der Krankenkassen über den Lebenszyklus der Menschen wird dies bestätigt: Die mit Abstand höchsten Aufwendungen entstehen nach wie vor in den letzten beiden Lebensjahren, aber wegen der längeren Lebensdauer in einem immer höheren Lebensalter. In Deutschland gibt es ein hohes Erwerbtätigkeitspotential, das zu einem großen Teil nicht genutzt wird. Dadurch wird die Basis für das Aufbringen der Mittel für Sozialleistungen unnötig eingeschränkt, und die Beitragssätze müssen - bei steigenden Sozialansprüchen, insbesondere aufgrund der längeren Rentenbezugsdauer - unnötig hoch festgesetzt werden.

Der Hinweis von Sozialpolitikern, die Sozialsysteme würden durch die hohe Arbeitslosigkeit stark belastet, ist zwar zutreffend. Er müßte aber auch die Frage implizieren, inwieweit die steigende Arbeitslosigkeit mit Systemfehlern der Sozialversicherung und den sich daraus ergebenden hohen Beiträgen zusammenhängt.

Grundsätzlich muß sich aus hohen Sozialleistungen und hohen Beiträgen kein Beschäftigungsproblem ergeben. Wenn die Arbeitnehmer das Sozialleistungsniveau und die entsprechenden Sozialbeiträge für angemessen halten, sie also bereit sind, einen entsprechenden Teil ihres Einkommens dafür aufzuwenden, haben sie keine Veranlassung, sich der Belastung zu entziehen oder eine Kompensation zu verlangen. Sie würden sich mit dem für andere Zwecke noch verfügbaren verringerten Einkommen zufrieden geben.

Die Akzeptanz der Sozialsysteme scheint sich aber nur auf die sozialen Leistungen und weniger auf die sich daraus ergebenden Belastungen zu beziehen. Erhöhungen der Beitragssätze und die erst im Jahre 1995 eingeführte Pflegeversicherung haben immer wieder zu dem Versuch der Politiker geführt, die Unternehmen an der Finanzierung der Sozialversicherung zu beteiligen. Dadurch sind Konflikte mit der Beschäftigung entstanden. Die Beitragssatzsteigerungen in den sozialen Sicherungssystemen haben dazu beigetragen, die Kosten für Arbeitsplätze stärker zu erhöhen als die Produktivität gestiegen ist. Die Folge war, wie erwähnt, ein ständiger Anstieg der Arbeitslosigkeit, die wiederum negative Rückwirkungen auf die Leistungen und Beitragseinnahmen der Sozialsysteme hat. Dieser Wirkungszusammenhang muß Anlaß zu der Sorge sein, daß sich die Negativentwicklungen auf dem Arbeitsmarkt und in den Sozialsystemen wechselseitig verstärken.

Selbst wenn die Sozialleistungen grundsätzlich akzeptiert werden, auch in Relation zu den Beiträgen, gibt es in jedem Versicherungssystem ein „moral hazard"-Problem. Die Versicherten werden in aller Regel versuchen, ihre Beiträge gering zu halten oder sie zu vermeiden, wenn die Versicherungsleistung dadurch nicht entsprechend verringert wird. Die Bereitschaft eines Teils der Arbeitnehmer, die wöchentliche Arbeitszeit zu verringern, ist zum Teil damit zu erklären, daß sie dann geringere Beiträge in drei Sozialsysteme einzahlen, die Leistungen der Versicherungssysteme aber in vollem Umfang bestehen bleiben, wie bei der Kranken- und Pflegeversicherung, oder nicht im gleichen Maße zurückgehen wie die Beiträge. Umgekehrt versuchen die Versicherten, die Versicherungsleistungen häufig und möglichst umfassend in Anspruch zu nehmen. Diese Erfahrung ist für sich genommen ein wichtiger Grund, den Versicherungsumfang gering zu halten und den Menschen Freiraum für eine private Risikovorsorge und Vermögensbildung zu lassen. Staatliche Pflegeversicherungen oder eine allgemeine Versicherungspflicht sollten darauf beschränkt bleiben, ein Mindestniveau bzw. einen

Mindestlebensstandard zu gewährleisten, damit die Steuerzahler nicht belastet werden, wenn der Risikofall eintritt. Denn je stärker der Staat eingreift und je mehr Mittel durch die Kassen der sozialen Sicherungssysteme fließen, um so größer sind die „moral-hazard"-Probleme.

Besonders hohe und über das Existenzminimum hinausgehende Sozialleistungen können Zuwanderungen aus armen Regionen und Nationen auslösen. Auch deshalb sollten keine überzogenen Standards angestrebt werden. Wegen der großen Wohlstandsunterschiede kann trotzdem ein starker Wanderungsdruck einsetzen, so daß reduzierte Sozialleistungen bzw. Sachleistungen für Zuwanderer oder Einwanderungsbeschränkungen vorgesehen werden müssen.

Die mit den Sozialversicherungssystemen angestrebten Ziele haben sich im Zeitverlauf stark verändert. Wenn heute vom Bundesarbeitsminister behauptet wird, die Gesetzliche Rentenversicherung habe sich in mehr als 100 Jahren bewährt, dann sollte man wissen, daß die Rentenversicherung von 1889 nur sehr wenig mit der Rentenversicherung von 1997 zu tun hat. Damals handelte es sich im wesentlichen um eine Invaliditätsversicherung mit einer minimalen Ergänzung der privat zu organisierenden Altersvorsorge und mit Beitragssätzen zwischen 1,5 und 2,5 vH. Die durchschnittliche Lebenserwartung lag nur wenig über vierzig Jahre. Heute wird der Anspruch gestellt, mit der Gesetzlichen Rentenversicherung müsse der einmal erreichte Lebensstandard ohne nennenswerte Abstriche auch im Rentenalter gesichert werden, und zwar alleine aus Leistungen dieser Versicherung. Das ist eine völlig veränderte Konzeption, leider auch mit der Folge einer Ausweitung des staatlichen Bereiches zu Lasten der individuellen Entscheidungsfreiheit und eines vervielfachten Beitragssatzes.

Mit der Idee der Vollversicherung und Lebensstandardsicherung sind die Sozialpolitiker weit darüber hinausgegangen, was als soziale Absicherung in einem marktwirtschaftlichen System für erforderlich und sinnvoll gehalten wird. Je weiter der Staat darüber hinausgeht, durch Umverteilung ein allgemein akzeptiertes Mindestniveau sicherzustellen und durch eine Pflichtversicherung zu gewährleisten, daß die Sozialleistungen nicht von Bürgern in Anspruch genommen werden, die für sich selbst sorgen können, um so stärker werden die Widerstände und um so größer werden die Ineffizienzen und Fehlanreize. Gerade wenn der Staat nicht nur Sozialpolitik im engeren Sinne betreibt, nämlich zugunsten der Bedürftigen, sondern dem Normalbürger zwingend eine Lebensstandardsicherung in einer bestimmten Form vorschreibt, greift er massiv in die Freiheitsrechte ein und verstößt gegen das Prinzip der Subsidiarität. Deshalb muß die Diskussion über die Ziele, Grundsätze und Leistungsniveaus der Sozialversicherungen neu geführt werden. Die jüngste Rentenreform kann als erster Schritt in Richtung einer stärkeren Eigenverantwortung der Bürger gesehen werden - auch wenn der Ausgangspunkt die drohenden, nicht mehr akzeptierten Beitragssatzsteigerungen sind.

Es kommt darauf an, die sozialen Sicherungssysteme wieder an klaren sozialpolitischen und ordnungspolitischen Prinzipien auszurichten und sich an Regeln zu halten, statt den Verteilungsinteressen wechselnder Gruppen nachzugeben.

Ein Versicherungsprinzip muß wieder gestärkt werden, nämlich das Äquivalenzprinzip, weil es gegen beliebige Umverteilungseingriffe schützt und weil es gegenüber demographischen Änderungen sehr robust ist. Politiker und einzelne Bevölkerungsgruppen haben dagegen eine Vorliebe für das Umlageprinzip. Das Umlageverfahren verführt aber dazu, Belastungen auf andere Gruppen zu verlagern, insbesondere auf künftige Generationen, und Versicherungsleistungen auch ohne eigene Vorleistung sofort in Anspruch zu nehmen. Da keine individuelle Zurechnung von Leistung und Gegenleistung erfolgt, läßt sich die Verantwortung für die Kosten verschleiern. Wird das Verfahren noch mit einer sozialpolitisch motivierten Umverteilung vermischt, bleibt von der Versicherungsidee nicht mehr viel übrig. Die neu eingeführte Pflegeversicherung ist ein anschauliches Beispiel für das Verhalten, sich Vorteile zu Lasten der künftigen Generationen und einer schon lebenden Minderheit junger Menschen zu verschaffen. Soll das vermieden werden, ist in Umlagesystemen besonders genau auf das Einhalten von allgemein akzeptierten Grundsätzen zu achten, nämlich von Grundsätzen, die auch dann akzeptiert würden, wenn man der Minderheit angehört.

Zusammenfassend läßt sich festhalten, daß die Globalisierung es den einzelnen Staaten schwerer macht, in großem Umfang Mittel umzuverteilen und dabei Gruppen zu begünstigen, die nach sozialen Kriterien nicht unterstützungswürdig sind, weil die zu belastenden Personen mehr Möglichkeiten haben, sich einer unangemessenen Abgabenlast zu entziehen. Die bestehenden großen Probleme der Sozialsysteme sind allerdings nur zu einem geringen Teil auf die Globalisierung zurückzuführen. Die meisten Probleme sind hausgemacht. Sie müssen und können durch nationale Reformen gelöst werden. Das wird nicht einfach sein, und es wird mit Sicherheit nicht einfacher, indem man versucht, die Globalisierung als Sündenbock und damit als Entschuldigung für mangelnden Reformwillen zu nutzen. Positiv gewendet: Die Globalisierung trägt dazu bei, Mängel der Sozialsysteme offenzulegen und für eine effizientere Gestaltung der Sozialpolitik zu sorgen. Einer Weltregierung oder eines internationalen Sozialkartells bedarf es dafür nicht.

K Kann Industriepolitik die Wettbewerbsfähigkeit verbessern?

Malte Krüger

1 Industriepolitik im Aufwind?

Obwohl vielfach diagnostiziert wird, daß der Staat sich im Zeitalter der Globalisierung auf dem Rückzug befindet, erfreut sich das Thema „Industriepolitik“ lebhaften Interesses. Dies hat verschiedene Gründe (vgl. Eekhoff, 1994):

- Mit der deutschen Wirtschaftsunion wurde die Frage aktuell, ob eine aktive Politik zum Erhalt der industriellen Kerne in den fünf neuen Ländern notwendig ist.
- Der Vertrag von Maastricht macht Industriepolitik zu einer europäischen Angelegenheit.
- Viele Länder Westeuropas weisen zunehmende strukturelle Probleme auf, die von den Betroffenen zum Anlaß genommen werden, nach industriepolitischen Maßnahmen zu rufen.
- Viele Schwellenländer Ostasiens haben eine aktive Industriepolitik betrieben und damit - vermeintlich - Erfolg gehabt.
- Der internationale Handel wird zunehmend als Wettbewerb verstanden, in dem die drei großen Blöcke USA, Japan und Europa um die Führung im Hochtechnologiebereich kämpfen.
- Neuere Entwicklungen im Bereich der Wachstums- und Außenhandelstheorie legen den Schluß nahe, daß eine aktive Industriepolitik wohlfahrtssteigernd sein kann.

Das Fundament für ein „Revival“ der Industriepolitik scheint also gegeben: Es gibt eine Nachfrage nach Industriepolitik, es gibt Vorbilder, und es gibt Theorien, die im Widerspruch zu früheren Lehren zeigen, daß Industriepolitik Einkommen und Arbeitsplätze schaffen kann. Doch es gibt auch nach wie vor gute Argumente, die gegen eine aktive Industriepolitik sprechen. Die theoretischen Argumente für eine aktive Industriepolitik sind nur wenig robust, die praktische Durchführung ist mit zahlreichen

Problemen behaftet, welche im Zeitalter der Globalisierung eher zunehmen, und die Erfahrungen in Ostasien sprechen bei näherer Betrachtung eher gegen als für eine aktive Industriepolitik.

2 Industriepolitik: Ziele und Instrumente

Als primäres Ziel der Industriepolitik wird meist der Erhalt oder die Förderung der internationalen Wettbewerbsfähigkeit genannt. Diese wiederum gilt als entscheidend, wenn es um Einkommen und Beschäftigung geht. Die Industriepolitik soll den Unternehmen bei der Entwicklung neuer zukunftsträchtiger Produkte helfen. Vor allem wird angestrebt, in sogenannten „Schlüsselindustrien“ eine Vorrangstellung zu erreichen. Der Begriff „Schlüsselindustrien“ läßt sich nur schwer definieren (Monopolkommission, 1992, Tz. 1048). Gemeint sind jedoch Industrien, die für die weitere wirtschaftliche Entwicklung als von besonderer Bedeutung angesehen werden, da sie in vielen Branchen eingesetzt werden. Heutzutage wird zum Beispiel die Mikroelektronik häufig als Schlüsselindustrie bezeichnet. Eine solche in die Zukunft gerichtete Industriepolitik setzt zum einen auf die gezielte Förderung zukunftsträchtiger Produkte und Verfahren und zum anderen auf die allgemeine Förderung von Forschung und Entwicklung.

Bei dieser Art der gestaltenden Industriepolitik besteht jedoch die Gefahr, daß das Ziel „internationale Wettbewerbsfähigkeit“ zu sehr mit dem Wohl einzelner Branchen gleichgesetzt wird. Zudem besteht das Problem, daß sich internationale Wettbewerbsfähigkeit nicht ohne weiteres messen läßt. Vielfach wird Erfolg, d.h. Wettbewerbsfähigkeit, mit Hilfe von Handelsbilanzsalden oder Weltmarktanteilen bestimmt. Solche Indikatoren sind jedoch schon für einzelne Unternehmen fragwürdig und taugen daher auch nicht für ganze Volkswirtschaften (Dluhosch/Freytag/Krüger 1992 und 1996). Denn es kann weder letztes Ziel der Unternehmenspolitik noch der Wirtschaftspolitik sein, bestimmte Marktanteile zu gewinnen oder erhalten. Marktanteile per se haben keinen Wert, da sie mit Verlusten oder niedrigen Gewinnen erkauft worden sein können. Sinnvoller ist es daher den Begriff „Wettbewerbsfähigkeit“ mit Blick auf die Menschen zu definieren, die in einer Volkswirtschaft leben und arbeiten (Eekhoff, 1994, S. 72). Die Bevölkerung ist dann wettbewerbsfähig, wenn sie anspruchsvolle, gut bezahlte Beschäftigung finden kann. Das Kriterium für eine erfolgreiche Industriepolitik ist also, daß sie dazu beiträgt, Einkommen und Beschäftigung zu erhöhen - und zwar in der Volkswirtschaft als

Ganzes und nicht nur in bestimmten Branchen. Gemessen daran ist eine aktive Industriepolitik, die bestimmte Branchen fördert, fragwürdig.

Neben der Förderung der gesamtwirtschaftlichen Wettbewerbsfähigkeit gibt es das Ziel, die Wettbewerbsfähigkeit bestimmter Regionen sowie der kleinen und mittleren Unternehmen zu erhöhen. Bestimmte Regionen werden gefördert, um die Einheitlichkeit der Lebensverhältnisse zu gewährleisten. So wurden im früheren Bundesgebiet vor allem sogenannte Zonenrandgebiete gefördert. Mit der Wiedervereinigung hat die Förderung der fünf neuen Länder Priorität erlangt, wobei die Mittel kräftig aufgestockt wurden. Kleinere und mittlere Unternehmen erhalten Unterstützung, um vermutete betriebsgrößenspezifische Nachteile auszugleichen.

Ein weiteres Ziel der Industriepolitik ist die Abfederung des Strukturwandels. Zwar besteht weitgehend Konsens darüber, daß eine Industriepolitik, die den Strukturwandel bremst, schädlich ist. De facto wird aber häufig eine strukturerhaltende Industriepolitik betrieben. So setzt sich in der politischen Praxis immer wieder die Förderung notleidender Branchen und Großunternehmen durch. Nach wie vor fließt deshalb ein großer Teil der sektoralen Förderung in die Kohle- und Stahlbranche. Auch zeigt die Erfahrung, daß selbst Mittel, die ausdrücklich als Wagniskapital für innovative Kleinunternehmen gedacht sind, schnell umgewidmet werden können, um strauchelnden Großunternehmen zu helfen.[1]

Damit läßt sich die Industriepolitik in der Bundesrepublik in vier Sparten einteilen:

- sektorale Strukturpolitik (erhaltend und gestaltend),
- betriebsgrößenspezifische Strukturpolitik (Förderung kleiner und mittlerer Unternehmen),
- regionale Strukturpolitik (Förderung von Zonenrandgebieten[2], Hilfen für die fünf neuen Länder),
- allgemeine Förderung von Forschung und Ausbildung.

Um diese Ziele zu erreichen wird eine große Zahl von Instrumenten eingesetzt:

Betrieb staatlicher Forschungs- und Ausbildungsinstitutionen,

---

[1] Vgl. Knust (1997). Dort wird beschrieben, wie die Bayerische Staatsregierung die Bayerische Wagniskapitalgesellschaft zur Unterstützung des Elektrokonzerns Grundig benutzte.

[2] Ausgelaufen.

Forschungsbeihilfen,

allgemeine Beihilfen,

Kredite und Bürgschaften,

andere mittel- und unmittelbare Maßnahmen.[3]

Die Abgrenzung industriepolitischer Ausgaben (und Steuervergünstigungen) von den übrigen öffentlichen Ausgaben ist nicht eindeutig. Eine genaue Auflistung aller industriepolitisch motivierten Fördermaßnahmen ist daher nicht möglich. Tabelle K.1 gibt demnach lediglich einen groben Überblick.

Die Zahlen zeigen, daß strukturerhaltende Maßnahmen quantitativ eine große Bedeutung besitzen. Die Subventionen in den Bereichen Land- und Forstwirtschaft, Fischerei, Bergbau und Regional- und Strukturpolitik betrugen im Jahre 1995 rund 50 Mrd. DM. Die Förderung von Forschung und Entwicklung durch den Bund belief sich demgegenüber auf 17 Mrd. DM.[4] Von diesen 17 Mrd. DM ging rund ein Viertel als F&E-Förderung an private Unternehmen, wobei der Löwenanteil Unternehmen der Luft- und Raumfahrt zugute kam - ein Sektor, der traditionell einen großen Teil der Forschungsförderung erhält. Über die Zeit ist die Struktur der geförderten Branchen erstaunlich stabil geblieben (Klodt, 1996, S. 18). Dies spricht eher für ein großes Beharrungsvermögen der staatlichen Förderpolitik als für ein innovatives Vorgehen. Ob eine solche Politik für die Globalisierung fit macht, ist zu bezweifeln.

---

[3] So zahlen beispielsweise die Stromverbraucher über einen Zuschlag zur Stromrechnung („Kohlepfennig") den Löwenanteil der Subventionen für den Steinkohlenbergbau. Diese Subvention wird erst seit 1996 als Beihilfe für den Steinkohlenbergbau im Bundeshaushalt ausgewiesen.

[4] Die Ausgaben der Bundesländer, hauptsächlich zur Finanzierung der Universitäten, betrugen 34 Mrd. DM (1995). Hierbei stellt sich allerdings die Frage, inwieweit diese Ausgaben zur Industriepolitik gezählt werden können.

Tabelle K.1: Ausgewählte Beihilfen des Bundes und der Länder

Beihilfen des Bundes für Forschung und Entwicklung (1995) - in Mrd. DM -		**F&E Beihilfen des Bundes an private Unternehmen (1993)** - in Mio. DM -	
Universitäten und andere öffentliche Forschungseinrichtungen	3,489	Energie	29
Private Forschungseinrichtungen ohne Erwerbszweck	7,046	Bergbau	109
Unternehmen	4,675	Produzierendes Gewerbe davon Luft- und Raumfahrt	4.446 2.789
Ausland	1,728	Andere	560
Insgesamt	16,938	Insgesamt	5.658
Subventionen (1995) - in Mrd. DM -			
Insgesamt (weite Abgrenzung)**	298,307		
Bergbau*	11,284		
Land- und Forstwirtschaft, Fischerei*	17,509		
Regional- und Strukturpolitik*	21,293		

Quellen: Boss und Rosenschon (1997), Klodt (1996), eigene Berechnungen

*: Steuervergünstigungen sowie Beihilfen des Bundes und der Länder

**: Einschließlich Finanzhilfen an (halb-)staatliche Dienstleister

3 Neuere theoretische Ansätze

In der ökonomischen Fachliteratur wurde als Begründung für eine aktive Industriepolitik traditionell auf "Marktversagen" verwiesen. In jüngerer Zeit hat diese Ansicht offenkundig noch Unterstützung erfahren durch:[5]

- neuere regionalpolitische Ansätze,
- die strategische Handelspolitik und
- die Neue Wachstumstheorie.

[5] Vgl. Oberender/Daumann (1995, S. 8ff.) für eine Übersicht.

Trotz großer Unterschiede beruhen diese Ansätze im wesentlichen auf der Annahme, daß Externalitäten und/oder Skaleneffekte zu „Marktversagen“ führen und folglich staatliche Eingriffe rechtfertigen. Es ist nicht möglich, diese Ansätze hier eingehend zu kritisieren, zumal sie allenfalls verschwommen eine Rolle bei der Rechtfertigung der Industriepolitik spielen. Doch sollen zumindest drei grundsätzliche Einwände nicht unerwähnt bleiben.

- Die Modelle beruhen zum Teil auf sehr spezifischen Annahmen. Ihre Ergebnisse sind nicht robust bezüglich kleiner Variationen der Annahmen (Donges, 1994, S. 185f.; Streit, 1993, S. 404).
- Die theoretische Feststellung, daß Gründe für Marktversagen vorliegen können, bedeutet noch nicht, daß es eine bessere Alternative gibt. Werden staatliche Eingriffe erwogen, dann ist die Möglichkeit von Staatsversagen einzubeziehen. Angesichts der enormen Wissensprobleme, die sich bei der Umsetzung der genannten Ansätze ergeben, ist die Effizienz staatlicher Eingriffe sehr skeptisch zu beurteilen (Donges, 1994, S. 186f.). Selbst Paul Krugman (1987), der maßgeblich zur Entwicklung der strategischen Handelspolitik beigetragen hat, hält dieses Konzept nicht für eine geeignete Grundlage wirtschaftspolitischen Handelns.
- In welchem Ausmaß externe Effekte tatsächlich existieren, hängt von den Transaktionskosten ab (Coase, 1960). Sind die Transaktionskosten gering, dann können die Unternehmen (potentielle) positive Externalitäten ganz oder teilweise internalisieren. Weder und Grubel (1993) zeigen anhand von Beispielen, wie es Unternehmen in der Praxis gelingt, die bei der Forschung und Entwicklung entstehenden Externalitäten klein zu halten.

Die genannten ökonomischen Theorien können somit kein festes Fundament zur Begründung wirtschaftspolitischer Eingriffe bilden. Allerdings werden sie auch nur selten explizit zur Begründung von industriepolitischen Maßnahmen herangezogen. Beispielsweise liefern die Veröffentlichungen der EG-Kommission nur wenige Hinweise darauf, daß die „alte“ Wohlfahrtstheorie, die Neue Wachstumstheorie oder die strategische Handelspolitik eine bedeutende Rolle bei der Rechtfertigung einer aktiven EG-Industriepolitik spielen.[6] Auf ökonomische Argumente zur Begründung eines staatlichen Handlungsbedarfs wird nur selten zurückgegriffen. In den einschlägigen

---

[6] Das gilt auch für andere Befürworter einer aktiven Industriepolitik. Vgl. kritisch hierzu Donges (1994, S. 190).

Veröffentlichungen (EG-Kommission, 1990; 1993; 1994) wird immer auf die Zunahme des internationalen Wettbewerbs, den schnellen Strukturwandel und die gestiegene Arbeitslosigkeit hingewiesen. Zwar wird generell zugestanden, daß der Erhalt der internationalen Wettbewerbsfähigkeit und die Bewältigung des Strukturwandels Aufgaben der Unternehmen sind. Doch wird zusätzlich die Notwendigkeit unterstützender Maßnahmen seitens der nationalen Regierungen und der EG postuliert.

4 Vermeintliche Erfolge

Ein wichtiges Argument für eine aktive Industriepolitik ist der vermeintliche Befund, daß die Industriepolitik immer wieder mit Erfolg praktiziert wird. Schon Servan-Schreiber (1968, S. 38; 80ff.) hatte die Forschungsaufträge amerikanischer Behörden und die Vergabe öffentlicher Aufträge in den Vereinigten Staaten vor Augen, als er für eine europäische Industriepolitik eintrat.[7] Staatliche Förderungsmaßnahmen waren seiner Auffassung nach ganz entscheidend mitverantwortlich für die starke Stellung vieler amerikanischer Anbieter auf neuen Märkten. Heutzutage geht der Blick beim Thema Industriepolitik nicht so sehr in Richtung Vereinigte Staaten, sondern eher nach Ostasien. Das Nebeneinander von staatlichen Eingriffen, hohen Wachstumsraten und spektakulären Exporterfolgen scheint vielen als Beweis der Behauptung, daß eine „moderne Industriepolitik" erfolgreich sein kann, ja daß sie unverzichtbar ist. Doch stellt sich die Frage, ob diese Erfolge der Industriepolitik gutgeschrieben werden können, und wenn ja, ob die gleiche Strategie auch in den entwikkelten Volkswirtschaften Erfolg verspricht, die an der Spitze des Fortschritts marschieren möchten.

Die Bewertung der japanischen Politik ist umstritten.[8] Doch selbst wenn Japan als Beispiel einer erfolgreichen Industriepolitik angesehen werden sollte, gibt es Gründe, die zur Vorsicht mahnen. So ist es keinesfalls einfach, das japanische Beispiel zu kopieren. Trotz der imposanten Wachstumsraten läßt sich behaupten, daß die anderen ostasiatischen NICs (Newly Industrialized Countries) eher schlechte Erfahrungen mit diesem Versuch gemacht haben. Besonders deutlich wird dies im Vergleich der wirt-

---

7 Seitz (1994, S. 156-162) verweist darauf, daß die Vereinigten Staaten auch in den 80er Jahren eine aktive Politik zur Stärkung der internationalen Wettbewerbsfähigkeit betrieben haben.

8 Für Seitz (1994) stellt Japan das Paradebeispiel einer erfolgreichen Industriepolitik dar, während Bletschacher und Klodt (1992) und die Monopolkommission (1992, Tz. 1096) die Ansicht vertreten, daß die Maßnahmen des MITI nur wenig effektiv waren.

schaftlichen Entwicklung der beiden Stadtstaaten Hong Kong und Singapur (Young, 1992). Dieser Vergleich ist deshalb aufschlußreich, weil sich beide Volkswirtschaften zwar in vielerlei Hinsicht sehr ähnlich sind; in ihren industriepolitischen Konzeptionen unterscheiden sie sich jedoch grundsätzlich. Beide sind kleine, am Meer gelegene Stadtstaaten, die stark in die internationale Arbeitsteilung eingebunden sind. Sie verfügen über keine nennenswerten natürlichen Ressourcen und waren beide einmal britische Kolonien. Gemeinsam ist diesen zwei Staaten augenscheinlich auch der wirtschaftliche Erfolg. Zwischen 1960 und 1985 wuchs das Pro-Kopf-Einkommen in beiden Ländern mit einer Rate von ca. 6 vH pro Jahr. Sehr unterschiedlich war jedoch die wirtschaftspolitische Strategie, die sie dabei verfolgten. Abweichend von den anderen „Tigern" kann Hong Kong als Beispiel einer „laissez-faire"-Ökonomie gelten, während die Wirtschaftspolitik Singapurs durch tiefgreifende industriepolitische Eingriffe gekennzeichnet ist. „Zukunftsindustrien" erfreuen sich einer massiven Förderung und ausländische Investoren erhalten hohe Subventionen.

Das wichtigste Ergebnis des Vergleichs besteht darin, daß Hong Kong mit seiner weitgehend unregulierten Kapitalallokation wesentlich weniger Kapital brauchte als Singapur, um die gleiche Wachstumsrate zu erreichen. Zwischen 1971 und 1990 nahm der Kapitalstock in Hong Kong um 160 vH zu - in Singapur hingegen um 240 vH. Da auch der Arbeitseinsatz in Hong Kong weniger zunahm (plus 55 vH) als in Singapur (plus 83 vH), wäre eigentlich zu erwarten, daß die Produktion in Hong Kong sehr viel weniger zugenommen hätte als in Singapur. Dies war jedoch nicht der Fall. Mit einer Zunahme von 155 vH stieg die Produktion in Singapur nur unwesentlich stärker als in Hong Kong (147 vH). Anders ausgedrückt bedeutet dies, daß Singapur eine Investitionsquote von rund 35 vH benötigte, um das gleiche Wachstum zu erreichen, das Hong Kong mit einer Investitionsquote von 20 vH erzielte. Während sich der gesamte Anstieg der Produktion in Singapur auf die Zunahme des Einsatzes von Arbeit und Kapital zurückführen läßt,[9] trugen in Hong Kong Effizienzsteigerungen zu einem Drittel zu dem beobachteten Wachstum bei.

Damit setzt sich Hong Kong deutlich von den anderen „Tigern" ab, deren Produktionswachstum sich - ähnlich wie in Singapur - fast ausschließlich auf gesteigerten Faktoreinsatz zurückführen läßt (Young, 1994). Sofern sich aus dem Beispiel der

[9] Die Zunahme des Faktoreinsatzes erklärt sogar mehr als das tatsächliche Wachstum. Die Effizienz der Produktion hat demnach in Singapur sogar abgenommen. Vgl. hierzu Young (1992, S. 35).

Wirtschaftspolitik in den NICs eine Lehre für die europäische Industriepolitik ziehen läßt, dann lautet diese: Die Allokation des Kapitals über den Markt funktioniert besser als die staatlich gelenkte Kapitalallokation.

Paul Krugman (1994a) hat das schnelle Wachstum in den NICs mit der Wachstumsphase in den Zentralverwaltungswirtschaften nach dem 2. Weltkrieg verglichen. Auch damals gab es Stimmen, die meinten, hier sei ein besseres ökonomisches System am Werk und die Planwirtschaften würden den Westen schnell überholen. Bei näherem Hinsehen zeigte sich aber auch damals, daß das Produktionswachstum auf gesteigertem Faktoreinsatz beruhte - und sonst nichts. Die Geschichte hat gezeigt, daß eine solche Strategie allenfalls mittelfristig Erfolge zeitigen kann,[10] langfristig jedoch nicht durchhaltbar ist. Es wird also deutlich, daß hier keine wirtschaftspolitische Strategie gefunden wurde, die die entwickelten Volkswirtschaften des Westens nachahmen sollten.

5 Praktische Probleme

Zur Rechtfertigung einer aktiven Industriepolitik bedarf es nicht nur des Nachweises, daß Industriepolitik im Prinzip die Wohlfahrt eines Landes erhöhen kann (was an sich schon umstritten ist). Vielmehr muß auch gezeigt werden, ob eine solche Politik praktisch durchführbar ist. Wie sich zeigt, gibt es eine ganze Reihe praktischer Probleme, deren Bedeutung aufgrund der Globalisierung der Wirtschaftsbeziehungen eher zunimmt.

i) Abgrenzung: Wer soll gefördert werden?

Mit der zunehmenden internationalen Verflechtung der Unternehmen und der rapiden Abnahme der Kommunikationskosten wird die Abgrenzung der zu Fördernden immer schwieriger. Grundsätzlich stellen sich zwei Fragen.

[10] Auch ist fraglich, ob überhaupt von mittelfristigen „Erfolgen“ die Rede sein kann. Zum einen wird die Produktion in den Zentralverwaltungswirtschaften nicht durch die Verbraucher bewertet, so daß qualitative Mängel der Produktion oder eine falsche Struktur des Güterangebots in den Statistiken nicht erfaßt werden. Zum anderen bleiben die weitgehenden Einschränkungen der Freiheitsrechte außer acht.

- Was ist ein nationales (europäisches) Unternehmen?
- Ist es noch sinnvoll, allein nationale (europäische) Unternehmen zu fördern?

Wenn nationale Unternehmen gefördert werden sollen, dann muß zunächst einmal festgelegt werden, was ein nationales Unternehmen ist. Als Kriterium bieten sich Eigentum und der Produktionsstandort an. Das Kriterium „Eigentum“ ist problematisch, da nach diesem Kriterium inländische Produktionsstätten, die letztlich auch zur Einkommenserzielung von Inländern beitragen, nicht berücksichtigt würden. Dieses Problem wurde schlagartig deutlich, als im Jahre 1996 zum „nationalen Autogipfel“ Daimler Benz, BMW, Mercedes und Porsche geladen wurden - nicht jedoch Ford und Opel. Letztere sind Töchter amerikanischer Konzerne und somit ausländische Unternehmen. Diese Unternehmen von industriepolitischen Maßnahmen auszuschließen, würde jedoch bedeuten, daß die deutschen Arbeitnehmer, die für diese Unternehmen arbeiten, gegenüber den Arbeitnehmern der anderen Automobilhersteller benachteiligt würden. Umgekehrt besteht die Möglichkeit, daß eine Förderung deutscher Automobilkonzerne deren Tochterunternehmen in Spanien, Tschechien oder den Vereinigten Staaten zu Gute kommt. Dies zeigt, daß beide Kriterien dann schwammig werden, wenn Unternehmen sowohl im Inland als auch im Ausland produzieren. „Staatlich geförderte ‘nationale Champions’ entwickeln sich immer mehr zu ‘multinationalen Champions’.“ (Monopolkommission, 1992, Tz. 1097.) Schließlich sollte auch nicht übersehen werden, daß sich Eigentumsverhältnisse schnell ändern können. Sofern also die staatliche Förderung inländischer Unternehmen zu wertvollen neuen Erkenntnissen führt, ermöglicht der Kapitalmarkt es ausländischen Firmen, diese Erkenntnisse einfach einzukaufen. So kaufte z.B. der japanische Halbleiterproduzent Fujitsu im Jahre 1990 das britische Unternehmen ICL, das im Rahmen des JESSI-Projekts von der EG gefördert wurde (Monopolkommission, 1992, Tz. 1097).

Unabhängig von den Eigentumsverhältnissen und den internationalen Verflechtungen führen zudem die sinkenden Kommunikationskosten zu einer schnelleren Diffusion neuen Wissens über die Grenzen hinweg. Es ist also fraglich, ob positive externe Effekte hauptsächlich innerhalb nationaler Grenzen verbleiben - wie es in den Modellen der neuen Wachstumstheorie angenommen wird. Ist dies nicht der Fall, dann ist zu vermuten, daß eine aktive Forschungsförderung auf indirektem Weg auch ausländischen Unternehmen zugute kommt. Sieht man die auf nationaler Ebene gezahlten Steuern auch als Preis für industriepolitische Förderungsmaßnahmen an, dann bedeutet dies, daß zunehmend Nichtzahler von industriepolitischen Maßnahmen profitieren. Angesichts der rapide sinkenden Informationskosten dürfte dieser Effekt im Zeitablauf an Bedeutung gewinnen.

ii) Erfolgskontrolle

Ein großes Problem für die staatliche Industriepolitik ist die Erfolgskontrolle. Gerade wenn es um positive externe Effekte geht, welche z.B. im Bereich Forschung und Entwicklung vermutet werden, ist es äußerst schwierig, konkrete Förderungsziele genau zu formulieren und später zu überprüfen. Hierbei handelt es sich um ein grundsätzliches Problem. Denn je anwendungsorientierter ein konkretes Forschungsprojekt ist und je konkreter seine Ergebnisse sind, um so weniger scheint eine öffentliche Förderung notwendig. Aus theoretischer Sicht sollte Industriepolitik, wenn sie denn betrieben wird, also dort ansetzen, wo die Erträge eher abstrakt sind. Dies verschärft jedoch das Kontrollproblem - insbesondere dann, wenn eine spezifische Projektförderung erfolgt.

Der Bericht des EG-Rechnungshofes zeigt in aller Deutlichkeit, welche Vielfalt von praktischen Problemen bei einer aktiven Industriepolitik auftreten können (EG-Rechnungshof, 1995). In der Zusammenfassung der wichtigsten Feststellungen, bemängelt der Rechnungshof unter anderem (EG-Rechnungshof, 1995, S. 6),

- daß Mittel „ohne Rücksicht auf die Ziele des Gesetzgebers“ und/oder
- „ohne ausreichend klare Zielsetzung“ ausgezahlt werden,
- daß es keine „ausreichende Beachtung des Kosten-Nutzen-Verhältnisses“ gibt,
- daß Ergebnisse „sofern sie überhaupt meßbar sind, weit hinter den Zielsetzungen zurückbleiben“,
- daß „Ziele so vage oder allgemein gehalten waren, daß es sehr schwierig ist, sinnvolle Vergleiche zwischen dem Erreichten und den Absichten zu ziehen“,
- daß es versäumt wurde, geschuldete Mittel rechtzeitig wieder einzuziehen,
- daß es „signifikante Schwachstellen in den Mechanismen für die Planung, Genehmigung, Überwachung, Prüfung und Bewertung von Gemeinschaftsaktionen“ gibt.

Ob es allerdings genügen würde, wenn die Kommission (und die Mitgliedsstaaten) der Empfehlung des Rechnungshofes folgten, und eine erhebliche Veränderung in der Kultur der Mittelbewirtschaftung vornehmen würden, ist fraglich. Denn die gerügten Mängel beruhen auch darauf, daß eine klare Zieldefinition und -kontrolle vielfach gar nicht möglich ist.

iii) Fehlende Vorbilder

Für Länder, die sich noch im Aufholprozeß befinden, ist es einfacher, zukünftige Strukturentwicklungen zu prognostizieren, da sie sich an den schon entwickelten Ländern orientieren können. Die westeuropäischen Länder und Japan konnten nach dem Krieg auf die Vereinigten Staaten schauen, die ostasiatischen NICs können sich an Japan orientieren. Der Entwurf einer industriepolitischen Konzeption ist daher für diese Länder leichter.[11] Ein Entwicklungsland wird wahrscheinlich nicht viel falsch machen, wenn es dem Beispiel Hong Kongs folgt und den Zyklus Textilien-Plastikprodukte-einfache-Elektroprodukte durchläuft. Anders als für die Schwellenländer gibt es für die entwickelten Länder keine Vorbilder. Daher ist es für die Industriepolitik sehr viel schwerer, zu entscheiden, auf welche Märkte und Produkte sie setzen soll. Dieses Wissensproblem wird leicht unterschätzt. Wenn es um die Frage geht, welche Produkte Zukunft haben, scheint die Entwicklung vielen ganz klar: Erst waren es Computer etc. welche als Zukunftsprodukte angesehen wurden und werden, heute ist es schon eher die Biotechnologie. Gerade aber die Entwicklung im Datenverarbeitungsbereich zeigt, wie schwer es ist, zukünftige Entwicklungen vorauszusehen und die Weichen entsprechend zu stellen. Ein Gigant wie IBM war eigentlich bestens im Markt positioniert und geriet dennoch an den Rand des Bankrotts. Die bloße Präsenz in den „Märkten der Zukunft“ reicht also nicht. Auch (oder gerade) auf diesen Märkten kann man hohe Verluste machen. Vielmehr kommt es darauf an, die richtigen Produkte zu haben *und diese kostengünstig an den Markt zu bringen.* Es läßt sich jedoch nicht im voraus bestimmen, welche Produkte sich im Markt durchsetzen werden. Dies kann sich erst im Wettbewerb erweisen (von Hayek, 1948; 1968).

---

[11] Gleiches gilt jedoch auch für die Unternehmen. Auch diese können sich an den Unternehmen in den weiter entwickelten Staaten orientieren. Somit fragt sich, ob es in diesem Fall überhaupt einer industriepolitischen Konzeption bedarf.

Gerade wenn es um neue Techniken und neue Produkte geht, ist das Wissensproblem besonders groß. Anders als von Schumpeter (1987/1950, S. 214) postuliert, ist es nicht zu einer „Mechanisierung des Fortschritts" gekommen. Ja, es liegt in der Natur der Sache, daß Innovationen nicht mechanisierbar sind, daß sie nicht Sache von Bürokraten werden können. Von Weizsäcker (1981, S. 349) hat in einem Schema drei Arten der wirtschaftlichen Aktivität (Konsum, Produktion, Innovation) unterschieden und diesen die angemessene Verhaltensform gegenübergestellt. Beim Konsum einer gegebenen Gütermenge ist dies die Orientierung an Normen und Tradition (Konformismus), in der Produktion Nutzen- bzw. Gewinnmaximierungsverhalten und in der Innovation sind es Suchstrategien, Satisfizing, Verhaltensvielfalt (Abweichen vom üblichen Verhalten). Nun mag man mehr oder weniger optimistisch im Hinblick auf das Leistungsvermögen von Bürokratien sein. „Abweichen vom üblichen Verhalten" gehört aber sicherlich nicht zu den Stärken bürokratischer Entscheidungsträger. Diese halten sich vielmehr an vertraute Muster, so daß „Innovations-
förderung nur zu oft lediglich Imitationsförderung ist" (Streit/Voigt, 1991, S. 201). Ein strukturerhaltender Zug ist auch in der deutschen Industriepolitik auszumachen. Diese zeigt, daß einmal gestellte Weichen nur selten wieder umgestellt werden. Die sektorale Struktur der Förderung hat sich über Jahrzehnte hinweg als bemerkenswert stabil erwiesen (Klodt, 1996, S. 18). Neben den strukturerhaltenden Maßnahmen zum Schutz von Kohle und Stahl werden vor allem die Nuklearforschung und die Raumfahrt gefördert.

iv) Einfluß von Interessenvertretern

Die Bedeutung des Lobbyismus läßt sich besonders gut am Beispiel der EU-Industriepolitik zeigen, da die EU die Entscheidungsprozesse in der Industriepolitik in einer Weise gestaltet hat, die zu Lobbyismus und Rentensuche einlädt. Die EU-Entscheidungsträger versuchen, die Vertreter der Industrie oder der Wissenschaft einzubinden, um mit ihrer Hilfe Industriepolitik zu betreiben. Experten sind jedoch selten unvoreingenommen, wenn es um Themen geht, die gravierende finanzielle Auswirkungen auf ihr Unternehmen oder Forschungsinstitut haben. Dies zeigt sich exemplarisch bei der Vergabe von Forschungsgeldern (EG-Rechnungshof, 1995, S. 190). Im Forschungsbereich sind im Rahmen des dritten Rahmenprogramms (1990-94) „Mensch und Mobilität" 3545 Unterstützungsanträge positiv beschieden worden.

Das entspricht 29,8 vH aller Anträge. Geprüft wurden diese Anträge von einem aus 150 Wissenschaftlern bestehenden Ausschuß. Interessant und brisant ist nun, daß die Erfolgsquote bei Anträgen von Mitgliedern dieses Ausschusses weitaus höher lag. Die Experten haben sich anscheinend zunächst einmal selbst gefördert. Ähnlich waren die Erfahrungen mit dem ESPRIT-Programm. Im Zeitraum von 1984 bis 1988 wurden ca. 240 Projekte gefördert. Davon kamen mehr als die Hälfte von den „Big 12", die an der Ausarbeitung des Programms mitgewirkt hatten (Streit/Mussler, 1994, S. 20). Das Problem für die EG liegt nun darin, daß sie auf solche Experten angewiesen ist, wenn sie eine eher interventionistische Politik betreiben möchte. Entschließt sie sich hingegen zu einer Politik der Gestaltung von Rahmenbedingungen, dann wird nicht nur das Wissensproblem kleiner, sondern auch der Expertenrat weniger interessengebunden.

Das Wissensproblem läßt sich also nicht durch den Einsatz von Experten lösen. Vielmehr wird so Rent-seeking Aktivitäten Tür und Tor geöffnet. Vor allem Großunternehmen profitieren von einer solchen Industriepolitik. Nur sie verfügen über die Ressourcen, die ohnehin schon beachtlichen Einflußmöglichkeiten zu nutzen. In der Form der „Ausschüsse" gibt es ja bereits eine „institutionell abgesicherte Form des Lobbyismus" (Oberender/Daumann, 1995, S. 61). Diese Ausschüsse erlauben es den Interessengruppen, den Willensbildungsprozeß der Kommission direkt zu beeinflussen.[12] Im Rahmen der EG-Industriepolitik werden diese Einflußmöglichkeiten von Unternehmen und Vertretern der Wissenschaften sogar noch erweitert. Neben den erwähnten Expertengremien, die über die Vergabe von Forschungsmitteln entscheiden, gibt es „Gesprächsrunden der Industrie" (EG-Kommission, 1994, S. 2) und ein gemeinsames Nachdenken „über Technologien ..., die von europäischem Interesse sein könnten" (EG-Kommission, 1994, S. 21). Damit gewinnt die EG-Wirtschaftspolitik immer stärker korporativistische Züge. Die Gemeinschaft wird immer mehr zu einer „Rent-seeking Community" (Streit/Mussler, 1994, S. 27). Dies ist nicht der Weg, auf dem sich verstreutes Wissen bündeln und gesamtwirtschaftlich nutzbringend einsetzen läßt. Vielmehr wird die Wirtschaftspolitik zum Nutzen derer gestaltet, die sich im Rent-seeking Prozeß durchsetzen können - auf Kosten der übrigen Akteure.

---

[12] Daneben besteht natürlich auch die Möglichkeit, sich mit Hilfe der nationalen Regierungen in Brüssel Gehör zu verschaffen (Oberender/Daumann, 1995, S. 63).

6 Die besonderen Probleme einer EG-Industriepolitik

„Komplementarität“ ist der für die Konzeption der EG-Industriepolitik wichtigste Begriff (EG-Kommission, 1994, S. 10). Um die Wettbewerbsfähigkeit zu steigern, und neuerdings auch um die Arbeitslosigkeit zu senken, soll die Industriepolitik im engeren Sinne mit folgenden Bereichen verbunden werden:

- der Forschungs- und Technologiepolitik,
- der Wettbewerbspolitik,
- der Kohäsionspolitik,
- der Umweltpolitik,
- der Sozialpolitik,
- der Förderung industrieller Anpassungsprozesse und
- der Förderung transeuropäischer Netze.

Häufig kommt es dabei zu einer Vermengung unterschiedlicher Ziele. Die Umweltpolitik soll nicht nur dem Schutz der Umwelt dienen, sondern wird auch als Mittel zur Förderung der Wettbewerbsfähigkeit verstanden (EG-Kommission, 1990, S. 12). Die Wettbewerbspolitik soll nicht nur den Wettbewerb sichern, sondern auch die internationale Wettbewerbsfähigkeit. Die Förderung transeuropäischer Netze soll auch der Kohäsion dienen. Förderung industrieller Anpassungsprozesse wird auch als Sozial- und Kohäsionspolitik verstanden. Da alles mit allem zusammenhängt, soll alles auch gleichzeitig angesteuert werden. Unter diesen Umständen ist es nur schwer vorstellbar, wie ein rationaler Einsatz der Instrumente gesichert werden soll.[13]

Angesichts der mangelhaften theoretischen Fundierung der Industriepolitik und der Vermischung verschiedenartiger Ziele ist es nicht verwunderlich, daß es keine stringente industriepolitische Strategie gibt. In den Dokumenten, die die Grundlage der EG-Industriepolitik skizzieren, findet sich eine verwirrende Vielfalt von Instrumenten. Es gibt grundsätzliche Bekenntnisse zur Ordnungspolitik und hierzu passende ordnungspolitische Maßnahmen. Daneben findet sich eine Vielzahl von spezifischen diskretionären Eingriffen, die häufig im Widerspruch zu den ordnungspolitischen

---

[13] Das heißt nicht, daß diese Politik irrational ist. Freytag (1995, S. 244) argumentiert, daß die Kommission bewußt solche Zielvermischungen vornimmt, um die Zustimmung der Mitgliedsländer zu einer Ausweitung ihrer Kompetenzen zu erlangen.

Bekenntnissen stehen. Und schließlich gibt es eine schier unüberschaubare Anzahl von Willensbekundungen und Allgemeinplätzen, die als Appelle an die Unternehmen, als Tatsachenbehauptung oder als Ankündigung eigenen Handelns verstanden werden können.[14] Ordnungspolitik und Interventionismus werden einfach vermengt (Streit, 1993, S. 388). Durch diese Vermengung unterschiedlicher Elemente entsteht ein unsystematisches Gemisch von Maßnahmen, das nicht zu überblicken ist. Dies gilt nicht nur für Außenstehende, sondern auch für die EG-Kommission selbst. Der Bericht des EG-Rechnungshofes zeigt in aller Deutlichkeit, daß die Vielfalt von Maßnahmen und Programmen nicht sinnvoll koordiniert und ausgewertet werden kann (EG-Rechnungshof, 1995). Daher ist diese Politik nicht geeignet, den Mitgliedsländern bei der Wahrnehmung der Chancen zu helfen, die sich im Globalisierungsprozeß bieten.

7 Fazit

Die theoretischen Argumente für eine aktive Industriepolitik sind wenig überzeugend. Auch werden zu viele praktische Probleme schlicht wegdefiniert. Dies gilt insbesondere für den erheblichen Wissensbedarf und die Unvollkommenheiten des politischen Prozesses. Praktische Erfahrungen, die zunächst für eine aktive Industriepolitik zu sprechen scheinen, erweisen sich bei näherem Hinsehen eher als Beleg für industriepolitische Mißerfolge. Die hohen Wachstumsraten der NICs in Ostasien beruhen fast ausschließlich auf höherem Faktoreinsatz. Eine Erhöhung der Effizienz, Grundbedingung für nachhaltiges Wachstum, ist außer im Falle Hong Kongs nicht eingetreten. Hong Kong ist jedoch gerade ein Beispiel für industriepolitische Abstinenz.

Globalisierung verschärft den internationalen Wettbewerb. Dies mag vordergründig als Argument für eine aktivere Industriepolitik verwendet werden. Die Globalisierung führt jedoch dazu, daß nationale Unternehmen ein unsicherer Bezugspunkt für die Industriepolitik geworden sind. Was wie ein inländisches Unternehmen aussieht, kann längst ausländischen Anteilseignern gehören und Unternehmen, die zweifelsfrei Inländern gehören, können schon morgen den Besit-

[14] Häufig ist unklar, ob die Wirtschaftspolitik eines Staatenverbandes skizziert werden soll, oder ob es sich um ein Kommuniqué der „Europa AG" handelt. Siehe z.B. EG-Kommission (1994, S. 18).

zer wechseln. Know how, welches mit oder ohne staatliche Unterstützung im Inland entwickelt wurde, kann Produktionsstätten im Ausland zugute kommen. Dies zeigt, daß die Früchte einer aktiven Industriepolitik leicht im Ausland anfallen können, während die Kosten in jedem Fall im Inland anfallen. Gerade angesichts der zunehmenden Globalisierung ist daher die Förderung spezifischer Unternehmen oder Produkte nicht empfehlenswert. Erfolgversprechend ist hingegen eine Politik, die den Standort attraktiver macht. Es muß für Unternehmen lukrativ sein, in Deutschland (oder Europa) zu produzieren und zu forschen, egal, ob es inländische oder ausländische Unternehmen sind. Dies ist die entscheidende Voraussetzung dafür, daß im Inland anspruchsvolle und gut bezahlte Arbeitsplätze entstehen.

8 Literaturverzeichnis

Bletschacher, Georg und Henning Klodt (1992), Strategische Handels- und Industriepolitik, *Kieler Studien*, Nr. 244, Tübingen.

Boss, Alfred und Astrid Rosenschon (1997), „Subventionen in der Bundesrepublik - Bestandsaufnahme und Bewertung", *Kieler Arbeitspapiere* 793, Kiel.

Coase, Ronald H. (1960), „The Problem of Social Cost", *Journal of Law and Economics*, Vol. 3, S. 1-44.

Dluhosch, Barbara, Andreas Freytag und Malte Krüger (1996), *International Competitiveness and the Balance of Payments. Do Current Account Deficits Matter?*, Cheltenham.

Dluhosch, Barbara, Andreas Freytag und Malte Krüger (1992), „Leistungsbilanzsalden und internationale Wettbewerbsfähigkeit", *Untersuchungen zur Wirtschaftspolitik* 89, Köln.

Donges, Juergen B. (1994), „Kritisches zu den Forderungen nach einer strategischen Industriepolitik", in: Rolf H. Hasse, Josef Molsberger und Christian Watrin (Hrsg.), *Ordnung in Freiheit*. Festgabe für Hans Willgerodt, Stuttgart, Jena, New York, S. 182-199.

Eekhoff, Johann (1994), „Die ordnungspolitische Problematik der Industriepolitik", in: Peter Oberender (Hrsg.), *Industriepolitik im Widerstreit mit der Wettbewerbspolitik, Schriften des Vereins für Socialpolitik*, N.F., Nr. 231, Berlin, S. 69-76.

EG-Rechnungshof (1995), „Jahresbericht zum Haushaltsjahr 1994", in: *Amtsblatt der Europäischen Gemeinschaften*, C 303, 38. Jg., 14.11.1995.

Europäische Kommission (1990), *Industriepolitik in einem offenen und wettbewerbsorientierten Umfeld*, KOM (90) 556 endg., Brüssel, den 16. November.

Europäische Kommission (1993), „Wachstum, Wettbewerbsfähigkeit, Beschäftigung, Weißbuch", *Bulletin der Europäischen Gemeinschaften*, Beilage 6/93.

Europäische Kommission (1994), *Eine Politik der industriellen Wettbewerbsfähigkeit für die Europäische Union*, Brüssel, den 14. September.

Freytag, Andreas (1995), „The European Market for Protectionism: New Competitors and New Products", in: Lüder Gerken (Hrsg.), *Competition among Institutions*, Houndmills, Basingstoke, S. 231-258.

Hayek, Friedrich A. v. (1968), „Der Wettbewerb als Entdeckungsverfahren", *Kieler Vorträge*, N.F. 56, Institut für Weltwirtschaft, Kiel.

Hayek, Friedrich A. von (1948), „The Use of Knowledge in Society", in: Friedrich A. von Hayek, *Individualism and Economic Order*, Chicago.

Klodt, Henning (1996), „The German Innovation System: Conceptions, Institutions and Economic Efficiency", *Kieler Arbeitspapiere* 775, Kiel.

Knust, Cornelia (1997), „Hund Samma", *Frankfurter Allgemeine Zeitung*, 9. September.

Krugman, Paul (1987), „Is Free Trade Passé?", *Journal of Economic Perspectives*, Vol. 1, S. 131-144.

Krugman, Paul (1994), „The Myth of Asias Miracle", *Foreign Affairs*, Nov./Dec., S. 62-78.

Monopolkommission (1992), *Wettbewerbspolitik oder Industriepolitik,* Hauptgutachten 1990/1991, Baden-Baden.

Oberender, Peter und Frank Daumann (1995), *Industriepolitik*, München.

Schumpeter, Joseph A. (1987/1950), *Kapitalismus, Sozialismus und Demokratie*, Tübingen.

Seitz, Konrad (1994), *Die japanisch-amerikanische Herausforderung*, München.

Servan-Schreiber, Jean-Jacques (1968), *Die amerikanische Herausforderung*, Hamburg.

Streit, Manfred E. (1993), „European Industrial Policy: An Economic and Constitutional Interpretation", *Staatswissenschaft und Staatspraxis*, 4. Jg., S. 388-415.

Streit, Manfred E. und Stefan Voigt (1991), „Die Handelspolitik der Europäischen Gemeinschaft aus weltwirtschaftlicher Perspektive", *Hamburger Jahrbuch*, 36. Jg., S. 193-219.

Streit, Manfred E. und Werner Mussler (1994), *The Economic Constitution of the European Community - From "Rome" to "Maastricht"*, Max-Planck-Institut zur Erforschung von Wirtschaftssystemen, Diskussionsbeitrag 03-94, Jena, Mimeo.

Wedel, Rolf und Herbert G. Grubel (1993), „The New Growth Theory and Coasean Economics: Institutions to Capture Externalities", *Weltwirtschaftliches Archiv*, Jg. 129, S. 488-513.

Weizsäcker, Carl Christian v. (1981), „Rechte und Verhältnisse in der modernen Wirtschaftslehre", *Kyklos*, Vol. 34, S. 345-376.

Young, Alwyn (1992), „A Tale of Two Cities: Factor Accumulation and Technical Change in Hong Kong and Singapore", in: Jean Blanchard and Stanley Fischer (Hrsg.), *NBER Macroeconomic Annual*, Cambridge, MA., London, S. 13-54.

Young, Alwyn (1994), „Lessons from the East Asian NICs: A Contrarian View", *European Economic Review, Papers and Proceedings*, Vol. 38, S. 964-973.

L Nationale Dienstleistungsmärkte im globalen Wettbewerb: Notwendige Regulierungsreformen am Beispiel der Telekommunikation

Markus Fredebeul-Krein

1 Einleitung

Die nationalen Dienstleistungsmärkte befinden sich gegenwärtig aufgrund technologischer, ökonomischer und politischer Entwicklungen in einem gewaltigen Umbruch. Technologische Neuerungen im Informations- und Kommunikationssektor, Konzentrationswellen und veränderte Anbieter-Nachfrager-Relationen bewirken einen tiefgreifenden Strukturwandel im Dienstleistungssektor. Kürzere Produktlebenszyklen und die rasche Veralterung eingesetzter Technologien erfordern dabei immer schnellere Gewinne und flexiblere Anpassungsreaktionen an veränderte Marktbedingungen. Dies ist nur in einem Umfeld möglich, in dem die Marktkräfte ausreichend zur Geltung kommen. Gerade die verschiedenen Dienstleistungsbranchen werden jedoch bis heute in den meisten Industriestaaten durch eine Vielzahl staatlicher Eingriffe reguliert. Solange die Märkte segmentiert waren, konnten die einzelnen Staaten eine regulative, interventionistisch geprägte Politik verfolgen, ohne direkt negative Konsequenzen für Beschäftigung und Wachstum befürchten zu müssen. Heute dagegen haben sich die wirtschaftspolitischen Spielräume eines einzelnen Staates erheblich vermindert. Die fortschreitende Globalisierung der Wirtschaft hat zur Folge, daß nationale Wirtschaftspolitiken zunehmend miteinander im Wettbewerb um mobile Produktionsfaktoren, besonders um Kapital, stehen.

Vor diesem Hintergrund stellt sich die Frage, inwiefern die Globalisierung der Wirtschaft eine wirtschaftspolitische Neuorientierung im Hinblick auf die ordnungspolitische Ausgestaltung von Dienstleistungsmärkten erfordert. Speziell ist zu prüfen, wie die regulativen Eingriffe auf den nationalen Dienstleistungsmärkten zu reformieren sind, um eine höhere wirtschaftliche Effizienz auf diesen Märkten zu erzielen. Dies soll exemplarisch für Telekommunikationsmärkte untersucht werden, die in der Vergangenheit in den meisten Ländern durch nationale öffentliche Monopole gekennzeichnet waren. Seit einigen Jahren haben nun immer mehr Länder damit begonnen, schrittweise ihre Telekommunikationsmärkte zu deregulieren.[1] Diese Phase der Marktöffnung wird durch die Schaffung neuer ordnungspolitischer Rahmenbedingungen im Telekommunikationssektor begleitet, ein Prozeß der gegenwärtig in noch keinem Land abgeschlossen ist.

Im Mittelpunkt dieses Beitrags steht deswegen die Beantwortung der Frage, welche Herausforderungen bei der ordnungspolitischen Neuorientierung im Telekommunikationssektor zu bewältigen sind, damit die Wachstums- und Beschäftigungspotentiale in diesem Wirtschaftsbereich voll ausgeschöpft werden können. Zu diesem Zweck soll im zweiten Abschnitt herausgearbeitet werden, an welchen Zielvorgaben sich die ordnungspolitische Ausgestaltung der Telekommunikationspolitik orientieren sollte. Hierbei werden wettbewerblich organisierte Märkte staatlichen Monopolen sowohl theoretisch als auch empirisch gegenübergestellt. Im Anschluß daran wird die Bedeutung wettbewerblich organisierter Telekommunikationsmärkte vor dem Hintergrund der Globalisierung der Wirtschaft betrachtet. Im dritten Abschnitt wird dann erörtert, welche konkreten Maßnahmen aus ökonomischer Sicht durchgeführt werden müssen, damit auf den nationalen Telekommunikationsmärkten eine größtmögliche Effizienz erzielt wird. Aus den Ergebnissen dieser Analyse werden abschließend allgemeine Rückschlüsse für die Durchführung von Regulierungsreformen auf nationalen Produktmärkten gezogen.

---

[1] In vielen Ländern werden heute bereits Telekommunikationsdienste im Wettbewerb zwischen verschiedenen Anbietern erbracht. Einen Überblick über Liberalisierungstendenzen auf verschiedenen nationalen Telekommunikationsmärkten vermitteln Kennedy/Pastor (1996, S. 147ff.). Vgl. auch OECD (1997).

2 Von staatlichen Monopolen zu wettbewerblich organisierten Telekommunikationsmärkten

i) Theoretische Überlegungen zur Organisation von Telekommunikationsmärkten

Die Regulierung der nationalen Telekommunikationsmärkte bis hin zur staatlichen Monopolisierung wurde in der Vergangenheit sowohl mit politischen als auch mit ökonomischen Argumenten begründet (Welfens/Graack, 1997, S. 212). Aus politischer Sicht wurde argumentiert, daß staatliche Telekommunikationsmonopole sowohl aus Gründen der inneren und äußeren Sicherheit als auch aus sozial- und regionalpolitischen Gründen notwendig seien. Ökonomisch wurden die nationalen Monopole damit gerechtfertigt, daß aufgrund der technologisch-ökonomischen Besonderheiten des Telekommunikationssektors ein natürliches Monopol vorliege, das die wirtschaftliche Effizienz der Leistungserbringung gefährden würde, wenn Telekommunikationsdienste im Wettbewerb angeboten werden. Die Stichhaltigkeit beider Argumente soll im folgenden überprüft werden.

In fast allen Industriestaaten ist die Universaldienstbereitstellung ein erklärtes Ziel der Telekommunikationspolitik. Diese Zielvorgabe impliziert, daß sowohl eine Grundversorgung mit Telekommunikationsdiensten in strukturschwachen Regionen sichergestellt wird als auch einkommensschwachen Personen der Zugang zu Telekommunikationsdiensten ermöglicht wird (Blankart/Knieps, 1994, S. 239f.). Insbesondere soll die Entstehung einer „Zweiklassengesellschaft" vermieden werden, die in zwei Gruppen aufgeteilt ist, von denen eine den Zugang zu den neuen Möglichkeiten hat und sie ausgiebig nutzt, während der anderen Gruppe diese Möglichkeiten teilweise verschlossen bleibt. Um diese regional- und verteilungspolitisch motivierten Zielsetzungen zu verwirklichen, wird politisch vorgegeben, daß eine flächendeckende Grundversorgung mit bestimmten Basistelekommunikationsdiensten zu erschwinglichen Preisen und einer bestimmten Mindestqualität gewährleistet sein muß. Zur Finanzierung der daraus entstehenden Defizite wurde in der Vergangenheit der jeweilige universelle Telekommunikationsdienst monopolisiert, so daß mit den erzielten Extragewinnen (Monopolrenten) aus Teilsegmenten des Telekommunikationsmarktes weniger lukrative Teilbereiche subventioniert werden konnten (Knieps, 1987a).

Dies galt vor allem für den Telefonsprachdienst, bei dem die Preise für lokale Telefongespräche künstlich niedrig gehalten wurden, indem die Tarife für nationale Ferngespräche und den internationalen Telefonverkehr um ein vielfaches höher angesetzt wurden. Der Einsatz neuer Technologien wird eine solche Quersubventionierung jedoch schon in naher Zukunft nicht mehr möglich machen. So können schon heute durch „Callback-Dienste" sowie durch Fernanbindungen ins Ausland, bei denen der Telefonverkehr ins Ausland umgeleitet wird, die hohen inländischen Tarife für internationale Telefongespräche umgangen werden.[2] Auch werden sich zukünftig die hohen Tarife für Ferngespräche und internationale Gespräche aufgrund von Internet-basierten Formen der Kommunikation nicht mehr aufrechterhalten lassen (Drake/Frazer, 1996, S. 13f.). Gegenwärtig werden nämlich neue Technologien entwickelt, die das Internet für Telefonsprachdienste erschließen.[3] Da der digitalisierte Internet-Telefonverkehr nicht von anderen Formen der Datenkommunikation zu unterscheiden ist, ist es kaum möglich, eine solche Kommunikation durch administrative Eingriffe zu verbieten. Durch die neuen Technonlogien verlieren somit nationale Telekommunikationsvorschriften, die eine Universaldienstbereitstellung über Quersubventionierungen sichern wollen, ihre Wirkung.

Abgesehen davon, daß die durch technologische Neuerungen möglich gewordene Umgehung überhöhter Telefontarife eine Quersubventionierung bestimmter Telekommunikationsleistungen immer schwieriger macht, stellt sie auch keine optimale ökonomische Lösung dar, da hierdurch eine Verzerrung von Angebot und Nachfrage hervorgerufen und der Wettbewerb behindert wird. Verteilungs- und regionalpolitische Ziele ließen sich besser über direkte Steuerungsinstrumente verwirklichen, ohne daß sie staatlicher Eingriffe in den Telekommunikationsmarkt bedürften (Faulhaber/Boyd, 1989, S. 23). Indem der Staat einkommensschwachen Personen und strukturschwachen Regionen monetäre Transfers gemäß ihrer Bedürftigkeit gewährt, müßte keine Verzerrung der Preise hingenommen werden. Diejenigen Gruppen, die einen monetären Transfer erhalten, könnten über dessen Verwendung gemäß ihrer persönlichen Präferenzen entscheiden. Au-

---

[2] Für eine ausführliche Darstellung dieser Möglichkeiten des Wettbewerbs im internationalen Telefondienst vgl. Keuter (1994, S. 13ff.).

[3] So plant die US-Telefongesellschaft USA Global Link in Deutschland die Installation von 66 Vermittlungsstellen, die dem Kunden in naher Zukunft das Telefonieren über das kostenlose Internet ermöglichen sollen. Vgl. Weishaupt (1997, S. 13).

ßerdem ließe sich eine höhere Zielgenauigkeit der Transfers erreichen. Die Verwirklichung regional- und verteilungspolitischer Ziele erfordert somit keine Abweichung von kostenorientierten Preisen. Im Sinne einer höheren Effizienz nationaler Telekommunikationsmärkte wäre es deshalb besser, bei der Telekommunikationspolitik auf ein Universaldienstziel gänzlich zu verzichten. Zudem ist heute allgemein anerkannt, daß Universaldienstziele auch auf liberalisierten Telekommunikationsmärkten verwirklicht werden können, ohne daß sie als Marktzutrittsschranke für potentielle Konkurrenten wirken.[4] Die Aufrechterhaltung einer Grundversorgung mit Telekommunikationsdiensten zu Unterkostenpreisen erfordert dabei eine Marktregulierung dahingehend, daß mindestens ein Unternehmen zur Universaldienstbereitstellung verpflichtet wird.[5]

Aus ökonomischer Sicht wurde in der Vergangenheit von den Befürwortern staatlicher Fernmeldemonopole angeführt, daß in der Telekommunikation Größenvorteile und Verbundvorteile auftreten, die bewirken, daß die Bereitstellung von Telekommunikationsdiensten durch ein einziges Unternehmen am kostengünstigsten sei. Dem ist allerdings entgegenzuhalten, daß das Vorhandensein von Größen- und Verbundvorteilen zwar monopolistische Strukturen begünstigt, jedoch nicht zwangsläufig die Existenz eines angebotsseitigen Monopols bedingt, das die Errichtung von institutionellen Marktzutrittsbeschränkungen rechtfertigen würde.[6] So hat im Telekommunikationssektor in den vergangenen Jahrzehnten ein gewaltiger Anstieg der Nachfrage nach Telekommunikationsdiensten stattgefunden. Als Folge ist die Netzkapazität häufig erschöpft, so daß die Installation paralleler Netze erforderlich wird. Da die Größenvorteile eines Netzes damit ausgeschöpft sind, ist zumindest bei Fernnetzen ein aktiver Wettbewerb möglich (Blankart/Knieps, 1992, S. 76). Außerdem verändert der enorme technologische Fortschritt im Telekommunikationssektor die ökonomischen Eigenschaften von Telekommunikationsmärkten. So hat die Bedeutung von Größenvorteilen dadurch abgenommen, daß der technische Fortschritt in der Vermittlungs- und Übertra-

---

4 Vgl. stellvertretend für andere Klodt et al. (1995, S. 77ff.).

5 Siehe hierzu auch die Ausführungen unter Abschnitt L 3 *ii)*.

6 Ein natürliches Monopol liegt bei Subadditivität der Kosten vor, die dann gegeben ist, wenn ein bestimmter Output von einem einzelnen Unternehmen zu geringeren Kosten produziert werden kann als von mehreren Unternehmen. Vgl. Baumol et al. (1982, S. 174ff.).

gungstechnik eine erhebliche Reduzierung der Kosten für den Aufbau von Telekommunikationsnetzwerken bewirkt hat.[7]

Schließlich kann Wettbewerb auch trotz des Vorhandenseins von Größenvorteilen dann entstehen, wenn die Nachfragepräferenzen der Konsumenten hinreichend unterschiedlich sind.[8] Gerade die Märkte für Telekommunikationsdienste zeichnen sich sowohl durch eine zunehmende Diversifizierung der Nachfrage nach Telekommunikationsdiensten als auch aufgrund ihrer hohen Innovationsdynamik durch eine ständig wachsende Produktdifferenzierung aus, die zu einem intramodalen Wettbewerb auf diesen Märkten führt.[9] So kann der einzelne Kunde je nach Ausprägung seiner Präferenzen zwischen einer Vielfalt von Netzen auswählen: schmal- und breitbandige Vermittlungsnetze, analoge und digitale Netze, Mobilfunknetze und Satellitennetze.

Als Ergebnis läßt sich somit festhalten, daß es weder aus politischer noch aus ökonomischer Sicht stichhaltige Argumente für die Aufrechterhaltung staatlicher Fernmeldemonopole gibt. Es ist von daher zu vermuten, daß die Leistungsfähigkeit auf wettbewerblich organisierten Telekommunikationsmärkten höher ist als auf Monopolmärkten. Ob dies tatsächlich der Fall ist, soll im folgenden Abschnitt anhand empirischer Erhebungen untersucht werden.

ii) Empirische Evidenz

Verschiedene empirische Studien haben in jüngster Zeit die ökonomische Effizienz von unterschiedlich organisierten Telekommunikationsmärkten miteinander verglichen. Eine Untersuchung des McKinsey Global Instituts (1997, Kap. 3.3, S.

---

7 Andererseits erlangen Größenvorteile durch die Verlegung von Glasfasernetzen mit extrem hohen Übertragungskapazitäten wieder eine zunehmende Bedeutung, da das Betreiben mehrerer Glasfasernetze zu einer geringen Ausnutzung der Kapazitäten führen würde und somit ökonomisch nicht sinnvoll wäre. Vgl. Knieps (1987b, S. 151).

8 Dabei handelt es sich um monopolistischen Wettbewerb, der darauf beruht, daß differenzierte Produkte von verschiedenen Monopolisten angeboten werden. Da diese Produkte zu einem gewissen Grad substituierbar sind, ist der Preissetzungsspielraum jedes einzelnen Anbieters begrenzt. Vgl. Tirole (1993, S. 287ff.).

9 Sondhof/Theurer (1996) zeigen, daß technologische Entwicklungen dazu geführt haben, daß der Kunde in vielen Ländern heute selbst auf lokalen Fernmeldemärkten zwischen mehreren Alternativen wählen kann: Nebenstellenanlagen, lokale Glasfasernetze, Mobilfunknetze und TV-Kabelnetze. Damit ist heute zumindest ein monopolistischer Wettbewerb zwischen verschiedenen Netzbetreibern möglich.

4) kommt zu dem Ergebnis, daß die totale Faktorproduktivität in der Telekommunikation 1994 in Frankreich und Deutschland nur 40 vH des Niveaus der Vereinigten Staaten betrug. Sowohl die Kapitalproduktivität (Frankreich 37 vH, Deutschland: 38 vH) als auch die Arbeitsproduktivität (Frankreich 48 vH, Deutschland: 44 vH) lag in den beiden Ländern deutlich unterhalb des Niveaus in den Vereinigten Staaten. Als ursächlich für die erheblichen Produktivitätsunterschiede wurde in erster Linie die höhere Nutzung von Telekommunikationsdiensten in den Vereinigten Staaten ausfindig gemacht. Dies ist vor allem auf geringere Preise und eine größere Produktvielfalt zurückzuführen, die wiederum Folge des intensiveren Wettbewerbs in den Vereinigten Staaten sind (McKinsey Global Institute, 1997, Kap. 3.3, S. 5ff.). In Frankreich und Deutschland hatten die nationalen Telefongesellschaften dagegen keinen Anreiz, die Preise zu senken und auf die Vielfalt der Konsumentennachfrage zu reagieren, da sie keinem Wettbewerb ausgesetzt waren.

Eine von Jäger (1994) durchgeführte Vergleichsstudie über die Leistungsgüte und das Preis/Leistungsverhältnis der Telekommunikationsinfrastrukturen in verschiedenen Ländern zeigt, daß das Tarifniveau für Netzdienstleistungen in Deutschland mit einem staatlich geschützten Monopol deutlich höher gewesen ist als in den Vereinigten Staaten und Großbritannien, die bereits vor einiger Zeit Wettbewerb auf der Netzebene eingeführt haben.[10] Auch ist die Angebotsvielfalt und die technische Qualität (Bereitstellungsfristen, Störungshäufigkeiten, Entstörungszeiten) in Deutschland erheblich niedriger. Als Folge der höheren Leistungsstärke auf deregulierten Märkten besteht auf diesen eine wesentlich höhere Nachfrage. So betrug der Pro-Kopf-Umsatz bei Mietleitungen 1992 in den USA 66,5 DM und fiel damit mehr als doppelt so hoch aus als in Deutschland, wo er nur 28 DM betrug (Jäger, 1994, S. 28). Auch eine von der OECD (1995a) durchgeführte Untersuchung bestätigt die These, daß auf wettbewerblich organisierten Telekommunikationsmärkten ein positiveres Marktergebnis erzielt wird als auf Monopolmärkten. Gemäß der Studie haben die Preise für geschäftlich genutzte Telekommunikationsdienste auf liberalisierten Telekommunikationsmärkten von 1990 bis 1994 jährlich um 8,6 vH abgenommen, auf Monopolmärkten hingegen

[10] Die Studie vergleicht die Tarife, das Angebotsspektrum und die technische Qualität von in Deutschland (als Monopolmarkt) angebotenen Mietleitungen mit dem Angebot in den Vereinigten Staaten und Großbritannien (als liberalisierte Märkte).

nur um durchschnittlich 3,1 vH. Ein ähnliches Marktergebnis ließ sich bei privat genutzten Telekommunikationsdiensten beobachten, wo die Preise auf Wettbewerbsmärkten wesentlich stärker zurückgingen als auf Monopolmärkten.

Die verschiedenen Vergleichsstudien zu den gesamtwirtschaftlichen Effizienzwirkungen von Telekommunikationsmärkten mit unterschiedlichen Marktstrukturen sind ein empirischer Beleg für die These, daß wettbewerblich organisierte Telekommunikationsmärkte leistungsfähiger sind als Monopolmärkte. Zwar wird die gestiegene Effizienz auf den Märkten für Telekommunikation auch durch technologische Fortschritte in diesem Bereich hervorgerufen. Die schnellere Verbreitung neuer Informationstechnologien auf deregulierten Telekommunikationsmärkten steht jedoch in unmittelbarem Zusammenhang zum Grad der Offenheit dieser Märkte, da der Anreiz, neue Technologien einzusetzen, das Resultat eines größeren Wettbewerbsdrucks ist (Klodt et al., 1997, S. 90).

iii) Zur Notwendigkeit der Schaffung wettbewerblicher Marktstrukturen

Wie in den beiden vorherigen Abschnitten deutlich wurde, lassen sich die institutionellen Marktzugangsbeschränkungen auf den Märkten für Telekommunikationsdienste weder politisch mit der Verwirklichung von Universaldienstzielen noch ökonomisch mit den Argumenten des Marktversagens rechtfertigen. Die Universaldienstbereitstellung geht auf regional- und verteilungspolitische Ziele zurück, deren Verwirklichung nicht über wirtschaftspolitische Eingriffe angestrebt werden sollte, sondern durch den Einsatz anderer Politikinstrumente. Die ökonomische Analyse hat gezeigt, daß heute trotz des Auftretens von Größen- und Verbundvorteilen im Telekommunikationssektor kein angebotsseitiges natürliches Monopol mehr vorliegt. Es spricht deshalb nichts dafür, etablierte Fernmeldeunternehmen durch institutionelle Marktzutrittsbarrieren vor neuen inländischen und ausländischen Wettbewerbern zu schützen. Um die gesamtwirtschaftliche Effizienz auf Telekommunikationsmärkten zu erhöhen, bedarf es vielmehr, wie die empirische Analyse gezeigt hat, einer konsequenten Öffnung der Märkte für neue Anbieter. Je intensiver der Wettbewerb auf Telekommunikationsmärkten ist, desto höher ist deren Leistungsfähigkeit hinsichtlich der Preise, der Produktvielfalt und der Qualität der angebotenen Leistungen. Wenn die Liberalisierung in den vergangenen Jahren in vielen Ländern dennoch nur zögerlich stattgefunden hat, so sind hierfür weniger ökonomische Effizienzerwägungen verantwortlich gewesen als vielmehr der Einfluß von Partikularinteressen, für die eine Deregulierung nachteilig wäre (Welfens/Graack, 1997, S. 218ff).[11]

Abgesehen davon, daß weder ökonomische noch politische Argumente staatliche Marktzugangsschranken rechtfertigen, muß in einer Marktwirtschaft stets aufs Neue geprüft werden, ob staatliche Eingriffe auf einzelnen Produktmärkten dem notwendigen Ordnungsrahmen entsprechen. Verschiedene Entwicklungen im Bereich der Telekommunikation geben heute mehr denn je Anlaß zu einem Überdenken noch bestehender Marktzutrittsbarrieren. Insbesondere die technischen Voraussetzungen der Telekommunikation, aber auch die weltwirtschaftlichen Rahmenbedingungen haben sich verändert. Möglicherweise fallen die durch die Wettbewerbsbeschränkungen auf Telekommunikationsmärkten bedingten volkswirtschaftlichen Kosten heute viel stärker ins Gewicht als in der Vergangenheit und verlangen auch deshalb nach einer Reform. Zwei Entwicklungen sind es vor allem, die auf den Telekommunikationsmärkten die Etablierung von Wettbewerb dringlicher denn je erscheinen lassen: 1) Das in den letzten Jahren enorm gestiegene Wachstumspotential des Telekommunikationssektors, das nur auf wettbewerblich organisierten Märkten erschlossen werden kann, und 2) die Bedeutung des Telekommunikationssektors als Standortfaktor, die aufgrund der zunehmenden weltwirtschaftlichen Verflechtung immer wichtiger wird.

zu 1) Die durch den Einsatz neuer Telekommunikationstechniken hervorgerufenen Preissenkungen haben in den vergangenen Jahren einen enormen Nachfrageanstieg nach Telekommunikationsgütern und -diensten bewirkt, was wiederum den Ausbau der Netzinfrastruktur und somit hohe Investitionen erforderlich macht (Kom, 1987, S. 43). Gleichzeitig wurde in den vergangenen zwanzig Jahren eine enorme Vielfalt von Telekommunikationsdiensten entwickelt, die heute vom Telefax über elektronische Datenverarbeitung, Mobilfunk und Bildtelefon bis zu Videokonferenzen und Video-on-demand reichen. Diese neuen Telekommunikationsdienste haben einen zusätzlichen Nachfrageboom nach Telekommunikationsdiensten und -geräten ausgelöst. Die durchschnittliche nominale Wachstumsrate der letzten 5 Jahre betrug im europäischen Telekommunikationssektor jährlich 7 vH (Kom, 1995, S. ii).[12] Dabei gehen alle Prognosen davon aus,

---

[11] Hierzu gehören der ehemalige Fernmeldemonopolist und seine Beschäftigten.

[12] Weltweit lag die durchschnittliche Wachstumsrate Anfang der 90er Jahre sogar bei 9 vH. Vgl. Welfens/Graack (1996, S. 10).

daß sich die Nachfrage nach den neuen (und alten) Telekommunikationsdiensten auch in Zukunft weiter verstärken wird. So wird für die kommenden Jahre immerhin noch ein Wachstum von über 5 vH vorausgesagt. Für Mobilfunk- und Mehrwertdienste wird in Europa sogar ein jährliches Wachstum von 24 vH bzw. 17 vH erwartet (Dataquest, 1995). Während das Marktvolumen für Telekommunikationsdienste in Deutschland 1993 54 Mrd. DM betrug, gehen Schätzungen davon aus, daß im Jahr 2003 ein Umsatz von ca. 95 Mrd. DM erreicht wird (Schepp, 1995, S. 84).[13]

Somit gehören die Telekommunikationsmärkte weltweit zu den sich am dynamischsten entwickelnden Märkten. Der Telekommunikationsbereich wird schon bald einer der bedeutendsten Wirtschaftssektoren einer jeden nationalen Volkswirtschaft sein und somit als solches ein gewaltiges Wachstums- und Beschäftigungsspotential innehaben. Dieses kann jedoch nur dann voll ausgeschöpft werden, wenn leistungsstarke Anbieter aus verschiedenen Ländern auf den Telekommunikationsmärkten miteinander konkurrieren. Wie die empirische Analyse gezeigt hat, würde bei einer Beibehaltung monopolistischer Marktstrukturen die Gefahr bestehen, daß der Telekommunikationssektor wenig produktiv und rückständig bleibt.

zu 2) Die Dringlichkeit der Schaffung wettbewerblich organisierter Telekommunikationsmärkte wird um so deutlicher, wenn man berücksichtigt, daß sich Marktzugangsschranken im Telekommunikationssektor negativ auf die Standortqualität nachgelagerter Märkte auswirken. Schon der Sachverständigenrat zur Begutachtung der gesamtwirtschaftlichen Entwicklung wies darauf hin, daß es für den Standortwettbewerb von entscheidender Bedeutung ist „ob und inwieweit neue Übertragungstechniken und moderne Fernmeldedienste und darauf aufbauende Informationsdienste zum Einsatz kommen können, und zu welchen Preisen“ (SVR, 1993, Tz. 408). Moderne Informations- und Kommunikationssysteme reduzieren nämlich auf vielfältige Art und Weise die Transaktions- und Produktionskosten wirtschaftlicher Aktivitäten: Transaktionen können effizienter durchgeführt werden, die Effizienz verschiedener wirtschaftlicher Koordinationsformen erhöht sich, und innerhalb von Unternehmen erschließt der Einsatz moderner

[13] Weltweit wird für das Jahr 2000 im Telekommunikationssektor ein Marktvolumen von 1000 Mrd. US$ vorhergesagt, was im Vergleich zu den 455 Mrd US$, die 1990 erwirtschaftet wurden, ein Anstieg von 100 vH ist (Bayerische Vereinsbank AG Research, 1995).

Kommunikationstechnologien ein erhebliches Kosteneinsparpotential.[14] Vor allem können durch den Einsatz neuer Telekommunikationsdienste in einem vorgegebenen Zeitraum mehr wirtschaftliche Transaktionen durchgeführt werden, da die Nutzung von Kommunikationstechnologien wie Datenbanken die effizientere Bewältigung einer größeren Menge von Informationen ermöglicht (Hanker, 1990, S. 366).[15] Auch lassen sich durch die Optimierung von Wertschöpfungsketten und die Realisierung von Rationalisierungeffekten aufgrund des Einsatzes von Systemen des elektronischen Datenaustausches (EDI) Einsparungen von bis zu 50 vH erzielen (Kaluzza et. al., 1996, S. 35).

Durch eine staatlich veranlaßte Abschottung der nationalen Telekommunikationsmärkte können dagegen die Vorteile der neuen Kommunikationstechnologien weniger stark genutzt werden. Mangels Wettbewerb fehlt der Anreiz für Leistung, Innovation und Kosteneinsparung. Folglich bleiben viele Anwendungspotentiale unerschlossen. Außerdem werden die Preise der Telekommunikationsleistungen nach oben getrieben, was wiederum erhebliche Kostensteigerungen bei kommunikationsintensiven Branchen bewirkt, da die Preise für Kommunikationsdienste direkt als Inputfaktor in die Produktion von Gütern einfließen.[16] Durch institutionelle Marktzutrittsschranken bei Telekommunikationsdiensten verlieren deshalb nicht nur Investitionen im Telekommunikationssektor eines Landes an Attraktivität, sondern auch in anderen Wirtschaftsbereichen, in denen Telekommunikationsleistungen als Inputfaktoren in die Herstellung von Gütern und Dienstleistungen eingehen. Gerade in einer durch hohe Kapitalmobilität gekennzeichneten Weltwirtschaft schrecken jedoch hohe Standortkosten neue Investoren ab. Die Etablierung wettbewerblicher Marktstrukturen in der Telekommunikation ist deswegen sowohl im Interesse der Konsumenten als auch vorteilhaft für Telekommunikationsunternehmen und die Anbieter aus anderen Wirtschaftssektoren. Welche konkreten Maßnahmen ergriffen werden müssen, damit die Öffnung der

---

[14] So ermöglichen neue Informations- und Kommunikationstechnologien die Implementierung effizienterer Anreizstrukturen innerhalb von Unternehmen. Vgl. Picot, et. al. (1996, S. 75f.).

[15] Zum Beispiel lassen sich mittels Videokonferenzen Reisekosten und Zeit einsparen und unterschiedliche Vertragsversionen können per elektronischem Datenaustausch (EDI) übertragen und sofort bewertet werden.

[16] In vielen informationsintensiven Dienstleistungsbranchen wie Medien, Banken, Versicherungen, Wissenschaft und Tourismus beträgt der Anteil der Telekommunikationskosten an den Gesamtkosten über 10 vH (Grande, 1989, S. 102).

Telekommunikationsmärkte mit einer Intensivierung des Wettbewerbs einhergeht, soll im folgenden Kapitel untersucht werden.

3 Anforderungen an die ordnungspolitische Ausgestaltung nationaler Telekommunikationsmärkte

i) Förderung wettbewerblicher Strukturen durch konsequente Marktöffnung

Um in einer globalen Wirtschaft nationale Wachstums- und Beschäftigungspotentiale zu erschließen, besteht die dringlichste Aufgabe der Telekommunikationspolitik darin, wettbewerbliche Strukturen auf den nationalen Telekommunikationsmärkten zu schaffen bzw. zu fördern. Zu diesem Zweck müssen jegliche noch bestehenden Marktzutrittsbarrieren für potentielle Wettbewerber beseitigt werden, was vor allem den Abbau institutioneller Marktzugangshemmnisse erfordert. Wichtig ist in diesem Zusammenhang, daß sämtliche Telekommunikationsdienste im Wettbewerb zwischen verschiedenen Telekommunikationsdiensteanbietern erbracht werden können. Gleichzeitig ist die Aufhebung der Nutzungsbeschränkungen aller Netzinfrastrukturen erforderlich.[17] Nur so kann die Grundlage für einen wirksamen Infrastrukturwettbewerb geschaffen werden. Dies wird mittel- bis langfristig dazu führen, daß einzelne Netzbetreiber und Diensteanbieter keine Marktmacht mehr ausüben können, mit der Folge, daß die Preise für Telekommunikationsdienste auf ihre Durchschnitts- oder Grenzkosten sinken. Die Schaffung eines intensiveren Wettbewerbs wird außerdem die zügige Einführung innovativer Dienste und Technologien beschleunigen.

Die Durchsetzung des durch die Aufhebung der institutionellen Marktzutrittsschranken möglich gewordenen Wettbewerbs erfordert dabei die Anwendung der allgemeinen Wettbewerbsregeln des jeweiligen Landes. Absprachen zwischen Unternehmen, die darauf abzielen, den Wettbewerb zu beeinträchtigen, gilt es zu verbieten, der Mißbrauch einer marktbeherrschenden Stellung erfordert ein Einschreiten der zuständigen Wettbewerbsbehörde gegen das jeweilige Unternehmen

[17] Hierzu gehören Satellitennetze, Mobilfunknetze, Kabelnetze und andere alternative terrestrische Netze.

und wettbewerbshemmende Praktiken, die aus staatlichen Beihilfen resultieren, müssen verboten werden.

Sofern sich Fernmeldeunternehmen noch in staatlichem Besitz befinden, ist darüber hinaus eine Privatisierung dieser Unternehmen geboten. Eine Privatisierung bewirkt in zweierlei Hinsicht eine Effizienzsteigerung: Zum einen bringt sie eine stärkere Ausrichtung auf wirtschaftliche Ziele mit sich, da die Abhängigkeit von politischen Einflüssen verringert wird, und zum anderen hat sie eine größere Professionalität der Unternehmensführung zur Folge, weil weniger Politiker in führende Positionen berufen werden (Müller, 1997, S. 253).

Neben dem Abbau institutioneller Marktzugangsbarrieren in Form von Leistungsmonopolen auf den nationalen Telekommunikationsmärkten ist auch eine Beseitigung von gegen ausländische Konkurrenten gerichtete Handels- und Investitionsbarrieren erforderlich. Abgesehen davon, daß hierzu das kürzlich vereinbarte WTO-Abkommen über die Liberalisierung der Märkte für Telekommunikationsdienste verpflichtet, sprechen auch ökonomische Gründe für eine solche Öffnung der Märkte.[18] Positive Wirkungen resultieren aus einer solchen Marktliberalisierung vor allem durch eine zusätzliche Intensivierung des Wettbewerbs. Je mehr die nationalen Telekommunikationsmärkte auch für ausländische Anbieter geöffnet werden, desto schwieriger wird es für inländische Anbieter, eine dominierende Stellung einzunehmen (vgl. den Beitrag M in diesem Band). Dies ist insbesondere auf den jahrelang gegenüber jeglicher Konkurrenz abgeschotteten nationalen Telekommunikationsmärkten von großer Bedeutung, auf dem die ehemals staatlichen Fernmeldeunternehmen als etablierte Anbieter in einigen Marktsegmenten immer noch eine Quasimonopolstellung innehaben. Um diese Dominanz zu brechen, bedarf es einer rigorosen Marktöffnung, damit die inländischen Anbieter durch ausländische Unternehmen, die das notwendige technologische Wissen besitzen, Konkurrenz erhalten. Der mit den Investitionen ausländischer Unternehmen verbundene Technologietransfer bewirkt zudem eine für das jeweilige Land vorteilhafte Diffusion von technischem Wissen (Grossmann/ Helpman, 1991, S. 237ff.). Sowohl den bereits vorhandenen inländischen Anbietern als auch den Unternehmen anderer Wirtschaftsektoren sowie den Konsumenten kommt dieser Technologietransfer zugute, da die Nutzung dieses techni-

---

[18] Zu den Einzelheiten des WTO-Abkommens vgl. Fredebeul-Krein/Freytag (1997).

schen Wissens über innovative Produkte und neue Herstellungsmethoden die Faktorproduktivität erhöht.

Um zu verhindern, daß internationalen Anbietern der Marktzutritt durch diskriminierende Praktiken erschwert wird, sollte deswegen der Grundsatz der Inländerbehandlung in die nationale Gesetzgebung aufgenommen werden. Dieser besagt, daß ausländische Anbieter gegenüber inländischen Konkurrenten nicht benachteiligt werden dürfen. Am wirkungsvollsten ließe sich dieser Grundsatz durchsetzen, wenn in den jeweiligen nationalen Telekommunikationsgesetzen explizit vorgegeben wird, daß ausländische und inländische Anbieter gleichgestellt sind (Freytag/Jäger, 1996, S. 235). Geschieht dies nicht, besteht die Gefahr, daß inländische Telekommunikationsunternehmen mit dem Argument, ausländische Märkte seien auch nicht entsprechend geöffnet, einen Schutz vor ausländischen Konkurrenten fordern und schließlich auch durchsetzen. Auch könnten einzelne nationale Regelungen zum Nachteil ausländischer Anbieter ausgelegt werden, so das Verfahren zur Vergabe von Lizenzen. Dies hätte zur Folge, daß der Wettbewerb auf dem inländischen Telekommunikationsmarkt weniger intensiv ausfallen würde, da, wie bereits angedeutet, gerade ausländische Anbieter das erforderliche technologische Wissen besitzen, um mit den etablierten Telekommunikationsunternehmen konkurrieren zu können.

ii) *Wettbewerbsfördernde Regulierungseingriffe*

Um im Telekommunikationsdienstesektor eine Intensivierung des Wettbewerbs zu erzielen, reicht jedoch die Aufhebung institutioneller Markteintrittsbarrieren sowie die Anwendung der Wettbewerbsregeln alleine nicht aus. Die Wettbewerbsvorschriften können ausschließlich ex post angewendet werden, wobei die Wettbewerbsbehörde ein wettbewerbswidriges Verhalten eines oder mehrerer Unternehmen nachweisen muß, um tätig zu werden. Da sich die meisten nationalen Telekommunikationsmärkte im Übergang vom Monopol zum Wettbewerb befindet, muß ein funktionsfähiger Wettbewerb erst noch geschaffen werden. Wegen der über viele Jahre hinweg bestehenden nationalen Fernmeldemonopole herrscht insbesondere zu Beginn der Liberalisierung ein Mangel an wettbewerblichen Strukturen auf den sich rasch entwickelnden Telekommunikationsmärkten. Zur Beseitigung dieses Defizits sind sektorspezifische Regulierungsfunktionen erforderlich, die ex ante gestaltend und vorbeugend wirken und sich deshalb von der typischen Arbeitsweise einer Wettbewerbsbehörde unterscheiden. Dies bedingt zum Teil eine asymmetrische Regulierung zugunsten neuer Wettbewerber.[19] Allerdings erfordert die Schaffung effektiver regulativer Rahmenbedingungen, daß jeder Regulierungsmaßnahme eine Wirkungsanalyse vorangeht, die systematisch verschiedene Alternativen abwägt und bewertet (Deighton-Smith, 1997, S. 33). Um zu verhindern, daß Regulierungen infolge der Veränderung technologischer und ökonomischer Rahmenbedingungen ihre Wirksamkeit verlieren, muß deren Notwendigkeit zudem regelmäßig überprüft werden. Um die Entrittsbarrieren für neue Marktteilnehmer abzubauen, sind in folgenden Bereichen Regulierungsvorgaben erforderlich:

1) Marktverhaltensregulierung des etablierten Anbieters,

2) Zusammenschaltung und offener Netzzugang,

3) Zuteilung von Funkfrequenzen,

4) Nummernvergabe, und

5) Universaldienstbereitstellung.

zu 1) Im Ortsnetzbereich ermöglicht das Auftreten von Bündelungsvorteilen zusammen mit irreversiblen Kosten etablierten Fernmeldeunternehmen, Marktmacht auszuüben. Um einerseits monopolistisch überhöhte Preise und andererseits eine preisliche Behinderung der Wettbewerber zu verhindern, bedarf es deswegen einer Preisregulierung marktbeherrschender Unternehmen in den Bereichen, wo diese über Engpaßressourcen verfügen. Andernfalls könnte das etablierte Fernmeldeunternehmen den Marktzutritt potentieller Konkurrenten durch Mißbrauch seiner marktbeherrschenden Stellung behindern, indem es auf den Teilmärkten mit einer hohen Wettbewerbsintensität Preisabschläge vornimmt, die es durch überhöhte Preise auf weniger stark angreifbaren Märkten quersubventioniert. Somit ist es zumindest in der Übergangsphase erforderlich, daß die Preise des dominanten Anbieters für Telekommunikationsdienste sowohl nach oben als auch nach unten begrenzt werden. Um dabei Willkür zu vermeiden, sollten für die Tarifbildung klare Regeln aufgestellt werden.

---

[19] In Großbritannien, ein Land in dem der Telekommunikationsmarkt schon besonders weit liberalisiert ist, verfolgt die Regulierungsbehörde Oftel eine Strategie der asymmetrischen Regulierung zuungunsten von British Telecom. Vgl. Armstrong (1997, S. 68ff.).

zu 2) Zusätzlich bewirken in Telekommunikationsnetzen auftretende Netzwerkeffekte, daß etablierte Netzbetreiber die Markteintrittskosten neuer Wettbewerber beträchtlich erhöhen können.[20] Da letztere zumindest in der Anfangsphase kein flächendeckendes eigenes Netz besitzen, sind sie auf die Nutzung der Netzinfrastruktur des etablierten Netzbetreibers angewiesen. Um eine Intensivierung des Wettbewerbs zwischen den Dienstenanbietern in der Telekommunikation zu erreichen, muß deshalb durch regulative Vorgaben sichergestellt werden, daß den neuen Diensteanbietern ein offener Netzzugang zu fairen Bedingungen garantiert wird und eine diskriminierungsfreie Zusammenschaltung von Netzwerken gewährleistet ist. Dabei ist die wichtigste Voraussetzung, daß die neuen Anbieter keine überhöhten Preise für den Netzzugang und die Zusammenschaltung der Telekommunikationsnetze entrichten müssen. Diesbezüglich ist es Aufgabe der nationalen Regulierungsinstanz, die Preise für den Netzzugang und die Zusammenschaltung zu kontrollieren.

zu 3) Die Errichtung von Mobilkommunikationsnetzen als Alternative zu kabelgebundenen Netzen erfordert die Zuteilung von Funkfrequenzen. Da das Frequenzspektrum technisch begrenzt ist, sind Frequenzen aus ökonomischer Sicht ein knappes Gut, um das die Anbieter von Funkdiensten konkurrieren. Es handelt sich bei Frequenzen jedoch nicht um ein rein privates Gut, da einerseits die Eigentumsrechte vom Staat zugeteilt werden müssen (Allmendegut)[21] und andererseits bei der Frequenznutzung negative externe Effekte in Form von Interferenzen auftreten können (Klodt et al., 1995, S. 129). Aus diesen Gründen ist eine staatliche Zuteilung von Frequenzen erforderlich. Dabei ist das Problem zu lösen, daß bei der Vergabe von Funkfrequenzen kein potentieller Diensteanbieter benachteiligt wird. Dies kann am ehesten bei einer Frequenzzuteilung über einen wettbewerblichen Preismechanismus realisiert werden.[22]

---

[20] So könnte ein etablierter Netzbetreiber seine Marktmacht im Ortsnetz dazu benutzen, den Marktzutritt potentieller Wettbewerber auf der Diensteebene zu behindern, indem er den Netzzugang gänzlich verweigert bzw. nur zu diskriminierenden Konditionen bereitstellt (Knieps, 1996, S. 14f.).

[21] Technisch ist es für einen einzelnen Nutzer praktisch unmöglich, einen anderen Nutzer vom Senden auf der gleichen Frequenz auszuschließen.

[22] Ein solches Verfahren führt zudem zu einem allokativ effizienten Ergebnis, da das Unternehmen, das die höchste Gewinnerwartung hat, auch die größte Zahlungsbereitschaft für die Lizenz aufweist (McMillan, 1995).

zu 4) Da der Zugang zu Telekommunikationsnetzen und -diensten über Nummern realisiert wird, ist deren Verfügbarkeit ein Schlüsselfaktor für die Etablierung neuer Dienste und Anbieter (OECD, 1995b). In diesem Zusammenhang ist die Verwirklichung der Nummernübertragbarkeit eine wichtige Voraussetzung für einen verstärkten Wettbewerb zwischen verschiedenen Diensteanbietern. Kann ein Endbenutzer seine Nummer an einem bestimmten Ort unabhängig von der Organisation, die den Dienst erbringt, nicht beibehalten, so entstehen ihm Zusatzkosten. Ein neu in den Markt eintretender Netzbetreiber wird es infolgedessen schwierig haben, Kunden des etablierten Telekommunikationsunternehmens abzuwerben. Die Entstehung des Wettbewerbs wird dadurch extrem behindert. Eine weitere Eintrittsbarriere kann dann entstehen, wenn die Inanspruchnahme von Diensten neuer Anbieter das Wählen einer langen Zusatznummer erfordert. Damit Kunden durch solch diskriminierende Praktiken nicht abgeschreckt werden, die Dienste neuer Anbieter nachzufragen, sollten alle Erbringer öffentlicher Telekommunikationsdienste bei der Anwendung der Numerierungspläne gleich behandelt werden.

zu 5) Obwohl es aus ökonomischer Sicht angebracht ist, auf eine Universaldienstbereitstellung zu verzichten, wird dennoch in fast allen Staaten ein Universaldienstziel politisch vorgegeben. Wie stark in einem solchen Fall die Universaldienstverpflichtung als Marktzutrittsbarriere wirkt, hängt von verschiedenen Aspekten ab: 1) welche Dienste zu welchen Preisen universell angeboten werden müssen, 2) welche Unternehmen in die Universaldienstverpflichtung einbezogen werden und 3) wie und durch wen die Universaldienste finanziert werden. Damit die Universaldienstverpflichtung potentielle Konkurrenten nicht belastet, müssen deswegen bei der Neugestaltung der nationalen Telekommunikationsmärkte allgemeine Regeln für die Festlegung von Universaldienstverpflichtungen aufgestellt werden. Um dies zu gewährleisten, sollte der Universaldienstbegriff möglichst eng abgegrenzt werden. Auch sollte nur ein einzelnes Unternehmen zur universellen Versorgung mit Basisdiensten verpflichtet werden. Um den tatsächlichen Subventionsbedarf zu ermitteln, bietet sich ein Ausschreibungswettbewerb an, bei dem die Universaldienstleistung von demjenigen Unternehmen erbracht wird, das den geringsten Subventionsbetrag verlangt (Wissenschaftlicher Beirat, 1995, S. 15ff.). Die Finanzierung des Universaldienstes sollte aus allgemeinen Haushaltsmitteln geschehen.

*iii) **Institutionelle Absicherung des Wettbewerbs***

Mindestens genauso wichtig wie der instrumentelle Einsatz von Regulierungen ist die Etablierung von institutionellen Strukturen, die glaubhaft für die Einhaltung eines funktionsfähigen und effizienten Wettbewerbs sorgen. Notwendige staatliche Eingriffe in den Telekommunikationssektor müssen auf transparenten, objektiven und diskriminierungsfreien Regeln beruhen. Andernfalls haben staatliche Regulierer einen diskretionären Spielraum bei der Ausgestaltung der regulierenden Maßnahmen, den sie dahingehend benutzen können, daß neue, vor allem ausländische Anbieter benachteiligt werden. Auch halten Unsicherheiten über zukünftige regulierende Eingriffe neue Anbieter davon ab, in einem Land zu investieren. Um effektive regulative Rahmenbedingungen zu schaffen, müssen deshalb Managementkapazitäten zentral in einer Regulierungsinstanz zusammengelegt werden, der die Verantwortung für die Durchführung und Überwachung der Regulierungspolitiken übertragen wird (Deighton-Smith, 1997, S. 33).

Die Regulierungsbehörde muß sicherstellen, daß von vornherein neue Anbieter auf diesem schnell wachsenden Markt mit einem großen Beschäftigungspotential Fuß fassen können. Damit eine solche Behörde aktiv die Entwicklung wettbewerblicher Strukturen auf dem Telekommunikationsmarkt beeinflussen kann, muß sie so ausgestaltet sein, daß sie dem Erfordernis größtmöglicher Transparenz und Entscheidungsunabhängigkeit genügt (Freytag/Jäger, 1996, S. 236). Unabhängigkeit bedeutet dabei, daß sie von partei- und tagespolitischer Einflußnahme frei ist. Vor allem gilt es, die Regulierungsaufgaben von den Eingentümerinteressen scharf zu trennen.[23] Eine weitere Anforderung an eine effiziente Regulierungsbehörde besteht darin, daß sie über klar definierte Regulierungsbefugnisse sowie die notwendigen Mittel zur Wahrnehmung ihrer Aufgaben verfügt. Hierzu ist es erforderlich, daß sie mit kompetentem Personal ausgestattet wird und auf das Wissen erfahrener Experten zurückgreifen kann. Ein Bekenntnis zur schnellen Herstellung von wettbewerblichen Strukturen nach der Öffnung der Telekommunikationsmärkte wird nur glaubhaft sein, wenn diese Bedingungen erfüllt sind.

---

[23] In vielen Ländern sind die etablierten Fernmeldeunternehmen nur formell privatisiert. Der Eigentümer ist weiterhin der Staat.

4 Konsequenzen für die Durchführung von Regulierungsreformen auf nationalen Dienstleistungsmärkten

Am Beispiel der Telekommunikation konnte gezeigt werden, daß das Ziel von Regulierungsreformen im Angesicht der Globalisierung darin bestehen muß, auf den nationalen Dienstleistungsmärkten wettbewerbliche Marktstrukturen zu fördern. Dabei wurde deutlich, daß institutionelle Monopolvorbehalte, die insbesondere noch auf vielen Dienstleistungsmärkten bestehen, in der Regel keine ordnungspolitische Legitimation haben. Wenn in vielen Ländern dennoch nur eine zögerliche Öffnung der Märkte stattfindet, so läßt sich dies nur polit-ökonomisch erklären: Bestimmte politische und wirtschaftliche Akteure ziehen einen Nutzen aus den staatlichen Regulierungen, der bei einer Deregulierung verloren gehen würde. Die von diesen Akteuren angeführten Argumente gegen eine konsequente und umfassende Marktöffnung im Telekommunikationssektor, seien sie politischer oder ökonomischer Natur, rechtfertigen jedenfalls keine institutionellen Markteintrittsbarrieren. Vielmehr ist das Gegenteil der Fall. Empirische Studien belegen, daß eine staatlich bedingte Abschottung der Märkte das Wachstumspotential und die Beschäftigungschancen einer Volkswirtschaft reduzieren.

Gelingt es nicht, durch die entsprechende Ausgestaltung von Regulierungsvorgaben die Dienstleistungsmärkte dem Wettbewerb zu öffnen, wären die Folgen in mehrfacher Hinsicht negativ. Hohe Markteintrittskosten würden die etablierten Anbieter schützen, und potentielle Wettbewerber aus dem In- und Ausland hätten keinen Anreiz, in dem jeweiligen Sektor des Landes Investitionen vorzunehmen. In einer globalisierten Wirtschaft richten die Unternehmen ihre Investitionsentscheidungen nämlich danach aus, wo sie die besten Standortbedingungen vorfinden. Die Offenheit der Märkte und die Möglichkeit, im Wettbewerb mitwirken zu können, stellen dabei eine wichtige Voraussetzung für die Entscheidung zum Markteintritt dar. Folglich würden die Investitionen in Ländern mit günstigeren Rahmenbedingungen vorgenommen werden. Im Inland würde keine Intensivierung des Wettbewerbs auf dem entsprechenden Markt stattfinden, mit der Folge, daß die Leistungen weiterhin zu überhöhten Preisen und niedriger Qualität bereitgestellt werden würden. Auch wäre die Angebotsvielfalt geringer. Allerdings wäre dieser Mangel an Wettbewerbsstrukturen nicht auf ein Marktversagen, sondern auf ein Staatsversagen zurückzuführen. Da viele Dienstleistungen als Vorleistungen in die Produktion von anderen Gütern eingehen, würde der Produktionsstandort auch für Investoren aus anderen Branchen an Attraktivität verlieren.

Positive Wachstums- und Beschäftigungseffekte würden folglich nicht nur in dem abgeschotteten Sektor ausbleiben, sondern auch in anderen Branchen. Dieser Effekt wäre um so stärker, als andere Staaten möglicherweise günstigere Investitions- und Produktionsbedingungen schaffen würden, was sich im Zeitalter globaler Märkte um so negativer auf diejenigen Länder auswirkt, die diesbezüglich Defizite aufweisen.

So gesehen birgt die Globalisierung eine enorme Chance, die nationalen Märkte zu reformieren. Da die Globalisierung unumkehrbar ist, wird sich die Wirtschaftspolitik im Qualitätswettbewerb bewähren müssen. Die Globalisierung fordert nun auch in der Politik Effizienzorientierung ein und schwächt die Umverteilungsallianzen, bei der häufig Minderheiten auf Kosten des Gemeinwohls bevorteilt werden. Die Schaffung guter Rahmenbedingungen für das Investieren wird zur Daueraufgabe. Regulierungsreformen, die eine Steigerung der gesamtwirtschaftlichen Effizienz auf den nationalen Dienstleistungsmärkten anstreben, erfordern dabei zunächst eine Deregulierung dahingehend, daß durch die Beseitigung der institutionellen Marktzutrittsbarrieren der Handlungsspielraum der wirtschaftlichen Akteure erweitert wird. Um eine Intensivierung des Wettbewerbs durch ausländische Anbieter zu fördern, ist darüber hinaus die Beseitigung von Handels- und Investitionshindernissen notwendig.

Großbritannien, Neuseeland, Kanada und die Vereinigten Staaten stehen exemplarisch für den erfolgreichen Umbau ihrer Volkswirtschaften (Motohashi/Nezu, 1997, S. 20). Sie haben in den achtziger Jahren eine Reihe von Reformprogrammen durchgeführt, die auf eine Deregulierung und Privatisierung verschiedener Dienstleistungssektoren wie das Eisenbahnwesen, die Telekommunikation, den Luft- und Straßengüterverkehr, das Energiewesen und Finanzdienstleistungen abzielten. Dadurch haben sie als Produktionsstandort deutlich an Attraktivität gewonnen. Seit Anfang der neunziger Jahre zahlen sich diese Reformen aus, was darin zum Ausdruck kommt, daß diese Länder seitdem wesentlich mehr ausländische Direktinvestitionen anziehen und auch höhere Wachstumsraten verzeichnen als Länder, die eine Reform dieser Sektoren nicht in Angriff genommen haben.

Allerdings wäre es falsch, anzunehmen, sämtliche nationalen Dienstleistungsmärkte kämen in Zukunft gänzlich ohne staatliche Eingriffe aus. Vielmehr verlangen, wie in der Telekommunikation, spezifische technologisch-ökonomische Merkmale dieser Märkte den Einsatz von Regulierungsinstrumenten, die eine

Intensivierung des Wettbewerbs fördern. Welche konkreten Maßnahmen diesbezüglich ergriffen werden müssen, hängt von den jeweiligen Eigenschaften des betrachteten Marktes ab. Bevor eine spezielle Regulierung beschlossen wird, ist zunächst zu überprüfen, inwiefern auf dem betrachteten Markt ein Markt- oder Wettbewerbsversagen vorliegt. Da die Märkte einem ständigen Wandel unterliegen, sollten jegliche Regulierungen in regelmäßigen Zeitabständen auf ihre wettbewerbspolitische Notwendigkeit hin überprüft werden. Besonders auf Märkten, die sich im Übergang vom Monopol zum Wettbewerb befinden, erfordert die Überwindung der zuvor staatlich bedingten Monopolstrukturen eine zumindest vorübergehende Reregulierung. Dies impliziert zunächst eine asymmetrische Regulierung zugunsten neuer Anbieter. Mit der allmählichen Etablierung wettbewerblicher Marktstrukturen sollte der Grad der Regulierung abnehmen.

Für den Fall, daß nicht-ökonomische Ziele wie Sozial-, Gesundheits- und Umweltstandards politisch vorgegeben werden, müssen Instrumente eingesetzt werden, die die Verwirklichung dieser Ziele zu minimalen Kosten ermöglicht. Staatliche Interventionen in einzelne Dienstleistungsmärkte sind dabei vielfach das denkbar ungünstigste Instrument, da sie über eine Verzerrung der Preise die allokative Effizienz beeinträchtigen. Zudem ziehen sie häufig weitere Regulierungen nach sich und sind in ihrer Wirkung sowohl intransparent als auch fragwürdig. Eine zentrale Forderung an eine effektive Gestaltung nationaler Dienstleistungsmärkte ist deswegen, daß gesellschaftliche Verteilungsprobleme und andere politische Ziele nicht der Regulierungspolitik, sondern der Steuer- und Sozialpolitik zugeordnet werden.

5 Literaturverzeichnis

Armstrong, Mark (1997), „Competition in Telecommunications“, *Oxford Review of Economic Policy*, Vol. 13, Nr. 1, S. 64-82.

Baumol, William J., John. C. Panzar und Robert D. Willig (1982), *Contestable Markets and the Theory of Industry Structure*, Orlando, Florida.

Bayerische Vereinsbank AG Research (1995), *Die Deutsche Telekommunikationsbranche*, Branchenanalyse, München.

Blankart, Charles B. und Günter Knieps (1992), „Netzökonomie“. *Jahrbuch für Neue Politische Ökonomie*, Bd. 11, S. 73-87

Blankart, Charles B. und Günter Knieps (1994), „Das Konzept der Universaldienste im Bereich der Telekommunikation“, *Jahrbuch für Politische Ökonomie*, Bd. 13, S. 238-253.

Baumol, William J. (1977), „On the Proper Cost Tests for Natural Monopoly in a Multiproduct Industry“, *The American Economic Review*, Vol. 67, Nr. 5, S. 809-822.

Dataquest (1995), *European Telecommunications Market Industry Trends 1995*.

Deighton-Smith (1997), „The Machinery of Regulatory Reform“, *OECD Observer*, Nr. 206, S. 32-34.

Drake, William und Karen Frazer (1996), *The Internet and the Transformation of Global Telecommunications*, Arbeitspapier präsentiert auf der Institute for International Economics Conference on Liberalizing Telecommunications Services, 29. Januar, Washington.

Faulhaber, G. und J.W. Boyd (1989), „Optimal New Product Pricing in Regulated Industries“, Journal of Regulatory Economics, Vol. 1, No. 4, S. 341-358.

Fredebeul-Krein, Markus und Andreas Freytag (1997), „Telecommunications and WTO discipline: An assessment of the WTO agreement on telecommunication services“, *Telecommunications Policy*, Vol. 21, Nr. 6, S. 477-491.

Freytag, Andreas und Bernd Jäger (1996), „Der künftige Ordnungsrahmen des deutschen Telekommunikationsmarktes: Anmerkungen vor dem Hintergrund des Telekommunikationsgesetzes“, *ORDO* (*Jahrbuch für Ordnung von Wirtschaft und Gesellschaft*), Bd. 47, S. 215-240.

Grande, Edgar (1989), *Vom Monopol zum Wettbewerb? Die neokonservative Reform der Telekommunikation in Großbritannien und der Bundesrepublik Deutschland*, Wiesbaden.

Grossmann, Gene M. und Elhanan Helpman (1991), *Innovation and Growth in the Global Economy*, Cambridge, MA. und London.

Hanker, Jens (1990), *Die Strategische Bedeutung der Informatik für Organisationen*, Stuttgart.

Jäger, Bernd (1994), *Die Telekommunikationsinfrastruktur in Deutschland im*

Internationalen Vergleich, Bericht für den Projektträger Informationstechnik des Bundesministeriums für Forschung und Technologie, Bonn.

Kaluzza, Bernd, Thorsten Blecker und Martin Sonnenschein (1996), *Telekommunikationstechnologien - Eine Waffe im Wettbewerb?*, Diskussionsbeiträge des Fachbereichs Wirtschaftswissenschaft der Gerhard-Mercator-Universität Gesamthochschule Duisburg Nr. 230, Duisburg.

Kennedy, Charles H. und M. Veronica Pastor (1996), *An Introduction to International Telecommunications Law*, Norwood.

Keuter, Alfons (1994), *Wettbewerb und Regulierung im internationalen Telefondienst: Strukur, Entwicklung und Probleme eines vor der Liberalisierung stehenden Telekommunikationsmarktes in Europa*, Diskussionsbeitrag des Wissenschaftlichen Instituts für Kommunikationsdienste Nr. 139, Bad Honnef.

Klodt, Henning, Claus Friedrich Laaser et al. (1995), *Wettbewerb und Regulierung in der Telekommunikation*, Tübingen.

Klodt, Henning, Rainer Maurer und Axel Schimmelpfennig (1997), *Tertiarisierung in der deutschen Wirtschaft*, Schwerpunktstudie zur Strukturberichterstattung für den Bundesminister für Wirtschaft, Institut für Weltwirtschaft an der Universität zu Kiel, Kiel.

Knieps, Günter (1987a), „Zur Problematik der internen Subventionierung in öffentlichen Unternehmen", Finanzarchiv, Bd. 45, S. 268-283.

Knieps, Günter (1987b), „Entstaatlichung und Wettbewerb im nationalen Telekommunikationsbereich", in: Rupert Windisch (Hrsg.), *Privatisierung natürlicher Monopole im Bereich von Bahn, Post und Telekommunikation*, Tübingen, S. 147-204.

Knieps, Günter (1996), *Regulierung von Netzen?*, Diskussionsbeiträge des Instituts für Verkehrswissenschaft und Regionalpolitik Nr. 28, Albert-Ludwigs-Universität, Freiburg/Breisgau.

Kommission der Europäischen Union (1987), *Auf dem Weg zu einer dynamischen europäischen Volkswirtschaft - Grünbuch über die Entwicklung des Gemeinsamen Marktes für Telekommunikationsdienstleistungen und Telekommunikationsgeräte*, Kom(87) 290 endg. vom 30. Juni 1987.

Kommission der Europäischen Union (1995), *Mitteilung der Kommission an den Rat und das Europäische Parlament: Konsultation zum Grünbuch über die Liberalisierung der Telekommunikationsinfrastruktur und der Kabelfernsehnetze*, Kom(95) 158 endg. vom 03. Mai, Brüssel.

McKinsey Global Institute (1997), *Removing Barriers to Growth and Employment in France and Germany*, Frankfurt, Paris, Washington.

McMillan, J. (1995), „Why Auction the Spectrum?", *Telecommunications Policy*, Vol. 19, Nr. 3, S. 191-199.

Motohashi und Nezu (1997), „Why do countries perform differently?", *OECD Observer*,

Nr. 206, S. 19-22.

Müller, Jürgen (1997), „Kommentar", *Jahrbuch für Neue Politische Ökonomie*, Bd. 16, Tübingen, S. 253-260.

OECD (1995a), *Communmications Outlook 1995*, Paris.

OECD (1995b), „The Economic and Regulatory Aspects of Telecommunication Numbering", *OECD Working Papers*, Nr. 80, Paris.

OECD (1997), *Communications Outlook 1997*, Vol. 2, Regulatory Annex, Paris,

Picot, Arnold, Tanja Rippeberger und Birgitta Wolf (1996), „The Fading Boundaries of the Firm: The Role of Information and Communication Technology", *Journal of Institutional and Theoretical Economics*, Vol. 152, No. 1, S. 65-79.

Sachverständigenrat zur Begutachtung der gesamtwirtschaftlichen Entwicklung (1993), *Zeit zum Handeln - Arbeitskräfte stärken*, Jahresgutachten 1993/94, Stuttgart (zitiert als SVR).

Schepp, Thomas (1995), *Liberalisierung des Telekommunikationsmarktes: Auf die Plätze, fertig, los, Gateway*, Juni, S. 83-86.

Sondhof, Harald und Michael Theurer (1996), „Wettbewerb in den lokalen Fernmeldemärkten", *Zeitschrift für Kartellrecht, Wettbewerbsrecht und Marktorganisation*, Jg. 46, März, S. 177-187.

Tirole, Jean (1993), *The Theory of Industrial Organization*, 2. Aufl., Cambridge, Mass.

Weishaupt, Georg (1997), „Internet als Konkurrenz zum Festnetz: Harter Preiskampf um die Telefonkunden", *Handelsblatt*, 05. April, S. 13.

Welfens, Paul J.J. und Cornelius Graack (1996), *Telekommunikationswirtschaft: Deregulierung, Privatisierung und Internationalisierung*, Berlin.

Welfens, Paul J. J. und Cornlius Graack (1997), „Telekommunikationsmärkte in Europa: Marktzutrittshemmnisse und Privatisierungsprobleme aus Sicht der Neuen Politischen Ökonomie", *Jahrbuch für Neue Politische Ökonomie*, Bd. 16, Tübingen, S. 206-247.

Wissenschaftlicher Beirat beim Bundesministerium für Wirtschaft (1995), *Orientierungen für eine Postreform III*, Studienreihe des BMWi 85, Bonn.

M International operierende Unternehmen und nationale Wettbewerbspolitik

Andreas Freytag

1 Einführung

Hinter dem Phänomen der Globalisierung verbirgt sich ein gestiegenes Maß an Wettbewerb, und zwar Wettbewerb auf Gütermärkten, auf Dienstleistungsmärkten, auf Kapitalmärkten und - direkt oder indirekt - auf dem Arbeitsmarkt. Damit ist die zunehmende weltwirtschaftliche Verflechtung in erster Linie ökonomisch vorteilhaft, da einerseits die Konsumenten mehr Produktvielfalt und günstigere Preise erwarten können, während andererseits die Effizienz der Faktorallokation steigt. Neben diesen Vorteilen des Wettbewerbs, die durch zunehmende Interdependenzen auf den Weltmärkten bedingt sind, werden aber auch Nachteile durch die Globalisierung für den Wettbewerb gesehen. Insbesondere wird befürchtet, die international operierenden Unternehmen hätten gestiegene Möglichkeiten zum Mißbrauch marktbeherrschender Stellung und zu Preisabsprachen. Vom Ausland aus drohten dann Wettbewerbsbeschränkungen, die die Märkte im Inland negativ betreffen würden. Nationale Wettbewerbspolitik, so die These, könne dieser Tendenz nicht Einhalt gebieten.

In diesem Beitrag wird deshalb aus nationaler Perspektive danach gefragt, ob die nationale Wettbewerbspolitik durch die Globalisierung an Effektivität verliert mit der Folge, daß sowohl die Konsumenten als auch die Produzenten im Inland langfristig Wohlfahrtseinbußen hinnehmen müssen. Zunächst werden mögliche wettbewerbswidrige Aktivitäten global handelnder Unternehmen aufgezeigt. Im dritten Kapitel wird dann der heutige Rechtsrahmen, in dem sich die nationale Wettbewerbspolitik nicht nur in Deutschland bewegt, analysiert. Dabei wird die Nähe zur multilateralen Handelsordnung eine wichtige Rolle spielen. Es zeigt sich, daß durch staatliche Eingriffe in die Märkte das Potential privater Wettbewerbsbehinderungen erhöht wird. Im vierten Kapitel werden dann die Möglichkeiten der nationalen Wettbewerbspolitik zur Verhinderung privater internationaler Wettbewerbsverzerrungen untersucht. Dabei wird die Rolle des Konzeptes der bestreitbaren Märkte analysiert. Wenn die Wettbewerbspolitik ihren Schwerpunkt ein wenig verlagert, wird sie an Durchschlagskraft gewinnen können. Die Globalisierung würde dann ihren Spielraum eher vergrößern als verkleinern. Es bestünde vielleicht sogar die große Chance, die Logik internationaler Verhandlungen über Protektionsabbau grundsätzlich zu verändern - weg vom Reziprozitätsgedanken, hin zu einseitiger Liberalisierung.

2 Global handelnde Unternehmen und Wettbewerbsbeschränkungen

Auf national abgegrenzten Märkten kann es nicht nur heimischen Unternehmen möglich sein, wettbewerbsbeschränkende Praktiken vorzunehmen. Vielmehr können auch international handelnde Unternehmen den Wettbewerb auf nationalen Märkten einschränken und zu einer Schlechterstellung der Konsumenten beitragen. Grundsätzlich sind die möglichen Vorgehensweisen dabei dieselben wie im Falle nationaler Wettbewerbsbeschränkungen (Schmidt, 1996, S. 111ff.). Allerdings liegt die Ursache für die Wettbewerbsbeschränkung auf dem inländischen Markt im Ausland, so daß die heimische Wettbewerbsbehörde sich möglicherweise außerstande sieht, das ausländische Unternehmen daran zu hindern.[1]

Es bestehen jedoch erhebliche Zweifel daran, daß die Möglichkeiten zur Behinderung des Wettbewerbs durch die Globalisierung tatsächlich zunehmen. Welche Möglichkeiten haben global handelnde Unternehmen, unter den Bedingungen der multilateralen Handelsordnung und der wettbewerbspolitischen Realität wettbewerbswidrig zu operieren?

---

1 Nationale Kartellbehörden können mit dem Extraterritorialprinzip auf die wettbewerbsbeschränkenden Praktiken ausländischer Firmen reagieren, indem sie ihr Wettbewerbsrecht auch auf ausländische Firmen mit Sitz im Ausland anwenden. Auch in Deutschland ist das Auswirkungsprinzip in § 98 Abs. 2 GWB kodifiziert. Das Problem besteht in der Durchsetzbarkeit des Wettbewerbsrechts, so daß nur große Länder genügend Drohpotential zu haben scheinen. Recht droht zu Recht des Stärkeren zu werden (Bayard/Kimberley, 1994), wenigstens solange keine internationale Einigung auf die generelle Anwendung des Extraterritorialprinzips mit gegenseitiger Amtshilfe besteht.

i) Wettbewerbswidriges Verhalten eines einzelnen ausländischen Unternehmens

Zum einen kann ein Unternehmen versuchen, seine Konkurrenten auf dem inländischen Markt[2] vom Ausland aus mit gezielten Preisattacken vom Markt zu verdrängen. Dabei nimmt der ausländische Anbieter eine Weile sogar Verluste in Kauf. Dies wird auch als räuberisches Dumping bezeichnet. Ziel dieser Attacken ist es, den Konkurrenten langfristig vom Markt zu verdrängen und die Kunden danach vom Ausland aus als alleiniger Anbieter zu bedienen; mit dem entsprechenden Preissetzungsspielraum. Räuberisches Dumping ist in der Tat eine Wettbewerbsverzerrung, die es zu verhindern gilt.

Allerdings ist es unter normalen wettbewerblichen Umständen nicht vorstellbar, daß ein Unternehmen in der keineswegs sicheren Erwartung langfristiger Monopolgewinne über einen längeren Zeitraum Verluste hinnehmen kann. Möglich wird dies in der Regel erst dadurch, daß ein solches Unternehmen noch auf mindestens einem weiteren Produktmarkt (bzw. mit dem selben Produkt auf einem durch Barrieren abgeschotteten Auslandsmarkt) präsent ist und dort so hohe Gewinne erzielt, daß es die Verluste auf dem inländischen Markt für das angesprochene Produkt quersubventionieren kann. Dies kann wiederum nur der Fall sein, wenn ihm auf dem zweiten Markt durch eine Regierung eine Ausnahmestellung eingeräumt wurde, die ihm überhöhte Gewinne erlaubt. Überdies muß selbst in diesem Fall und nach der erfolgreichen Verdrängung der inländischen Konkurrenz auf dem Markt für das erste Produkt gewährleistet sein, daß die hohen Gewinne keine neuen Konkurrenten anlocken, die mit niedrigeren Preisen die langfristige Strategie des neuen Monopolisten zunichte machen werden. Der Markt muß mithin für andere Wettbewerber schwer zugänglich sein, entweder durch natürliche Marktzugangshemmnisse wie versunkene Kosten, Netzwerkexternalitäten und Lerneffekte oder durch staatlich gesetzte Marktzugangsbarrieren (Donges, 1994). Derartige Wettbewerbshemmnisse machen es allerdings auch dem ausländischen Unternehmen von Beginn an schwer, in den Markt zu treten. Es stellt sich auch die Frage, wieso eine Regierung es zulassen sollte, daß eine ausländische Firma inländische Konkurrenten verdrängt, um anschließend den neuen Monopolisten vor Wettbewerb zu schützen. Dieser Fall ist darüber hinaus bereits seit langem Gegenstand der multilateralen Handelsordnung. Im Rahmen

---

[2] Im folgenden wird das Land, das Wettbewerbspolitik betreiben möchte, als Inland bezeichnet.

der WTO hat jedes Land die Möglichkeit, gegen Dumping effektiv vorzugehen. Ob allerdings jedes angestrengte Anti-Dumping Verfahren ökonomisch und wettbewerbspolitisch Sinn macht, ist äußerst zweifelhaft (Messerlin, 1994).

Etwas weniger leicht zu durchschauen und zu bekämpfen ist eine zweite Strategie des Preiskampfes, zu der es für das ausländische Unternehmen allerdings nötig ist, eine Tochter im Inland zu gründen. Diese Tochter würde auf dem Inlandsmarkt das entsprechende Produkt unter den Preisen seiner inländischen Wettbewerber anbieten können, wenn es von der ausländischen Muttergesellschaft über niedrige Verrechnungspreise subventioniert würde. Wenn das Produkt von der Tochterfirma nur im Inland angeboten würde bzw. sein Preis im Ausland nicht höher ist als im Inland, wäre die ökonomisch zwar unsinnige, formal-rechtlich jedoch notwendige Begründung für ein Anti-Dumping Verfahren, nämlich Preisdiskriminierung, nicht gegeben. Somit hätte die Wettbewerbspolitik nur dann eine Handhabe gegen diese Praxis, wenn es ihr gelänge nachzuweisen, daß die konzerninternen Verrechnungspreise nicht den Gepflogenheiten entsprechen und nur der Wettbewerbsverzerrung dienen.[3]

In beiden Fällen gilt jedoch, daß die Verzerrung des Wettbewerbs für die Unternehmen mit Verlusten in der kurzen Frist einhergeht und daß es keineswegs als gesichert gelten kann, daß diese Verluste in einem langfristigen Kalkül überkompensiert werden, d.h. daß eine solche Strategie der langfristigen Gewinnmaximierung erfolgreich sein wird. Aufgrund der vielen Bedingungen, die für den Erfolg nötig sind, scheinen Wettbewerbsbeschränkungen durch einzelne Unternehmen wenig Erfolg zu versprechen.

*ii) **Kollusives Verhalten auf Kosten inländischer Anbieter bzw. Konsumenten***

Neben der Strategie eines ausländischen Unternehmens, den Wettbewerb auf dem inländischen Markt quasi im Alleingang mit dem Ziel überhöhter Gewinne zu verzerren, können sich Unternehmen auch kollusiv verhalten. Dies kann zum einen dadurch geschehen, daß ein inländisches und ein ausländisches Unternehmen

---

[3] Die übliche Motivation für nicht korrekte Verrechnungspreise ist dies allerdings nicht. Normalerweise versuchen multinationale Unternehmen mit der Manipulation interner Verrechnungspreise die Steuerlast bzw. Belastung durch Zölle zu minimieren (Abdallah, 1989).

im Inland zusammenarbeiten und eine marktbeherrschende Stellung erarbeiten, die sie ausbeuten möchten. In diesem Fall hat die inländische Wettbewerbsbehörde die Möglichkeit, dagegen vorzugehen. Sie kann zum Beispiel eine Entflechtung anordnen oder ein Kartell verbieten bzw. Strafen wegen wettbewerbswidrigen Verhaltens verhängen. Damit unterscheidet sich dieser Fall kaum von der Kollusion zweier inländischer Unternehmen mit dem Ziel, Marktmacht zu erlangen und langfristig gewinnbringend auszunutzen. Letztendlich gelten die im nationalen Kartellrecht verankerten Regeln, die je nach wettbewerbspolitischem Leitbild unterschiedlich ausfallen können.

Schwieriger wird die Aufgabe für eine nationale Kartellbehörde, wenn zwei ausländische Unternehmen sich zusammenschließen, um durch Wettbewerbsbeschränkungen Vorteile gegenüber der inländischen Konkurrenz zu erzielen oder die Konsumenten auszubeuten. So könnten die ausländischen Firmen versuchen, mit der Hilfe strategischer Allianzen die inländische Konkurrenz zu verdrängen, ähnlich wie es oben für ein Unternehmen dargestellt wurde. Auch hier bleibt der inländischen Regierung die Möglichkeit, mit Protektion, zum Beispiel in Form von Anti-Dumping Zöllen zu reagieren. Unter Umständen ist es für ausländische Unternehmen attraktiv, durch Importkartelle die inländischen Anbieter zu benachteiligen, indem sie Nachfrage bündeln und so niedrigere Preise für die Importprodukte erzielen. Dies kann dann als Ausbeutungsmißbrauch eingeschätzt werden. Die meisten Staaten erlauben Außenwirtschaftskartelle grundsätzlich, so auch Deutschland (§ 6 GWB für Exportkartelle und § 7 GWB für Importkartelle). Die Kartellbehörde kann nur versuchen, das inländische Wettbewerbsrecht auf die ausländischen Unternehmen anzuwenden.

Handelt es sich hingegen um Produkte, die im Inland nicht hergestellt werden, können durch Kartelle oder Absprachen die Preise dafür künstlich angehoben werden, indem die Mengen verknappt werden. Eine Möglichkeit dazu ist die Bildung von Exportkartellen durch ausländische Unternehmen. Für den Erfolg dieser Strategie bedarf es allerdings der Abwesenheit von Außenseiterkonkurrenz aus Drittstaaten. Auch sollte es keine Substitutionskonkurrenz geben. Außerdem müssen Exportkartelle vom Kartellverbot im ausländischen Wettbewerbsrecht ausgenommen sein, was in nahezu allen Industrieländern gegeben ist.[4] Mögli-

[4] Dick (1997) zeigt allerdings für die Vereinigten Staaten, daß dort nur recht wenige Exportkartelle gebildet werden.

cherweise lassen sich jedoch auch länderübergreifende Exportkartelle bilden, so daß der inländische Markt unter ausländischen Unternehmen verschiedener Nationalität „aufgeteilt“ würde. Für die inländische Wettbewerbsbehörde ist es schwierig, dagegen vorzugehen. Die einseitige Anwendung des Extraterritorialprinzips verspricht nur Erfolg, wenn das Inland über genügend Drohpotential verfügt. Je heterogener die ausländischen Unternehmen sind, desto geringer ist dieses Drohpotential.[5]

Neben Exportkartellen können staatliche Kartelle auf international engen Oligopolmärkten weltweit wettbewerbsbeschränkend wirken. Dies ist vor allem der Fall auf Rohstoffmärkten, wie am Fall der erdölproduzierenden Länder immer wieder sichtbar wird. Deren Exportkartell, die OPEC, versucht immer wieder, den Erdölpreis festzulegen und die Menge zu beschränken, wobei sie zweimal großen Erfolg damit hatte und die Konsumentenrente in den Industrieländern abschöpfte. Diese hatten wenigstens in der kurzen Frist keine Handhabe gegen die Absatzpolitik der OPEC und mußte einen realen Vermögenstransfer in die OPEC-Staaten hinnehmen. Aber selbst das Kartell der OPEC konnte sich nicht dauerhaft etablieren; drei Faktoren beeinträchtigen ihren Erfolg. Erstens gibt es Außenseiterkonkurrenz (Nordseeöl), zweitens besteht Substitutionskonkurrenz (alternative Energieträger, energiesparende Technologien), und drittens ist die interne Disziplin des Kartells nicht sehr groß.[6]

iii) Fazit: Ohne staatliche Hilfe nur geringe Möglichkeiten zur Wettbewerbsverzerrung durch internationale Unternehmen

Die Ausführungen machen deutlich, daß international handelnde Unternehmen durchaus Möglichkeiten besitzen, den Wettbewerb zu beschränken. In einigen Fällen stellt sich unter den gegenwärtig herrschenden Umständen für die nationale Wettbewerbspolitik die Bekämpfung derartiger wettbewerbswidriger Praktiken zum Nachteil nationaler Unternehmen und Konsumenten als recht schwierig heraus. Allerdings zeigt sich auch, daß private Wettbewerbsbeschränkungen ohne staatliche Hilfestellung schwerfallen. Sind beispielsweise Außenwirtschaftskar-

---

5 Allerdings kann durch die Heterogenität die Schlagkraft des Kartells durch mögliche Trittbrettfahrer gemindert werden.

6 Für eine Analyse der Ölkrisen und der OPEC vgl. Ströbele (1987).

telle nicht erlaubt oder ist eine Quersubventionierung von Dumping im Inland nicht durch Regulierung der ausländischen Märkte alimentiert, sinken die Chancen für wettbewerbswidriges Verhalten ausländischer Unternehmen bereits erheblich. Auch muß im Falle der Anwendung inländischen Wettbewerbsrechts auf ausländische Unternehmen die ausländische Regierung bereit sein, das Unternehmen vor dem Zugriff der inländischen Wettbewerbsbehörde zu schützen, so daß die Wettbewerbsbeschränkung wirksam werden kann.

Obwohl somit ein gewisses Potential für private internationale Wettbewerbsbeschränkungen gegeben ist, kann die These, daß global operierende Unternehmen nationale Wettbewerbspolitik erheblich beeinträchtigen, nicht mit Nachdruck gestützt werden. Jedoch kann nicht ausgeschlossen werden, daß ausländische Unternehmen mit Hilfe ihrer Regierung versuchen werden, inländische Unternehmen zu schädigen und Renten umzulenken. Ohne bewußte staatliche beggar-my-neighbour-Politik jedenfalls wird es auch für global operierende Unternehmen schwierig sein, langfristig mit unfairen Praktiken überdurchschnittliche Gewinne zu erzielen.

3 Die wettbewerbspolitische Rolle des Staates: Wettbewerbshüter oder Wettbewerbsverhinderer?

Im folgenden wird exemplarisch die Wettbewerbspolitik im Zusammenspiel mit anderen Politikfeldern in Deutschland untersucht.[7] Dabei wird auch zu analysieren sein, ob und inwieweit staatliche Eingriffe Wettbewerbsbeschränkungen der internationalen Unternehmen erleichtern oder gar erst ermöglichen. Mit staatlichen Eingriffen ist keineswegs nur die Wettbewerbspolitik gemeint; Regulierungen, Subventionen und Handelspolitik haben ebenfalls Einfluß auf den Wettbewerb. Gelegentlich ist festzustellen, daß sich die Wettbewerbspolitik und andere Politikfelder widersprechen. Durch die Subventionierung bestimmter Unternehmen zum Beispiel kann es zu einer Konzentration auf dem entsprechenden Markt kommen, da die Subventionen nicht unbedingt an alle Unternehmen eines Sektors gezahlt werden. Die anderen - zumeist kleineren - Unternehmen der Branche

[7] Andere Industrieländer haben ein vergleichbares Wettbewerbsrecht. Das europäische Wettbewerbsrecht, wie es in Art. 85 und 86 des EG-Vertrages kodifiziert ist, hat ebenfalls eine ähnliche Fundierung. Eine ausführliche Übersicht über deutsches, ausländisches und europäisches

kommen nicht in den Genuß der Subventionen und müssen daher ausscheiden. Regulierung kann ebenfalls dazu führen, daß der Wettbewerb verfälscht wird, wie sich besonders kraß am Beispiel des Handwerks zeigt, indem der Marktzutritt über den großen Befähigungsnachweis beschränkt wird, was sowohl den Preiswettbewerb als auch den Qualitätswettbewerb einschränkt (Fredebeul-Krein/Schürfeld, 1997).

i) Das Gesetz gegen Wettbewerbsbeschränkungen (GWB)

Gesetzliche Grundlage der Wettbewerbspolitik in Deutschland ist das Gesetz gegen Wettbewerbsbeschränkungen (GWB). Als theoretisches Grundgerüst kann man die Fragen nach Marktstruktur, Marktverhalten und Marktergebnis betrachten. Diese drei Komplexe finden sich im GWB wieder. Zur Frage nach der Marktstruktur: Gemäß GWB ist Marktmacht als solche bereits gefährlich und daher zu kontrollieren. Deshalb müssen Unternehmenszusammenschlüsse, die eine bestimmte Größe erreichen, durch das Bundeskartellamt genehmigt werden. Wenn von ihnen keine wettbewerbsbeschränkende Wirkungen auszugehen drohen, werden sie genehmigt. Damit ist die Verbindung zum Marktergebnis geknüpft. Marktbeherrschende Stellungen gemäß § 22 GWB dürfen nicht dazu führen, daß der Preis eines Gutes zu hoch oder seine Qualität zu schlecht wird. Nicht ganz zweifelsfrei ist bei diesem Konzept naturgemäß die Definition angemessener Preise und Qualitäten. Das Bundeskartellamt greift hierzu auf das Vergleichsmarktkonzept zurück (Schmidt, 1996, S. 269ff.).

Ein weiterer Schwerpunkt des GWB befaßt sich mit dem Marktverhalten. Dabei wird unterschieden zwischen Behinderungsmißbrauch und Ausbeutungsmißbrauch. Letzterer bezieht sich auf den Versuch marktbeherrschender Unternehmen, ihre Stellung gegenüber vor- oder nachgelagerten Industrien auszunutzen, indem entweder der Bezug der Vorprodukte an Preisnachlässe oder andere Bedingungen geknüpft wird oder der Verkauf der Produkte zu überhöhten Preisen oder schlechten Konditionen stattfindet. Behinderungsmißbrauch hingegen bezieht sich auf Konkurrenten, ist somit horizontal. Insbesondere Kartellbildung ist im GWB generell verboten, allerdings mit einigen Ausnahmen wie zum Beispiel

---

Wettbewerbsrecht bietet Schmidt (1996).

Außenwirtschaftskartelle. Diese können zu einer Verzerrung des Wettbewerbs vor allem auf ausländischen Märkten beitragen.

Es ist vorstellbar, das Wettbewerbsrecht dazu zu mißbrauchen, mit Hilfe zu lascher Fusionskontrolle den nationalen Unternehmen Vorteile auf den Weltmärkten einzuräumen. Hinter einer solchen Politik steht die Hoffnung, daß die heimischen Unternehmen nun leistungsstärker sind und dadurch Renten in das Inland umzulenken in der Lage sind. Hier liegt ein Anwendungsfall der strategischen Handelspolitik vor. Dieses Verhalten wurde der Europäischen Kommission gelegentlich vorgeworfen, ohne daß der Vorwurf sich bislang als berechtigt erwiesen hätte (Freytag, 1995, S. 149ff.). Allerdings scheint es vor dem Hintergrund global handelnder Unternehmen auch nicht rational zu sein, nationale Wohlfahrt mit strategischer Handelspolitik auf Kosten anderer Länder fördern zu wollen, da die Unternehmen die durch die Handelspolitik geschaffenen Renten relativ problemlos in ein beliebiges Land - vermutlich in Abhängigkeit der Steuerlast - transferieren können (Klodt, 1993; Beitrag K in diesem Band).

Das Wettbewerbsrecht, wie es im GWB kodifiziert ist, gilt allerdings nicht für sämtliche Sektoren bzw. Märkte. Es gibt eine Reihe von Ausnahmebereichen, für die die oben geschilderten Regeln zu Marktstruktur, Marktverhalten und Marktergebnis keine Anwendung finden. Ein erheblicher Anteil der Wertschöpfung in Deutschland wird dadurch bedingt nicht unter wettbewerblichen Bedingungen hergestellt. Dies betrifft den Verkehrssektor (§ 99 GWB), die Landwirtschaft (§100 GWB), die Montanunternehmen (§ 101 GWB), Banken und Versicherungsunternehmen (§102 GWB) sowie die Versorgungsunternehmen (§103 GWB). Dazu kommen noch Post, Telekommunikation, das Handwerk und freie Berufe. In anderen Industrieländern werden nahezu die gleichen Sektoren vom Wettbewerb ausgenommen (Hawk, 1996). Ausnahmebereiche werden speziellen Regulierungen unterworfen. Die Begründungen für ihre Ausnahmestellung sind vielfältig (Schmidt, 1996, S. 165f.). Sie basieren regelmäßig auf dem Argument des Marktversagens.

ii) Regulierung, Subventionen und Wettbewerbsbeschränkungen in Deutschland

Liegt tatsächlich Marktversagen vor, ist eine Regulierung geboten, um die Effizienz der Faktorallokation zu verbessern. Allerdings hat sich die Regulierung in vielen Sektoren vom ökonomisch Notwendigen weit entfernt und dient nicht in erster Linie der Beseitigung eines Marktversagens, sondern offenkundig dem Schutz der etablierten Anbieter vor dem Wettbewerb durch neue Konkurrenten. Vielfach sind die Argumente, die in der Vergangenheit berechtigt waren, durch technische Neuerungen hinfällig geworden. Somit liegt eher Staatsversagen als Marktversagen vor. Ein Beispiel dafür ist die Telekommunikation, deren Liberalisierung in Deutschland sehr lange vom etablierten, vormals staatlichen Anbieter, der Deutschen Telekom AG, bekämpft wurde (vgl. den Beitrag L in diesem Band). Erst die Außenseiterkonkurrenz in Verbindung mit Druck durch die Europäische Kommission und die Welthandelsorganisation (WTO) haben auch zu einer Öffnung des Marktes für Telekommunikationsdienstleistungen beigetragen. Auf anderen Märkten ist es trotz der schwindenden ökonomischen Fundierung der Regulierung nicht gelungen, wettbewerbsbeeinträchtigende staatliche Interventionen abzubauen, so zum Beispiel im Handwerk.

Ein anderer, den Wettbewerb beschränkender Tatbestand ist die Subventionierung von bestimmten Sektoren bzw. Unternehmen. In Deutschland werden jährlich Subventionen in Höhe von ca. 300 Mrd. D-Mark von der öffentlichen Hand gezahlt. Auch in anderen Ländern werden hohe Subventionen gewährt. Die Subventionen haben im Zeitablauf sogar zugenommen, obwohl man sich im Rahmen der Uruguay-Runde des GATT auf eine Beschränkung geeinigt hat (GATT, 1994, S. 264ff.). Derartige Subventionen verzerren den Wettbewerb gleich in mehrfacher Hinsicht. (1) Wenn nicht sämtliche Unternehmen einer Branche gleichermaßen gefördert werden, haben einige Unternehmen gegenüber ihren inländischen Konkurrenten Vorteile, da sie ihre Produkte preiswerter anbieten können. (2) Auch gegenüber der ausländischen Konkurrenz entstehen den geförderten Unternehmen Vorteile, die den internationalen Wettbewerb verfälschen. (3) Subventionen erhöhen weiterhin unter sonst gleichbleibenden Bedingungen die Steuerlast anderer Unternehmen und der Konsumenten, so daß die Nachfrage nach anderen Produkten rückläufig sein kann; d.h. der Wettbewerb zwischen verschiedenen Produkten um die Kaufkraft der Konsumenten wird verfälscht.

Sowohl durch übermäßige Regulierung als auch durch Subventionen vor Wettbewerb geschützte Unternehmen sind eher als andere in der Lage, marktbeherrschende Stellungen aufzubauen und diese zu mißbrauchen. Staatliche Wettbewerbsverzerrungen bilden dann die notwendige Voraussetzung für private Beeinträchtigungen. Dies zeigt sich auch am Beispiel Deutschlands. Das Bundeskartellamt veröffentlicht im Zweijahresrhythmus Berichte, aus denen hervorgeht, daß der Mißbrauch marktbeherrschender Stellungen vor allem durch Unternehmen vorgenommen wird, die in als Ausnahmebereiche des GWB definierten Sektoren tätig sind (Bundeskartellamt, 1993, S. 29ff.; 1995, S. 22ff.). Aber auch die Bildung von Kartellen wird offenbar erleichtert, wenn staatliche Interventionen vorliegen: Das sog. Kabelkartell in Deutschland konnte seine überhöhten Preise vermutlich vor allem deshalb durchsetzen, weil die nachgelagerten Energieversorger als Monopolisten die Preise an die Kunden weitergeben konnten (o.V., 1997b; Normann, 1997).

*iii) **Handelspolitik: Gewollte Verzerrung des Wettbewerbs***

Explizit dem Schutz inländischer Unternehmen vor Wettbewerb dienen handelspolitische Maßnahmen, wie Zölle, Importkontingente und freiwillige Exportselbstbeschränkungen. Eine Ausnahme bildet die Anti-Dumping Politik, die die Anbieter im Inland vor unlauteren Methoden schützen sollen (Art. VI GATT), dabei jedoch überwiegend selbst in höchstem Maße wettbewerbsverzerrend wirkt (siehe unten). Wettbewerb wird dabei bisweilen als Schädigung der inländischen Industrie aufgefaßt, vor der zu schützen unter bestimmten Bedingungen auch nach der multilateralen Handelsordnung gestattet ist (z.B. Art. XIX GATT).

Die meisten handelspolitischen Instrumente jedoch entsprechen nicht dem Geist der multilateralen Handelsordnung, deren Ziel die Liberalisierung des Handels mit Gütern und Dienstleistungen ist. Durch Verhandlungen im Rahmen des GATT ist es seit dem Jahre 1947 gelungen, viele Zölle und nicht-tarifäre Handelshemmnisse zu beseitigen. Als besonders erfolgreich kann in diesem Zusammenhang die Uruguay-Runde gelten, in der es gelang, einige Bereiche, die bislang dem internationalen Wettbewerb mehr oder weniger entzogen waren, in die Handelsordnung einzubeziehen. Dies sind zunächst Dienstleistungen, darüber hinaus die Sektoren Landwirtschaft sowie Textilien und Bekleidung. Auch der Schutz geistigen Eigentums und die Behandlung handelsrelevanter Investitionsmaßnahmen wurde wenigstens auf die Tagesordnung gesetzt. Außerdem wurde zum ersten Mal der Versuch unternommen, die Selektivität der Handelspolitik dadurch zu mindern, daß die Zolläquivalente von nicht-tarifären Handelshemmnissen berechnet und in Zölle umgewandelt wurden, so zum Beispiel in der Landwirtschaft.[8] Allerdings steht die Umsetzung vieler Teilergebnisse der Uruguay-Runde noch aus.

Die wettbewerbsverzerrende Wirkung von Protektionsmaßnahmen und ihr Widerspruch zur Wettbewerbspolitik läßt sich sehr treffend am Beispiel der freiwilligen Exportselbstbeschränkung japanischer Automobilhersteller in den achtziger Jahren gegenüber einigen EU-Mitgliedsländern und später gegenüber der EU als ganzes darstellen. Die Verkaufszahlen japanischer Automobile gingen zurück, und die Preise stiegen. In Frankreich kostete ein japanisches Auto im Jahre 1983 ca. 7 vH mehr, als es bei freiem Marktzugang vermutlich gekostet hätte (Messerlin/Becuwe, 1987; S. 120ff.). Ähnliche Konsequenzen dürfte es in Deutschland gegeben haben. Damit entsprach das Abkommen der Wirkung nach einem in Deutschland verbotenen Preiskartell (Freytag/Zimmermann, 1998).

Wettbewerbspolitisch noch bedenklicher ist allerdings die Anti-Dumping Politik, wie sie im Rahmen der multilateralen Handelsordnung kodifiziert ist (Art. VI GATT) und wie sie von den wichtigsten Industrieländern, allen voran die USA und die EU, praktiziert wird. Neben den bekannten ökonomischen Problemen[9] ist außerdem festzustellen, daß die Technik des Verfahrens im allgemeinen Anreize für Unternehmen gibt, durch strategisches Verhalten einen Dumping-Fall zu provozieren. Anti-Dumping-Fälle gehen grundsätzlich von der Industrie aus, die sich durch - angebliches oder tatsächliches - Dumping eines ausländischen Konkurrenten geschädigt glaubt. Laut GATT liegt Dumping dann vor, wenn der Preis eines Gutes auf Auslandsmärkten unter dem Preis desselben Gutes im Herkunftsland des Produzenten liegt. Die Schaffung eines Dumping-Falles geschieht dann aus Sicht des inländischen Unternehmens dadurch, daß es seinen Preis für ein bestimmtes Produkt im Inland senkt, und zwar unter den Preis des Produkts des ausländischen Konkurrenten in dessen Herkunftsland. Zieht das ausländische

---

[8] Für eine Übersicht über die Ergebnisse der Uruguay-Runde siehe Langhammer (1994) sowie Hauser/Schanz (1995).

[9] Die internationale Anti-Dumping-Politik ist oft dargestellt und kritisiert worden. Vgl. Hauser/Schanz (1995); Messerlin (1994) für eine durchweg kritische Sicht und Morgan (1996) für

Konkurrenzunternehmen im Inland, aber nur im Inland, mit einer ähnlichen Preissenkung nach, liegt formal der Tatbestand des Dumping vor und das Verfahren kann eingeleitet werden. Auf diese Weise kann der inländische Anbieter eine dominierende Stellung einnehmen oder behalten (Messerlin 1990; 1994, S. 359).

iv) Es fehlt die Wettbewerbspolitik aus einem Guß

Zusammenfassend bleibt festzuhalten, daß die Bemühungen der Wettbewerbspolitiker um einen unverfälschten Wettbewerb oft und nachhaltig von staatlicher Seite aus konterkariert werden. Staatliche Interventionen auf Märkten für Güter und Dienstleistungen sind regelmäßig die Voraussetzungen für private Wettbewerbsbeeinträchtigungen. Vor allem die Anti-Dumping-Politik muß vor diesem Hintergrund hinterfragt werden. Die ökonomische Verbesserung des Anti-Dumping Kodizes der WTO durch die Uruguay-Runde ist nicht ausreichend, um die wettbewerbsbehindernden Praktiken von staatlichen Stellen, vor allem der US-Administration und der Europäischen Kommission, wirkungsvoll einzuschränken.

Dieser Befund macht klar, daß das deutsche Wettbewerbsrecht nicht ausreicht, um für einen funktionsfähigen Wettbewerb auf den deutschen Märkten zu sorgen. Zu viele andere staatliche Interventionen - darunter auch Interventionen durch ausländische Regierungen - sorgen für Verzerrungen des Wettbewerbs. Im folgenden Kapitel werden Möglichkeiten gesucht, den Wettbewerb im Inland zu stimulieren sowie staatliche Interventionen und private Wettbewerbsbeschränkungen durch global operierende Unternehmen einzudämmen.

4 Bestreitbare Märkte zur Sicherung des Wettbewerbs

Die theoretische Fundierung der nationalen Wettbewerbspolitik mittels der Überprüfung der Marktstruktur und des Marktverhaltens, weniger des Marktergebnisses, setzt voraus, daß die Märkte in irgendeiner Form vor ausländischer Konkurrenz geschützt sind. Wäre dies nicht der Fall und würde man beispielsweise auf dem deutschen Markt beobachten, daß es nur zwei Anbieter für ein bestimmtes Produkt gibt, die mit Absprachen versuchten, Ausbeutungsmißbrauch zu betrei-

---

eine eher positive Bewertung.

ben, so wäre zu erwarten, daß es ausländische Konkurrenten der beiden inländischen Unternehmen gibt, die in den Markt eindringen. In diesem Fall würde weder die Marktstruktur noch das Verhalten der beiden inländischen Anbieter zu einer dauerhaften Benachteiligung der Konsumenten in Form hoher Preise und schlechter Qualitäten führen.

An dieser Stelle zeigen sich deutliche Schwachstellen dieser Fundierung. Nationale Wettbewerbspolitik, wie sie vor ca. 100 Jahren konzipiert wurde und bis heute gültig ist, versteht sich nicht als Teil einer internationalen Wettbewerbspolitik, die Regulierungen und internationale Handelspolitik mit einbezieht, obwohl durch letztere viele Wettbewerbsprozesse beeinflußt werden. Deshalb wird hier vorgeschlagen, auf die neuen Herausforderungen der Wettbewerbspolitik mit einem alternativen wettbewerbstheoretischen Konzept zu reagieren: dem Wettbewerbskonzept bestreitbarer bzw. angreifbarer Märkte.

i) Globalisierung steigert die Bestreitbarkeit von Märkten

Dieses von Baumol und seinen Kollegen entwickelte Konzept (Baumol, 1982) sieht weder in der Marktstruktur noch im Marktverhalten eines Anbieters einen Grund zu einer potentiellen Schädigung der Konsumenten, solange etablierte Anbieter (unabhängig von ihrer Anzahl) durch den drohenden Markteintritt potentieller Konkurrenten diszipliniert werden können. In diesem Fall wird der Mißbrauch von Marktmacht zur Erzielung von Monopolrenten sofort mit dem Erscheinen von Konkurrenten und dem Abschmelzen der Renten bestraft. Als Ergebnis verhalten sich die etablierten Anbieter unabhängig von der Marktform so, als würden sie unter den Bedingungen der vollständigen Konkurrenz arbeiten (Tirole, 1988, S. 309). Zur theoretischen Ableitung dieses Ergebnisses bedurfte es einiger strenger Prämissen:

- Es gibt keine Markteintrittsbarrieren, weder staatliche noch natürliche. Staatliche Markteintrittshemmnisse sind die bereits erwähnten Handelshemmnisse und Regulierungen, die es (inländischen und) ausländischen Unternehmen nicht gestatteten, in den inländischen Markt einzutreten. Sie haben in der Realität oftmals keine ökonomische Begründung. Vielfach sind ihre einst angeführten und seinerzeit berechtigten Begründungen nicht länger gültig, weil es technische Neuerungen oder politisch gewollte Veränderungen gab. Natürliche

Marktzutrittshemmnisse hingegen erfordern Regulierung, allerdings eher wettbewerbsfördernde als wettbewerbshemmende. Die wichtigste Marktzugangsbarriere sind versunkene Kosten, d.h. Kosten beim Markteintritt eines Anbieters, die bei seinem eventuellen Marktaustritt nicht durch Verkauf oder Vermietung wieder zurückgeholt werden können. Sie werden durch verwendungsspezifische Investitionen erzeugt und können sofort abgeschrieben werden. Bestehen versunkene Kosten, so hat der etablierte Anbieter den Vorteil, daß er sie in seinem Preis nicht zu berücksichtigen braucht. Der Newcomer hingegen muß sich an den totalen Durchschnittskosten orientieren. Somit hat der etablierte Anbieter immer ein Drohpotential, mit dem er den möglichen Wettbewerb durch Dritte verhindern kann. Diese Prämisse ist entscheidend für die Anwendung des Konzepts bestreitbarer Märkte.

- Daneben wird in der theoretischen Ableitung angenommen, daß die Produkte homogen sind, d.h. der etablierte Produzent und der Neuanbieter stellen identische Produkte her.
- Drittens haben beide Anbieter - neu und etabliert - Zugang zu der gleichen Technologie.
- Viertens wird angenommen, daß der etablierte Anbieter seinen Preis bei Markteintritt eines neuen Anbieters nicht senken wird.

Besonders die letzten drei Prämissen führten zu einer nahezu geschlossenen Ablehnung des Konzepts bestreitbarer Märkte durch die wettbewerbspolitische Fachliteratur.[10] Die Strenge der Prämissen führt jedoch nicht automatisch zur Irrelevanz dieses wettbewerbspolitischen Leitbildes. Ganz im Gegenteil: Lockert man die zweite und dritte Prämisse ein wenig, spricht intuitiv eher mehr als weniger für seine praktische wettbewerbspolitische Bedeutung.

Auch Produkte, die von den Konsumenten als echte Substitute angesehen werden, sind selten homogen.[11] Selbst wenn es einen Monopolisten für ein spezielles Gut gibt, so ist zu erwarten, daß es andere Güter gibt, die in ihren Verwendungsmöglichkeiten diesem recht ähnlich sind und daher von den Konsumenten

---

[10] Vgl. unter anderen Shepherd (1990, S. 282ff.) und Schmidt (1996, S. 66f.).

[11] Bestenfalls einige Finanzmarkttitel in eng abgegrenzten Teilmärkten können als homogene Produkte gelten.

ähnlich hoch eingeschätzt werden.[12] Vor allem im Zeitablauf werden die Kreuzpreiselastizitäten zwischen Produkten steigen, und die Substitutionskonkurrenz wird Märkte noch angreifbarer als im Falle homogener Produkte machen. Auch der geforderte Zugang aller potentiellen Konkurrenten zur gleichen Technologie ist für die Bestreitbarkeit von Märkten nicht nötig; im Gegenteil: Gerade mit neuen Technologien, die die Produktion von Gütern und Dienstleistungen erleichtern oder auch gänzlich neue Produkte generieren, können etablierte Hersteller angegriffen werden. Wiederum der Markt für Telekommunikationsdienstleistungen zeigt beispielhaft auf, wie mittels neuer Technologien, die zu entwikkeln der Monopolist gar nicht nötig zu haben glaubt, eine Monopolstellung ins Wanken gerät. Die statisch ausgerichtete Kritik an den Prämissen mag zwar theoretisch berechtigt sein, sie kann aber nicht dazu beitragen, die Relevanz angreifbarer Märkte für die Wettbewerbspolitik zu erschüttern. In einer dynamischen Sichtweise gewinnt das wettbewerbspolitische Leitbild von Baumol und seinen Kollegen noch an Gewicht.

Was die vierte Prämisse angeht, so wird befürchtet, daß gerade die Anwendung des Konzeptes bestreitbarer Märkte staatliche Eingriffe in die Märkte erforderlich machen würde, beispielsweise um den etablierten Anbieter zu zwingen, seinen Preis im Falle eines Markteintritts durch Newcomer nicht zu senken (Wienand/Wiese, 1993). Dies jedoch ist nicht notwendig, um Wettbewerb zu stimulieren. Es müßte dem Newcomer erlaubt sein, langfristige Verträge mit den Nachfragern abzuschließen. In diesem Fall würde eine Strategie des etablierten Anbieters, die Preise bei drohender Konkurrenz kurzfristig, aber nur kurzfristig, unter seine Kosten zu senken, ins Leere laufen. Denn bei dieser Strategie fallen Verluste an, die der etablierte Anbieter vermutlich nicht lange durchhielte.

Somit bleibt als unabdingbare Voraussetzung für die Bestreitbarkeit eines Marktes nur die Gültigkeit der ersten Prämisse, nämlich daß Fehlen von Martzugangsbarrieren übrig. Staatliche Barrieren wie Quoten, Meisterbriefe oder garantierte Gebietsmonopole können ohne die Gefahr des anschließenden Wettbewerbsversagens beseitigt werden, so daß nur die Existenz von natürlichen Markteintrittsschranken der Bestreitbarkeit von Märkten Grenzen setzt (vgl. Abschnitt 3.*ii*).

[12] Lancaster hat bereits im Jahre 1966 auf die praktische Bedeutung der Verwendungsmöglichkeiten eines Gutes im Vergleich zu seinen Eigenschaften hingewiesen. Auf diese Weise lassen sich auch neue Produkte besser erfassen (Lancaster, 1983, S.277ff.)

Bei Abwesenheit von natürlichen Marktzutrittsbarrieren jedoch ist die Bestreitbarkeit von Märkten grundsätzlich möglich.

Auf diese Weise verbindet sich das Leitbild der bestreitbaren Märkte auf wettbewerbsfreundliche Weise mit den älteren Konzepten Schumpeters (1942) und von Hayeks (1968), die beide Wettbewerb nicht als eine statische Situation, in der alle Marktteilnehmer über sämtliche relevanten Informationen verfügen und auf diese Weise keiner von ihnen andere ausbeuten kann, betrachtet haben. Gerade die Unkenntnis über die Strategien der Konkurrenz und über zukünftige Situationen setzt Kräfte frei und intensiviert den Wettbewerb. Durch ihn werden neue Verfahren und Produkte ermittelt, alte werden zerstört. Neue Konkurrenten verdrängen damit etablierte Anbieter vom Markt. Die so zurückgeworfenen etablierten Produzenten werden reagieren. In einer solchen Situation ist sich keiner der Marktteilnehmer seiner Position sicher. Immer wieder wird er von potentiellen Wettbewerbern bedrängt. So interpretiert ist es gerade das Aufweichen der Prämissen der Theorie angreifbarer Märkte, die sie als wettbewerbspolitisches Leitbild attraktiv macht.

Vor allem vor dem Hintergrund der Globalisierung kann die Angreifbarkeit von Märkten der Wettbewerbspolitik bei der Durchsetzbarkeit ihrer Ziele behilflich sein. Je größer der relevante Markt ist, desto weniger hat ein Unternehmen eine Chance, eine marktbeherrschende Position einzunehmen. Bei offenen nationalen Märkten ist der relevante Markt der Weltmarkt. Der Weltmarktpreis ist das Maß aller Dinge. Weicht ein nationales Unternehmen in einem solchen Szenario vom Weltmarktpreis ab, um die Konsumentenrenten abzuschöpfen, wird es sofort mit ausländischer Konkurrenz zu rechnen haben. Auf vielen Märkten spielte dann die nationale Marktstruktur keine Rolle mehr, ebensowenig wie das Verhalten der national führenden Unternehmen. Der internationale Wettbewerb wirkt als Korrektiv.

ii) Ein wettbewerbspolitisches Restrisiko bleibt: Natürliche Marktzutrittsbarrieren und nicht-handelbare Güter

Damit ist nicht gesagt, daß es keine Versuche zum Mißbrauch marktbeherrschender Stellungen mehr geben wird. Auch bei vollständiger Öffnung aller Märkte ist die klassische Wettbewerbspolitik nicht überflüssig, denn selbst wenn Freihandel bestünde, hieße dies nicht die vollständige Eliminierung aller Wettbewerbsbeeinträchtigungen durch Private (Hoekman/Mavrodis, 1994, S. 124). Zum einen wird es Märkte geben, die nicht angreifbar sind, weil es natürliche Marktzutrittsbarrieren gibt. Solche Märkte sind nicht zahlreich, sie erregen aber zumeist ein hohes Maß an öffentlicher Aufmerksamkeit, da es sich um Güter mit absolut hohem Preis, zahlreichen Beschäftigten und einer vermuteten strategischen Bedeutung für die jeweilige Volkswirtschaft handelt. Ein aktuelles Beispiel ist der Markt für Großraumflugzeuge, der als nicht bestreitbar gilt wegen hoher versunkener Kosten, großer Lerneffekte und Netzwerkexternalitäten (Bletschacher/Klodt, 1992, S. 72ff.). Die Fusion zweier der drei größten Flugzeughersteller der Welt - zugleich die einzigen wettbewerbsfähigen Anbieter von Großraumflugzeugen - hat in Europa für Beunruhigung gesorgt (o.V., 1997a).

Für solche Fälle scheint die Wettbewerbspolitik um eine internationale Koordination nicht herumzukommen. Es existieren bereits einige bilaterale Abkommen über gegenseitige Unterstützung in wettbewerbspolitischen Fällen, die die beteiligten Länder gemeinsam betreffen (Seitel, 1996). Erwähnenswert ist die sog. 'positive comity'-Klausel, nach der die Länder ihr Wettbewerbsrecht auch bei Verstößen inländischer Unternehmen auf den Märkten des Partnerlandes einsetzen. Damit wird der Versuch unternommen, die einseitige extraterritoriale Anwendung des Wettbewerbsrechts auf eine Basis gegenseitiger Anerkennung zu stellen. 'Positive Comity' setzt voraus, daß auch das Wettbewerbsrecht des Herkunftslandes verletzt wurde und ist damit auch Gegenstand von Auslegungen, da jedes Land selbst darüber befindet, ob die heimischen Unternehmen gegen ihr Wettbewerbsrecht verstoßen.[13] Die Anwendung dieser Klausel sollte allerdings auf die Fälle beschränkt bleiben, in denen von einem Unternehmen auf dem Weltmarkt eine marktbeherrschende Stellung eingenommen wird. Der oben zitierte Fall der Fusion zwischen Boeing und McDonnell Douglas hatte diese Dimension. Die Wettbewerbsbehörde der USA sah allerdings keine Notwendigkeit, die Fusion zu untersagen.

Daneben wird es immer Güter geben, die international nicht handelbar sind. Der Grund dafür liegt allerdings nicht in der Existenz von Marktzugangsbarrieren,

[13] Die Europäische Kommission äußerte sich in einer ersten Bestandsaufnahme der Wirkungen des Abkommens zwischen der EG und den USA über die Anwendung ihrer Wettbewerbsregeln vorsichtig optimistisch (KOM, 1996).

sondern darin, daß die Transaktionskosten des Handels im Vergleich zur Wertschöpfung zu hoch sind, als daß es sich lohnte, Preisunterschiede zwischen Ländern (oder bisweilen sogar nur zwischen Regionen) auszunutzen. Die Bedeutung von Transaktionskosten ist jedoch im Vergleich zur Wertschöpfung im Durchschnitt in den letzten Jahrzehnten stark gesunken, so daß immer mehr Produkte (sowohl Güter als auch Dienstleistungen) handelbar geworden sind. Die Wettbewerbspolitik hat in diesem Zusammenhang zwei Aufgaben: Erstens kann sie über die diskriminierungsfreie Zulassung ausländischer Investoren den Wettbewerb auf den Märkten nicht-handelbarer Güter potentiell erhöhen, d.h. sie der Tendenz nach ebenfalls bestreitbarer machen. Zweitens kann sie ihr klassisches Instrumentarium nutzen, um den Mißbrauch marktbeherrschender Stellungen zu verhindern bzw. um Kartell zu verbieten.

iii) Den Schwung der Globalisierung nutzen: Plädoyer für ein neues Verständnis der Wettbewerbspolitik

Es zeigt sich, daß viele Produktmärkte zunehmend bestreitbar werden. Gründe dafür sind die Globalisierung von Handel und Produktion sowie technische Innovationen, die nicht-handelbare Produkte in handelbare umwandeln. Dies hat zur Folge, daß herkömmliche Wettbewerbspolitik, wie sie in den meisten Industrieländern angewandt wird und wie sie im deutschen GWB verankert ist, nicht mehr ausreichend ist. Dies gilt um so mehr, als daß gleichzeitig der Wettbewerb durch andere staatliche Politiken nachhaltig behindert wird. Dazu zählen Regulierungen, Subventionen und handelspolitische Instrumente, allen voran die ökonomisch widersinnige Anwendung der Anti-Dumping-Politik.

Die Theorie der bestreitbaren Märkte zeigt auf, wie die nationale Wettbewerbspolitik im allgemeinen aus der Globalisierung Nutzen ziehen kann. Begreift sie sich als Teil einer Politik zur Öffnung der Märkte mit dem Ziel, die Wettbewerbsintensität zu steigern, kann sie ganz erheblich dazu beitragen, daß es den Unternehmen auf den heimischen Produktmärkten erschwert wird, den Wettbewerb zu verzerren. Denn viele private Wettbewerbsbeschränkungen werden erst durch staatliche Interventionen ermöglicht. Durch die Intensivierung des Wettbewerbs auf inländischen Märkten für Güter und Dienstleistungen kann es zu einer verbesserten Faktorallokation und langfristig zu einer Steigerung von Wachstum und Beschäftigung kommen. Bedingung dafür ist es, die Marktzutrittsbarrieren in

Form von Regulierungen, Subventionen und Protektion weiter zu reduzieren (Freytag/Zimmermann, 1998). Wettbewerbspolitik im Zeichen der Globalisierung sollte deshalb nicht in erster Linie auf die Beobachtung von Marktstruktur und Marktverhalten, sondern auf die Schaffung bestreitbarer Märkte setzen.

Es ist verständlich, daß eine unilaterale Anwendung dieses veränderten wettbewerbspolitischen Leitbildes Widerspruch hervorrufen muß, solange die Öffnung heimischer Märkte in erster Linie als Zugeständnis interpretiert wird, für die eine Gegenleistung erwartet wird (Krugman, 1997). Es muß dann der Eindruck entstehen, die nationale Wettbewerbspolitik ergebe sich sozusagen kampflos denjenigen, die den internationalen Wettbewerb zu ihren Gunsten verzerren wollen. Zwei Gründe sprechen dagegen: Erstens ist, wie gezeigt, nicht jeder Markt bestreitbar. Dies gilt für handelbare und für nicht-handelbare Produkte. Deshalb wird hier nicht vorgeschlagen, daß die deutsche Wettbewerbspolitik ihr Instrumentarium aufgibt. Sie verlagert ihren Schwerpunkt und verbreitert ihre Sichtweise. Zweitens bietet auch die multilaterale Handelsordnung Schutz vor gezielten Versuchen ausländischer Unternehmen, inländische Konkurrenten mit unlauteren Methoden zu verdrängen, solange dies mit der Unterstützung der ausländischen Regierungen vonstatten geht (Hoekman/Mavrodis, 1994, S. 129ff.). Es sei besonders auf den verbesserten Streitschlichtungsmechanismus im Rahmen der WTO und die strengere Behandlung von Subventionen nach der Uruguay Runde hingewiesen.

iv) Deutsche Wettbewerbspolitik im Zeichen der Globalisierung

Wie sieht eine deutsche Wettbewerbspolitik konkret aus, die dem oben beschriebenen Leitbild folgt? Es sind vier Aufgaben zu erfüllen, wenn die deutschen Märkte dem globalen Wettbewerb geöffnet werden sollen, ohne daß es zu Allokationsverzerrungen kommen soll:

1. Verzerrende Interventionen der deutschen oder europäischen Politik in die Märkte sind zu beseitigen, wenn sie nicht tatsächlich der Verhinderung von Marktversagen dienen. Die dafür angeführten Begründungen sind im Einzelfall sorgfältig zu prüfen. Unter Interventionen sind sämtliche Subventionen, marktwidrige Regulierungen und protektionistische Maßnahmen zu verstehen. Dies erhöht die Bestreitbarkeit von Märkten.

2. Verstöße gegen das Wettbewerbsrecht durch Anbieter handelbarer oder nichthandelbarer Produkte sind weiterhin zu ahnden. Dabei sollte es keine Rolle spielen, ob diese Verstöße im Inland oder im Ausland negative Wirkungen haben.

3. Gibt es im weltweiten Maßstab Märkte, die nicht bestreitbar sind, spricht einiges für eine international abgestimmte Wettbewerbspolitik zu Regulierung des oder der marktbeherrschenden Unternehmen.

4. Zur Verhinderung von Versuchen ausländischer Regierungen, eine beggar-my-neighbour-Politik zu betreiben, sollte die Bundesregierung konsequent das Instrumentarium, das die WTO bietet, ausnutzen. Sie sollte darauf drängen, Außenwirtschaftskartelle im Rahmen der WTO wie Exportsubventionen zu behandeln, d.h. zu verbieten.

Die vorangegangenen Überlegungen lassen sich ohne gravierende Änderungen in die bestehende Wettbewerbspolitik integrieren. Das GWB entspricht grundsätzlich den Anforderungen. Die Ausnahmebereiche des GWB sind allerdings abzuschaffen. Im Falle von besonderem Regulierungsbedarf sollte eine marktgerechte Regulierung gesondert stattfinden, die entweder vom Bundeskartellamt oder einer gesonderten Regulierungsbehörde durchgeführt und überwacht wird. Das Bundeskartellamt sollte überdies das Recht erhalten, auf Regulierung und die Zahlung von (WTO-kompatiblen) Subventionen Einfluß zu nehmen, um einen Mißbrauch zu verhindern.

Was die Handelspolitik angeht, sollte sich die Bundesregierung erstens um eine schnelle Umsetzung der Ergebnisse der Uruguay Runde bemühen (und eventuell auch unilateral einige Schritte vorziehen) und zweitens weitere Liberalisierungsrunden initiieren. In dieser Runde ist die Ächtung von Außenwirtschaftskartellen anzustreben. Für die deutsche Wettbewerbspolitik leitet sich überdies der Schluß ab, Einfluß auf die europäische Anti-Dumping-Politik zu nehmen, um sicherzustellen, daß nur noch räuberisches Dumping Gegenstand von Anti-Dumping-Verfahren wird. Dazu bedarf es vermutlich einer Reform des Verfahrens in der Europäischen Union: Die Möglichkeiten, ein Verfahren anzustrengen, sollten für Unternehmen oder Verbände stark eingeschränkt werden, und gleichzeitig sollte die Situation der Konsumenten als interessierte Partei gestärkt werden. Außerdem sollten Deregulierung und Subventionsabbau vorangetrieben werden.

5 Fazit

Dieser Beitrag zur Debatte über Globalisierung dient dazu, die Sorgen um die Gefährdung des Wettbewerbs durch global operierende Unternehmen zu relativieren. Zunächst einmal bedeutet Globalisierung nämlich mehr Wettbewerb, bewirkt mithin eine Verbesserung der Position der Wettbewerbspolitiker. Anstatt dies erfreut zur Kenntnis zu nehmen, werden eher Befürchtungen laut, der Wettbewerb würde nun eingeschränkt. Es scheint jedoch eindeutig festzustehen, daß die überwiegende Mehrzahl der Wettbewerbsbeschränkungen durch private Unternehmen, auf nationaler wie auf globaler Ebene, erst durch staatliche Interventionen ermöglicht, wenigstens aber unterstützt werden. Insofern erfordert der Schutz des Wettbewerbs vor allem eine nationale Koordination aller Politikbereiche, die Einfluß auf die Wettbewerbsintensität auf den nationalen Produktmärkten nehmen. Das theoretische Fundament für diese Koordination bietet das Konzept der bestreitbaren Märkte.

Man muß sich vor Augen führen, daß es sich bei dem Vorschlag zur Öffnung der Märkte nicht um eine internationale Vereinbarung über die Anwendung des Konzepts bestreitbarer Märkte handelt.[14] Jedes Land kann unilateral seine Märkte mit potentiellem gesamtwirtschaftlichen Gewinn öffnen. Die Verhandlungslogik der multilateralen Handelsordnung führte bislang allerdings immer dazu, daß Marktöffnung als eine Konzession angesehen wurde. Insofern bietet die Globalisierung im Kontext der Wettbewerbspolitik eine echte Chance zu einer neuen Kultur internationaler Liberalisierungsbemühungen. Wenn Wettbewerbspolitiker aufhören, ihr scheinbares Dilemma zu beklagen und statt nach einem internationalen Kartell der Kartellbehörden nach einem Weg suchen, die inländischen Märkte angreifbar zu machen und so die Wettbewerbsintensität zu erhöhen, können sie Druck auf die Handelspolitiker ausüben, einseitige Marktöffnung als positiv anzusehen. Zwar wird der Widerstand der potentiellen Verlierer der Marktöffnung weiterhin bestehen bleiben. Dieser läßt sich sicherlich leichter überwinden, wenn der Zusammenhang zwischen Protektion und Wettbewerbsbeschränkung klarer aufgezeigt werden kann. Als Fazit bleibt festzuhalten, daß die Globalisierung die Bedeutung nationaler Wettbewerbspolitik nicht notwendigerweise schmälert, sondern sie im Gegenteil deutlich erhöhen kann.

---

[14] Zur Analyse unterschiedlicher Formen einer internationalen Wettbewerbsordnung vgl. Freytag/Zimmermann (1998) und die dort zitierte Literatur.

6 Literaturverzeichnis

Abdallah, Wagdy M. (1989), *International Transfer Pricing Policies*, New York, Westport, London.

Baumol, William J. (1982), „Contestable Markets: An Uprising in the Theory of Industry Structure", *American Economic Review*, Vol. 72, S. 1-15.

Bayard, Thomas O. und Ann Elliot Kimberley (1994), *Reciprocity and Retaliation in U.S. Trade Policy*, Washington.

Bletschacher, Georg und Henning Klodt (1992), *Strategische Handels- und Industriepolitik*, Tübingen.

Bundeskartellamt (1993), *Bericht des Bundeskartellamtes über seine Tätigkeit in den Jahren 1991/92 sowie über die Lage und Entwicklung auf seinem Aufgabengebiet*, Bundestagsdrucksache 12/5200, Bonn.

Bundeskartellamt (1995), *Bericht des Bundeskartellamtes über seine Tätigkeit in den Jahren 1993/94 sowie über die Lage und Entwicklung auf seinem Aufgabengebiet*, Bundestagsdrucksache 13/1660, Bonn.

Dick, Andrew R (1997), *If Cartels Were Legal, Would Firms Fix Prices?*, Washington D.C.

Donges, Juergen B. (1994), „Kritisches zu den Forderungen nach einer strategischen Industriepolitik", in: Rolf H. Hasse, Josef Molsberger und Christian Watrin (Hrsg.), *Ordnung in Freiheit,* Festgabe für Hans Willgerodt zum 70. Geburtstag, Stuttgart, Jena und New York, S. 182-199.

Fredebeul-Krein, Markus und Angela Schürfeld (1997), *Regulative Marktzutrittsschranken im deutschen Dienstleistungssektor unter besonderer Berücksichtigung des Handwerks*, Gutachten für die Monopolkommission, Köln.

Freytag, Andreas (1995), *Die strategische Handels- und Industriepolitik der EG - eine politökonomische Analyse*, Köln.

Freytag, Andreas und Ralf Zimmermann (1998), „Muß die internationale Handelsordnung um eine Wettbewerbsordnung erweitert werden?", *Rabels Zeitschrift für internationales und ausländisches Privatrecht*, erscheint 1998.

GATT (1994), *The Results of the Uruguay Round of Multilateral Trade Negotiations: The Legal Texts*, Genf.

Hauser, Heinz und Kai-Uwe Schanz (1995), *Das neue GATT*, München.

Hawk, Barry E. (1996), „Antitrust Policy and Market Access", *OECD Observer*, Nr. 201, S. 10-12.

Hayek, Friedrich August von (1968), „Der Wettbewerb als Entdeckungsverfahren", *Kieler Vorträge,* N.F. 56, Tübingen.

Hoekman, Bernard M. und Petros C. Mavrodis (1994), „Competition, Competition Policy and the GATT", *World Economy*, Vol.17, S. 121-150.

Klodt, Henning (1993), „Rent Shifting, Industrial Policy and Multinational Firms“, in: Erhard Kantzenbach, Hans-Eckart Scharrer und Leonard Waverman (Hrsg.), *Competition Policy in an Interdependent World Economy*, Baden-Baden, S. 243-253.

Kommission der Europäischen Gemeinschaften (1996), *Bericht der Kommission an den Rat und das Europäische Parlament über die Anwendung des „Abkommens zwischen der Europäischen Gemeinschaft und der Regierung der Vereinigten Staaten von Amerika über die Anwendung ihrer Wettbewerbsregeln", 10. April 1995 bis 30. Juni 1996*, Brüssel. zitiert als KOM (1996).

Krugman, Paul R. (1997), 'What Should Trade Negotiators Negotiate About?', *Journal of Economic Literature*, Vol. 35, S. 113-120.

Lancaster, Kevin (1983), *Moderne Mikroökonomie*, Frankfurt und New York.

Langhammer, Rolf (1994), *Nach dem Ende der Uruguay-Runde: Das GATT am Ende?*, Kiel.

Messerlin, Patrick A. (1990), „Anti-Dumping-Regulations or Pro-Cartel Laws? The EC Chemical Cases“, *The World Economy*, Vol. 13, S. 465-492.

Messerlin, Patrick A. (1994), „Should Antidumping Rules Be Replaced by National or International Competition Rules?“, *Aussenwirtschaft*, Vol. 49, S. 351-373.

Messerlin, Patrick A. und Stéphane Becuwe (1987), „French Trade and Competition Policies in Car Industry“, in: OECD (Hrsg.), *The Costs of Restricting Imports. The Automobile Industry*, Paris, S. 119-146.

Morgan, Clarisse (1996), „Competition Policy and Anti-Dumping“, *Journal of World Trade*, Vol. 30, S. 61-88.

o.V. (1997a), „Boeing-McDonnell Douglas wird verhindert“, *Frankfurter Allgemeine Zeitung* vom 23.5.1997, S. 17.

o.V. (1997b), „Das Kabelkartell muß 265 Millionen DM zahlen“, *Frankfurter Allgemeine Zeitung* vom 4.6.1997, S. 15.

Schmidt, Ingo (1996), *Wettbewerbspolitik und Kartellrecht*, 5. Auflage, Stuttgart.

Schumpeter, Josef A. (1942), *Capitalism, Socialism and Democracy*, Neudruck 1976, New York et al.

Seitel, Hans Peter (1996), „Nationale Wettbewerbsordnungen als Basis internationaler Wettbewerbspolitik“, *Wirtschaft und Wettbewerb*, Jg. 46, S. 888-899.

Shepherd, William G. (1990), *The Economics of Industrial Organization*, Englewood Cliffs, New Jersey.

Ströbele, Wolfgang (1987), *Rohstoffökonomik*, München.

Tirole, Jean (1988), *The Theory of Industrial Organization*, Cambridge, MA. und London.

Wienandt, Axel und Harald Wiese (1993), „The Theorie der "contestable-markets“ - ein Leitbild für die Wettbewerbspolitik?“, *Ordo*, Bd. 44, S. 185-201.

N Zwischen Harmonisierung und Systemwettbewerb: Schutzregulierungen im Zeichen der Globalisierung

Axel Wehmeier

1 Abschied von der sozialen und ökologischen Marktwirtschaft?

Die Globalisierung erfährt ihre Brisanz zu einem wesentlichen Teil dadurch, daß sie das autonome wohlfahrtsstaatliche Regulierungspotential der Nationalstaaten unausweichlich zu gefährden scheint. Wenn arbeits- und sozialrechtliche Normen, wenn Umwelt- oder Verbraucherschutzvorschriften von hochmobilen Unternehmen lediglich als Kostenfaktoren im weltweiten Standortwettbewerb minimiert werden, dann ist die Erwartung plausibel, daß die Wohlfahrtsstaaten ihren regulatorischen Besitzstand preisgeben müssen. Die entfesselte Wirtschaft, so die populäre und in der Politik längst aufgegriffene These, lockt die Staaten somit in die „Globalisierungsfalle" (Martin/Schumann, 1996). Es gelte daher, die Zivilisation gegen das (Markt-) Gesetz des Dschungels zu verteidigen,[1] indem internationale Sozial- und Umweltstandards eingeführt werden.

Doch ist dies wirklich eine rationale Position aus Sicht der nationalen, insbesondere der deutschen Politik? Oder sollte man statt dessen auf die „unsichtbare Hand" des Systemwettbewerbes vertrauen? Die folgenden Ausführungen nähern sich der Fragestellung aus zwei Perspektiven. Zum einen ist zu prüfen, in welchem Maße die Globalisierung auf der Ebene des Nationalstaates eine gewünschte Regulierung erschwert oder strategische Spielräume verändert (Abschnitt 2). Zum anderen sind neue multilaterale Regulierungsfragen entstanden, vor allem im Zusammenhang mit der Forderung nach fairem Handel und der Lösung globaler Umweltprobleme (Abschnitt 3).

---

[1] So der ehemalige französische Premier Balladur (vgl. Financial Times, 1993).

2 Nationale Regulierungen im Sog der Globalisierung

i) *Verlust an Regulierungseffizienz?*

Klagen darüber, daß die Globalisierung zu „weit" gegangen sei, werden vor allem im Zusammenhang mit dem „Sozialabbau" in den Industrieländern laut. Allerdings ist es fraglich, inwieweit stagnierende Reallöhne, höhere Arbeitslosigkeit von gering qualifizierten Arbeitskräften als auch der hier zu diskutierende Druck auf die Arbeits- und Sozialgesetzgebung den intensivierten Handelsbeziehungen zugerechnet werden können (Cooper, 1996). Unstrittig ist jedoch, daß aus der verstärkten Konkurrenz auf den Arbeitsmärkten durch die Einbeziehung von ehemaligen Zentralverwaltungswirtschaften und Entwicklungsländern in den Welthandel Deregulierungstendenzen erwartet werden können.

a) *Die These des ruinösen Regulierungswettbewerbs*

Globalisierungsskeptiker bezweifeln, daß die zu erwartenden Entwicklungen vornehmlich effiziente Anpassungen darstellen werden. Befürchtet wird vielmehr ein „competition of laxity", in der die international mobilen Investoren die nationalstaatlichen Regierungen zum Abbau der Regulierungen unter ein sozial erwünschtes Niveau zwingen (Sinn, 1996, S. 17-23; Scharpf, 1997, S. 20-25).

Eine solche Entwicklung ist theoretisch nur zu begründen, wenn die Regulierungen der Korrektur von Marktversagen dienen, beispielsweise im Umwelt- oder Gesundheitsschutz. Analog wird bei Arbeitsmarktbeziehungen auf Probleme asymmetrischer Information hingewiesen, die eine derart ungleiche Machtverteilung zur Folge habe, daß die Arbeitnehmer zu einem Angebot unterhalb ihres Wertgrenzproduktes gezwungen sein können. Bei näherer Betrachtung erweisen sich allerdings diese Argumente weder als theoretisch überzeugend noch empirisch relevant (Welter, 1996, S. 205-208).

Die Effektivität einer solchen Bereitstellung öffentlicher Güter durch Regulierung beruht auf der Möglichkeit des Staates, mittels Gewaltmonopol Trittbrettfahrerverhalten relativ kostengünstig auszuschließen. So werden sich gewinnmaximierende Unternehmer nur dann auf Dauer an Umweltauflagen halten, wenn sie aufgrund des Sanktionspotentials des Staates sicher sein können, daß ihre Konkurrenten ebenfalls diese Auflagen erfüllen und sich nicht durch Überwälzung der Internalisierungskosten Vorteile im Wettbewerb verschaffen können. Regulierung funktioniert also nur, wenn der Wettbewerb in bestimmten Bereichen ausgeschaltet wird. Über die Globalisierung wird nun jedoch, so die These, dieser Wettbewerb praktisch durch die Hintertür wieder eingeführt, weil Unternehmen in hochregulierten Ländern mit Konkurrenten mithalten müssen, die aufgrund geringerer Auflagen kostengünstiger produzieren können. In der Folge werden die Regierungen selbst zur Deregulierung genötigt, falls nicht eine internationale Koordinierung gelingt. Abhilfe könne hier nur eine Zentralisierung der politischen Entscheidungen schaffen, die Wanderungsbewegungen für die Stabilität des Regulierungsgleichgewichts irrelevant werden lassen.

Was hier zunächst plausibel klingt, erweist sich bei näherem Hinsehen als wenig überzeugend. Schutzbestimmungen zur Korrektur rein nationaler Umwelt- oder Arbeitsschutzprobleme werden automatisch mit zunehmender Überwälzung auf Arbeitnehmer bzw. Steuerzahler zu fixen Lohnkostenbestandteilen (Feld, 1996).[2] Wenn sich im internationalen Handel die Faktorpreise tendenziell angleichen, führt dies c.p. lediglich dazu, daß die Beschäftigten mit höheren gewünschten Standards einen geringeren Anteil an variablen Lohnkomponenten ausgezahlt bekommen. Auf den Marktversagenstatbestand selbst übt die Globalisierung keinen Einfluß aus. Nationale Korrektur des nationalen Marktversagens und Freihandel sind somit auch in diesem Falle die beste Politik.

Selbst wenn die Unternehmen bei vollständiger Kapitalmobilität nicht mehr zur Finanzierung allgemeiner öffentlicher Güter wie Umweltschutz herangezogen werden können,[3] bleibt die Folgerung gültig. Es mag herrschenden Gerechtigkeitsvorstellungen widersprechen, wenn Unternehmen als Mitverursacher sich nicht an der Finanzierung der Schadensbehebung beteiligen: an der Effizienz der

---

[2] Solange das Bestimmungslandprinzip gilt, erhält man das Ergebnis auch für Umweltschutzbestimmungen. Nur wenn man das Ursprungslandprinzip, also die Anerkennung ausländischer Regulierungen im eigenen Territorium, einführt, kann eine übermäßige Deregulierung erwartet werden. Beispielsweise würde eine hohe Abgasnorm für Autos kaum aufrechterhalten werden können, wenn sie nicht verbindlich für alle Autobesitzer vorgeschrieben wird. Daher ist dieser Bereich durch Art. 20 EWGV zurecht als Ausnahmebereiche des Systemwettbewerbes mit nationaler Regelungshoheit abgegrenzt.

[3] Selbst in diesem Falle ist ein freiwilliger Finanzierungsbeitrag der Unternehmen zu erwarten. So deutet die große Nachfrage nach Öko - Audits auf starke Reputationseffekte von Umweltschutzinvestitionen hin.

resultierenden Bereitstellung von Umweltschutz ändert sich dadurch wenig. Maßgeblich für die Regulierungseffizienz sind die Präferenzen und das Kalkül der Bürger, nicht die der Unternehmen als (juristische) Personen. Die stärkere Beteiligung der Individuen an der Finanzierung macht den Umweltschutz zwar für sie relativ teurer, so daß sie weniger Umweltschutz nachfragen werden. Letztlich haben sie jedoch vorher davon profitiert und ökonomisch betrachtet zu viel Umweltschutz nachgefragt, da sie einen Teil der Kosten auf die Unternehmen überwälzen konnten.

Sofern die Unternehmen im Rahmen ihres Produktionsprozesses an der Durchsetzung von speziellen Standards interessiert sind, werden sie auch weiterhin bereit sein, äquivalente Finanzierungsbeiträge zu leisten. Relevant ist dies insbesondere für grundlegende gesundheitsrelevante Bestimmungen in der Industrieproduktion. Solche Regulierungen können als komplementäre Bestandteile zum übrigen Produktionsprozeß betrachtet werden, die die Produktivität der Arbeitnehmer steigern. Die Unternehmen müssen abwägen zwischen dem Nettonutzen aus niedrigerer Produktivität und niedrigeren Auflagen in einem Land A sowie höherer Produktivität gekoppelt an entsprechend höhere Kosten in einem anderen Land B. Die Kontinuität diesbezüglicher Standards in der Industrieproduktion der führenden Wirtschaftsnationen deutet zumindest tendenziell darauf hin, daß relativ hohe Regulierungsniveaus in diesem Zusammenhang durchaus präferenzgerecht sind. Hierfür spricht auch die Beobachtung, daß die meisten multinationalen Firmen hohe Standards freiwillig auch in ihren Dritte-Welt-Standorten anwenden (Bhagwati/Srinivasan, 1996, S. 173f.). Im übrigen ist die Befürchtung, daß auch die Kosten für diese Art von Regulierung vollständig auf die immobilen Faktoren übertragen werden können, unbegründet. Nur in dem für Europa irrelevanten Fall, daß sich alle Regulierungsnachfrager zu einem Monopson kartellieren, wäre ein von den Steuerzahlern finanzierter Unterbietungswettbewerb theoretisch denkbar.

b) Globalisierung als Chance für wohlfahrtsstaatliche Reformen

Umstellung auf effiziente Eingriffsformen

Ein intensivierter internationaler Wettbewerb gefährdet mithin nicht eine präferenzgerechte Regulierung nationalen Marktversagens. Wenn dennoch Deregulierungsdruck erwartet werden kann, so kann dieser als Impuls für wohlfahrtssteigernde Reformen gewertet werden.

Dies gilt insbesondere für den Umweltschutz, der in Deutschland bei weitem immer noch durch das ineffiziente Instrument des Ordnungsrechts dominiert wird (Heister, 1997, S. 20-37). Für das Ordnungsrecht sprechen zwar mitunter Transaktionskostenargumente, insbesondere im Zusammenhang mit der Gefahrenabwehr. Grundsätzlich ist es jedoch preislich steuernden Instrumenten stark unterlegen, weil es nur unzureichend anreizkompatibel ausgestaltet werden kann, weil es sich dynamisch betrachtet nur langsam anpassen läßt und weil es sehr anfällig für den Einfluß von Partikularinteressen ist (Heister, 1997, S. 34f.). Wenn unter dem Eindruck der Globalisierung die Substitution des Ordnungsrechts durch Ökosteuern vorangetrieben wird, so kann dies nur begrüßt werden.

Impulse für die Korrektur verteilungspolitisch motivierter Regulierung

In Deutschland ist vor allem die Arbeits- und Sozialgesetzgebung eher verteilungspolitisch als durch Marktversagen motiviert. Ausgehend von der Überlegung, daß der Arbeitnehmer grundsätzlich gegenüber dem Arbeitgeber die schwächere Verhandlungsposition besitzt, sollen die Ergänzungen des Vertragsrechts die Ansprüche der Arbeitnehmer absichern helfen und so für soziale Gerechtigkeit sorgen. Infolge der Globalisierung wird nun befürchtet, daß diese Errungenschaften aufgegeben werden müssen. Da zusätzlich die Verhandlungsmacht der Gewerkschaften im „battle over mark ups“ schwindet, prognostizieren einige Publizisten die Wiederkehr frühkapitalistischer Verhältnisse (Martin/Schumann, 1997; Schwartz 1997).

Unbestritten ist, daß die Globalisierung kurz- und mittelfristig mit Lohneinbußen für unqualifizierte Arbeit einhergehen wird (Beitrag D in diesem Band). Gemäß dem Stolper-Samuelson-Theorem kann aus der Intensivierung des Handels mit Ländern, in denen Arbeit im Verhältnis zu Kapital reichlicher vorhanden ist, erwartet werden, daß der vormals künstlich verknappte Faktor - in Deutschland unqualifizierte Arbeitskräfte - Einkommenseinbußen hinnehmen muß. Dies kann sich in sinkenden Lohnauszahlungen oder steigender Arbeitslosigkeit, aber auch substitutiv in einem Abbau von Schutzstandards äußern. Wenn sozial- und arbeitsrechtliche Bestimmungen aus Sicht der Unternehmen zusätzliche (Fix-) Kosten darstellen, werden sie automatisch durch veränderte Faktorpreisverhältnisse auf dem Weltmarkt beeinflußt.

Bis zu einem gewissen Grade kann eine Volkswirtschaft den Anpassungspfad selbst bestimmen. In Deutschland ist offensichtlich bisher die Bereitschaft noch größer, ein hohes Maß an Arbeitslosigkeit zu tolerieren als Lohnsenkungen oder eine Deregulierung im Arbeitsrecht hinzunehmen.[4] Ob dies verteilungspolitisch ein sinnvoller Weg ist, muß bezweifelt werden. Nicht nur, daß sich die Verteilungslasten der Steuerzahler potenzieren, sobald ein zunehmender Anteil von Dauerarbeitslosen infolge von Humankapitalerosion nicht mehr zu überhöhten Mindestlöhnen in den Markt integriert werden können. Vor allem aber wird von den Schutzregulierungen ein sozialpolitischer Beitrag erwartet, den sie ohnehin nicht leisten können. Werden Kündigungsschutz oder andere Regulierungen eingeführt, so profitieren hiervon ohnehin nur die Arbeitsplatzinhaber. Die Unternehmen werden zusätzlich mit Fluktuationskosten belastet, die Arbeitsuchenden und potentiellen Arbeitsanbieter mit erhöhten Marktzutrittsschranken. Langfristig verschwinden selbst die Vorteile der Insider, weil in aller Regel die Unternehmen Arbeit durch Kapital im Produktionsprozeß substituieren können, bis die alten Verteilungspositionen wieder hergestellt worden sind.

Aus distributiver Sicht muß es deshalb bedauert werden, daß es im Zuge der Globalisierung noch nicht zu einem Abbau von verteilungsmotivierter Schutzregulierung in Deutschland gekommen ist. Dieser würde zur relativen Erhöhung der pekuniären Lohnbestandteile führen, die wiederum über Besteuerung für eine zielgerechte und weniger verschwenderische Verteilungspolitik genutzt werden können. Dagegen würde die Alternative eines verstärkten politischen Schutzes arbeitsintensiver Produktion nur Strukturwandel und Wachstum bremsen und langfristig die Verteilungskonflikte verstärken. Die in der Textil- und Schwerindustrie gemachten Erfahrungen bieten hierfür ausreichend Anschauungsmaterial.

[4] Andere westlichen Länder haben sich für eine maßgebliche Anpassung über die Löhne entschieden und auf diesem Wege die größten Erfolge im Kampf gegen die Arbeitslosigkeit erzielt. So herrscht heute in den USA nahezu Vollbeschäftigung. Dies konnte im wesentlichen über konsequente Lohnzurückhaltung in den 80er und 90er Jahren erreicht werden - bei eher zunehmender arbeitsrechtlicher Regulierungstätigkeit (Freeman, 1996, insbes. S. 40f.)!

Überwindung akkumulierter Fehlregulierungen

Das im vorigen Abschnitt entwickelte Argument der diskriminierenden Wirkung von Regulierungen kann weiter verallgemeinert werden. Regulierungen wie Zutrittsschranken oder Preiskontrollen sind im Vergleich zu Subventionen und Nachfragestärkungen ein kurzfristig hocheffektives Instrument, um im politischen Wettbewerb entweder aus wahltaktischen Überlegungen Privilegien zuzuteilen oder seitens der Unternehmen Wettbewerbsvorteile zu sichern (Rasmusen/Zupan, 1991). In diesem Falle ist eine Regulierung weder durch Erwägungen der volkswirtschaftlichen Wohlstandsförderung noch der sozialen Gerechtigkeit motiviert, sondern dient allein der Vorteilnahme weniger zu Lasten der Allgemeinheit. Die sozial- oder umweltpolitische Verpackung solcher Maßnahmen sorgt für eine größere politische Akzeptanz, an der Wirkung ändert sich dadurch nichts.

Eine Reihe von Faktoren sorgt dafür, daß sich solche ineffizienten Regulierungen im Zeitablauf in Wohlfahrtsstaaten wie der Bundesrepublik anhäufen und nur schwer zu korrigieren sind.[5] Für das weitestgehend richterrechtlich fortgebildete deutsche Arbeits- und Sozialrecht ist das starke Beharrungsvermögen der Rechtsentwicklung prägend. Vor allem aber sind im wesentlichen nur Insiderinteressen Gegenstand arbeitsrechtlicher Auseinandersetzungen, so daß Arbeitslose nur geringe Chancen haben, ihre Belange in die Rechtsentwicklung einzubringen. Nicht viel anders stellt sich das Bild in manchen umweltschutzrelevanten Regulierungsbereichen dar. Es dürfte unstrittig sein, daß Industrienormen oder Bauauflagen, deren Entwicklung ja von den etablierten Unternehmen selbst maßgeblich mitbestimmt wird, erhebliche Zutrittsschranken darstellen.

Diese Selbstverstärkungstendenzen, die sich längst zur institutionellen Sklerose verfestigt haben, geben wenig Anlaß zur Hoffnung auf endogene Reformen. Die Globalisierung läßt jedoch den Charakter der Regulierungen immer transparenter, die volkswirtschaftlichen Kosten immer spürbarer werden. Die zuvor ausgegrenzte Außenseiterkonkurrenz wird nun im politischen Wettbewerb wieder wirksam. Davon, daß Insiderregulierungen als kostentreibender Inputfaktor abgebaut werden müssen, profitieren letztlich Arbeitslose und potentielle Investoren, weil aus ihrer Sicht Zutrittsschranken zum Markt abgebaut werden. Eine auf diese Weise ausgelöste Deregulierung ist nicht als Ausdruck politischer Handlungs-

---

[5] Zur Persistenz von Regulierung: Vaubel (1994, S. 158ff.).

unfähigkeit, sondern als Befreiung der Politik aus den Zwängen innenpolitischer Verteilungskämpfe zu werten, als „Globalisierungschance“.

c) *Wahrung hohen Schutzniveaus durch europäische Harmonisierung?*

Die Furcht vor Deregulierungen hat im politischen Bereich die Forderung nach einer europaweiten Harmonisierung von Schutzstandards laut werden lassen. Um den Verlust einer regulatorischen Absicherung zu verhindern, sollten zumindest akzeptable Mindestniveaus als level playing field auf EU - Ebene verankert werden, insbesondere wenn die Osterweiterung konkret werden sollte. Im Bereich des Umweltschutzes sind diesbezügliche Bemühungen mittlerweile bereits so weit fortgeschritten, daß aus ökonomischer Sicht das Subsidiaritätsprinzip eindeutig verletzt wird.[6] Die Sozialpolitik hinkt zwar in der Entwicklung etwas hinterher, eine Intensivierung der sozialpolitischen Aktivitäten auch im Zusammenhang mit der Währungsunion ist aber unverkennbar.

Fraglich ist bereits, ob Wohlstandsunterschiede überhaupt in Europa von politischer Relevanz sind. Zwar gibt es heute innerhalb Europas größere Einkommensunterschiede als etwa in den USA, im weltweiten Maßstab relativieren sich diese Differenzen jedoch stark. Weiter muß berücksichtigt werden, daß die Mitgliedstaaten in ihren kulturellen, geographischen und politischen Erscheinungsformen stark voneinander abweichen. Diese Faktoren sind für das Wohlbefinden der europäischer Bürger von Bedeutung, sie wirken wie nichtpekuniäre Einkommensbestandteile. Da im Binnenmarkt die politischen Wanderungshemmnisse als relativ gering eingestuft werden können, sind die schwach ausgeprägten Wanderungsbewegungen innerhalb der EU ein Indiz für geringe innereuropäische Wohlfahrtsunterschiede. Auch bei einer weiteren Vertiefung der internationalen Arbeitsteilung wird sich dies für den Großteil der Mitgliedsländer nicht ändern. Die mittel- und nordeuropäischen Staaten verfügen über eine sehr ähnliche Ausstattung an Produktionsfaktoren, so daß sich auch in Zukunft die Gewinne aus Handel relativ gleichmäßig verteilen werden.

---

[6] So das Ergebnis der Untersuchung von Döring (1997, vor allem S. 117-196), der seinen Ausführungen im wesentlichen das Äquivalenzprinzip zugrunde legt, demzufolge das Angebot und die Finanzierung öffentlicher Güter mit dem Kreis der Nutznießer zusammenfallen soll.

Allerdings kann die Globalisierung dazu führen, daß sich die Wohlfahrtsunterschiede zwischen den relativ kapital- und den relativ arbeitsreichen Ländern in der EU vergrößern werden.[7] Während der Norden von der verstärkten Arbeitsteilung durch höhere Kapitalerträge profitiert, kommen Akteure aus den südlichen Mitgliedsländern unter Druck durch die Konkurrenz aus den arbeitsreich produzierenden Entwicklungsländern. Es ist daher möglich, daß sich tendenziell nicht nur die Disparitäten der Faktoreinkommen innerhalb kapitalreicher Länder wie Deutschland verstärken, sondern auch zwischen Mitgliedsländern mit stark abweichenden Faktorausstattungen.

Werden in dieser Situation europaweit soziale Mindeststandards auf hohem Niveau eingeführt, so impliziert dies politisch automatisch eine verstärkte grenzübergreifende Umverteilung innerhalb der EU. Die Regulierungen führen bei den südeuropäischen Unternehmen zu Kostensteigerungen und dem Verlust an Marktanteilen an Konkurrenten aus Drittländern. Die Regierungen der betroffenen Länder werden daher Standards nur zustimmen, wenn sie an anderer Stelle von den nördlichen Partnern kompensiert werden, sei es über höhere Außenzölle oder durch Transfers. Solange die Entscheidungen einstimmig gefällt werden müssen, ist dieses Ergebnis eindeutig. Aber selbst dann, wenn eine qualifizierte Mehrheit genügt, läßt sich eine erforderliche Koalition erfahrungsgemäß ohne große Probleme bilden.[8] So wird eine Dynamik ausgelöst, die die verschärfte Verteilungsdebatte auf nationaler Ebene durch kaum zustimmungsfähige europäische Redistributionsforderungen weiter belastet. Das bisweilen zu hörende Argument, eine europäische Sozialunion sei für Deutschland der einzig realistische und effiziente Weg zu einer Deregulierung (Dunkel, 1996, S. 217), kann vor diesem Hintergrund nicht überzeugen.

Eine solche Politik würde die Wachstumsperspektiven aller europäischen Länder nachhaltig trüben. Die Implementierung eines hohen Regulierungsniveaus führt

---

7 Die im folgenden skizzierte Entwicklung ist keineswegs zwangsläufig. Unter dynamischen Aspekten bieten sich gerade für Länder wie Portugal große Chancen, über kluge Standortpolitik kapitalintensive Produktionen zu attrahieren und mittelfristig die komparativen Kostenvorteile endogen neu zu bestimmen. Auch in diesem Zusammenhang wäre von einer Ausweitung der europäischen Sozialpolitik abzuraten, weil sie zusätzliche Anreize schafft, in den alten Spezialisierungsmustern zu verharren.

8 Viele arbeits- und sozialrechtliche Maßnahmen werden auf EU-Ebene den Art. 100, 100a, 118a und 118b folgend mit qualifizierter Mehrheit entschieden (Franzen, 1995, S. 798-802).

c.p. dazu, daß zusätzliche staatliche Eingriffe in ein ohnehin hochreguliertes Wirtschaftssystem erfolgen. Dies schränkt die Handlungsfreiheit der Privaten weiter ein und schwächt die Wachstumsdynamik. Juristische Umsetzungsprobleme verstärken die Tendenz. Die europäischen Schutznormen sind höchst unterschiedlich ausdifferenziert und in die stark abweichenden Rechtssysteme integriert. Wenn eine vollständige Substitution von nationalem durch europäisches Recht daher ausscheidet, bleibt nur die gängige Praxis der Richtliniensetzung. Hier ist jedoch auch aus juristischer Sicht die Bilanz der ersten Gehversuche eines europäischen Sozialrechts überwiegend negativ (Junker, 1994, S. 286; Franzen, 1995, S. 826; aus ökonomischer Sicht: Sapir, 1996). Es ist daher bereits fraglich, ob eine Harmonisierung der Schutzrechte überhaupt durchgeführt werden kann. Wird sie dennoch durchgesetzt, so kann über die kurzfristigen Anpassungslasten hinaus erwartet werden, daß sich erhebliche Folgekosten in Form der Destabilisierung der gewachsenen nationalen Rechtssysteme einstellen werden (Zitscher, 1996, S. 657-660).

Eine nationale Regierung, die eine auch nur teilweise Verlagerungen von Kompetenzen auf die europäische Ebene erwägt, muß auch die Gefahr eines weitgehenden Autonomieverlustes bedenken. Nach Einführung eines europäischen Mindeststandards sind Korrekturen des *acquis communautaire* kaum noch möglich. Dies mag aus deutscher Sicht im Sozialrecht irrelevant erscheinen,[9] insbesondere für den Umweltbereich können diesbezügliche Wünsche jedoch recht schnell entstehen.[10] Der Handlungsspielraum der Politik schwindet aber auch dadurch, daß die Zentralisierungsfalle greift (Fuest, 1995). Wird die Regulierung eingesetzt, um ganz bestimmten Gruppen Privilegien zu gewähren, so sind die entstehenden Renten nur vorübergehender Natur. Sie locken zusätzliche Wettbewerber an, bzw. lösen kompensierende Marktreaktionen aus. Sollen die einmal gewährten Privilegien wieder hergestellt werden, so muß rereguliert werden mit der Folge einer weiteren Abgabe von Kompetenzen an europäischer Ebene. Anders als bei einer Steuerharmonisierung entstehen dabei nicht einmal zusätzliche

---

9 Was jedoch nicht verhindert hat, daß der EuGH vor allem in Fragen der Gleichbehandlung der Geschlechter am Arbeitsplatz die deutsche Rechtsprechung empfindlich korrigiert hat (Junker, 1994, S. 281f.)

10 So wird etwa die NRW-Landesregierung noch erhebliche Anstrengungen unternehmen müssen, um das Garzweiler II - Projekt mit europarechtlichen Wasserschutznormen vereinbar zu machen.

Einnahmen für die nationale Politik. Hinzu kommt, daß insbesondere das Arbeits- und Sozialrecht stark richterrechtlich geprägt und damit aufgrund des Vorranges europäischen Rechts von der Gesetzgebungs- und Regierungsebene nur schwer zu kontrollieren ist.

Eine solche Entwicklung ist kein Horrorszenario. Eine einmal etablierte konkurrierende Zuständigkeit hat mit Ausnahme der Schweiz bisher in föderalen Staaten immer dazu geführt, daß im Zeitablauf eine starke Zentralisierung einsetzte. In Europa sind die Bedingungen hierfür angesichts der schwachen politischen Kontrolle auf zentraler Ebene sogar besonders günstig. Auch die bisherige Entwicklung der Europäische Union bestätigt die Prognose (Vaubel, 1994).

*ii) **Strategische Spielräume im Regulierungswettbewerb?***

Auf unvollkommenen Märkten mit monopolistischen Spielräumen bestehen theoretisch Möglichkeiten, durch geschickte Interventionen Renten ins eigene Land umzuleiten (Beitrag K in diesem Band). Insofern ist die Forderung nach einer strategischen Regulierungspolitik im Zusammenhang mit der Globalisierung nur ein Spiegelbild der früheren Diskussionen um Optimalzölle und strategische Handelspolitik.

Aus Sicht der deutschen Wirtschaftspolitik stellt eine strategische Deregulierung keine ernstzunehmende Politikoption dar. Im Bereich der Sozialregulierungen böte sich aufgrund der gesetzlichen Gleichbehandlung kein Ansatzpunkt für eine strategische Diskriminierung zwischen einzelnen Branchen. Dies wäre zwar im Bereich des Umweltschutzes möglich, doch sind die Präferenzen für Umweltschutz in Deutschland offensichtlich so stark ausgeprägt, daß selbst im Vergleich zu anderen Industrieländern eine strategische Unterbietung im Ansatz verworfen werden muß. Die Überlegungen konzentrieren sich in der Praxis folglich darauf, welche Optionen auf der Basis eines relativ hohen Regulierungsniveaus bestehen.

a) Europa als global player

Die im ersten Abschnitt abgeleiteten Kosten überhöhter Regulierungen können im Falle eines großen Landes theoretisch durch „Terms-of-Trade“ (TOT)-Effekte kompensiert werden. Aus diesem Grunde könnte es Sinn machen, vor allem die

Sozialpolitik auf europäischer Ebene zu koordinieren, um monopolistische Preissetzungsspielräume auf dem Weltmarkt aufzubauen. Regionalismus wird so zum strategischen Instrument (von Scherpenberg, 1997, S. 17-19).

Eine Anhebung der Sozialstandards in Europa wäre jedoch unter der realistischen Annahme einer unvollständigen Spezialisierung gerade nicht geeignet, die Wohlfahrt in Europa zu fördern. Der Standard führt zunächst zu einer Verteuerung des Faktors Arbeit und einer Einschränkung der Produktionsmöglichkeiten, weil die Substitution durch Kapital nur unvollständig erfolgen kann. Da durch den Standard die arbeitsintensive Produktion stärker betroffen ist als die kapitalintensive, wird sich nach erfolgter Anpassung in Europa die Spezialisierung auf die kapitalreiche Produktion verstärken und mehr hiervon exportiert werden. Unter der Annahme, daß die Produktion des anderen, relativ arbeitsreicher ausgestatteten Landes unverändert bleibt, ist im neuen Gleichgewicht das Weltangebot für kapitalintensive Güter relativ zu dem an arbeitsintensiven gestiegen. Die Nachfrage nach den Gütern geht zwar ebenfalls aufgrund der eingeschränkten Produktionsmöglichkeiten zurück, doch ist der Angebotsrückgang im kapitalintensiven Land größer als die Nachfragereduktion. Im Ergebnis werden deshalb durch den Standard die TOT des relativ arbeitsreichen Landes, also etwa den USA, verbessert. Für die TOT-Effekte einer Standardsetzung ist es mithin unerheblich, in welchem Land der Standard implementiert wird, entscheidend ist nur seine Wirkung auf das weltweite Faktorpreisverhältnis (Brown et al., 1996, S. 248-253).

Europa müßte deshalb seine Sozialgesetzgebung deregulieren, wenn es einen Anstieg der Exportpreise erzielen will. Doch auch diese Strategie ist ohne Durchschlagskraft. Unter den getroffenen Annahmen könnte die Steigerung der Exportpreise durch eine strategische Regulierungszunahme in den USA zunichte gemacht werden. Im Ergebnis würden sich beide Regionen schlechter stellen als unter unregulierten Regimen. Dies gilt auch für den extremen Fall der vollständigen Spezialisierung. Man nehme etwa an, Europa würde sich im Handel mit den Entwicklungsländern auf ein ganz bestimmtes Produkt spezialisieren, welches gegen ein anderes Produkt aus der Dritten Welt getauscht wird. In diesem Falle verbessern hohe Sozialstandards zwar zunächst die TOT Europas. Reagieren die Entwicklungsländer ihrerseits mit hohen Standards, würden jedoch beide Regionen im Gleichgewicht zu hohe Standards setzen. Die Konsequenz wären beidseitige Wohlfahrtseinbußen und insbesondere eine Behinderung des Aufholprozesses in den Entwicklungsländern.

b) Innovationsschübe durch Überregulierung?

Eine aktive nationale Standardsetzung auf dynamischen Weltmärkten wird vor allem von einflußreichen Umweltforschern gefordert.[11] Eine Regulierung über das ökonomisch optimale Maß hinaus, so die Kernthese, reduziere nicht nur die Kosten der Umweltnutzung, sondern verbessere die Produktionsprozesse und Produkte derart, daß die Wettbewerbsfähigkeit der regulierten Unternehmen insgesamt steigt. Die ökonomische Ratio zu dieser Form der „double - dividend - Hypothese" baut vor allem auf den Arbeiten von Porter[12] auf.

Als Hauptargumente werden angeführt, daß eine geschickte Regulierung[13] Informations- und Ertragsunsicherheiten reduziert, daß eine bewußt hoch gelegte „Meßlatte" an Vorgaben besonders starken Kreativitätsdruck auslöst und daß auf diese Weise Anreizprobleme bei der Durchsetzung technischen Fortschritts verringert werden. In der Folge erlangen die Innovatoren einen Vorsprung gegenüber der Auslandskonkurrenz und damit vorübergehende monopolistische Spielräume. Dies ermöglicht es den Unternehmen, ihre Wettbewerbsfähigkeit langfristig zu stabilisieren, da zusätzliche Ressourcen für Innovationen bereit stehen.

Die bisherigen theoretischen Erörterungen der Porter - Hypothese kommen zu dem vorläufigen Fazit, daß zwar Möglichkeiten für „innovation offsets" bestehen, daß die Ergebnisse jedoch wenig robust sind (Ulph, 1996). In der Praxis dürfte die Regierung kaum über die notwendigen Informationen zur Vorhersage zu-

---

[11] Weizsäcker et al. (1995, vor allem S. 204-218). Auch von gewerkschaftlicher Seite gibt es Forderungen nach bewußter Überregulierung (Scherrer, 1995, S. 720f.). Sie fördere als Produktivitätspeitsche den Strukturwandel, weil durch starke Regulierungen nur noch hochproduktive Unternehmen im Markt verbleiben könnten. Daß sich so die ohnehin schon dramatische Ausgrenzung von unqualifizierten Arbeitskräften am deutschen Arbeitsmarkt weiter verschärfen würde, ist offensichtlich. Folglich würde auch der Ruf nach einer aktiven staatlichen Absicherung des verschärften Strukturwandels sich verstärken und mit hoher Wahrscheinlichkeit auch erhört werden. Abwegig ist auch das Argument, hohe Sozialstandards in den Entwicklungsländern stärkten die globale Kaufkraft. Eine exogene Anhebung der Regulierung würde den Unternehmen lediglich komparative Kostenvorteile nehmen, c.p. den Handel in andere Länder umlenken, folglich Tauschmöglichkeiten und Kaufkraft vernichten.

[12] Grundlegend: Porter (1990), vgl. insbesondere zur Umweltpolitik: Porter/van der Linde (1995).

[13] Als geeignete Regulierungen beschreiben Porter und van der Linde (1995, S. 110-112) Maßnahmen, die zwar eindeutige Ziele setzen, aber den Weg dorthin offen lassen, und die maximalen Gebrauch von marktgerechten Anreizen machen. Damit reduziert sich der Unterschied zwischen dem Porter - Ansatz und einem ordnungspolitischen Ansatz in der Umweltökonomie (Vgl. Heister, 1997, S. 20-37) auf die Forderung, die Regulierung in innovationsträchtigen Branchen bewußt höher als in einem neoklassischen Optimierungskalkül anzusetzen.

kunftsweisender Entwicklungen verfügen. Gerade im Innovationswettbewerb können die Marktteilnehmer selbst die zukünftigen Marktstrukturen und komparativen Vorteile besser prognostizieren. Daraus folgt aber auch, daß es über einen umweltpolitischen Regulierungsaktivismus tendenziell zur Verdrängung anderer, lohnenderer Investitionen kommen wird.

Für eine strategisch handelnde Auslandsregierung böten sich zudem verstärkte Anreize, eine strategische Überregulierung mit Deregulierung zu vergelten, um ein rent-shifting zugunsten der einheimischen Unternehmen zu erreichen. Auch dies würde die angestrebten Monopolrenten im Inland gefährden. Zweifelhaft ist auch, wie sich die umweltpolitischen Auflagen auf die gesamte Forschungstätigkeit der Unternehmen auswirken. Besonders kleinere Unternehmen werden kaum in Umweltforschung und Innovation investieren, sondern als Folge der zusätzlichen Regulierungskosten die Forschungstätigkeiten insgesamt reduzieren, um im Markt bleiben zu können.

Die Unsicherheiten nehmen weiter zu, wenn die Zahl der Wettbewerber steigt. Treten zusätzliche nationale Bewerber in den Markt ein, so werden die Vorsprungsgewinne wegkonkurriert, das Polster für zukünftige Innovationstätigkeiten schwindet. Die Ergebnisse differieren weiterhin, wenn man statt der Mengensetzung Preiswettbewerb unterstellt und wenn andere umweltpolitischen Instrumente eingesetzt werden. Wie im Falle der TOT-Beeinflussung schlagen die strategischen Vorteile in allseitige Ineffizienzen um, sobald die anderen Regierungen zu Gegenmaßnahmen übergehen. Ein Überregulierungsgleichgewicht wurde etwa im Zusammenhang mit der Einführung von Abgasnormen in den Bundesstaaten der USA beobachtet („California-Effect", Scharpf, 1997, S. 22).

c) Entsorgung muß sein - aber nicht bei mir!

Selbst wenn man eine effiziente Umweltpolitik unterstellt, kann man in einer Industriegesellschaft davon ausgehen, daß riesige Müllberge mit teilweise toxilogischen Stoffen verbleiben, die entsorgt werden müssen.[14] Da mit der Endlagerung möglicherweise erhebliche negative Externalitäten verbunden sind, wehren sich

---

[14] Zur Dimension des Problems unter einem ineffizienten umweltpolitischen Regime vgl. Weizsäcker et al. (1995, S. 263-270).

die Anwohner in der Regel vehement, zumal die Kompensationsfrage vorab in der Regel nur unvollständig geklärt wird.

Da dieses „not in my backyard“ Syndrom nur durch sehr hohe Kompensationszahlungen überwunden werden kann,[15] bestehen auf unvollständigen Entsorgungsmärkten für Regierungen in der Praxis möglicherweise Anreize, die Entsorgungsregulierung strategisch so hoch anzusetzen, daß eine Müllbeseitigung im Ausland aus unternehmerischer Sicht lohnend wird. Eine solche Umlenkung mag politisch rational sein, ökonomisch betrachtet bedeutet sie eine Wohlfahrtseinbuße. Kann etwa deutscher Atommüll in anderen europäischen Ländern mit anders gelagerten Präferenzen entsorgt werden, so bewirkt die Regulierung letztlich einen Transfer an die ausländischen Entsorgungsunternehmen. Konvergieren die politischen Präferenzen, so stellt die beste Antwort der dortigen Regierung auf die strategische Standardsetzung ebenfalls eine Überregulierung dar. In diesem Fall werden die Entsorgungskosten ineffizient erhöht und nicht einmal das Ziel des Mülltransfers realisiert.

Wie ist jedoch der zuletzt stark kritisierte „Mülltourismus“ nach Osteuropa oder in Entwicklungsländer zu bewerten? Zunächst kann auch unter Annahme einer effizienten Entsorgungspolitik angenommen werden, daß die Entsorgung in den betrachteten Ländern aufgrund anderer Knappheitsverhältnisse erheblich kostengünstiger erfolgen kann. Ein internationaler Müllhandel ist daher grundsätzlich als Variante des Freihandels wohlfahrtssteigernd.[16]

Dies gilt zunächst nicht, wenn in den Müllimportländern - bedingt durch äußerst unvollkommene politische Märkte - Externalitäten der Entsorgung nicht erfaßt werden. Eine solche Politik kann aus Sicht eines autoritären Herrschers oder einer oligarchischen Führungsclique rational sein, da sich im Verbund mit den Müllexporteuren ein Kartell zu Lasten der übrigen Einwohner schmieden läßt. Die Inanspruchnahme einer solchen Politik durch die Industrieländer ist jedoch

[15] Vgl. Frey et al. (1996), die theoretisch und empirisch zeigen, warum im politischen Bereich die Kompensationszahlungen kurzfristig nicht zustimmungsfähig sind und mittelfristig nur durch starke Zulagen Akzeptanz erlangen, da Kompensationsangebote als Bestechungszahlungen interpretiert werden und zu einem crowding - out von Gemeinsinn führen.

[16] Nur in dem in der Praxis irrelevanten Fall, daß der Müllexporteur als Monopolist mit einem kleinen Land handelt, böten sich für das Inland Möglichkeiten der Wohlfahrtssteigerung, wenn die monopolistischen Zusatzrenten die Ineffizienzen überkompensieren (Rauscher, 1997, S. 116 - 119).

nicht ohne Risiken. Zum einen können sich etwa im Falle der Entsorgung von Atommüll unter Umständen grenzübergreifende negative Effekte einstellen, die nachträglich zu höheren Kosten internalisiert werden müssen. Zum anderen kann sich im Falle eines Regimewechsels ein starker Reputationsverlust der Industrieländer bei internationalen Verhandlungen einstellen, so daß zukünftige Kooperationsbereitschaft tendenziell durch höhere Kompensationszahlungen erkauft werden muß. Es ist somit wahrscheinlich, daß die negativen Folgen einer ineffizienten Verteuerung der Entsorgung zumindest mittel- und langfristig auf die Verursacherländer zurückfallen.

iii) Zwischenfazit: Furcht vor Regulierungsversagen unbegründet - Strategische Optionen nicht lohnenswert - Reformchancen nutzen

Die Diskussion konnte zeigen, daß Befürchtungen eines Raubbaus an der ökologischen und sozialen Marktwirtschaft durch ruinöse Regulierungskonkurrenz im allgemeinen unbegründet sind. Ein Abweichen von einer ökonomisch sinnvollen Regulierungspolitik ist weder notwendig noch wünschenswert. Dies gilt auch für eine strategische Regulierungspolitik, die unter den gleichen Schwächen leidet wie eine strategische Handelspolitik (Donges, 1994).

Es wäre daher auch völlig falsch, der Versuchung einer weitgehenden Harmonisierung der Politik auf europäischer Ebene nachzugeben, die die existierenden Ineffizienzen nur verstärken würde. Statt dessen sollten die Impulse durch die Globalisierung für Reformen genutzt werden. Die strukturelle Veränderung der Arbeitsteilung destabilisiert die alten Verteilungskoalitionen, die Karten im politischen Spiel werden neu gemischt (Casella/Weingast 1995, S. 19-24). Man kann nur hoffen, daß dies ausreicht, um das Beharrungsvermögen des regulatorischen Wildwuchses durch innovative Politik zu überwinden.

3 Globale Regulierungsfragen

Neben den Auswirkungen des Globalisierungsprozesses auf die nationale Wirtschaftspolitik stellt sich auch die Frage nach einer Regulierung der Globalisierung selbst. Der zunehmende Nord-Süd-Handel hat die Konkurrenz zu Unternehmen aus Ländern intensiviert, die in ihrer Produktion nach mitteleuropäischen Maßstäben rechtsschutzstaatliche Grundrechte kraß mißachten. Ein solcher

Wettbwerb wird von vielen in den Industrieländern als unfair empfunden. Parallel zum Ausbau des Welthandels haben sich aber auch globale Umweltprobleme verstärkt.

i) Internationale Mindeststandards für einen fairen Handel

a) Menschenrechtsverletzungen und Handel

Nutzeninterdependenzen

Auf WTO-Ebene werden von einigen OECD-Ländern mit Nachdruck internationale soziale Mindeststandards[17] eingefordert. Diese Forderung kann man zunächst wohlfahrtstheoretisch damit rechtfertigen, daß die nach unseren Maßstäben menschenunwürdige Produktion in den Entwicklungsländern in die Nutzenfunktionen vieler Mitteleuropäer eingeht (Reich, 1994). Kaffee, „an dem Blut klebt", läßt sich von einigen Bürgern halt weniger entspannt konsumieren, als ein „trans fair"-Konkurrenzprodukt.

Zunächst ist festzuhalten, daß die Mehrheit der Bürger in den Industrieländern eine solche Einschätzung offenbar nicht teilt. Wäre dies der Fall, müßten wesentlich umfangreichere Transfers in die Dritte Welt erfolgen, als es heute über Spenden und „fair trade"-Erlöse erfolgt. Als demokratische Restriktion muß dies in der Diskussion akzeptiert werden.

Es muß aber vor allem stark bezweifelt werden, ob Sozialstandards das geeignete Instrument darstellen, die Situation der Arbeiter in den Entwicklungsländern zu verbessern. Unter der Annahme, daß TOT-Effekte für Entwicklungsländer vernachlässigbar sind, resultiert in aller Regel aus einem erhöhten Arbeitsstandard eine Verknappung der Arbeit. Dies bremst nicht nur den Aufholprozeß in den Entwicklungsländern, sondern schadet denen, deren Situation eigentlich verbessert werden soll (Brown et al., 1997, S.236-244). Je ausgeprägter die monopsonistischen Strukturen auf den dortigen Arbeitsmärkten sind und je weniger die in der Exportindustrie erwirtschafteten Löhne zu einem Leben oberhalb des Subsi-

---

[17] Eine ähnliche Diskussion gibt es auch im Bereich der Umweltstandards (Hudec, 1996).

stenzminimums beitragen, desto einschneidender sind die negativen Folgen der Sozialstandards. Um es plastisch auszudrücken: Die Entlassung eines zwölfjährigen Arbeiters in einer asiatischen Teppichfabrik würde die Löhne der Eltern praktisch unbeeinflußt lassen, der Einkommensverlust müßte jedoch im Dienstleistungssektor bei noch schlechterer Bezahlung ausgeglichen werden, so daß nun zusätzlich auch die neunjährige Schwester zur Aufnahme einer Arbeit gezwungen würde. Es wäre zynisch, die Situation der in den Entwicklungsländern lebenden Menschen noch aussichtsloser zu machen, um auf eine dortige innenpolitische Wende zu hoffen. Statt dessen muß die historische Erfahrung zuversichtlich stimmen, daß Handel in den Entwicklungsländern nicht nur zu steigendem allgemeinen Wohlstand, sondern auf lange Sicht auch zur Implementierung einer demokratischen Ordnung führt.

Es ist daher falsch, einen grundsätzlichen Zielkonflikt zwischen Freihandel und der weltweiten Durchsetzung von Menschenrechten zu postulieren. Statt dessen sollten im Rahmen einer offenen Handelspolitik die heimischen Märkte für Produkte aus Entwicklungsländern kompromißlos geöffnet werden. Durch eine effiziente Kennzeichnung von „fair-trade" Produkten würde der Verbraucher in die Lage versetzt, seine Präferenzen für soziale Gerechtigkeit an der Ladentheke äußern zu können (Feld, 1996, S. 63f.; Janning, 1997, S. 39f.). Die bisherigen Erfahrungen lassen vermuten, daß ein solcher Reputationswettbewerb auf privaten Märkten größere Wirkung entfalten kann als diplomatische Bemühungen.

Weltgesellschaftsvertrag

Die weltweite Verankerung von Sozialstandards ließe sich aber auch als Gesellschaftsvertrag einer „Weltgesellschaft" (Luhmann, 1995, insbes. S. 571-578) rechtfertigen. Gäbe es keine despotischen Herrscher in den Entwicklungländern, so könnte man weiter argumentieren, wären Konventionen, wie sie von der ILO vorgeschlagen werden, weltweit zustimmungsfähig.

Auch hier muß allerdings vor einer vorschnellen Übertragung von der nationalen auf die internationale Ebene gewarnt werden. Trotz der zunehmenden globalen Vernetzung wäre es unzulässig, die Weltgesellschaft auf eine Stufe mit den Nationalstaaten zu stellen, was die individuell legitimierte Verfassungsgebung betrifft. Auf absehbare Zeit muß es realistischerweise ausgeschlossen werden, weltweit konsensfähige und gleichzeitig justitiable Formeln zur Gleichstellung von Mann und Frau oder zu sozialen Grundrechten zu finden. In allen Ländern konsensfähige Grundnormen, wie etwa ein Verbot von Zwangsarbeit, werden die Ausnahme bleiben. Westliche Vorstellungen von der Verwirklichung von Menschenrechten werden im weltweiten Maßstab weiterhin die Meinung einer Minderheit sein.[18]

Selbst wenn diese Einschätzung nicht zutreffend wäre, so bliebe es immer noch zweifelhaft, ob eine internationale Menschenrechtskonvention aggressiv durchgesetzt werden sollte. Internationale Beziehungen werden durch Völkerrecht geregelt. Hieraus folgt die Anerkennung der Souveränität anderer Staaten und die Gleichrangigkeit der nationalen Verfassungsordnungen. Trotz aller unübersehbaren Schwierigkeiten ist diese Form der Koordination der Alternative einer hegemonialen Weltherrschaft in jedem Falle vorzuziehen, sei sie auch noch so wohlmeinend missionarisch im Ansatz. Solange die Regeln des GATT eingehalten werden, ergeben sich daher zunächst aus unterschiedlichen politischen Ordnungen keine Implikationen für die Welthandelspolitik.

Hiervon unberührt ist die Frage, ob die Durchsetzung von Menschenrechten ein legitimes Ziel privater und staatlicher Organisationen darstellen kann. Doch muß es sich dabei zunächst um politische Überzeugungsarbeit jenseits des Welthandels handeln, die Staaten zur freiwilligen Unterschrift unter internationale Abkommen bringt.

b) Problematische Bestimmung des level playing field

Sozialstandards werden aber auch damit gerechtfertigt, daß der Freihandel Spielregeln erfordere, die faires Verhalten unter den Marktteilnehmern definieren. Solche Überlegungen sind keineswegs neu, sondern selbstverständlicher Bestandteil einer ordnungspolitisch ausgerichteten Handelspolitik. Es äußert sich vor allem in den Forderungen nach offenen Märkten und Nichtdiskriminierung zwischen verschiedenen ausländischen Anbietern (Willgerodt, 1989). Auf diese Weise interpretierte Fairneß war ein wesentlicher Aspekt der erfolgreichen US-Handelspolitik nach dem Zweiten Weltkrieg (Hudec, 1996, S. 7f.).

---

[18] So blieb das Bekenntnis der WTO-Unterzeichner zu Sozialstandards in der Erklärung von Singapur erwartungsgemäß auf allgemeine und nicht justitiable Absichtserklärungen beschränkt.

Dies ist jedoch nicht der Kern der level playing field Begründung von Sozialstandards. Es geht vielmehr um vorgelagerte Mindestnormen für die *Herstellung* eines Gutes, deren Verletzung auf der zweiten Stufe des Handels protektionistische Maßnahmen, also Verstöße gegen die Nichtdiskriminierung, rechtfertigen, solange eine internationale Harmonisierung nicht realisiert werden kann. Die Begründung erfolgt analog zum Dopingverbot in internationalen Sportwettbewerben, wo kein Starter Vorteile gegenüber „sauberen" Konkurrenten erhalten soll, indem er von staatlichen Dopingprogrammen oder laschen Kontrollen profitiert. So soll auch kein Marktteilnehmer einen Vorteil dadurch erhalten, daß seine Regierung ihm Kosten für sozial- und umweltpolitische Kosten erläßt, die die ausländische Konkurrenz in ihren Kostenfunktionen aufgrund höherer Auflagen berücksichtigen muß.

Unklar bleibt, wie dieser Gedankengang handelspolitisch operationalisiert werden kann. Die Forderung nach Mindeststandards ist eine Anerkennung der Tatsache, daß aus der Existenz verschiedener Standards nicht per se auf unfairen Wettbewerb geschlossen werden kann. Selbst radikale Umwelt- und Sozialpolitiker gestehen Entwicklungsländern niedrigere Standards zu, wenn diese auf einer anderen Ausstattung mit natürlichen Ressourcen oder anderen Produktionstechniken beruhen. Diese Unterschiede sind ebenso wie die Differenzen in der Faktorausstattung ein auslösendes Moment für die Vorteile der Arbeitsteilung, die von allen anerkannt werden.

Um überhaupt ein level playing field bestimmen zu können, müßten daher unterschiedliche Ausstattungen und Präferenzen in Rechnung gestellt werden, um daran anknüpfend eine strategische Vorteilserlangung feststellen zu können. Eine solche Unterscheidung in „natürliche" und „künstliche" Kostenvorteile kann jedoch nur gelingen, wenn die Gesamtheit aller Einflußfaktoren normiert werden kann. Eine bestimmte lasche Regulierung durch eine ausländische Regierung kann nur dann als Subvention eindeutig identifiziert werden, wenn die Präferenzen als identisch und alle übrigen Interventionsmaßnahmen gleich bzw. durch Normierung vergleichbar gemacht worden sind. Hier unterscheidet sich aber der allgemeine Handel vom sportlichen Wettbewerb, wo weitgehende Einigkeit unter allen Marktteilnehmern über einen Dopingtatbestand gegeben ist und die Präferenz für einen dopingfreien Sport von allen geteilt wird. Es dürfte aussichtslos bleiben, einen solchen, dem Sport oder auch der nationalen Wirtschaftspolitik vergleichbaren Maßstab für fairen Wettbewerb auf weltwirtschaftlicher Ebene zu entwickeln.

c) Die politische Ökonomie des fairen Handels

Dennoch plädieren selbst manche Advokaten des Freihandels dafür, extrem niedrige Sozial- und Umweltstandards in bestimmten Produktionen als Dumping anzuerkennen und eine protektionistische Gegenmaßnahme zuzulassen, um Freihandel politisch besser durchsetzen zu können (Hudec, 1996, S. 28; Brown et al., 1996; S. 272). Der moralisch gerechtfertigte Schutz bestimmter einheimischer Industrien wird hier zur Seitenzahlung für die Freihandelsgegner, um deren grundsätzliche Zustimmung zu einem Freihandelsregime sicherzustellen, denn „...no one ever lost an election by coming down on the side fairness“ (Hudec, 1996, S. 28). In der Tat gibt es ja trotz der theoretischen Robustheit der allseitigen Vorteilhaftigkeit einer unilateralen Handelsliberalisierung keine spontane Durchsetzung des Freihandels, sondern es bedarf hartnäckiger internationaler Verhandlungen. Die Forderung nach internationalen Standards erscheint so in einem anderen Licht: "That is, the true purpose of international negotiations is arguably not to protect us from unfair foreign competition, but to protect us from ourselves“ (Krugman, 1997, S. 118).

In der Tat wäre es fatal, wenn die irrige Auffassung, daß der Freihandel selbst die wesentliche Ursache für Menschenrechtsverletzungen und Umweltverschmutzung sei, sich in der deutschen Öffentlichkeit weiter ausbreiten würde. Dennoch dürfen die Gefahren eines protektionistischen Mißbrauchs nicht unterschätzt werden. Die in den Vereinigten Staaten gemachten Erfahrungen deuten auf eine hohe Attraktivität von „unfair trade“-Protektion hin (Bhagwati/Srinivasan 1996, S. 175f.). Sie sind nicht nur effektiver und werden öffentlich eher toleriert, weil sie auf einzelne Unternehmen zugeschnitten werden können und nicht ganze Länder bestrafen. Sie sind vor allem auch durch Lobbying relativ gut beeinflußbar. So kommen in den Verfahren fast ausschließlich die vermeintlich geschädigten Unternehmen zu Wort. Für die „wirklichen“ Kosten des ausländischen Produzenten gibt es keine objektiven Anhaltspunkte, in der Regel werden einheimische Schätzwerte inklusive der Kosten der Sozial- und Umweltstandards zugrundegelegt.

Eine Verankerung von Sozialklauseln in den GATT-Vertrag verstärkt diese Risiken, indem sie protektionistische Spielräume auf völkerrechtlicher Ebene festschreibt. Jede Vereinbarung von Sozialstandards wird ein derart unvollständiger Vertrag bleiben müssen, daß Protektion ähnlich wie im Zusammenhang mit GATT Art. XXIV nur schwer kontrolliert werden kann. Allerdings bietet eine internationale Verhandlungslösung auch Vorteile. So können Kompromißlösungen mit einer teilweisen Öffnung der Märkte vereinbart werden. Weiterhin können die Entwicklungsländer die Anhebung der Standards innenpolitisch mit den Sachzwängen der internationalen Politik rechtfertigen („scapegoat"-Argument, vgl. Feld, 1996, S. 61). Es ist wohl auch im politischen Sinne wenig „realistisch", eine solche Strategie ob ihrer theoretischen Unsinnigkeit rundweg zu verdammen, hat sich doch die Doktrin des fairen Handels auf internationaler Verhandlungsebene längst etabliert.

Es wird deshalb darauf ankommen, eine möglichst stabile Balance zu finden, die fundamentale Fairnessanforderungen seitens der Industrieländer beachtet, ohne das Freihandelsprinzip im Ganzen zu gefährden. Die bisherige Weigerung der GATT-Verantwortlichen, Sozialstandards in ihrer Rechtssprechung Beachtung zu schenken (Brown et al., 1997, S. 232), kann aus dieser Perspektive nur begrüßt werden, zwingt sie doch die Industrieländer, eine wirklich überzeugende und auch für die Entwicklungsländer zustimmungsfähige Konzeption auszuarbeiten.

*ii) **Globale Umweltprobleme***

a) Das Problem: Kombiniertes Markt- und Kollektivversagen

Die Wachstumsbeschleunigung auf weltwirtschaftlicher Ebene im Zuge der Globalisierung hat dazu geführt, daß die Konsequenzen ineffizienter Umweltpolitiken verstärkt werden. Somit ist es von großer Bedeutung, globalen Umweltschutz in effizienter Weise bereitzustellen, um die Vorteile einer intensivierten Arbeitsteilung sicherzustellen. Da internationaler Umweltschutz ein öffentliches Gut darstellt, welches dem theoretischen Extremfall - Nichtrivalität im Konsum und fehlende Ausschlußmöglichkeit auf weltweiter Ebene - sehr nahe kommt, läge es nahe, einer weltweiten Umweltorganisation die zentrale Koordination zu überlassen. Doch gibt es zwei wesentliche Hindernisse, die diese simple wohlfahrtsökonomische Schlußfolgerung nicht politische Realität werden lassen.

Extreme Informationsunsicherheit

Im „Klimaschutz-" oder „Artenschutzspiel" können wesentliche Variablen weder ihrer Natur nach noch hinsichtlich ihrer quantitativen Bedeutung halbwegs zuverlässig bestimmt werden. Unter Naturwissenschaftlern bestehen fundamentale Differenzen über die Kausalzusammenhänge, die zu den globalen Klimaproblemen führen. Folglich lassen sich seriöse Prognosen über zukünftige Entwicklungen mit den heutigen wissenschaftlichen Methoden nicht erstellen. Die Komplexität der Probleme macht es wahrscheinlich, daß diese Unsicherheit trotz aller Anstrengungen bis auf weiteres akzeptiert werden muß.

Die Informationsprobleme erhalten durch die Möglichkeit irreversibler Verluste an Ressourcen eine zusätzliche Dimension, die einen schockartigen Verlust an zukünftigen Produktions- und Konsummöglichkeiten darstellen könnten. Der zukünftige Nutzen eines brandgerodeten Hektars Regenwald wird ebensowenig in das Preissystem internalisiert, wie ausgestorbene Pflanzen- und Tierarten, die zu einem späteren Zeitpunkt bei einem veränderten Stand der Technik möglicherweise einen viel höheren Wert bekommen hätten.[19] Ebenso können schockartige Verluste durch unvorhergesehene Folgewirkungen von Manipulationen an der Natur eintreten, die die Anpassungskapazitäten der Umwelt überfordern. Die Sorgen mögen sich ex post als unbegründet herausstellen, aber niemand kann dies garantieren. Jede rationale Umweltpolitik muß deshalb die genannten Risiken berücksichtigen, will sie den zukünftigen Generationen essentielle Voraussetzungen für ein Leben in Wohlstand garantieren.

Unter den gegebenen Voraussetzungen kann daher das Preissystem nur eingeschränkt als Knappheitsanzeiger und folglich auch der Wettbewerb kaum als „Entdeckungsverfahren" (von Hayek, 1968) wirksam werden. Das heutige umweltpolitische laissez-faire Regime muß daher korrigiert werden.

---

[19] So beginnen Pharmafirmen, Teile des Regenwaldes aufzukaufen, um seine Ressourcenvielfalt für die Produktentwicklung zu nutzen.

Kollektivversagen: Fehlende Reziprozität

Zu dem fehlenden Wissen um Preise tritt ein Problem hinzu, kollektives Handeln zu organisieren. Es gilt, bei ausgeprägten Informationsasymmetrien und einer großen Zahl an Verhandlungsparteien einen anreizkompatiblen Vertrag auszuhandeln. In einer solchen Konstellation ist jedoch Schwarzfahrerverhalten - die Hoffnung auf einen umweltpolitischen Beitrag der anderen, um dann kostenlos profitieren zu können - die einzige dominante Strategie. Defektion ist weder wirksam zu identifizieren noch zu sanktionieren (Schüßler, 1990, S. 143-145).

Bereits auf nationaler Ebene ist es fraglich, ob im politischen Prozeß eine effiziente internationale Umweltpolitik dauerhaft mehrheitsfähig sein kann. Im Zweifelsfall können Wahlen wohl eher durch Umverteilungsprogramme oder nationale Umweltmaßnahmen entschieden werden, deren Umsetzung im Ermessen der nationalen Politik liegt, und deren Wirkung für die Bevölkerung transparent ist. Wenn die Bürger wieder im Rhein baden können, so wird dies die Wahlentscheidung tendenziell eher beeinflussen, als der Anstieg des Meeresspiegels um wenige Zentimeter.

Aber selbst wenn dieses intranationale Dilemma teilweise überwunden werden kann, bleibt das internationale bestehen. Durch nationale Alleingänge kann globaler Umweltschutz nicht bereitgestellt werden. Soll nicht über unilaterale militärische Aktionen gegen internationales Recht verstoßen werden, müßten die Schädigerländer mit hohen Zahlungen für eine Reduktion der Emissionen oder eine Ausweitung des Artenschutzes kompensiert werden. Wirtschaftliche Sanktionen einzelner Staaten stellen mangels Wirksamkeit keine sinnvolle Option dar. Außerdem führt ein aggressives nationales Vorgehen zur Isolierung bei internationalen Verhandlungen (Heister, 1997, S. 19).

Doch selbst wenn es gelänge, eine hinreichend große Zahl an Vertragspartnern zu finden, bleibt die Vertragsdurchsetzung ein schwieriges Problem, vor allem, wenn wie im Falle der Regenwälder die Gruppen der Zahler und Schädiger stark auseinanderfallen. Insbesondere für relativ arme Länder bestehen starke Anreize, im Vorfeld möglicher Kompensationszahlungen eigene Umweltschutzanstrengungen zurückzunehmen oder aber zusätzlich in umweltverzehrende Produktion zu investieren (Chang, 1997, S. 312-315). Allein in diesem Falle, in dem ein bestehender Vertrag durchgesetzt werden soll, kann es sinnvoll sein, als Reaktion auf eine Vertragsverletzung Sanktionen durch multilaterale Handelsschranken zu verstärken. Es ist jedoch zu prüfen, ob nicht andere politische Sanktionen mit geringeren Wohlfahrtseinbußen zur Anwendung kommen können (Heister, 1997, S. 19).

b) Politische Optionen

Schrittmacherfunktion der Europäischen Union?

In Abwesenheit einer Weltregierung kann das soziale Dilemma bei der Bereitstellung eines weltweiten öffentlichen Gutes möglicherweise überwunden werden, wenn sich ein großes Land findet, daß trotz einer überproportionalen Beteiligung an den Kosten bereit ist, die Bereitstellung des internationalen öffentlichen Gutes zu übernehmen (von Scherpenberg, 1997, S. 18f.; grundlegend: Kindleberger, 1988). Ein diesbezüglicher Zusammenschluß aller Mitgliedsländer der Europäischen Union könnte so unter Umständen zur Lösung von globalen Umweltproblemen beitragen, zumal die USA trotz anderslautender Rhetorik (Gore, 1992, insbes. S. 340-362) sich etwa bei der Frage des Klimaschutzes zurückhalten.

Was bei der Bereitstellung der öffentlichen Güter Freihandel oder Währungssystem im historischen Kontext durchaus gut funktionierte, kann jedoch nicht ohne weiteres auf globale Umweltprobleme übertragen werden. Von offenen Märkten können alle Akteure langfristig nur auf der Basis einer multilateralen Öffnung profitieren. Wenn ein großes Land sich daher glaubwürdig an Freihandel bindet, stellt sich eine gewisse Selbstverstärkung der internationalen Spezialisierung ein. Dies gilt gerade im Falle des Umweltschutzes nicht. In Abwesenheit kurzfristiger, substantieller Gefahren ist es für ein Land eindeutig rational, auf die einseitigen Anstrengungen des anderen Landes hin die eigenen Umweltschutzbemühungen zurückfahren.

Die Lösung weltweiter Umweltprobleme bedarf daher eines Vertrages im wesentlichen aller betroffenen Staaten (Heister, 1997, S. 19). Möglicherweise kommt es dabei eher zu einer Einigung, wenn statt vieler nur wenige große Verhandlungsparteien teilnehmen. Im Falle von Handelsblöcken ist dies jedoch eher unwahrscheinlich, da größere Blöcke zu verstärkter Protektion neigen und so aus politökonomischen Erwägungen eine Kooperationslösung unwahrscheinlich wird (Krugman, 1993, S. 60-75).

Fraglich ist vor allem auch, ob die nationalen umweltpolitischen Interessen auf europäischer Ebene besser repräsentiert werden als in den Mitgliedstaaten. Dabei ist zu bedenken, daß sich in der EU längst in erheblichem Maße eine Rentenumverteilung etabliert hat (Peirce, 1991, Freytag, 1995). Auf europäischer Ebene kann dabei eine selektivere Interessenpolitik erwartet werden, in der die Umweltpräferenzen der breiten Bevölkerung geringer zum Ausdruck kommen.[20] Gleichzeitig erhöht sich in Verbindung mit der handelspolitischen Kompetenz der EU gegenüber Drittländern die Neigung, unter dem Vorwand des Umweltschutzes protektionistische Maßnahmen einzuführen.

Multilateraler Vertrag ohne Alternative

Ein unregulierter umweltpolitischer Systemwettbewerb zwischen nationalen Umweltpolitiken stößt im Falle der globalen Umweltprobleme nach heutigem Erkenntnisstand an Grenzen. Alle Anstrengungen müssen daher auf eine effiziente internationale Koordination gerichtet sein. Verbesserte Verfahren der Kosten-Nutzen Analyse und institutionelle Innovationen wie der Ansatz der Gemeinsamen Vertragsumsetzung im Bereich der Klimapolitik (Heister, 1997, S. 33f.)[21] sind wichtige Aspekte dieser Bemühungen. Das zugrunde liegende internationale Dilemma wird hierdurch allerdings höchstens abgemildert, die Anreizprobleme überwinden kann es jedoch nicht. Zu dem Prinzip Hoffnung, daß mit weiterer Verstärkung der Probleme, über technischem Fortschritt und mit zunehmender Sensibilisierung einer immer größeren Öffentlichkeit ein weltweiter Umweltvertrag möglich wird, gibt es bisher keine Alternative.

Wie kann jedoch in einem solchen Vertrag eine rationale Balance zwischen nachhaltigem Wachstum und dem Wettbewerbsprinzip gefunden werden? Eine sachgerechte Lösung kann trotz der genannten Risiken nicht in einer umfassen-

[20] Im Vergleich zu den Nationalstaaten präsentieren sich auf EU-Ebene die Produzenten relativ zu den Konsumenten homogener und als kleinere Gruppe. Daher dürfte es den Produzenten leichter fallen als den Konsumenten, sich europaweit zu organisieren. Bei anhaltender Kompetenzübertragung auf die EU-Ebene wird daher ein supranationales Lobbying gegenüber einem nationalen immer lohnender.

[21] Dabei gehen die Vertragsparteien CO_2 - Reduktionsverpflichtungen ein, die sie an dem für sie günstigsten Ort - also auch im Ausland - erfüllen können. Die bisher favorisierten Ansätze sollten zu einem Zertifikatsystem ausgebaut werden, um auf diese Weise auch hier den Wettbewerb wirken zu lassen.

den ordnungsrechtlichen Regulierung bestehen. Das Ordnungsrecht sollte vielmehr auf die unmittelbare Gefahrenabwehr beschränkt bleiben. Theoretisch müßte hinter einem Buchananschen Schleier der Unsicherheit ein Mindestniveau an Umweltqualität bestimmt werden, das die Selbstregulierungsfähigkeit und den Reichtum der Biosphäre auf einem Niveau garantiert, das zukünftigen Generationen einen ähnlichen potentiellen Reichtum ermöglicht wie den heutigen.[22]

4 Schlußwort: Umwälzstaat unter Druck, neue Chancen für die Soziale Marktwirtschaft

Die Ausführungen haben verdeutlicht, daß auch die Globalisierung mit ihren Folgen nichts an der grundsätzlichen Vorteilhaftigkeit des Freihandels und des Systemwettbewerbs ändert. Letzteres impliziert, daß auch weiterhin auf nationaler Ebene eine effiziente Umweltpolitik und eine gewünschte Umverteilung durchgeführt werden können und sollten. Die Globalisierung erschließt zusätzliche Wohlfahrtspotentiale und attackiert den prinzipienlos umverteilenden „Umwälzstaat“ (de Jasay, 1985), indem sie alte Verteilungskoalitionen destabilisiert. So ergeben sich neue Chancen für eine effiziente Politik in den genannten „sensiblen“ Bereichen. Eine Harmonisierung, vor allem auch auf europäischer Ebene, ist demgegenüber nicht nur mit erheblichen Wohlfahrtseinbußen verbunden, sondern verfehlt auch die angestrebten Ziele.

Als Ausnahme sind im Bereich globaler Umweltprobleme alle Anstrengungen auf eine effiziente internationale Koordination zu richten. Zu ihrer Durchsetzung bedarf es wirksamer Sanktionen, möglicherweise auch protektionistischer Maßnahmen. Sie sollten jedoch immer eines der letzten Mittel sein, weil sie letztlich zuallererst der Bevölkerung in allen beteiligten Ländern schaden und zum Einstieg in einen erneuten Protektionswettlauf werden könnten.

Diese Schlußfolgerungen können sich in der wirtschaftswissenschaftlichen Diskussion auf eine breite Mehrheit stützen, auch unter Autoren, die sonst sehr unterschiedliche ökonomische Weltanschauungen vertreten.[23] Dem steht in

---

[22] Die Bestimmung einer tragfähigen Umweltkapazität ist Gegenstand der ökologischen Ökonomie. Für einen Überblick s.a. Söllner (1997).

[23] So sind auch systemwettbewerbskritische Autoren wie Reich (1994) und Flassbeck (1997) skeptisch gegenüber Sozialstandards.

Deutschland eine ebenso breite Mehrheit von Befürwortern von Sozialstandards, ordnungsrechtlicher Umweltregulierung und weitergehender europäischer Zentralisierung auf Seiten der Politik und der Sozialpartner gegenüber. Der Verdacht drängt sich auf, daß hinter dem Schleier der hehren Ziele Partikularinteressen und Reformunfähigkeit (noch) dominieren.

5 Literaturverzeichnis

Barrett, Scott (1996), „Economic Incentives for the Protection of Biological Diversity“, in: Siebert, H. (Hrsg.), *Elemente einer rationalen Wirtschaftspolitik,* Tübingen, S. 319-335.

Bhagwati, Jagdish (1996), „The Demands to Reduce Domestic Diversity among Trading Nations“, in: Jagdish Bhagwati und Robert E. Hudec (Hrsg.), *Fair Trade and Harmonization,* Vol. 1, Cambridge, London, S. 9-40.

Bhagwati, Jagdish und T.N. Srinivasan (1996), „Trade and the Enivironment: Does Environmental Divesity Detract from the Case for Free Trade?“, in: Jagdish Bhagwati und Robert E. Hudec (Hrsg.), *Fair Trade and Harmonization,* Vol. 1, Cambridge, London, S. 159-223.

Brown, Drusilla, Alan V. Deardorff und Robert M. Stern (1996), „International Labor Standards and Trade: A Theoretical Analysis“, in: Jagdish Bhagwati und Robert E. Hudec (Hrsg.), *Fair Trade and Harmonization,* Vol 1, Cambridge, London, S. 227-280.

Casella, Alessandra und Barry R. Weingast (1995), „Elements of a Theory of Jurisdictional Change“, in: Barry Eichengreen, Jeffrey Frieden und Jürgen von Hageb (Hrsg.): *Politics and Institutions in an Integrated Europe*, Berlin u.a., S. 11-41.

Chang, Howard F. (1997), „Carrots, Sticks, and International Externalities“, *International Review of Law and Economics,* Jg. 17, S. 309-324.

Cooper, Richard N. (1996), „Foreign Trade, Wages, and Unemployment“, in: Herbert Giersch, *Fighting Europe's Unemployment in the 1990's*, Berlin u.a., S. 93-117.

Döring, Thomas (1997), *Subsidiarität und Umweltpolitik in der Europäischen Union,* Marburg.

Donges, Juergen B. (1994), „Kritisches zu den Forderungen nach einer strategischen Industriepolitik“, in: Rolf H. Hasse, Josef Molsberger und Christian Watrin (Hrsg.), *Ordnung in Freiheit,* Festgabe für Hans Willgerodt zum 70. Geburtstag, Stuttgart, Jena und New York, S. 182-199.

Dunkel, Monika (1996), „Korreferat zu Patrick Welter“, in: Manfred Streit und Stefan Voigt (Hrsg.), *Europa reformieren,* Baden Baden, S. 217ff.

Feld, Lars P. (1996), „Sozialstandards und die Welthandelsordnung“, *Außenwirtschaft,* Jg. 51, H. I, S. 51-73.

Financial Times (1993): „EU Action over ‘Unfair Trade’ Urged by Balladur“, Ausgabe vom 31.12.1993.

Flassbeck, Heiner (1997), „Wirtschaftspolitik im Zeichen von Globlisierung und Arbeitslosigkeit“, Friedrich-Ebert-Stiftung, Internet: http://www.fes.de/library/Flassbeck.html, 10/1997.

Franzen, Martin (1995), „Rechtsangleichung der Europäischen Union im Arbeitsrecht“, *Zeitschrift für Europäisches Privatrecht,* S. 797-826.

Freeman, Richard (1996), „Doing it right? The U.S. Labor Market Response to the 1980s - 1990s“, in: Herbert Giersch (Hrsg.): *Fighting Europe's Unemployment in the 1990's*, Berlin u.a., S. 23-44.

Frey, Bruno S., Felix Oberholzer-Gee und Rainer Eichenberger (1996), „The old lady visits our backyard: A Take of Morals and Markets“, *Journal of Political Economy,* Jg. 104, H. 6, S. 1297-1313.

Freytag, Andreas (1995), „Die strategische Handels- und Industriepolitik der EU - eine politökonomische Analyse“, *Untersuchungen zur Wirtschaftspolitik* 99, Köln.

Fuest, Clemens (1995), „Eine Fiskalverfassung für die Europäische Union“, *Untersuchungen zur Wirtschaftspolitik* 100, Köln.

Gore, Al (1992), *Wege zum Gleichgewicht - Ein Marshallplan für die Erde*, Frankfurt am Main.

Hayek, Friedrich Anton von (1969), „Der *Wettbewerb* als Entdeckungsverfahren“, *Kieler Vorträge* 56, Kiel.

Heister, Johannes (1997), „Ökologie und Marktwirtschaft: Eckpunkte einer zukunftsorientierten Umweltpolitik“, *Kieler Diskusssionsbeiträge* 291, S. 1-41.

Hudec, Robert E. (1996), „Differences in National Environmental Standards: The Level-Playing-Field Dimension“, *Minnesota Journal of Global Trade,* Vol. 5, S. 1-28.

Jänicke, Martin und Helmut Weidner (1997), „Zum aktuellen Stand der Umweltpolitik im internationalen Vergleich - Tendenzen zu einer globalen Konvergenz?“, *Aus Politik und Zeitgeschichte,* Bd. 27, S. 15-24.

Janning, Josef (1997), „Zähmung des Welthandels - Was tun gegen Öko- und Sozialdumping?“, *Internationale Politik,* Jg. 52, H. 4, S. 35-40.

Jasay, Anthony de (1985), *The State*, Oxford.

Junker, Abbo (1994), „Arbeits- und Sozialrecht in der Europäischen Union“, *Juristenzeitung,* Jg. 49, S. 277-286.

Kindleberger, Charles P. (1988), „Dominance and Leadership in the International Economy“, *The International Economic Order*, New York, S. 185-195.

Krugman, Paul (1993), „Regionalism versus Multilateralism: Analytical Notes“, in: Jaime de Melo und Arvind Panagariya (Hrsg.), *New Dimensions in Regional Integration*, Cambridge, S. 58- 79.

Krugman, Paul (1997), „What Should Trade Negotiators Negotiate about?“, *Journal of Economic Literature*, Jg. 35, S. 113-120.

Peirce, William S (1991), „After 1992: The European Community and the Redistribution of Rents“, *Kyklos*, Jg. 44, H. 4, S. 521-536.

Porter, Michael E. (1990), *The Competitive Advantage of Nations*, New York.

Porter, Michael E. und Claas van der Linde (1995), „Toward a New Conception of the Environment-Competitiveness Relationship“, *Journal of Economic Perspectives,* Nr.

4, Herbst, S. 97-118.

Rasmusen, Eric und Mark Zupan (1991), „Extending the Economic Theory of Regulation to the Form of Policy", *Public Choice*, Bd. 72, S. 167-191.

Rauscher, Michael (1997), *International Trade, Factor Movements, and the Environment*, Oxford.

Reich, Robert (1994), „Niedrige Produktionskosten oder globale Ausbeutung", *Handelsblatt*, 22.06.94.

Sapir, André (1996), „Trade Liberalization and the Harmonization of Social Policies: Lessons from European Integration", in: Jagdish Bhagwati und Robert E. Hudec (Hrsg.), *Fair Trade and Harmonization,* Vol. 1, Cambridge, London, S. 543-570.

Scharpf, Fritz W. (1997), *Globlisierung als Beschränkung der Handlungsmöglichkeiten nationalstaatlicher Politik*, Diskussionspapier auf der Jahrestagung der Gesellschaft für neue politische Ökonomie, Jena, Oktober 1997.

Scherpenberg, Jens van (1997), „Konkurrenz um Weltmärkte", *Internationale Politik*, Jg. 52, H. 4, S. 13-19.

Scherrer, Christoph (1995), „Internationale Arbeitnehmerstandards - Geeignete Instrumente gegen Sozialdumping?", *WSI Mitteilungen,* H. 11, S. 712-722.

Schüßler, Rudolf (1990), *Kooperation unter Egoisten: Vier Dilemmata*, München.

Schwartz (1997), *Kapitalismus ohne Netz,* Berlin.

Söllner, Fritz (1997), „Die Ökologische Ökonomie - ein neuer Ansatz zur Lösung der Umweltproblematik", *Wirtschaftsdienst*, H. VII, S. 423-428.

Sinn, Hans-Werner (1996), „The Subsidiarity Principle and Market Failure in Systems Competition", *CES Working Paper,* Nr. 103, 1/1996.

Ulph, Ailistair M. (1996), „Strategic Environmental Policy and International Competitivenes", in: Horst Siebert (Hrsg.), *Elemente einer rationalen Umweltpolitik,* Tübingen, S. 337-376.

Vaubel, Roland (1993), „The political economy of centralization and the European Community", in: *Public Choice,* Bd. 81, S. 151-190.

Weizsäcker, Ernst Ulrich von, Amory B. Lovins und L. Hunter (1995), *Faktor Vier. Doppelter Wohlstand, halbierter Naturverbrauch*, München.

Welter, Patrick (1996), „Die Europäische Sozialunion: Notwendiger Bestandteil des Binnenmarktes oder Verletzung des Susidiaritätsgebots?", in: Manfred Streit und Stefan Voigt (Hrsg.), *Europa reformieren,* Baden-Banden, S. 202-216.

Willgerodt, Hans (1989), „Staatliche Souveränität und die Ordnung der Weltwirtschaft", *Ordo (Jahrbuch für die Ordnung von Wirtschaft und Gesellschaft),* Bd. 40, S. 400-428.

Zitscher, Harriet Christiane (1996), „Probleme eines Wandels des innerstaatlichen Rechts zu einem europäischen Rechtssystem nach der Rechtsprechung des Europäischen

Gerichtshofes“, *Rabels Zeitschrift,* Jg. 60, S. 648-660.

Sachregister

N

O

P

Q

R

S

T

U